Silver Burdett & Ginn

MATEMÁTICAS

AUTORES

AUTORES DE LA SERIE
Lucy J. Orfan • Bruce R. Vogeli

AUTORES DE PROBLEMAS PARA RESOLVER
Stephen Krulik • Jesse A. Rudnick

Sadie C. Bragg • Ruth I. Champagne • Gerald A. Goldin • Edith E. Grimsley
Deborah B. Gustafson • John F. LeBlanc • William D. McKillip • Fernand J. Prevost

SILVER BURDETT & GINN
MORRISTOWN, NJ • NEEDHAM, MA
Atlanta, GA • Cincinnati, OH • Dallas, TX • Menlo Park, CA • Deerfield, IL

ISBN **0-382-11099-4**

Contenido

Tema: La comunicación

Trabajar con números grandes

Cuando se descompuso su computadora, la máquina de empacar automática de la fábrica de arroz Acme puso sólo 1 grano de arroz en la primera caja de 1 libra, 2 granos en la caja siguiente, 4 en la siguiente, 8 en la siguiente y así sucesivamente. Los obreros pudieron parar la máquina después de la caja número 30. ¿Cuánto arroz trató de empacar la máquina en la caja número 30? ¿Cuánto arroz trató de empacar la máquina en total?

TRABAJAR JUNTOS

Trabaja en un grupo pequeño. Usa una calculadora.

1. Decide cómo vas a calcular la cantidad de arroz que trató de poner la máquina en la caja número 30.

2. Prueba tu método y anota los resultados.

3. ¿Funciona tu método? ¿Cómo lo sabes? Si no funciona, explica por qué no funciona y prueba otro método.

1. En el plan que preparaste, ¿tuviste en cuenta las limitaciones de tu calculadora? Explica.

2. Halla los números positivos más grandes y los más pequeños que puedas ver en tu calculadora. Anota tus resultados.

3. Compara tus resultados con los de otros equipos. Comenta las diferencias.

RAZONAR A FONDO

1. ¿Por qué es imposible ver en la pantalla el número de granos de arroz en la caja número 30 en la mayoría de las calculadoras?

2. ¿Cuántos lugares debe mostrar una calculadora en la pantalla para mostrar este número?

3. Para escribir un informe para su compañía, el gerente tuvo que averiguar cuánto arroz empacó la máquina en las 30 cajas durante la falla de la computadora. Prepara un plan para calcular el número total de granos de arroz. Calcula.

4. Si 1,200 granos de arroz pesan una onza, ¿qué necesitará el gerente para limpiar su fábrica: un cesto de basura, un camión remolque o un tren de carga de 20 vagones?

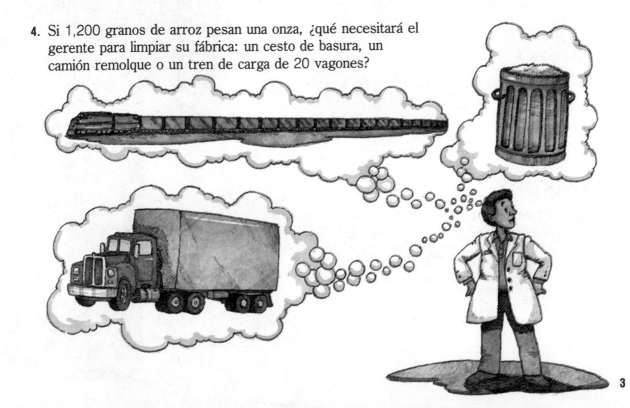

Redondear números enteros

Para redondear un número entero, sigue este flujograma.

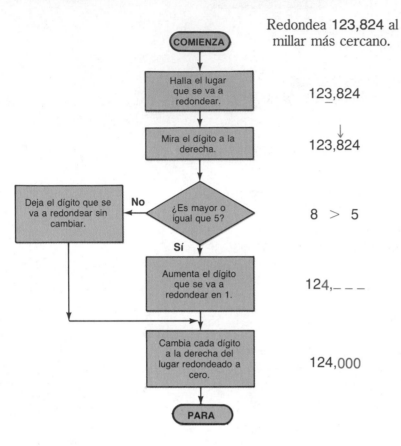

Redondea **123,824** al millar más cercano.

COMIENZA

Halla el lugar que se va a redondear.

123,8̲24

Mira el dígito a la derecha.

123,824

¿Es mayor o igual que 5?

No → Deja el dígito que se va a redondear sin cambiar.

8 > 5

Sí

Aumenta el dígito que se va a redondear en 1.

124,_ _ _

Cambia cada dígito a la derecha del lugar redondeado a cero.

124,000

PARA

Más ejemplos

a. 17,542,508 redondeado al millón más cercano es 18,000,000.

b. 13,965 redondeado a la centena más cercana es 14,000.

c. $5.35 redondeado al dólar más cercano es $5.00.

TRABAJO EN CLASE

Completa la tabla de abajo. Redondea cada número a las posiciones indicadas.

		Centena más cercana	Millar más cercano	Centena de millar más cercana	Millón más cercano
1.	2,456,023	2,456,000	2,456,000	2,500,000	2,000,000
2.	6,506,372	6,506,400	6,506,000	6,500,000	7,000,000
3.	947,981	948,000	948,000	900,000	1,000,000

(anotaciones manuscritas: "Hundred", "Thousand", "Hundred Thousand")

Redondea cada número a la posición indicada

decena más cercana *(ten-)*

1. 43	**2.** 851	**3.** 675	**4.** 4,999

millar más cercano

5. 14,685	**6.** 998	**7.** 148,092	**8.** 395

decena de millar más cercana

9. 736,553	**10.** 98,093	**11.** 8,732	**12.** 3,021

centena de millar más cercana

13. 843,147	**14.** 2,976,041	**15.** 71,071,089	**16.** 41,608

millón más cercano

17. 9,937,801	**18.** 453,762	**19.** 23,841,608	**20.** 176,206,000

dólar más cercano

21. $4.95	**22.** $84.40	**23.** $399.69	**24.** $3.09

Para cada número redondeado, ¿cuál es el número original mayor posible? ¿el número original más pequeño posible?

★ **25.** 4,000
(a la centena más cercana)

★ **26.** 47,000
(al millar más cercano)

★ **27.** 1,000,000
(al millar más cercano)

APLICACIÓN

Los titulares y artículos de periódicos a menudo usan números redondeados. Usa los siguientes datos para escribir tus propios titulares. Redondea cada número a una posición adecuada.

28. 84,426 personas vieron a Valerie Brisco-Hooks ganar la carrera de 200 metros para mujeres en las Olimpíadas de 1984 en Los Angeles.

29. 179,264,395 norteamericanos vieron las Olimpíadas de Verano de 1984 por TV.

★ **30.** Una multitud de 9,023 se animó mucho cuando Mary Lou Retton obtuvo un 10 en el salto y ganó una medalla de oro.

Estimar sumas y diferencias

El gerente de publicidad de Radio KRPC necesitaba un estimado de los ingresos que la estación obtuvo de sus avisos comerciales en septiembre. Las ventas correspondientes a espacios de radio durante las cuatro semanas fueron de $31,822; $9,656; $18,827; $24,263.

Para estimar una suma o diferencia mentalmente, redondea cada número a la posición mayor o al número mayor, y después suma o resta.

$$
\begin{array}{r}
\$31,822 \\
9,656 \\
18,827 \\
+\ 24,263
\end{array}
\quad\text{redondea}\quad
\begin{array}{r}
\$30,000 \\
10,000 \\
20,000 \\
+\ 20,000 \\
\hline
\$80,000
\end{array}
$$

Las ventas llegaron a unos $80,000.

Para obtener un estimado más aproximado, a veces es útil redondear a una posición más hacia la derecha.

a. Estima 2,645 − 389.

Redondea al millar más cercano.

$$
\begin{array}{r}
3,000 \\
-\ 0 \\
\hline
3,000
\end{array}
$$
Estimado muy alto ←

Redondea a la centena más cercana.

$$
\begin{array}{r}
2,600 \\
-\ 400 \\
\hline
2,200
\end{array}
$$
Estimado más aproximado ←

b. Estima $438.23 + $44.65.

Redondea a la centena más cercana.

$$
\begin{array}{r}
\$400 \\
+\ 0 \\
\hline
\$400
\end{array}
$$
Estimado muy bajo ←

Redondea a la decena más cercana

$$
\begin{array}{r}
\$440 \\
+\ 40 \\
\hline
\$480
\end{array}
$$
Estimado más aproximado ←

c. Estima 6,942 − 6,518.

Redondea al millar más cercano.

$$
\begin{array}{r}
7,000 \\
-\ 7,000 \\
\hline
0
\end{array}
$$
Estimado de cero ←

Redondea a la centena más cercana.

$$
\begin{array}{r}
6,900 \\
-\ 6,500 \\
\hline
400
\end{array}
$$
Estimado más aproximado ←

Trabajo en clase

Estima cada suma o diferencia. Trata de estimar mentalmente.

1.
$$
\begin{array}{r}
3,256 \\
-\ 1,887
\end{array}
$$

2.
$$
\begin{array}{r}
\$58.63 \\
+\ 79.31
\end{array}
$$

3.
$$
\begin{array}{r}
54,936 \\
-\ 45,201
\end{array}
$$

4.
$$
\begin{array}{r}
\$648.75 \\
-\ 237.83
\end{array}
$$

5.
$$
\begin{array}{r}
349,762 \\
+\ 587,608
\end{array}
$$

6. 157 + 76 + 298

7. 13,667 − 3,882

8. 246 + 38 + 304 + 197

PRÁCTICA

Estima cada suma o diferencia. Trata de estimar mentalmente.

1.	123 + 95	**2.**	668 − 359	**3.**	792 + 6,147	**4.**	$7,235 − 6,968	**5.**	7,546 − 358

6.	43,013 + 4,529	**7.**	$452.87 − 268.50	**8.**	12,198 − 3,555	**9.**	783,241 + 542,960	**10.**	2,467,049 − 1,990,454

11.	622 31 + 176	**12.**	3,412 4,072 + 1,861	**13.**	213 7,148 1,054 + 489	**14.**	2,126 218 1,583 + 917	**15.**	346,512 675,439 89,705 + 261,844

16. $712.98 + $850.01 **17.** 211,219 − 93,872 **18.** 42,364 − 4,967

Se ha redondeado cada número para obtener un estimado. ¿Cuál es la suma o la diferencia menor posible?

★**19.**	400 + 600	★**20.**	5,000 − 3,000	★**21.**	7,000 0 + 4,000	★**22.**	20,000 30,000 + 10,000	★**23.**	800,000 − 500,000

APLICACIÓN

24. KRPC vendió los siguientes espacios para avisos comerciales durante las cuatro semanas de octubre: $27,856; $18,223; $13,875; $21,097. Estima el total.

★**25.** La gráfica de la derecha muestra el total de todos los espacios para avisos comerciales que vendió KRPC en el año. Estima el total.

★**26.** ¿Cuánto más gastó Computadoras ABC que Aerolíneas Calidad? ¿Cuánto más gastó Estereofónicos Ultrasónicos que joyería?

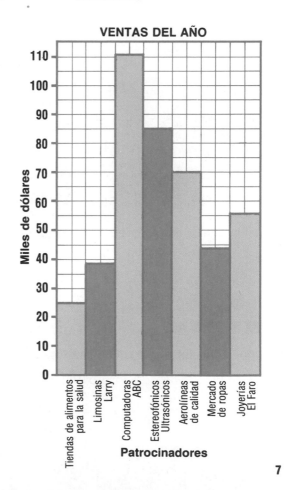

VENTAS DEL AÑO

Miles de dólares

Patrocinadores: Tiendas de alimentos para la salud, Limosinas Larry, Computadoras ABC, Estereofónicos Ultrasónicos, Aerolíneas de calidad, Mercado de ropas, Joyerías El Faro

Sumar y restar

En la esquina superior derecha de este grabado aparece un cuadrado mágico. En un cuadrado mágico la suma de cada fila, columna y diagonal es la misma.

16	3	2	13
5	10	11	8
9	6		12
4	15	14	

Melancholy: grabado de Albrecht Dürer, artista alemán del siglo XVI

La suma del cuadrado mágico del grabado es 34.

$$16 + 5 + 9 + 4 = 34$$

Halla los sumandos que faltan.

Tercera columna:

$$2 + 11 + \square + 14 = 34$$
$$2 + 11 + 14 = 27$$
$$34 - 27 = 7$$

Comprueba $2 + 11 + 7 + 14 = 34$

Cuarta fila:

$$4 + 15 + 14 + \square = 34$$
$$4 + 15 + 14 = 33$$
$$34 - 33 = 1$$

Comprueba $4 + 15 + 14 + 1 = 34$

Suma los números a lo largo de la diagonal para comprobar que la suma es 34.

$$16 + 10 + 7 + 1 = 34$$

TRABAJO EN CLASE

Suma o resta. Estima para asegurarte que cada respuesta tiene sentido.

1. $\begin{array}{r} 3,847 \\ + 1,659 \\ \hline \end{array}$

2. $\begin{array}{r} 6,019 \\ - 3,543 \\ \hline \end{array}$

3. $\begin{array}{r} \$46.38 \\ 35.74 \\ 8.93 \\ + 3.65 \\ \hline \end{array}$

4. $285,243 - 132,675$

5. $2,582 + 1,768 + 86$

6. $268,400 - 65,261$

PRÁCTICA

Suma o resta. Estima para asegurarte que cada respuesta tiene sentido.

1. 9,005 − 8,368	**2.** $13.79 + 16.24	**3.** 64,005 − 39,127	**4.** $672.91 + 14.03	**5.** 423,574 − 394,685

6. 786 963 + 2,347	**7.** 319 7 610 + 2,305	**8.** 3,149 2,008 13,127 + 863	**9.** 176,097 308,648 35,009 + 1,086,703	**10.** 4,005,756 126,003 9,234,900 + 675,459

11. $37.19 + $4.05 + $17.89

12. 7,431 − 998

13. 532,076 − 87,251

14. 47,152 + 6,590 + 119

15. $760.54 − $87.49

16. 10,219 + 176 + 1,269,746

Halla cada sumando que falta.

17. $36 + 27 + \square = 91$

18. $457 + 338 + \square = 1{,}003$

19. $43 + 7 + \square + 18 + 25 = 114$

20. $1{,}886 + \square + 2{,}407 + 985 = 7{,}899$

Completa cada cuadrado mágico y da su suma.

21.

508	753	410
		655
704		

22.

885		
	906	872
		927

23.

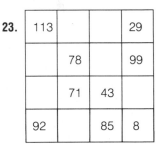

113			29
	78		99
	71	43	
92		85	8

 ★**24.** Escoge cuatro dígitos diferentes. Forma el número mayor posible. Forma el número menor posible. Usa una calculadora para restar el menor del mayor. Repite este procedimiento con los dígitos de la diferencia. Continúa hasta obtener 6,174.

APLICACIÓN

HAZLO MENTALMENTE

Rápidamente puedes hallar ciertas sumas.

a. 98 + 98

> **Piensa** 98 es 2 menos que 100.
> 100 + 100 = 200
> 200 − 4 = 196

b. 68 + 29

> **Piensa** 29 es 1 menos que 30.
> 68 + 30 = 98
> 98 − 1 = 97

Halla mentalmente cada suma o diferencia.

1. 198 + 198

2. 77 + 39

3. 89 + 89

4. 243 + 64

5. 342 + 98

6. 297 + 297 + 397

7. 148 + 207 + 148

8. 1,261 + 894

Problemas para resolver

DATOS EN LA ILUSTRACIÓN Y EL TEXTO

La solución de problemas es una destreza importante para la vida. Puedes convertirte en un solucionador de problemas si sigues el plan de cuatro pasos que se indica más abajo.

Para lanzar en órbita la carga útil de un satélite para telecomunicaciones, podría usarse un cohete Atlas-Centauro de dos etapas. El cohete Atlas-Centauro tiene 134 pies de altura. ¿Qué longitud tiene la parte que aloja al satélite?

PIENSA
¿Cuál es la pregunta?

¿Qué longitud tiene la parte que aloja al satélite?

¿Cuáles son los datos?

Estudia la ilustración y el texto para obtener los datos. El cohete mide 134 pies de altura. El cohete tiene dos etapas—una de 75 pies de largo y una de 32 pies de largo.

PLANEA
¿Cómo puede hallarse la respuesta?

Suma las longitudes de las dos etapas del cohete. Resta esa longitud de la longitud total.

RESUELVE
Ejecuta el plan. Haz el trabajo y halla la respuesta.

Etapa 1 ⟶   75 pies   134 pies (longitud total del cohete)
Etapa 2 ⟶ + 32 pies − 107 pies (longitud de 2 etapas)
         107 pies   27 pies

La parte del cohete que aloja al satélite mide 27 pies de longitud.

REVISA
¿Se ha contestado la pregunta? ¿Es la aritmética correcta? ¿Tiene sentido la respuesta?

Comprueba la longitud total sumando.

$$\begin{array}{r} 32 \text{ pies} \\ + \ 75 \text{ pies} \\ \hline 107 \text{ pies} \end{array}$$

Comprueba la resta sumando.

$$\begin{array}{r} 27 \text{ pies} \\ + \ 107 \text{ pies} \\ \hline 134 \text{ pies} \end{array}$$

La respuesta es correcta.

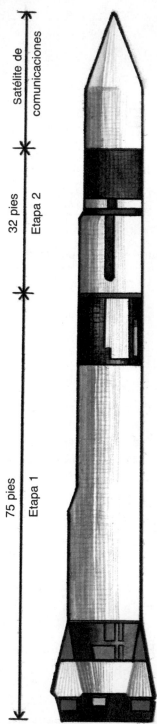

Usa la cuenta del teléfono de Carmen, a la derecha, para contestar 1–4.

1. ¿Cuánto gastó Carmen en llamadas de larga distancia?

2. ¿Qué artículo de la cuenta del teléfono de Carmen costó $25.00?

3. ¿Cuánto más costaron las llamadas de larga distancia que el servicio local?

4. Carmen derramó agua sobre la cuenta. El importe del impuesto se borró. ¿Cuánto era?

Telefónica Julio	
Servicio local . . . . $ 12.00 Compra de teléfono . . $ 25.00 Larga distancia . . . . $ 83.00 Impuesto. . . . . $	
TOTAL $128.00	

El Sr. y la Sra. García y sus tres niños van a usar el cupón a la derecha. Úsalo para contestar 5–8.

5. ¿Cuál es el nombre del museo al que van a ir los García?

6. ¿Cuánto ahorrarán con el cupón?

7. Los García viven en Ariel. Si salen de su casa a las 2:15 P.M., ¿a qué hora llegarán al museo?

8. La entrada normal es de $3.00 para los adultos y de $2.00 para los niños. ¿Cuánto pagarán los García para entrar con su cupón?

MUSEO DE COMUNICACIONES

Sólo a 12 minutos de Ariel

Descuento $1 por adulto

LÍMITE: 5 personas por cupón

Descuento 50¢ por niño(a)

Presente este cupón
Expira el 31 de diciembre

1940

1960

1980

1985

CREA TU PROPIO PROBLEMA

La ilustración muestra las tarifas postales para enviar una carta de primera clase en Estados Unidos durante cuatro años diferentes. Crea tu propio problema, usando la información en la ilustración.

Estimar productos

El teléfono más ocupado del mundo está en una estación de autobuses de Chicago. Se hacen un promedio de 270 llamadas por día desde ese teléfono.

Para estimar un producto, haz la siguiente operación mental.

- Redondea cada factor a su posición mayor.

$$270 \longrightarrow 300$$
$$\times 365 \longrightarrow \times 400$$

- Multiplica los factores redondeados.

Piensa $3 \times 4 = 12$

Luego añade el mismo número de ceros que hay en los factores redondeados.

$$\underbrace{400}_{4 \text{ ceros}} \times \underbrace{300}_{4 \text{ ceros}} = \underbrace{120,000}_{}$$

Se hacen unas 120,000 llamadas por año desde ese teléfono.

Más ejemplos.

a.
$$226 \longrightarrow 200$$
$$\times \ 68 \longrightarrow \times \ 70$$
$$14,000$$

b.
$$\$38.42 \longrightarrow \$ \ 40$$
$$\times \quad 315 \longrightarrow \times \ 300$$
$$\$12,000$$

c.
$$5,896 \longrightarrow 6,000$$
$$\times \quad 92 \longrightarrow \times \quad 90$$
$$540,000$$

TRABAJO EN CLASE

Estima. Trata de estimar mentalmente.

1.
$$52$$
$$\times 94$$

2.
$$\$8.19$$
$$\times \quad 475$$

3.
$$8,764$$
$$\times \quad 516$$

4.
$$23,165$$
$$\times \qquad 89$$

5. 68×407

6. $7,223 \times 189$

PRÁCTICA

Estima. Trata de estimar mentalmente.

1. 23 $\times$ 57	**2.** 82 $\times$ 75	**3.** 148 $\times$ 33	**4.** $2.72 $\times$ 46	**5.** 165 $\times$ 121
6. 712 $\times$ 265	**7.** 572 $\times$ 483	**8.** $23.63 $\times$ 78	**9.** 9,165 $\times$ 288	**10.** 4,525 $\times$ 289
11. 15,727 $\times$ 36	**12.** $123.30 $\times$ 57	**13.** 29,763 $\times$ 376	**14.** 4,129 $\times$ 5,871	**15.** 46,351 $\times$ 7,897

16. 57 $\times$ 42

17. 429 $\times$ $17.60

18. 7,349 $\times$ 319

19. 18,253 $\times$ 87

20. 8,163 $\times$ 2,819

21. 19,205 $\times$ 4,087

22. 83 $\times$ 46 $\times$ 74

23. 96 $\times$ 121 $\times$ 893

Usa un estimado para escoger el producto real.

24. 48 $\times$ 18
   a. 864
   b. 4,364
   c. 8,864

25. 197 $\times$ 23
   a. 471
   b. 4,531
   c. 9,641

26. 729 $\times$ 136
   a. 894
   b. 9,924
   c. 99,144

27. 63 $\times$ 487
   a. 3,481
   b. 30,681
   c. 425,071

Para cada producto estimado, halla el menor producto verdadero posible; el mayor producto verdadero posible. Usa una calculadora.

★28. 50 $\times$ 30 = 1,500

★29. 600 $\times$ 70 = 42,000

★30. 1,000 $\times$ 700 = 700,000

★31. 8,000 $\times$ 8,000 = 64,000,000

APLICACIÓN

32. Alexander Graham Bell dijo las primeras palabras por teléfono el 10 de marzo de 1876. Para 1878 se inauguró la primera central telefónica en New Haven, Connecticut, con 21 teléfonos. Hoy existe casi esa cantidad de teléfonos multiplicada por 8,100,000 en Estados Unidos. ¿Aproximadamente cuántos teléfonos hay hoy en Estados Unidos?

★33. Si un par de alambres pudiera transmitir sólo una llamada, las llamadas de larga distancia serían muy caras. Los ingenieros han desarrollado maneras de transmitir muchas llamadas por un par de alambres. En los cables telefónicos modernos hay 22 alambres. Cada par puede transmitir hasta 13,200 llamadas a la vez. ¿Cuántas llamadas en total puede manejar un cable?

RAZONAMIENTO LÓGICO

Pon un número en cada casillero para dar el producto mayor. ☐ ☐ ☐

   1 2 4 6 8 9 $\times$ ☐ ☐ ☐

Multiplicar

Algunos productos son fáciles de encontrar si se sigue un patrón. Pero no todos los patrones continúan sin fin. ¡Ten cuidado al sacar conclusiones de unos pocos ejemplos!

$9 \times 9 = 81$

$9 \times 98 = 882$

$9 \times 987 = 8,883$

$9 \times 9,876 = 88,884$

$9 \times 98,765 = ?$

Halla $9 \times 98,765$.

$$\begin{array}{r} {\scriptstyle 7\,6\ 5\,4} \\ 98,765 \\ \times \quad\quad 9 \\ \hline 888,885 \end{array}$$

Más ejemplos

a. $312 \times 221 = 68,952$

$213 \times 122 = 25,986$

b. $411 \times 102 = 41,922$

$114 \times 201 = 22,914$

c. $113 \times 223 = 25,199$

$311 \times 322 = ?$ 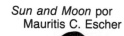 ¡Cuidado!

Sun and Moon por
Mauritis C. Escher

Halla 322×311.

$$\begin{array}{r} 311 \\ \times\ 322 \\ \hline 622 \\ 6\ 22 \\ 93\ 3 \\ \hline 100,142 \end{array}$$

TRABAJO EN CLASE

detail, collection Haags Museum, The Hague

Multiplica. Estima para asegurarte que cada respuesta tiene sentido.

1. $\begin{array}{r} 1,308 \\ \times\quad 64 \\ \hline \end{array}$

2. $\begin{array}{r} 596 \\ \times\ 205 \\ \hline \end{array}$

3. $\begin{array}{r} \$40.96 \\ \times\quad 973 \\ \hline \end{array}$

4. $\begin{array}{r} 16,085 \\ \times\quad 27 \\ \hline \end{array}$

5. $\begin{array}{r} 82,716 \\ \times\quad 514 \\ \hline \end{array}$

6. 211×203

7. 112×302

8. $1,741 \times 7,105$

9. $\$510.25 \times 95$

Multiplica. Estima para asegurarte que cada respuesta tiene sentido.

1. 76 × 28	**2.** 97 × 39	**3.** 102 × 14	**4.** 311 × 19	**5.** $4.26 × 28
6. 4,096 × 78	**7.** $33.21 × 84	**8.** 20,642 × 59	**9.** 516 × 124	**10.** 873 × 219
11. 278 × 517	**12.** 5,608 × 407	**13.** $96.58 × 726	**14.** 27,136 × 945	**15.** 2,183 × 6,057

16. 178 × 980   **17.** 2,114 × 56   **18.** 368 × 3,480   **19.** 14 × 9 × 24

20. 3,563 × 7,174   **21.** $236.20 × 4,057   **22.** 54,482 × 7,425   **23.** 352 × 43 × 75

Compara. Reemplaza ⬤ con < , >, ó =.

24. 16 × 34 × 27 ⬤ 3,256 × 24   **25.** 28,792 × 356 ⬤ 356 × 28,792

26. 8,562 × 9,687 ⬤ 29,078 × 2,653   **27.** 3,564 × 28 ⬤ 108 × 21 × 44

28. 25 × 4 × 83 ⬤ 256 × 0 × 125   **29.** 8 × 125 × 365 ⬤ 435 × 250 × 4

Usa una calculadora para multiplicar.

★30. Escoge cualquier número de dos dígitos. Multiplica por 13. Multiplica el resultado por 21. Multiplica ese resultado por 37. Escoge otro número de dos dígitos y repite la multiplicación con ese número. Repítela con otro número de dos dígitos. En cada caso, ¿qué relación hay entre el número original y el último producto?

APLICACIÓN

LA CALCULADORA

Usa una calculadora para hallar cada respuesta.

1. 15,873 × 7	**2.** 4 × 4	**3.** (1 × 8) + 1	**4. a.** 36 × 84
15,873 × 14	34 × 34	(12 × 8) + 2	63 × 48
15,873 × 21	334 × 334	(123 × 8) + 3	**b.** 32 × 46
15,873 × 28	3,334 × 3,334	(1,234 × 8) + 4	23 × 64
15,873 × 35	33,334 × 33,334	(12,345 × 8) + 5	**c.** 35 × 21
			53 × 12

Exponentes

De acuerdo con un viejo proverbio chino, un dibujo vale 10,000 palabras.

¿Puedes escribir 10,000 usando exponentes?

Un **exponente** indica cuántas veces se usa la base como factor.

$$10^4 = 10 \times 10 \times 10 \times 10$$

exponente → base → factores

$$10^4 = 10,000$$

Se lee: diez a la cuarta potencia

Una imagen vale 10^4 palabras.

Más ejemplos.

	Se lee	Factores	Forma usual
2^3	dos a la tercera potencia o dos al **cubo**	$2 \times 2 \times 2$	8
5^2	cinco a la segunda potencia o cinco al **cuadrado**	5×5	25
1^5	uno a la quinta potencia	$1 \times 1 \times 1 \times 1 \times 1$	1

Trabajo en Clase

Escribe cada uno usando exponentes.

1. $8 \times 8 \times 8 \times 8$ **2.** $1 \times 1 \times 1$ **3.** $3 \times 3 \times 3 \times 3 \times 3$ **4.** 9

Escribe cada uno como un producto de factores. Luego escribe el número en su forma usual.

5. 3^2 **6.** 5^3 **7.** 10^5 **8.** 7^1 7   **9.** 6^4 **10.** 1^6

PRÁCTICA

Escribe cada uno usando exponentes.

1. $3 \times 3 \times 3$ **2.** $2 \times 2 \times 2 \times 2 \times 2$ **3.** 9×9

4. 1×1 **5.** $4 \times 4 \times 4 \times 4$ **6.** 12

Escribe cada uno como un producto de factores.

7. 6^3 **8.** 3^6 **9.** 7^4 **10.** 8^2 **11.** 4^1 **12.** 5^5

Escribe cada número en su forma usual.

13. 4^2 **14.** 7^2 **15.** 18^2 **16.** 25^2 **17.** 1^8

18. 3^3 **19.** 8^4 **20.** 9^3 **21.** 6^7 **22.** 4^5

23. 6×10^5 **24.** $(3 \times 10^4) + (4 \times 10^3) + (7 \times 10)$

Haz que cada oración sea verdadera.

25. $9^{\square} = 81$ **26.** $13^2 = \square$ **27.** $2^{\square} = 32$ **28.** $\square^3 = 64$

¿Qué es un **cuanúmero**? El número 2025 es un cuanúmero. Para demostrar que 2025 es un cuanúmero, primero sepáralo en 2 números de dos dígitos: 20 25. Después sigue estos pasos.

$$20 + 25 = 45 \qquad 45^2 = 2025$$

¿Cuáles de los números de abajo son cuanúmeros?

★ **29.** 3025   ★ **30.** 8607   ★ **31.** 5025   ★ **32.** 9801

APLICACIÓN

LA CALCULADORA

Usa una calculadora para hallar la forma usual de cada número.

1. 8^7 **2.** 3^{14} **3.** 5^{10} **4.** 2^{25}

5. 37^5 **6.** 45^4 **7.** $15^6 + 27^4$ **8.** $42^4 + 68^3$

Haz que cada oración sea verdadera.

9. $92^{\square} = 71,639,296$ **10.** $6^{\square} = 60,466,176$

11. $\square^4 = 2,401$ **12.** $\square^3 = 15,625$

Práctica mixta

1. $542 + 89 + 157$

2.
$$\begin{array}{r} 5,409 \\ -\ 3,875 \end{array}$$

3.
$$\begin{array}{r} 48 \\ \times\ 63 \end{array}$$

4.
$$\begin{array}{r} 855 \\ 3,762 \\ 57 \\ +\ 934 \end{array}$$

5. 356×45

6.
$$\begin{array}{r} 1,500,752 \\ -\ 847,544 \end{array}$$

7.
$$\begin{array}{r} 348,175 \\ 2,071,988 \\ +\ 577,047 \end{array}$$

8. $545,062 - 66,055$

9. 2^9

10.
$$\begin{array}{r} 7,836 \\ \times\ 34 \end{array}$$

11. 10^6

12. $29 + 68 + 113 + 44$

13. 5^4

14.
$$\begin{array}{r} 800,341 \\ -\ 398,765 \end{array}$$

15. $58 + 409 + 8 + 26$

Dividir

En Riverton se miró un promedio de 2,563 horas de televisión el año pasado. ¿Cuál fue el promedio de horas semanales? Redondea. (52 sem = 1 año)

Paso 1

Decide dónde poner el primer dígito del cociente.

$$52\overline{)2{,}563}$$

Paso 2

Redondea el divisor y estima el primer dígito del cociente. Divide.

$$\begin{array}{r} 50 \quad\quad 5 \\ 52\overline{)2{,}563} \\ \uparrow\; 2\,60 \end{array}$$

¿Cuántos 5 hay en 25?

260 > 256
El cociente es alto.
Usa el próximo más bajo.

Paso 3

Continúa dividiendo.

$$\begin{array}{r} 50 \quad\quad 49 \\ 52\overline{)2{,}563} \\ 2\,08 \quad (4 \times 52) \\ \hline 483 \\ 468 \quad (9 \times 52) \\ \hline 15 \end{array}$$

Comprueba $(52 \times 49) + 15 = 2{,}563$

Como el resto, 15, es menos que la mitad del divisor, redondea el cociente a 49. Se miró televisión 49 horas por semana.

También puedes comprobar la división estimando. Haz lo siguiente mentalmente.

Paso 1

Si el divisor tiene más de un dígito, redondéalo a su posición mayor.

$$\begin{array}{r} 50 \\ 52\overline{)2{,}563} \end{array}$$

Paso 2

Halla el primer dígito del cociente. Escribe ceros para las otras posiciones.

$$\begin{array}{r} 50 \quad\quad 50 \\ 52\overline{)2{,}563} \end{array}$$

La respuesta, 49 es razonable, pues es aproximadamente 50.

Otro ejemplo

$$\begin{array}{r} 30 \quad\quad 20 \\ 34\overline{)7{,}004} \\ 6\,8 \\ \hline 20 \end{array}$$

$$\begin{array}{r} ? \\ 34\overline{)20} \end{array}$$

Como 34 > 20, escribe 0 en el cociente y continúa dividiendo.

$$\begin{array}{r} 206 \\ 34\overline{)7{,}004} \\ 6\,8 \\ \hline 204 \\ 204 \\ \hline \end{array}$$

Comprueba

Multiplica $34 \times 206 = 7{,}004$

Estima $\begin{array}{r} 30 \quad\quad 200 \\ 34\overline{)7{,}004} \end{array}$

Trabajo en clase

Divide. Comprueba las respuestas.

1. $80\overline{)3{,}697}$

2. $60\overline{)5{,}863}$

3. $94\overline{)\$82.72}$

4. $500\overline{)136{,}550}$

5. $72\overline{)42{,}415}$

6. $85\overline{)5{,}197}$

7. $49{,}552 \div 163$

8. $342\overline{)\$7{,}325.64}$

Divide. Comprueba las respuestas multiplicando o estimando.

1. $25\overline{)3{,}724}$

2. $43\overline{)8{,}195}$

3. $\$65.28 \div 16$

4. $74\overline{)5{,}646}$

5. $97\overline{)13{,}502}$

6. $63\overline{)12{,}192}$

7. $85\overline{)24{,}374}$

8. $63\overline{)\$191.52}$

9. $19\overline{)4{,}418}$

10. $16{,}932 \div 83$

11. $47\overline{)35{,}049}$

12. $81\overline{)\$253.53}$

13. $200\overline{)8{,}125}$

14. $280\overline{)\$92.40}$

15. $19{,}057 \div 300$

16. $360\overline{)22{,}305}$

17. $64\overline{)51{,}297}$

18. $72\overline{)\$504.72}$

19. $448\overline{)53{,}791}$

20. $10{,}052 \div 324$

21. $384\overline{)416{,}917}$

22. $416\overline{)836{,}576}$

23. $282\overline{)943{,}835}$

24. $687\overline{)4{,}278{,}523}$

Estima cuál es el cociente mayor, a o b.

★ 25. a. $25\overline{)\$375.46}$

    b. $326\overline{)\$647.85}$

★ 26. a. $84\overline{)55{,}786}$

    b. $534\overline{)226{,}562}$

★ 27. a. $62\overline{)143{,}960}$

    b. $584\overline{)1{,}668{,}760}$

APLICACIÓN

28. Si se miran 2,373 horas de televisión por año en el hogar típico de Estados Unidos, ¿cuántas horas por día se mira? Redondea a la hora más cercana.

29. Lleva un registro durante una semana del número de horas que se mira la televisión en tu hogar cada día. Como promedio, ¿cuántas horas se mira al día esa semana? ¿Es más o menos que el promedio de 28?

★ 30. Este año muchos de los habitantes de Riverton participaron en un estudio de televisión. Dejaron de mirar durante el mes de noviembre. La tabla de abajo muestra cómo pasaron su tiempo libre durante ese mes. Como promedio, ¿cuántas horas pasó cada persona haciendo cada actividad? Redondea a la hora más cercana.

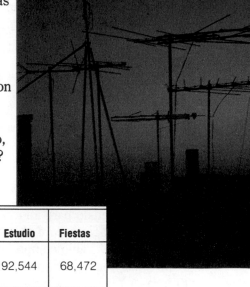

	Lectura	Pasatiempos	Deportes	Juegos en Familia	Estudio	Fiestas
Total de horas usadas en el mes	176,580	270,990	174,570	129,438	92,544	68,472
Número de personas que participaron	2,943	3,011	2,645	2,397	964	1,902

Problemas para resolver

REPASO DE DESTREZAS Y ESTRATEGIAS

Pablo y Julia inauguraron "Reproducciones Baker". Usa la información en la foto para resolver.

1. Arlene encargó 100 entradas para el baile de su clase del Día de la Raza. ¿Cuánto pagó?

2. Gerry encargó 300 entradas para el baile de *Halloween* de su escuela. ¿Cuánto le costaron?

3. La Sra. Martínez encargó 700 entradas. ¿Cuánto pagó?

4. El Sr. Antonelli encargó 1,200 entradas para el baile de las fiestas de invierno de su escuela. ¿Cuánto costaron?

5. Marta necesitaba 23 invitaciones para su fiesta. Mike necesitaba 32 invitaciones para su fiesta. ¿Cuánto más que Marta pagará Mike?

6. El Centro está abierto de lunes a viernes de 9:00 A.M. a 5:00 P.M. ¿Cuántas horas estará abierto en octubre?

7. Julia y Pablo firmaron un contrato de alquiler de dos años por su tienda. El primer año les costará $11,460. El segundo año pagarán $975 por mes. ¿Cuánto habrán pagado de alquiler en los dos primeros años?

8. Julia tiene un pedido para imprimir 100 copias de una revista de 48 páginas para el octavo grado de la escuela secundaria local. Pablo comprobó la existencia de papel y encontró que tenían 9 resmas de papel. (Una resma tiene 500 hojas.) ¿Tienen suficiente papel para el pedido?

★9. La Sra. Brown encargó 850 entradas para el juego de softból de caridad. ¿Cuánto pagó?

20

Problemas para resolver

¿QUÉ PASARÍA SI . . .?

Reproducciones Baker imprime el periódico local.

1. ¿En qué ciudad se distribuye el periódico?
2. ¿Cuál es la fecha de este periódico?
3. ¿Con qué frecuencia se publica?
4. ¿Cuál es su circulación actual?
5. ¿Cuál es el precio del periódico?
6. ¿En dónde se imprime el periódico?

¿Qué pasaría si la Gaceta de Milltown duplicara su tirada?

7. ¿Cuál sería su nueva tirada?
8. ¿Cuánto costaría el periódico?
9. A Pablo y Julia les cuesta $.11 por ejemplar la impresión del periódico. ¿Cuánto costaría por semana la impresión del periódico?
10. ¿Cuánto ganarían por semana Pablo y Julia con el periódico?

Pablo paga $5.00 para hacer que se doblen a mano 100 hojas de papel.

¿Qué pasaría si comprara una máquina de doblar papel por $1,875?

11. ¿Cuántas hojas de papel deberán doblarse para recuperar el costo de la máquina?

★ 12. ¿Cuántas semanas de tirada representa esto? Como promedio, la Gaceta tiene 32 páginas. (Cada hoja de papel forma 4 páginas.)

Pablo y Julia compran su papel de periódico de buena calidad en la Fábrica de Papel Acme. El papel viene solamente en cajas de 100 hojas. Ellos pagan $.02 por hoja.

¿Qué pasaría si la Compañía Papelera Nuevo Trato les ofreciera venderles papel de la misma calidad, en cajas de 100 hojas, a los siguientes precios?

primeras 100 hojas	$.03 por hoja
segundas 100 hojas	$.02 por hoja
cada 100 hojas adicionales	$.01 por hoja

★ 13. ¿Cuántas hojas tendrán que comprarle Pablo y Julia a la Compañía Papelera Nuevo Trato para ahorrar dinero?

REPASO DEL CAPÍTULO

Escribe cada número en la forma usual. págs. 16–17

1. $(6 \times 10^4) + (8 \times 10^2) + (6 \times 10) + 3$ 　　2. 408 mil millones

3. $(2 \times 10^6) + (8 \times 10^4) + (5 \times 10^3) + (6 \times 10^2) + 6$

4. 10^3　　5. 5^2　　6. 15^2　　7. 2^4　　8. 3^3　　9. 4^5

Redondea cada número a la centena más cercana; a la decena de millar más cercana; al millón más cercano. págs. 4–5

10. 2,998,635　　11. 6,129,462　　12. 79,643,704　　13. 802,983　　14. 247,028

Estima. págs. 6–7, 12–13, 18–19

15. 365×429　　16. $475 + 514$　　17. $8,429 \div 92$　　18. $4,096 - 2,824$　　19. $54\overline{)12,000}$

20. $\begin{array}{r} 3,782 \\ \times\ \ 512 \\ \hline \end{array}$　　21. $78\overline{)34,060}$　　22. $\begin{array}{r} 49,285 \\ \times\ \ \ \ \ 62 \\ \hline \end{array}$　　23. $\begin{array}{r} 54,925 \\ -\ 46,876 \\ \hline \end{array}$　　24. $28\overline{)3,480}$

Suma, resta, multiplica o divide. Comprueba las respuestas. págs. 8–9, 14–15, 18–19

25. $5,058 + 2,697$　　26. $3,113 - 946$　　27. $12,416 + 5,369$　　28. 187×59

29. $\begin{array}{r} 324 \\ 2,189 \\ +\ 4,235 \\ \hline \end{array}$　　30. $\begin{array}{r} 510,020 \\ -\ 328,763 \\ \hline \end{array}$　　31. $\begin{array}{r} 10,327 \\ \times\ \ \ \ 815 \\ \hline \end{array}$　　32. $\begin{array}{r} 4,596 \\ 13,728 \\ +\ 28,310 \\ \hline \end{array}$

33. $\begin{array}{r} 462 \\ \times\ 357 \\ \hline \end{array}$　　34. $\begin{array}{r} \$9.12 \\ \times\ \ \ 238 \\ \hline \end{array}$　　35. $\begin{array}{r} 5,609 \\ \times\ \ \ \ 84 \\ \hline \end{array}$　　36. $\begin{array}{r} 653,282 \\ -\ \ 85,697 \\ \hline \end{array}$

37. $306 \times 8,243$　　38. $1,404 \div 9$　　39. $86\overline{)7,935}$　　40. $142 \times 9,103$

41. $\$178.15 - \$85.48$　　42. $329\overline{)239,504}$　　43. $37\overline{)\$284.53}$　　44. 70×503

Escribe cada uno usando exponentes. págs. 16–17

45. 8×8　　46. $4 \times 4 \times 4 \times 4$　　47. $6 \times 6 \times 6 \times 6 \times 6$　　48. 12×12

Resuelve. págs. 10–11, 20–21

El *pony express* funcionó en Estados Unidos desde 1860 hasta 1861 entre Missouri y California. Costaba $10 enviar una onza de correspondencia por el *pony express*. En 1984 costaba 20¢ la primera onza y 17¢ cada onza adicional hasta un máximo de 12 onzas.

49. ¿Cuánto costaba enviar un paquete de 8-oz por el pony express?

50. ¿Cuánto más o menos caro era enviar un paquete de 8-oz en 1984?

Redondea cada número a la posición designada.

1. 349 a la centena más cercana.

2. 24,963,702 al millón más cercano.

3. 1,078,461 al millar más cercano

4. 3,959 a la centena más cercana

Escoge el mejor estimado para cada uno.

5. 2,178 + 1,406 + 986

   a. 4,000

   b. 7,000

   c. 10,000

6. 2,786 × 318

   a. 90,000

   b. 900,000

   c. 9,000,000

7. 30,962 ÷ 43

   a. 7

   b. 70

   c. 700

Escribe cada uno como un producto de factores. Después escribe el número en su forma usual.

8. 4^3

9. 9^2

10. 10^4

11. 3^5

Suma, resta, multiplica o divide. Comprueba las respuestas.

12.
$$\begin{array}{r} \$174.19 \\ -81.17 \\ \hline \end{array}$$

13.
$$\begin{array}{r} 3,621 \\ 725 \\ +348 \\ \hline \end{array}$$

14.
$$\begin{array}{r} 43,157 \\ 8,219 \\ +73,902 \\ \hline \end{array}$$

15.
$$\begin{array}{r} 42,016 \\ \times872 \\ \hline \end{array}$$

16. 3,262 ÷ 47

17.
$$\begin{array}{r} 476,019 \\ -137,493 \\ \hline \end{array}$$

18. 47 × 6,098

19. $98\overline{)21,063}$

Resuelve.

20. La redacción del *News Today* va a comprar 25 máquinas de escribir como se anuncia a la derecha. Pagarán $500 de depósito en efectivo. ¿Cuánto más tendrán que pagar?

$180.00 cada una
Compre 10 ó más y pague $155.00 cada una

Escribe en orden de menor a mayor.

$6^3 + 2^8$; $3^5 + 125$; $12^3 - 786$; $2^5 \times 3^3$; $8^4 - 5^5$;   18,050 ÷ 38

LENGUAJE DE SIGNOS

Muchas personas usan el lenguaje de signos para comunicarse. Abajo se ilustran los signos para los números del 0 al 10. (La palma de la mano está hacia la persona a la que estás hablando.) Practica estos signos.

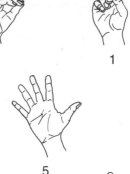

0   1

    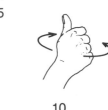

2   3   4   5

6   7   8   9   10

Para formar los signos para los números del 30 al 99 se emplean combinaciones de estos signos. Se dan cuatro ejemplos.

  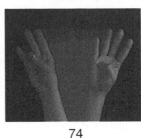 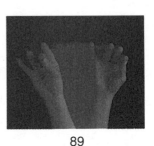

32   56   74   89

Los signos de *más, menos* y *por* aparecen abajo. Señala cada expresión del 1 al 10. Haz que un compañero de clase señale la respuesta.

 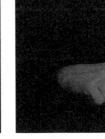 

+ (más)   − (menos)   × (por)

1. 31 + 42   **2.** 48 + 35   **3.** 68 − 59   **4.** 75 − 36   **5.** 8 × 7

6. 34 × 2   **7.** 86 − 54   **8.** 9 × 5   **9.** 32 + 59   **10.** 61 + 35

11. Encuentra un libro que tenga los signos para los números del 11 al 29; para 100.

NÚMEROS BINARIOS Y HEXADECIMALES

En esta tabla de valores posicionales se ilustra el número decimal 7,306. Los dígitos 0, 1, 2, 3, 4, 5, 6, 7, 8 y 9 se emplean en los números decimales (base 10).

10^4	10^3	10^2	10^1	1
	7	3	0	6

El número binario 1001 aparece abajo. Sólo los dígitos 0 y 1 se emplean en los **números binarios** (base 2).

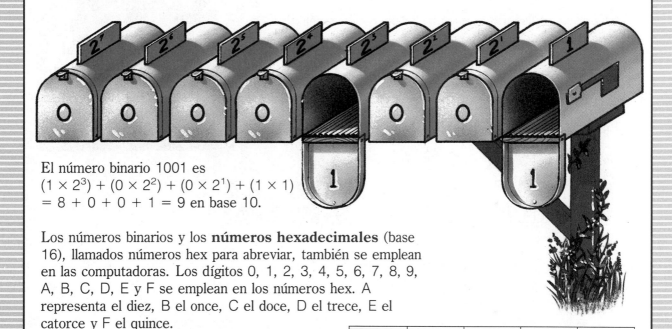

El número binario 1001 es
$(1 \times 2^3) + (0 \times 2^2) + (0 \times 2^1) + (1 \times 1)$
$= 8 + 0 + 0 + 1 = 9$ en base 10.

Los números binarios y los **números hexadecimales** (base 16), llamados números hex para abreviar, también se emplean en las computadoras. Los dígitos 0, 1, 2, 3, 4, 5, 6, 7, 8, 9, A, B, C, D, E y F se emplean en los números hex. A representa el diez, B el once, C el doce, D el trece, E el catorce y F el quince.

16^4	16^3	16^2	16^1	1
		4	B	7

El número hex 4B7 es
$(4 \times 16^2) + (B \times 16^1) + (7 \times 1) =$
$(4 \times 256) + (11 \times 16) + (7 \times 1) =$
$1,024 + 176 + 7 = 1,207$ en base 10.

Los ejemplos a la derecha muestran que un número binario de cuatro dígitos puede ser escrito como un número hex de un dígito. Del mismo modo, un número binario de ocho dígitos puede ser escrito como un número hex de dos dígiots.

Binario	Hex	Decimal
0111	7	7
1011	B	11
0111 1011	7B	123
1011 0111	B7	183

Escribe un número hex y un número decimal para cada número binario.

1. 1101	**2.** 0110	**3.** 1111
4. 0100	**5.** 0010	**6.** 1010
7. 1110 1001	**8.** 1100 1011	**9.** 1101 0101
10. 0011 1011	**11.** 1000 0111	**12.** 1111 1111
13. 0101 1010 1101	**14.** 0011 0001 1011	**15.** 0111 1110 1001

INTRODUCCIÓN A LA CALCULADORA

El teclado de una calculadora tiene 3 clases de teclas.

Teclas de control $\boxed{C}$ $\boxed{CE}$ $\boxed{=}$ $\boxed{M+}$ $\boxed{CM}$ $\boxed{RM}$

Teclas de entrada $\boxed{0}$ $\boxed{1}$ $\boxed{2}$ $\boxed{3}$ $\boxed{4}$ $\boxed{5}$
de números $\boxed{6}$ $\boxed{7}$ $\boxed{8}$ $\boxed{9}$ $\boxed{\cdot}$

Teclas de funciones $\boxed{+}$ $\boxed{-}$ $\boxed{\times}$ $\boxed{\div}$ $\boxed{\%}$

Compara las teclas de tu calculadora con las teclas que aparecen arriba.

En algunas calculadoras puedes hacer operaciones repetidas usando la tecla del signo igual ($\boxed{=}$).

Halla $5 \times 5 \times 5$

    Entra $\boxed{5}$ $\boxed{\times}$ $\boxed{5}$ $\boxed{\times}$ $\boxed{5}$ $\boxed{=}$ ⟶ $\boxed{\quad\quad 125.}$

    o entra $\boxed{5}$ $\boxed{\times}$ $\boxed{5}$ $\boxed{=}$ $\boxed{=}$ ⟶ $\boxed{\quad\quad 125.}$

Halla $64 \div 2 \div 2 \div 2$.

    Entra $\boxed{6}$ $\boxed{4}$ $\boxed{\div}$ $\boxed{2}$ $\boxed{\div}$ $\boxed{2}$ $\boxed{\div}$ $\boxed{2}$ $\boxed{=}$ ⟶ $\boxed{\quad\quad 8.}$

    o entra $\boxed{6}$ $\boxed{4}$ $\boxed{\div}$ $\boxed{2}$ $\boxed{=}$ $\boxed{=}$ $\boxed{=}$ ⟶ $\boxed{\quad\quad 8.}$

▶Para usar la tecla $\boxed{=}$ para repetir multiplicación o la división entra el mismo número del signo igual que de signos de multiplicación o de división.

Halla $8 \times 8 \times 8 \times 8$. **Entra** $\boxed{8}$ $\boxed{\times}$ $\boxed{8}$ $\boxed{=}$ $\boxed{=}$ $\boxed{=}$ ⟶ $\boxed{\quad 4096.}$

   3 signos de multiplicación   3 veces el signo igual

Halla $72 \div 3 \div 3$.   **Entra** $\boxed{7}$ $\boxed{2}$ $\boxed{\div}$ $\boxed{3}$ $\boxed{=}$ $\boxed{=}$ ⟶ $\boxed{\quad\quad 8.}$

   2 signos de división   2 veces el signo igual

CON LA CALCULADORA

Usa la tecla $\boxed{=}$ de tu calculadora para hallar el valor de cada uno.

1. $5 \times 5 \times 5 \times 5$ **2.** $3 \times 3 \times 3 \times 3 \times 3$ **3.** $9 \times 9 \times 9 \times 9 \times 9$

4. $4 \times 4 \times 4 \times 4 \times 4$ **5.** $1,000 \div 10 \div 10$ **6.** $100,000 \div 10 \div 10 \div 10$

7. $729 \div 3 \div 3 \div 3 \div 3$ **8.** $624 \div 2 \div 2 \div 2 \div 2$ **9.** $1,000 \div 5 \div 5$

10. Halla una regla para usar la tecla $\boxed{=}$ para repetir la resta.

11. Halla una regla para usar la tecla $\boxed{=}$ para repetir la suma.

INTRODUCCIÓN A LA COMPUTADORA

Un sistema de computadoras incluye **equipo** y **programas.** El equipo o maquinaria incluye lo siguiente:

- un dispositivo de **entrada,** como un teclado, para introducir la información en la computadora

- una **unidad central procesadora (CPU, en inglés)** en donde se ejecutan todos los cálculos

- una **memoria** que almacena toda la información e instrucciones.

- un dispositivo de **salida,** como una pantalla o impresora, para sacar la información de la computadora.

Alguna información de la memoria se destruye cuando se apaga la computadora. Para evitar esto, los programadores almacenan sus programas en discos flexibles. Más tarde los programas pueden traerse a la memoria desde el disco flexible. De este modo un disco flexible puede usarse tanto para entrada como para salida.

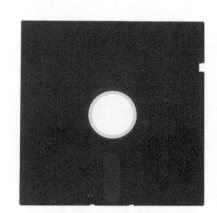

Los **programas** son el otro sistema de la computadora. Un programa es un grupo de instrucciones que le dice qué hacer al procesador. Existen muchos lenguajes para escribir programas. FORTRAN, Pascal y Logo son sólo unos pocos. BASIC es el lenguaje empleado por la mayoría de las computadoras para el hogar.

La tabla ilustra las traducciones en BASIC de algunos símbolos matemáticos.

Símbolo matemático	Símbolo BASIC	Ejemplo
+	+	25 + N
−	−	18 − A
×	*	A * B
÷	/	16/N

Se emplea un enunciado **PRINT** para decirle a una computadora que dé salida a palabras o números.

entra PRINT 8 * 9
salida 72

entrada PRINT 72/8
Salida 9

entrada PRINT " 15 + 9 = "; 15 + 9
salida 15 + 9 = 24

Cuando se emplean comillas, la computadora da salida exactamente a lo que está entre las comillas.

CON LA COMPUTADORA

Entra las órdenes. Escribe cada salida.

1. PRINT 27 * 54   1458
2. PRINT 119 - 82   37
3. PRINT 72/6   12
4. PRINT 9 * 6   54
5. PRINT "10 * N"   10 * N
6. PRINT "18 + 6"   18 + 6
7. PRINT "COMIENZA"
8. PRINT "5 * 9 = "; 5 * 9
9. PRINT "200 - 54 = "; 200 - 54

PERFECCIONAMIENTO DE DESTREZAS

Escoge las respuestas correctas. Escribe A, B, C o D.

1. ¿Cuál es la forma usual?
$(5 \times 10^6) + (1 \times 10^4) + (7 \times 10^2) + (3 \times 1)$

A 510,703   C 5,100,703
B 5,010,703   D no se da

2. Compara. 386,190 ⬤ 368,190

A >   C =
B <   D no se da

3. Redondea 2,906,154 a la centena más cercana.

A 2,906,200   C 2,907,000
B 2,906,100   D no se da

4. Redondea 906,154 a la decena de millar más cercana.

A 900,000   C 910,000
B 1,000,000   D no se da

5. Estima. 61,256 + 887 + 4,033

A 72,000   C 66,000
B 11,000   D no se da

6. Estima. 7,611 − 593

A 6,000   C 8,000
B 7,000   D no se da

7.   84,760
    + 46,034

A 130,794   C 120,794
B 38,726   D no se da

8. $3,223.56
   − 495.89

A $3,719.45   C $2,838.77
B $2,727.67   D no se da

9. Estima. 85 × 2,532

A 27,000   C 270,000
B 180,000   D no se da

10. 26 × 5,911

A 47,288   C 153,686
B 143,686   D no se da

11. ¿Qué es 9^5 como producto de factores?

A $9 \times 9 \times 9 \times 9 \times 9$ C $9 \times 5 \times 5$
B $9 \times 9 \times 9 \times 9$ D no se da

12. $113.46 ÷ 62

A $1.83   C $1.85
B $18.30   D no se da

13. $390\overline{)856,451}$

A 21,960 R11   C 2,196 R11
B 2,196   D no se da

Usa la ilustración para 14 y 15.

Suscripción anual de revistas		Precio
The Pen Pal	12 ejemplares	$15.00
World Weekly	52 ejemplares	$109.20
Tourist Times	40 ejemplares	$140.00
Aerospace Journal	6 ejemplares	$24.00
Museum News	12 ejemplares	$33.00

14. ¿Cuánto costaría subscribirse por un año a *The Pen Pal* y a *Tourist Times*?

A $124.20   C $173.00
B $249.20   D no se da

15. ¿Cuánto más cuesta por ejemplar el *Aerospace Journal* que el *World Weekly*?

A $14.20   C $2.56
B $1.90   D no se da

Tema: Los estados

Valor posicional

En 1796, los norteamericanos usaban las monedas que se muestran a la derecha.

Los **decimales** se usan para anotar valores entre números enteros. Los números 0.01, 0.005, 2.50, 0.05, 0.25, 0.10, y 0.50 son decimales.

La tabla muestra las posiciones decimales a la derecha de la posición de las unidades. Cada posición vale 10 veces más que la de su derecha.
El valor de cada posición puede escribirse con exponentes.

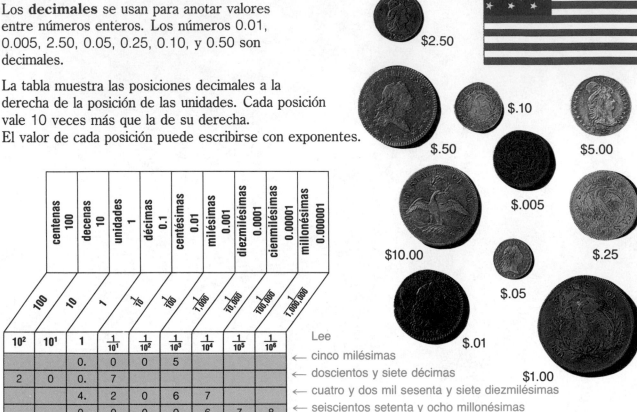

$2.50
$.10
$5.00
$.50
$.005
$10.00
$.25
$.05
$.01
$1.00

centenas 100	decenas 10	unidades 1	décimas 0.1	centésimas 0.01	milésimas 0.001	diezmilésimas 0.0001	cienmilésimas 0.00001	millonésimas 0.000001
100	10	1	$\frac{1}{10}$	$\frac{1}{100}$	$\frac{1}{1,000}$	$\frac{1}{10,000}$	$\frac{1}{100,000}$	$\frac{1}{1,000,000}$
10^2	10^1	1	$\frac{1}{10^1}$	$\frac{1}{10^2}$	$\frac{1}{10^3}$	$\frac{1}{10^4}$	$\frac{1}{10^5}$	$\frac{1}{10^6}$
		0.	0	0	5			
2	0	0.	7					
		4.	2	0	6	7		
		0.	0	0	0	6	7	8

Lee
← cinco milésimas
← doscientos y siete décimas
← cuatro y dos mil sesenta y siete diezmilésimas
← seiscientos setenta y ocho millonésimas

Los decimales también pueden escribirse en forma desarrollada.

$$4.2067 = (4 \times 1) + (2 \times 0.1) + (6 \times 0.001) + (7 \times 0.0001)$$

$$= (4 \times 1) + \left(2 \times \frac{1}{10^1}\right) + \left(6 \times \frac{1}{10^3}\right) + \left(7 \times \frac{1}{10^4}\right)$$

TRABAJO EN CLASE.

Escribe los decimales para cada uno.

1. ocho y siete centésimas

2. $(3 \times 10) + (7 \times 0.1) + (5 \times 0.001)$

3. $\left(6 \times \frac{1}{10}\right) + \left(8 \times \frac{1}{100}\right) + \left(2 \times \frac{1}{10,000}\right)$

4. cien y veinticinco milésimas

Da el valor del dígito 4 en cada número. Usa exponentes para escribir cada número en forma desarrollada.

5. 0.064   **6.** 17.403609   **7.** 300.04   **8.** 9.03045

PRÁCTICA

Une cada frase en la columna A con el decimal correcto en la columna B. Da el valor del dígito 4 en cada número y usa exponentes para escribir cada número en forma desarrollada.

A	B
1. sesenta y ocho y cuarenta y nueve centésimas	**a.** 500.0042
2. seis mil, ochocientos y cuarenta y nueve diezmilésimas	**b.** 5.402
3. 5 y 402 cienmilésimas	**c.** 6,800.0049
4. quinientos y cuarenta y dos diezmilésimas	**d.** 0.6849
5. 68 y 49 milésimas	**e.** 68.49
6. quinientos cuarenta y dos diezmilésimas	**f.** 0.0542
7. seis mil ochocientos cuarenta y nueve diezmilésimas	**g.** 5.00402
8. cinco y cuatrocientos dos milésimas	**h.** 68.049

Escribe el decimal para cada uno.

9. $3 \times \frac{1}{10}$

10. $\left(1 \times \frac{1}{10^1}\right) + \left(9 \times \frac{1}{10^3}\right)$

11. $(6 \times 10^3) + \left(5 \times \frac{1}{10^1}\right) + \left(3 \times \frac{1}{10^3}\right)$

12. $\frac{2}{100} + \frac{3}{1,000}$

13. $9 + 0.08 + 0.0001$

14. $\left(4 \times \frac{1}{10^2}\right) + \left(6 \times \frac{1}{10^3}\right) + \left(7 \times \frac{1}{10^6}\right)$

15. $(3 \times 1) + (4 \times 0.1) + (5 \times 0.001)$

16. $20 + 1 + \frac{5}{10} + \frac{3}{1,000} + \frac{6}{10,000}$

Escribe cada uno en forma decimal.

17. $\frac{23}{100}$

18. $\frac{72}{100}$

★**19.** $6\frac{45}{10,000}$

★**20.** $126\frac{746}{100,000}$

APLICACIÓN

Actualmente los norteamericanos usan cheques en vez de monedas o billetes. La cantidad en dólares se escribe en palabras y la cantidad en centavos se escribe como fracción. Escribe la cantidad de cada cheque en forma decimal.

Escribe la cantidad de cada cheque en forma decimal.

21.

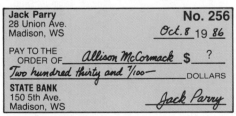

22.

```
Jack Parry                          No. 257
28 Union Ave.
Madison, WS                     Oct. 8 19 86
PAY TO THE
  ORDER OF  Baker's Auto Parts  $  ?
Twenty-eight and 56/100 ———— DOLLARS
STATE BANK
150 5th Ave.
Madison, WS              Jack Parry
```

★**23.** Además de los cheques arriba, Jack quiere escribir cheques por: $39.86; $15.28; $47.75; $97.55. Tiene $458.93 en su cuenta. ¿Tiene suficiente dinero para cubrir los cheques?

Comparar y ordenar decimales

Enumera los picos en orden desde el más alto al menos alto.

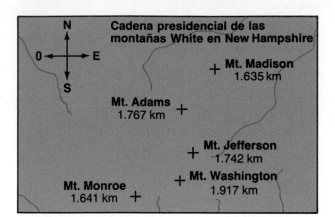

Para comparar dos decimales, comienza por la izquierda y halla la primera posición en donde los decimales son diferentes.

1.635 ⬤ 1.767	1.742 ⬤ 1.917	1.641 ⬤ 1.635
└─6 < 7─┘	└─7 < 9─┘	└─4 > 3─┘
1.635 < 1.767	1.742 < 1.917	1.641 > 1.635

En orden desde el más alto al menos alto, los picos son como sigue.

Pico Washington		Pico Adams		Pico Jefferson		Pico Monroe		Pico Madison
1.917 km	>	1.767 km	>	1.742 km	>	1.641 km	>	1.635 km

Cuando los números de las posiciones decimales en dos decimales son diferentes, añade ceros para comparar.

1.91732 ⬤ 1.917

1.91732 ⬤ 1.91700   **1.917 = 1.91700**

└─3 > 0─┘

1.91732 > 1.917

TRABAJO EN CLASE

Substituye cada ⬤ con <, >, ó =.

1. 15.290 ⬤ 15.209   **2.** 0.0127 ⬤ 0.01273   **3.** 4.63 ⬤ 4.630

4. 24.78 ⬤ 24.76   **5.** 116.458 ⬤ 116.4580   **6.** 0.0071 ⬤ 0.007

Enumera en orden de menor a mayor.

7. 0.216; 0.22; 0.2164; 0.209   **8.** 5.6; 5.601; 5.06; 5.061; 5.610

PRÁCTICA

Substituye cada ⬭ con <, >, ó =.

1. 0.32 ⬭ 0.34

2. 0.49 ⬭ 0.493

3. 2.63 ⬭ 2.6300

4. 7.09 ⬭ 7.089

5. 108.03 ⬭ 108.003

6. 0.056 ⬭ 0.56

7. 3.17 ⬭ 3.16

8. 46.00 ⬭ 46

9. 0.38 ⬭ 0.83

10. 47.03 ⬭ 47.026

11. 57.32 ⬭ 573.2

12. 0.061 ⬭ 0.1

13. 4.2 ⬭ 4.231

14. 0.0085 ⬭ 0.00850

15. 0.100332 ⬭ 0.100322

Enumera en orden de menor a mayor.

16. 2.54; 2.45; 2.5; 2.454063

17. 0.062; 0.059; 0.618; 0.06

18. 0.628; 4; 23.1; 1.3; 0.098

19. 0.048; 0.48; 4.8; 40.008; 0.408

Usa la lista de abajo para contestar 20–22.

0.132   0.1308   0.1329   0.1313   0.1332   0.1322   0.13   0.1306

20. Enumera los decimales que están entre 0.131 y 0.133.

21. Enumera los decimales que están entre 0.1305 y 0.1325.

22. Enumera los decimales que están entre 0.13055 y 0.13085.

Usa cada grupo de dígitos para escribir el menor decimal posible. Después usa cada grupo para escribir el mayor decimal posible menor que 1.

★ **23.** 6, 4, 1, 0

★ **24.** 3, 0, 9, 6, 0

★ **25.** 1, 0, 8, 0, 5, 4, 0

APLICACIÓN

SENDEROS PARA CAMINAR EN LAS MONTAÑAS BLANCAS	
Nombre	**Distancia (km)**
Bluff Artista	2.402
Basin-Cascades	4.803
Lago Lonesome	5.203
Monte Willard	4.003
Barranco de Tuckerman	6.404

26. Enumera los senderos en orden del más corto al más largo.

★ **27.** ¿Qué sendero es 8 décimas de kilómetro más largo que el del Monte Willard?

★ **28.** ¿Qué sendero es 4 décimas de kilómetro más largo que el de la Basin-Cascades?

Redondear decimales

El béisbol organizado comenzó en 1846 cuando los Nine y los Knickerbockers jugaron en Hoboken, New Jersey. Hoy el béisbol es el pasatiempo nacional. El público sigue los récords de sus jugadores favoritos. Una temporada, Dave Winfield de los Yankees, bateó un promedio de 0.2826475. Redondea el promedio de Winfield a la milésima más cercana.

Para redondear decimales sigue este flujograma.

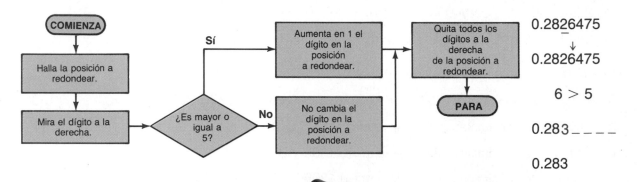

0.282**6**475
↓
0.282**6**475

6 > 5

0.283_ _ _ _

0.283

El promedio de bateo de Dave Winfield fue 0.283.

Más ejemplos

a. 0.547 redondeado a la unidad más cercana es 1.

b. 3.145 redondeado a la décima más cercana es 3.1.

c. 0.00596 redondeado a la diezmilésima más cercana es 0.0060.

d. $5.372 redondeado al centavo más cercano es $5.37.

TRABAJO EN CLASE

Redondea a la unidad más cercana, a la centésima más cercana y a la cienmilésima más cercana.

1. 0.934518   **2.** 4.398076   **3.** 0.006298

Redondea al centavo más cercano.

4. $16.034   **5.** $.895   **6.** $205.996

34

PRÁCTICA

Redondea a la posición indicada.

unidad más cercana	**1.** 0.63	**2.** 49.864	**3.** 0.0459
décima más cercana	**4.** 4.026	**5.** 21.3791	**6.** 0.984
centésima más cercana	**7.** 51.8312	**8.** 0.00346	**9.** 5.99861
milésima más cercana	**10.** 9.99964	**11.** 2.0453	**12.** 0.00465
cienmilésima más cercana	**13.** 11.696513	**14.** 0.638997	**15.** 0.0196375
centavo más cercano	**16.** $4.443	**17.** $.996	**18.** $12.6782

Redondea 246.3799515 a la posición indicada.

19. unidad más cercana   **20.** décima más cercana   **21.** centésima más cercana

22. milésima más cercana   **23.** diezmilésima más cercana   **24.** cienmilésima más cercana

25. millonésima más cercana   **26.** decena más cercana   **27.** centena más cercana

APLICACIÓN

Para hallar el promedio de bateo de un jugador, divide el número de "hits" por el número de veces que bateó. Para hallar los promedios de bateo indicados abajo se usó una calculadora. Completa la tabla.

	Jugador	Número de "hits"	Número de veces que bateó	Promedio que muestra la calculadora	Promedio de bateo redondeado a milésimas
28.	Don Mattingly	207	603	0.3432835	
29.	Darryl Strawberry	131	522	0.2509578	
★ **30.**	Ken Griffey	109	399	0.2731829	

RAZONAMIENTO LÓGICO

Usa las pistas para nombrar cada número.

1. Si redondeas el número a la unidad más cercana, obtienes 4.
Si redondeas el número a la décima más cercana, obtienes 4.0.
Si redondeas el número a la centésima más cercana, obtienes 4.00.
Es el menor de esos números.

★ **2.** Si redondeas el número a la décima más cercana, obtienes 0.0.
Si redondeas el número a la centésima más cercana, obtienes 0.02.
Si redondeas el número a la milésima más cercana, obtienes 0.019.
Es el mayor de esos números.

DON MATTINGLY OF-1B

Estimar sumas y diferencias

La familia Chen va a camping al Parque Nacional Blue Ridge Parkway. La Sra. Chen se basó en los costos de las vacaciones del año anterior para estimar sus gastos para este viaje.

GASTOS DE VIAJE			
Artículo	Costo	Artículo	Costo
baterías	$ 6.88	lugares de campamento	$ 59.70
cantimploras	8.79	combustible	45.65
comida y varios	84.63	y peaje ropa	32.49

Estima con decimales como lo hiciste con números enteros. Mentalmente haz lo siguiente.

- Redondea cada número a la posición mayor del número mayor que no sea cero.

- Después suma o resta.

redondea a decenas.

$$
\begin{array}{rcl}
\$\ 6.88 & \longrightarrow & \$10 \\
8.79 & \longrightarrow & 10 \\
84.63 & \longrightarrow & 80 \\
59.70 & \longrightarrow & 60 \\
45.65 & \longrightarrow & 50 \\
+\ 32.49 & \longrightarrow & +\ 30 \\
\hline
& & \$240
\end{array}
$$

Los Chens gastarán unos $240.

Para obtener un estimado más aproximado, recuerda redondear a una posición más hacia la derecha.

a. Estima $15.63 - 3.865$.

$$
\begin{array}{r} 20 \\ -\ 0 \\ \hline 20 \end{array}
$$
Estimado demasiado grande $\longleftarrow$

$$
\begin{array}{r} 16 \\ -\ 4 \\ \hline 12 \end{array}
$$
Estimado más aproximado $\longleftarrow$

b. Estima $134.376 + 47.2$

$$
\begin{array}{r} 100 \\ +\ 0 \\ \hline 100 \end{array}
$$
Estimado demasiado pequeño $\longleftarrow$

$$
\begin{array}{r} 130 \\ +\ 50 \\ \hline 180 \end{array}
$$
Estimado más aproximado $\longleftarrow$

TRABAJO EN CLASE

Estima.

1.
$$
\begin{array}{r} \$5.97 \\ 3.51 \\ +\ .76 \\ \hline \end{array}
$$

2.
$$
\begin{array}{r} 4.1052 \\ -\ 1.2149 \\ \hline \end{array}
$$

3.
$$
\begin{array}{r} 14.061 \\ -\ 7.876 \\ \hline \end{array}
$$

4.
$$
\begin{array}{r} 0.968 \\ 0.98 \\ +\ 1.043 \\ \hline \end{array}
$$

5.
$$
\begin{array}{r} \$26.78 \\ -\ 18.43 \\ \hline \end{array}
$$

6. $4.78 + 12.286 + 8.61 + 9.486$

7. $163.4 + 74.9 + 16.2 + 98.7$

PRÁCTICA

Estima.

1. 3.152 − 1.0637	**2.** 26.34 + 18.637	**3.** 49.814 − 11.9	**4.** $476.95 − 216.98	**5.** 2.264 − 0.8615

6. $1.29 2.14 1.83 + 3.62	**7.** $2.03 1.08 1.44 + 5.75	**8.** $ 4.33 8.52 26.42 + 11.88	**9.** 2.871 0.9543 7.0164 + 0.737	**10.** 11.431 9.1074 23.06 + 5.718

11. $12.10 + $10.50 + $2.12   **12.** 3.46 + 0.891 + 1.41   **13.** 7.432 − 5.961

14. 0.569 + 1.08 + 2.2   **15.** 9.281 − 4.0156   **16.** 18.28 − 4.0482

17. 18.5 + 7.612 + 26.818 + 11.14   **18.** 0.645 + 2.51 + 0.9 + 1.311 + 1.25

Estima cada suma. Después usa una calculadora para hallar la suma verdadera. Usa el estimado para comprobar lo que muestra la calculadora.

★**19.** 6.309 0.83 7.4 + 0.9541	★**20.** 0.8635 0.9542 0.1734 + 1.0043	★**21.** 75.64 34.079 8.33 21.067 + 3.08	★**22.** 0.54371 1.00634 0.87402 0.93781 + 2.01346

APLICACIÓN

23. La distancia desde la Cima Smoky hasta el Punto Shenandoah es 2.2 millas. Estima la distancia que los Chens tendrían que recorrer si fueran desde la estación del guardabosques hasta la Cima Smoky, hasta el Punto Shenandoah y de vuelta a la estación.

24. Los Chens pueden recorrer alrededor de 1 milla en media hora. ¿Cuánto tardarían en hacer el recorrido del problema 23?

25. Estima qué sendero sería más corto desde la Montaña Lookout hasta la estación del guardabosque hasta el Punto Shenandoah, o desde el Valle View hasta la estación del guardabosque hasta la Cima Smoky.

★**26.** Busca un sendero que les llevaría a los Chens
   a. unas 2 horas.
   b. unas 3 horas.
   c. unas $2\frac{1}{2}$ horas.

Distancia a la estación del guardabosques

Monte Lookout	2.9 mi
Valle View	3.3 mi
Cima Smoky	3.8 mi
Punto Shenandoah	2.4 mi

Sumar y restar decimales

3.86	0.5	2
1.8	3	4.015
2.407	0.19	?

Comienza →

La suma de los números indicados por la flecha roja es 12. ¿Cuál es el número que falta?

$$3.86 + 0.5 + 3 + 4.015 + ? = 12$$

Suma y resta como si fueran números enteros. Alinea los puntos decimales. Añadir ceros podría ayudarte a alinear los puntos.

```
  3.860
  0.500
  3.000
+ 4.015
 11.375
```

```
     9 9
   1 101010
  1 2 . 0 0 0
 − 1 1 . 3 7 5
    0 . 6 2 5
```

El número que falta es 0.625.

Puedes estimar para asegurarte de que tu respuesta tiene sentido, o puedes sumar para comprobar la exactitud de tu respuesta.

Estima.

```
  3.86  ⟶    4
  0.5   ⟶    1
  3.    ⟶    3
+ 4.015 ⟶  + 4
            12
```

Suma.

```
    0.625
 + 11.375
  12.000 = 12
```

Viajando con Charley de John Steinbeck

TRABAJO EN CLASE

Suma o resta. Comprueba cada respuesta.

1.
```
  0.86
  0.31
+ 2.41
```

2.
```
 $214.08
   8.63
    .94
+ 72.00
```

3.
```
  8.78
− 5.93
```

4.
```
  23.4
− 9.86
```

5. $4 + 0.6 + 0.835 + 2.3$

6. $67 − 46.23$

PRÁCTICA

Suma o resta. Comprueba cada respuesta.

1.   1.9034
  − 0.66
	2. 1.784
	  + 2.416
		3. 0.09351
		  − 0.087
			4. 13
			  − 6.5437

5.   75.819
  − 31.729
	6. $ 2.17
	    10.32
	  + 6.09
		7. 22.31
		  84.152
		   6.036
		  + 17.01
			8. 74.9
			  26.3
			  9.88
			  + 5

9. 1.06 − 0.583   **10.** 2 − 0.865   **11.** 24.6 − 13.893

12. 3.012 + 52 + 0.596 + 18.05

13. 14.768 + 108.73 + 8.713 + 0.6755

Nombra los números que faltan.

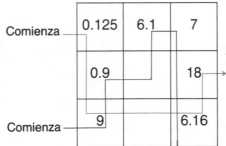

Comienza → | 0.125 | 6.1 | 7 |

0.9   18 →

Comienza → 9   6.16

14. La suma a lo largo de la flecha roja es 55.5.

15. La suma a lo largo de la flecha azul es 36.06.

Pon un punto decimal en cada sumando para hacer que cada oración sea verdadera.

★ **16.** 64 + 735 + 93 = 23.05   ★ **17.** 237 + 153 + 303 = 20.7

★ **18.** 75 + 625 + 83 = 15.3   ★ **19.** 725 + 625 + 2125 = 10

APLICACIÓN

John Steinbeck escribió un libro sobre sus viajes por los estados con su perro Charley. Aquí tenemos parte de su viaje.

20. Recorrieron en carro 80 km de New York a Ohio. ¿Qué distancia había de Springfield, Pennsylvania hasta Ohio?

★ **21.** Comenzaron en Long Island y recorrieron 1,920 km hasta Maine, después 2,030 km al Niágara y 180 km a Pennsylvania. ¿Cuánto habían recorrido cuando llegaron a Ohio?

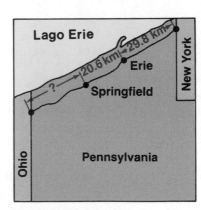

Práctica mixta

1. 765 + 849

2. 47 × 614

3. 15)‾780‾

4.   25,409
  + 38,796

5.   146,705
  − 98,947

6.   4,605
  × 246

7. 2,143 + 847

8. 24)‾7,596‾

9. 8)‾45,362‾

10.   36,781
   5,063
  + 57,908

11. 408 × 352

12. 5,018 − 748

13.   26,043
  ×   78

14.   6,475,014
  − 3,807,568

15. 76)‾49,652‾

Problemas para resolver

DEMASIADA O MUY POCA INFORMACIÓN

En algunos problemas hay datos que no son necesarios. Otras veces hay muy poca información para resolver el problema. Debes decidir qué datos son necesarios y cuáles son extra.

Texas es el segundo estado más grande de Estados Unidos. Tiene un área de 692,397 kilómetros cuadrados. Texas se independizó de México en 1836. Se mantuvo como nación independiente durante 9 años. Después fue admitida en Estados Unidos como un estado. ¿En qué año pasó Texas a ser estado?

PIENSA

¿Cuál es la pregunta?

¿En qué año pasó Texas a ser estado?

¿Cuáles son los datos?

Texas es el segundo estado más grande. El área de Texas es de 692,397 kilómetros cuadrados. Se independizó de México en 1836. Fue una nación independiente durante 9 años.

¿Hay datos extra?

Sí. El área de Texas y el dato de que es el segundo estado más grande son datos extra.

PLANEA

¿Cómo puede hallarse la respuesta?

Para hallar el año en que Texas fue admitida en Estados Unidos, suma 9 años a 1836.

$$1836 + 9 = n$$

RESUELVE

Desarrolla el plan. Después contesta la pregunta.

$$\begin{array}{r} 1836 \\ + \quad 9 \\ \hline 1845 \end{array}$$

Texas pasó a ser estado en 1845.

REVISA

¿Se ha contestado la pregunta? ¿Tiene sentido la respuesta?

Comprueba los datos nuevamente. La respuesta es correcta.

PRÁCTICA

Si hay suficiente información, resuelve el problema. Si hay información extra, indica qué es extra y resuelve el problema. Si no hay suficiente información, indica lo que falta.

1. Oklahoma fue admitido como estado en 1907. Fue el cuadragésimosexto estado. ¿Cuántos estados fueron admitidos en Estados Unidos antes de Oklahoma?

2. En 72 condados de Oklahoma se encontró petróleo o gas natural. En los terrenos de la capital del estado se perforaron dieciocho pozos. ¿Cuántos pozos se perforaron?

3. Rhode Island, el estado más pequeño, tiene unos 77 km de longitud y 60 km de ancho. Podría caber 200 veces en Texas y casi 500 veces en Alaska. ¿Cuántas veces más cabe Rhode Island en Alaska que en Texas?

4. Block Island en el Océano Atlántico queda a 22 km en ferry desde Rhode Island. El faro de la isla está sobre un acantilado que pierde 0.8 m por año debido a la erosión. El faro podría derrumbarse hacia el año 2000. ¿Qué altura tiene el faro?

5. En mayo de 1858, Minnesota se convirtió en el trigésimo segundo estado en ser admitido en Estados Unidos. Conocido como la "Tierra de los 10,000 lagos," Minnesota tiene más de 15,000 lagos. ¿Cuántos más lagos tiene Minnesota de lo que implica su apodo?

6. Minnesota tiene una de las minas a cielo abierto más grandes del mundo. La mina tiene 4.8 km de largo y 1.6 km de ancho. Tiene más profundidad que un edificio de 50 pisos tiene de altura. ¿Cuánto más mide la mina de largo que de ancho?

7. Alaska fue admitido en 1959. Delaware, el primero en integrarse a la Unión, es el segundo estado más pequeño. ¿Cuánto tiempo después de que Delaware se unió a la Unión se integró Alaska?

★8. En Alaska hay un poste de tótem hecho en tres partes. Tiene 14.7 m de altura y 3.4 m de diámetro. Mide 10.4 m de altura sin la parte superior. La parte inferior tiene 4.9 m de altura. ¿Cuál es la parte más alta?

CREA TU PROPIO PROBLEMA

Para cada grupo de datos, escribe un problema. Después resuélvelo.

1. Área de los Grandes Lagos

Lago Huron	59,570 kilómetros cuadrados
Lago Ontario	19,520 kilómetros cuadrados
Lago Michigan	57,990 kilómetros cuadrados
Lago Erie	25,730 kilómetros cuadrados
Lago Superior	82,380 kilómetros cuadrados

2. El punto más alto de Texas es el Pico Guadalupe que mide 2,667 m de altura. El punto más bajo de Texas es el Golfo de México, a nivel del mar.

Estimar productos

En 1896 en Detroit, Michigan, Henry Ford construyó su primer carro impulsado por gasolina. En la época en que su carro se hizo popular, la gasolina costaba alrededor de $.25 por galón.

La Srta. Molinero se detuvo hoy en Detroit para comprar gasolina. ¿Aproximadamente cuánto pagará en total?

Para estimar un producto, haz lo siguiente mentalmente.

Paso 1

Redondea cada factor a su posición mayor que no sea cero.

$$\begin{array}{r} \$1.169 \\ \times\ \ \ \ \ 7.6 \end{array}$$ se redondea a $$\begin{array}{r} \$1 \\ \times\ \ 8 \end{array}$$

Paso 2

Después multiplica.

$$\begin{array}{r} \$1 \\ \times\ \ 8 \\ \hline \$8 \end{array}$$

La Srta. Molinero pagará unos $8.

Más ejemplos

a.
$$\begin{array}{r} 0.985 \\ \times\ 82.391 \end{array}$$ se redondea a $$\begin{array}{r} 1.0 \\ \times\ 80 \\ \hline 80 \end{array}$$

b.
$$\begin{array}{r} 188.8 \\ \times\ 2.64 \end{array}$$ se redondea a $$\begin{array}{r} 200 \\ \times\ 3 \\ \hline 600 \end{array}$$

c.
$$\begin{array}{r} \$68.73 \\ \times\ 7.96 \end{array}$$ se redondea a $$\begin{array}{r} \$70 \\ \times\ 8 \\ \hline \$560 \end{array}$$

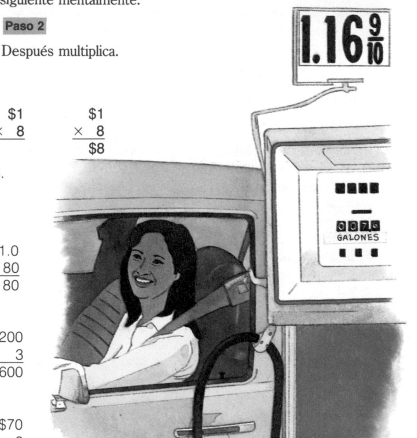

TRABAJO EN CLASE

Estima.

1. $$\begin{array}{r} 3.141 \\ \times\ \ \ \ 85 \end{array}$$

2. $$\begin{array}{r} \$74.29 \\ \times\ \ 0.982 \end{array}$$

3. $$\begin{array}{r} 7.38 \\ \times\ 36.4 \end{array}$$

4. $$\begin{array}{r} 66.003 \\ \times\ 11.35 \end{array}$$

5. $$\begin{array}{r} 81.67 \\ \times\ 3.25 \end{array}$$

6. 8.6×4.325

7. 5.21×8.763

8. $1.2 \times 63 \times \$17.98$

PRÁCTICA

Estima.

1. 4.32 × 6	**2.** 5.64 × 8.1	**3.** 73.2 × 5.6	**4.** $6.75 × 49.2	**5.** 2.39 × 8.88
6. 2.913 × 0.971	**7.** 47.25 × 3.96	**8.** 85.90 × 1.43	**9.** $37.95 × 72	**10.** 6.75 × 5.302
11. 2.543 × 93	**12.** 11.096 × 1.73	**13.** $11.34 × 5.96	**14.** 0.984 × 1.972	**15.** 43.2 × 0.993

16. 2.84 × $3.25

17. 27 × 9.016

18. 573.6 × 19.58

19. 4.8 × 63.27

20. 4.16 × 0.98

21. 4.76 × 1.85 × 3.31

22. 6.43 × 19.31 × 28.4

23. 0.956 × 38.7 × 76.14

24. 9.164 × 7.862 × 12.405

Usa un estimado para ayudarte a seleccionar la respuesta correcta.

25. 4.68 × 8.41
 a. 3.93588
 b. 39.3588
 c. 393.588

26. 11.4 × 6.71
 a. 764.94
 b. 7.6494
 c. 76.494

27. 0.97 × 17.3
 a. 16.781
 b. 167.81
 c. 1.6781

28. 6.85 × 45.6
 a. 3.1236
 b. 31.236
 c. 312.36

Los siguientes productos se hallaron con una calculadora. Usa el estimado para ayudar a determinar cuáles productos son correctos.

★ 29. 0.9875
 × 3.62
 `8.7545`

★ 30. 26.35
 × 7.34
 `193.409`

★ 31. 4.136
 × 6.8
 `48.3248`

★ 32. 143.5
 × 2.106
 `202.211`

APLICACIÓN

Estima.

33. Una estación de gasolina tiene 3 tanques con 6,000 galones cada uno. Cada día la estación sirve a unos 85 clientes un promedio de 9.3 galones cada uno. ¿Cada cuánto tiempo se vuelven a llenar los tanques?

6.6	3.96	0.35
1.78	0.88	6.59
0.874	7.2	7.62

Gasolina 25¢ el galón

=== RAZONAMIENTO LÓGICO ===

1. ¿Cuáles dos números del letrero dan el producto mayor? ¿el producto menor?

2. ¿Cuáles tres números dan el producto mayor? ¿el producto menor?

43

Multiplicar decimales

El rostro de Abraham Lincoln en el Monte Rushmore es casi 74 veces más grande que el rostro verdadero de Lincoln. Su rostro medía unos 0.25 metro de largo. ¿Cuánto tendrán que escalar Roger y Eve para escapar bajando por el rostro de Lincoln?

Multiplica 74 × 0.25.

Cary Grant y Eva Marie Saint son Roger Thornhill y Eve Kendall en la película *North by Northwest* de Alfred Hitchcock

Paso 1

Multiplica como si fueran números enteros.

```
   0.25
 ×   74
    100
    175
   1850
```

Tendrían que escalar unos 18.5 metros.

Paso 2

El número de posiciones decimales en la respuesta es igual al número total de posiciones decimales en los factores.

```
   0.25 ⎫
 ×   74 ⎬ ← 2 posiciones
  18.50 ← 2 posiciones
```

Estima para asegurarte de que la respuesta tiene sentido.

```
   0.25 ⟶    0.3
 ×   74 ⟶ ×  70
              21.0
```

La respuesta es aproximadamente 21, de modo que el punto decimal está correctamente puesto.

Más ejemplos

a.
```
   3.5 ⎫ ← 2 posiciones
 × 8.3 ⎭
  1 05
 28 0
 29.05 ← 2 posiciones
```

b.
```
   27.3 ⎫ ← 3 posiciones
 × 0.86 ⎭
  1 638
 21 84
 23.478 ← 3 posiciones
```

c.
```
   0.018 ⎫ ← 4 posiciones
 ×   2.3 ⎭
      54
      36
  0.0414 ← 4 posiciones
    ↑
```
Añade un cero para que haya suficientes posiciones.

TRABAJO EN CLASE

Multiplica. Estima para asegurarte de que cada respuesta tiene sentido.

1.
```
   3.75
 ×  2.4
```

2.
```
   0.123
 × 0.026
```

3.
```
   0.012
 ×  4.07
```

4.
```
   8.3057
 ×    321
```

5. 0.4 × 32.8

6. 0.25 × 0.0684

PRÁCTICA

Multiplica. Estima para asegurarte de que cada respuesta tiene sentido. Redondea **2, 8 y 12** al centavo más cercano.

1. 4.97 × 0.2	**2.** $16.38 × 2.1	**3.** 3.89 × 0.25	**4.** 0.012 × 3.5	**5.** 7,239 × 0.45

6. 0.002 × 0.01	**7.** 7.841 × 35	**8.** $52.68 × 0.421	**9.** 9.328 × 0.005	**10.** 0.0017 × 0.23

11. 0.16 × 574

12. 0.03 × $4.36

13. 0.06 × 1.003

14. 0.0091 × 0.047

15. 83 × 0.17 × 74.2

16. 7.3 × 0.02 × 6.15

17. 0.069 × 0.357 × 0.02

Halla cada salida.

Regla: Multiplica por 8.06.

	Entrada	Salida
18.	0.05	
19.	0.0694	
20.	3.9	

Regla: Multiplica por 0.319.

	Entrada	Salida
21.	7.82	
22.	0.354	
23.	74.7	

Regla: Multiplica por 0.076.

	Entrada	Salida
24.	8,953	
25.	0.043	
26.	25.8	

Nombra los números.

★**27.** La suma de dos decimales es 1.4. Su producto es 0.48. ¿Cuáles son los dos decimales?

★**28.** La suma de dos decimales es 3.8. Su producto es 3.25. ¿Cuáles son los dos decimales?

★**29.** La suma de dos decimales es 6. Su producto es 8.75. ¿Cuáles son los dos decimales?

APLICACIÓN

HAZLO MENTALMENTE

1. 14 × 2 14 × 0.2 14 × 0.02 14 × 0.002	**2.** 7 × 0.3 70 × 0.3 700 × 0.3 7,000 × 0.3	**3.** 8 × 15 8 × 1.5 8 × 0.15 8 × 0.015
4. 4.5 × 20 4.5 × 2 4.5 × 0.2 4.5 × 0.02	**5.** 40 × 7.5 4 × 7.5 0.4 × 7.5 0.04 × 7.5	**6.** 3.4 × 5 34 × 0.5 340 × 0.05 3,400 × 0.005

Dividir decimales entre números enteros

Divide decimales como si fueran números enteros. Pon el punto decimal en el cociente arriba del punto en el dividendo.

```
      12.74
26)331.24
    26
    ‾‾
    71
    52
    ‾‾
    19 2
    18 2
    ‾‾‾‾
     1 04
     1 04
```

Multiplica para comprobar.
26 × 12.74 = 331.24

Otra manera de comprobar tu división es estimar.
Haz lo siguiente mentalmente.

Paso 1

Redondea el divisor.

```
30
26)331.24
```

Paso 2

Pon el punto en el cociente.

```
30        .
26)331.24
```

Paso 3

Halla el primer dígito del cociente.

```
30      1 .
26)331.24
```

Paso 4

Escribe ceros para todos los otros dígitos del cociente a la izquierda del punto.

```
30      10.
26)331.24
```

La respuesta 15.74 es razonable, pues es aproximadamente 10.

A veces debes añadir ceros al dividendo para completar la división.

```
     0.8
8)6.5
  6 4
  ‾‾‾
    1
```

← Añade ceros para continuar.

```
     0.8125
8)6.5000
  6 4
  ‾‾‾
    10
     8
    ‾‾
    20
    16
    ‾‾
     40
     40
```

Comprueba

Multiplica. 8 × 0.8125 = 6.5

Estima.
```
   0.8
8)6.5
```

TRABAJO EN CLASE

Divide. Comprueba cada respuesta.

Recuerda que $\frac{11}{4}$ significa 11 ÷ 4.

1. 9)31.5

2. 25)3.35

3. $\frac{11}{4}$

4. 0.645 ÷ 15

5. 64)2.4

PRÁCTICA

**Divide. Comprueba las respuestas del 1–8 multiplicando. Comprueba
las respuestas del 9–20 estimando.**

1. $8\overline{)48.16}$

2. $6\overline{)\$44.22}$

3. $5\overline{)2.067}$

4. $4\overline{)0.9374}$

5. $65\overline{)149.5}$

6. $22\overline{)0.3036}$

7. $89\overline{)\$1,100.04}$

8. $35\overline{)22.295}$

9. $6.4 \div 25$

10. $38\overline{)52.25}$

11. $20\overline{)1.25}$

12. $175 \div 56$

13. $2.544 \div 60$

14. $\frac{9}{16}$

15. $75\overline{)4.53}$

16. $337\overline{)91.327}$

17. $144\overline{)\$224.64}$

18. $\frac{1.5}{125}$

19. $238\overline{)63.07}$

20. $\frac{468}{288}$

Las respuestas de abajo son estimados. Corrige cualquier estimado inexacto.

21. $37\overline{)\overset{0.4}{1.628}}$

22. $73\overline{)\overset{\$.09}{\$68.62}}$

23. $46\overline{)\overset{5}{264.04}}$

24. $62\overline{)\overset{\$60}{\$389.98}}$

25. $215\overline{)\overset{0.003}{0.06235}}$

26. $537\overline{)\overset{0.2}{10.203}}$

27. $472\overline{)\overset{0.005}{2.5016}}$

28. $732\overline{)\overset{0.5}{360.876}}$

Halla cada cociente.

★ 29. $\dfrac{6.4 \times 1.3}{8}$

★ 30. $\dfrac{5.76}{4 \times 0.5}$

★ 31. $\dfrac{2.14 + 3.5}{3}$

★ 32. $\dfrac{7.8 \times 0.35}{14 \times 5}$

APLICACIÓN

Alrededor de 1840, pioneros como George
William Bush y su familia recorrían el Sendero
de Oregon para llegar a la región de Oregon.

33. Viajando 10 horas por día, las caravanas
viajaban 25 km. Como promedio,
¿cuánta distancia recorrían por hora?

34. ¿Cuántos días tardaría una caravana de
carretas para ir desde Independence,
Missouri hasta Fort Laramie, Wyoming?

35. Si viajaras en carro hoy desde Independence
hasta Fort Laramie, a una velocidad de
80 km por hora, ¿cuánto duraría el viaje?

★ 36. ¿Cuántos días tardaría una caravana de
carretas para recorrer la distancia de 3,222
km del Sendero de Oregon? ¿Cuánto
se tardaría en carro? Redondea ambas
respuestas a la unidad más cercana.

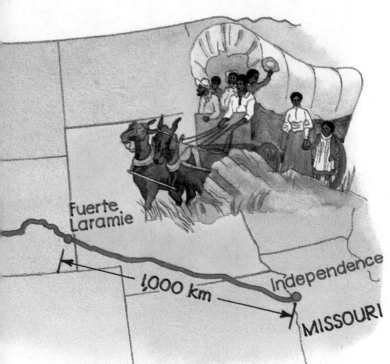

Fuerte
Laramie

1,000 km

Independence

MISSOURI

Dividir decimales

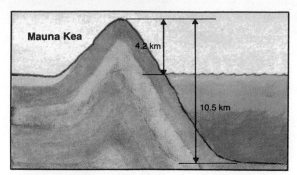

Mauna Kea

4.2 km

10.5 km

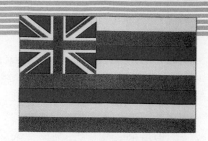

El Mauna Kea de Hawaii es la montaña más alta del mundo si se mide desde su base en el fondo del océano. ¿Qué parte del Mauna Kea está sobre el nivel del mar?

$$\frac{4.2}{10.5} \longrightarrow 10.5 \overline{)4.2}$$

Para dividir un decimal, sigue estos pasos.

Paso 1 Cambia el divisor a un número entero multiplicándolo por una potencia de 10.

$$10\underset{\rightarrow}{5.}\overline{)4.2}$$

Paso 2 Multiplica el dividendo por la misma potencia de 10. Pon el punto decimal en el cociente.

$$105\overline{)4\underset{\rightarrow}{2.}}$$

Paso 3 Divide como si fueran números enteros.

$$\begin{array}{r} 0.4 \\ 105\overline{)42.0} \\ \underline{42\ 0} \end{array}$$

0.4 del Mauna Kea está sobre el nivel del mar.

TRABAJO EN CLASE

Divide. Comprueba cada respuesta.

1. $2.4\overline{)0.072}$

2. $2.1\overline{)16.8}$

3. $0.36\overline{)837}$

4. $\frac{18}{12.5}$

5. $19.68 \div 12.3$

6. $14.57 \div 3.875$

Mauna Loa de Hawaii en erupción

PRÁCTICA

Divide. Comprueba las respuestas del 1–8 multiplicando. Comprueba las respuestas del 9–16 estimando.

1. $0.4\overline{)17.28}$ 2. $0.6\overline{)\$3.72}$ 3. $0.5\overline{)356}$ 4. $0.8\overline{)0.15}$

5. $0.23\overline{)1.5088}$ 6. $0.133 \div 1.9$ 7. $0.03\overline{)675}$ 8. $0.57\overline{)3.6765}$

9. $2.5\overline{)\$20.10}$ 10. $5.2\overline{)\$314.60}$ 11. $0.2816 \div 0.04$ 12. $0.35\overline{)0.9625}$

13. $117 \div 0.45$ 14. $0.051\overline{)0.6426}$ 15. $\dfrac{2{,}345}{6.7}$ 16. $\dfrac{6.225}{0.025}$

17. $\dfrac{41}{3.2}$ 18. $2.54\overline{)2.2225}$ 19. $17.25 \div 55.2$ 20. $38.7\overline{)126.162}$

Usa un estimado para ayudarte a escoger la respuesta correcta.

21. $0.234\overline{)1.32093}$
  a. 5.645
  b. 56.45
  c. 564.5

22. $6.75\overline{)3{,}029.4}$
  a. 44.88
  b. 448.8
  c. 4,488

23. $12.56\overline{)816.4}$
  a. 0.65
  b. 6.5
  c. 65

24. $10.08 \div 0.18$
  a. 0.56
  b. 5.6
  c. 56

Halla cada dígito que falta.

25.
```
        ■ ■ ■.■
7.■)3 2 7.■ ■
  0 3 ■ 4
    2 3 ■
    ■ ■ 8
      7 ■
      ■ ■
```

★26.
```
            ■ 0.■ 1
0.4 5 3)9.2 4
        9 ■ ■
        ■ ■ ■ ■
        ■ ■ 1 2
          ■ ■ ■
          ■ ■ ■
```

★27.
```
              0.■ ■ ■ ■
5 7 ■)■ ■.3 5 ■ ■ 6
      4 5 ■ ■
      ■ ■ ■ 9
      2 ■ ■ 8
        ■ ■ 3 ■
        ■ ■ ■ ■
        ■ ■ 1 6
        ■ ■ ■ ■
```

APLICACIÓN

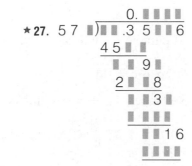

28. Mauna Loa en Hawaii es el volcán más grande del mundo. Tiene unos 9.1 km de altura. Se eleva 4.2 km sobre el mar. Redondeado a la décima más cercana, ¿qué parte del Mauna Loa está sobre el nivel del mar?

29. En su punto más ancho el Mauna Loa tiene casi 120 km de ancho. ¿Aproximadamente, cuántas veces más ancho que alto es el Mauna Loa? Estima.

★30. El Monte Waialeale en la isla de Kauai es el lugar más húmedo de la tierra. Llueve un promedio de 11.7 m por año. ¿Cuántos metros por mes es eso? ¿por semana?

★31. En 1948 llovió una cifra récord de 15.77 m en el Monte Waialeale. Allí llueve aproximadamente el 0.96 de los días del año. Como promedio, ¿cuánto llovió cada día en 1948? Redondea a la centésima más cercana.

Redondear cocientes

Peter Vidmar compitió en las Olimpiadas de 1984 en Los Angeles, California. ¿Qué puntaje medio habría obtenido Peter si los jueces le hubieran dado estos puntos por un total de 78.65? Redondea a la centésima más cercana.

9.90	9.65	9.85	9.95	9.85	9.90	9.75	9.80

Para redondear un cociente, divide hasta una posición más que la posición a la que estás redondeando.

```
      9.831   redondea a   9.83.
  8)78.650   ← Para redondear a centésimas,
    72          divide hasta milésimas.
    ─────
     6 6
     6 4
     ────
       25
       24
       ────
        10
         8
         ──
         2
```

El puntaje de Vidmar habría sido 9.83.

Otro ejemplo

Redondea 12 ÷ 7.2 a la décima más cercana.

```
       1.66   redondea a   1.7
  7.2)12 0.00   ← Para redondear a décimas,
     7 2           divide hasta centésimas.
     ────
     4 8 0
     4 3 2
     ─────
       4 80
       4 32
       ─────
         48
```

TRABAJO EN CLASE.

Divide. Redondea a la centésima más cercana; a la milésima más cercana. Estima para asegurarte de que cada respuesta tiene sentido.

1. $3\overline{)2.78}$

2. $3 \div 0.7$

3. $1.8\overline{)3.75}$

4. $37\overline{)2.639}$

5. $\dfrac{16}{9}$

6. $\dfrac{2.5}{9.7}$

PRÁCTICA

Divide. Redondea a la posición indicada. Comprueba cada respuesta.

décima
más cercana

1. $9\overline{)46.7}$

2. $37\overline{)9.18}$

3. $3,568 \div 23$

4. $\frac{7}{9}$

5. $0.7\overline{)21.73}$

6. $7.3\overline{)2.35}$

centésima
más cercana

7. $97.1 \div 4.8$

8. $7.4\overline{)\$453.08}$

9. $0.54\overline{)1.1923}$

10. $\frac{2}{3}$

11. $29\overline{)\$1,759}$

12. $\frac{78.516}{34}$

milésima
más cercana

13. $43\overline{)7.156}$

14. $56 \div 99$

15. $3.14\overline{)78.54}$

16. $\frac{5}{6}$

17. $0.575\overline{)294}$

18. $\frac{0.028}{5}$

Halla cada salida. Redondea a la centésima más cercana.

Regla: Divide entre 6.

	Entrada	Salida
19.	75	
20.	3.4	
21.	0.156	

Regla: Divide entre 0.25.

	Entrada	Salida
22.	56.4	
23.	0.68	
24.	1.123	

Regla: Divide entre 17.2.

	Entrada	Salida
25.	8.52	
26.	26	
27.	0.952	

Halla los dos términos que siguen en cada secuencia.

★**28.** 1,814.4; 302.4; 50.4; ____; ____

★**29.** 1,409.4; 469.8; 156.6; ____; ____

★**30.** 6.4; 9.6; 14.4; ____; ____

★**31.** 2.3; 4.8; 7.3; ____; ____

★**32.** 2.7; 10.8; 1.8; 7.2; ____; ____

★**33.** 19.53125; 7.8125; 3.125; 1.25; ____; ____

APLICACIÓN

ESTIMAR

Estima cada respuesta. Después usa una calculadora para hallar
la respuesta verdadera. Redondea a la centésima más cercana.
Usa el estimado para comprobar la respuesta.

1. $\dfrac{\$2.67 \times 6.8}{7}$

2. $\dfrac{52.2}{5.2 \times 4.5}$

3. $\dfrac{914}{86} \times 0.12$

4. $\dfrac{9.59 + 8.67}{38}$

★**5.** $\dfrac{46.4 + 12.62}{95 \times 0.22}$

★**6.** $\dfrac{3.6 - 0.793}{28.7 - 10.7}$

Potencias de 10 y la notación científica

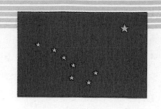

1 millón = 1,000,000 = 10^6

7.2 millón = 7.2×10^6

► El exponente o el número de ceros en la potencia de 10 indica cuantas posiciones debes mover el punto decimal cuando multiplicas o divides por una potencia de 10.

Al multiplicar por una potencia de 10, mueve el punto decimal a la derecha.

a. $7.2 \times 10^6 = 7\,200,000$
6 posiciones

b. $0.21415 \times 1,000 = 214.15$
3 posiciones

Al dividir entre una potencia de 10, mueve el punto decimal a la izquierda.

c. $5,436 \div 10^3 = 5,436. \div 10^3 = 5.436$
3 posiciones

d. $0.425 \div 100 = 0.00425$
2 posiciones

7.2×10^6 está escrito en notación científica. Para expresar un número en **notación científica**, escríbelo como este producto: (un número del 1 al 10) × (una potencia de 10).

Ejemplos

Forma usual	Número del 1 al 10	Potencia de 10	Notación científica
597,500,000	5.97500000 8 posiciones	10^8	5.975×10^8
47,326	4.7326 4 posiciones	10^4	4.7326×10^4

└ Multiplica para cambiar a la forma usual.

TRABAJO EN CLASE

Halla cada producto o cociente.

1. 3.467×10^5

2. 0.653×100

3. $8.9 \div 10^3$

4. $671.2 \div 10,000$

Escribe en notación científica.

5. 6.84 million

6. 354,000

7. 45,060,000

8. 15,230,000,000

Halla cada producto o cociente.

1. 34.5×100

2. $2.14 \times 1,000$

3. $0.264 \div 100$

4. 3.56×10^4

5. 4.18×10^4

6. $458.2 \div 10^3$

7. $0.009 \times 10,000$

8. $8.04 \div 1,000$

9. 6.23×10^6

10. $0.052 \times 100,000$

11. $3,416 \div 10^5$

12. $23,400 \div 10^4$

13. 6.56×10^{10}

14. 3.041×10^8

15. $0.0032 \times 100,000$

16. $915.4 \div 10^5$

17. $0.143 \div 10^3$

18. $3,622 \div 10,000$

Escribe en notación científica.

19. 82,300

20. 50,700

21. 173,400

22. 406,300

23. 5,320,000

24. 22,200,000

25. 307,000,000

26. 9,146,000,000

Completa la tabla.

		Forma usual	Notación Científica
27.	7.24 millones		
28.	82.61 mil millones		
29.	$1,319.4 \times 10$		
30.	29.5×10^6		
★ **31.**	$416 \times 10^5 \times 10^3$		
★ **32.**	0.782 millón $\times$ 6.3 millones		

APLICACIÓN

33. Escribe el área de Alaska—590,000 millas cuadradas—en notación científica.

★ **34.** Redondeado al centavo más cercano, ¿cuánto pagó Seward por milla cuadrada por Alaska?

LA CALCULADORA

Las calculadoras a menudo muestran los números 100,000,000 y mayores en **notación E** (notación exponencial). La pantalla de la derecha muestra el 34,750,000 en notación E.

Notación E

$$3.475 \quad 07$$

Halla cada producto. Escribe la respuesta en notación científica. Después escribe la respuesta como muestra la pantalla de tu calculadora.

notación científica
3.475×10^7

1. $3,297.8 \times 1,000,000$

2. $42,589 \times 10,000,000$

3. $63,548 \times 9,658$

4. $76,532 \times 52,109$

5. $789,563 \times 2,014,576$

6. $3,251,176 \times 2,005,583$

Problemas para resolver

La Agencia de Viajes Americana anunció un gran viaje por Estados Unidos. El viaje incluía visitas a lugares famosos de todo el país.

Usa el dibujo a la derecha y la tabla de abajo para resolver 1–6.

1. Había 37 personas en el viaje. ¿Cuánto cobró la agencia?

2. ¿Cuál es el costo medio por día por persona?

VIAJE POR
ESTADOS UNIDOS

21 DÍAS
POR $3,600

POBLACIÓN DE LAS CIUDADES EN EL VIAJE	
Ciudad	Población
Chicago, Ill.	3,005,072
San Francisco, Calif.	678,974
Los Angeles, Calif.	2,968,579
New York, N.Y.	7,071,639
Philadelphia, Pa.	1,688,210
Washington, D.C.	638,432

3. Pon las cifras de población en orden de mayor a menor. Escribe las ciudades en ese orden.

4. ¿Cuál es la población combinada de San Francisco y Los Angeles?

5. ¿Cuánto más grande es la población de San Francisco que la de Washington, D.C.?

6. ¿Qué dos ciudades tienen la mayor diferencia en población? ¿Cuál es la diferencia?

7. Death Valley en California es el lugar más seco de la nación. La precipitación anual media es poco más de 1 pulgada. ¿Cuánto menos es la precipitación media de California que la de Death Valley?

8. La precipitación media anual del Monte Waialeale, Hawaii es 460 pulgadas. ¿Cuánto más es que la precipitación media del Death Valley?

9. En California la gente del viaje vio un pino de piñas de cerda, la planta viva más antigua de la nación. También vieron la planta viva más alta, la secoya de Howard Libbey. Mide 365 pies de altura. ¿Cuánto más alta es la secoya de Howard Libbey que el pino de piñas de cerda?

★10. El Parque Nacional Yellowstone de Wyoming es el parque nacional más antiguo de Estados Unidos y abarca unas 3,472 millas cuadradas del área total del estado. El área de San Francisco es 46 millas cuadradas. Redondeado a la décima más cercana, ¿cuántas veces más grande es el área del Parque Yellowstone?

El grupo se detuvo en una tienda de regalos que vendía camisetas. Podía imprimirse cualquier lema estatal en la camiseta. El costo de la impresión era $.25 por letra. La puntuación se contaba como una letra.

11. *Virtud, Libertad e Independencia* es el lema estatal de Pennsylvania. ¿Cuánto costaría imprimir el lema?

12. El lema de Texas es *Amistad.* ¿Cuánto costaría imprimir el lema?

13. Las camisetas costaban $5.00 además de la impresión. *Eureka: Lo he encontrado* es el lema de California. ¿Cuánto costaría una camiseta con el lema de California?

ÚNASE AL CLUB FLY AWAY

VUELE 10.000 MILLAS CON AEROLÍNEAS FLY AWAY Y OBTENGA UN VIAJE GRATIS A CUALQUIER LUGAR DEL PAÍS

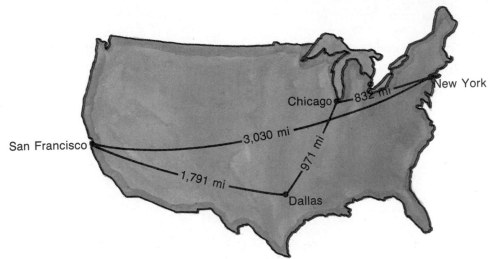

14. El grupo de excursionistas viajó parte del tiempo por avión. Fue desde New York a Chicago a Dallas a San Francisco. Si el grupo hubiera viajado sin escalas desde New York hasta San Francisco, ¿cuántas millas se habría ahorrado?

15. Muchos miembros del grupo de viaje pertenecen al Club Fly Away. ¿Cuántas veces tendría que volar sin escalas una persona entre New York y San Francisco para tener derecho al premio de las 10,000 millas?

16. ¿Cuántos vuelos de ida y vuelta tendría que volar una persona entre Chicago y Dallas para ganar un bono de 5,000 millas en el Club Fly Away?

★17. Si se diera un bono de 500 millas por cada 1,200 millas de vuelo, ¿cuántos vuelos de ida y vuelta entre New York y Chicago tendrían que hacerse para ganar un bono de 2,500 millas?

Escribe el decimal para cada uno. Da el valor del dígito 7 en cada número. páginas 30–31

1. sesenta y treinta y siete centésimas

2. setecientos nueve milésimas

3. setecientos y nueve milésimas

4. 700 diezmilésimas

5. $(4 \times 1) + \left(7 \times \frac{1}{10^1}\right)$
6. $(1 \times 10) + \left(7 \times \frac{1}{10^2}\right)$
7. $(5 \times 1) + (6 \times 0.1) + (7 \times 0.001)$

Substituye cada ● con <, >, ó =. páginas 32–33

8. 0.75 ● 0.77
9. 2.01 ● 2.010
10. 15.3 ● 15.296
11. 0.901 ● 0.91

Redondea a la unidad más cercana, a la centésima más cercana, y a la diezmilésima más cercana. páginas 34–35

12. 5.21467
13. 0.59843
14. 1.154968

Estima. páginas 36–37, 42–43, 46–47

15. $\begin{array}{r} 38.7 \\ \times\ 0.65 \end{array}$

16. $\begin{array}{r} \$75.89 \\ \times\ \ \ 0.75 \end{array}$

17. $\begin{array}{r} 0.675 \\ +\ 0.531 \end{array}$

18. $\begin{array}{r} \$26.78 \\ -\ \ 18.35 \end{array}$

19. $5.7\overline{)1.983}$

Suma, resta, multiplica o divide. Al dividir, redondea a la centésima más cercana donde sea necesario. Comprueba las respuestas. páginas 38–39, 44–53

20. $\begin{array}{r} \$152.08 \\ 28.76 \\ +\ \ \ 19.42 \end{array}$

21. $\begin{array}{r} 158.734 \\ -\ \ 86.507 \end{array}$

22. $\begin{array}{r} 5.487 \\ \times\ 1,000 \end{array}$

23. $\begin{array}{r} 6.28 \\ \times\ 0.35 \end{array}$

24. $\begin{array}{r} 27 \\ -\ \ 5.067 \end{array}$

25. $\begin{array}{r} 24.97 \\ \times\ \ \ 3.06 \end{array}$

26. $\begin{array}{r} \$75.09 \\ -\ \ 47.86 \end{array}$

27. $0.7\overline{)0.04}$

28. $\begin{array}{r} 1.09 \\ \times\ 0.84 \end{array}$

29. $24\overline{)\$768.24}$

30. 89.7×10^6

31. $7.41 \div 10,000$

32. $0.092 \times 100,000$

33. $74.2 + 1.63 + 0.548$

34. $3.76 \div 0.8$

35. $35 \div 100$

Escribe cada uno en notación científica. páginas 52–53

36. 8,025,000
37. 15,674
38. 2,390,000,000

Resuelve. páginas 40–41, 54–55

Randy y Mark recorrieron 150 millas hasta el Parque Nacional Yosemite en California para hacer una excursión a pie de 5 días. Caminaron 5.2 millas el primer día, 4.8 millas el segundo, 7.3 millas el tercero, 8.5 millas el cuarto y 6.6 millas el quinto.

39. ¿Qué distancia caminaron en total?

40. Como promedio, ¿cuánto caminaron cada día? Redondea a la décima de milla más cercana.

PRUEBA DEL CAPÍTULO

Escribe el decimal para cada uno.

1. seiscientos y setenta y cinco milésimas

2. $(5 \times 1) + (4 \times 0.01) + (8 \times 0.0001)$

3. $(4 \times 10) + (1 \times 1) + \left(5 \times \frac{1}{10^1}\right) + \left(6 \times \frac{1}{10^3}\right)$

Substituye cada ● **con <, >, ó =.**

4. 3.911 ● 3.91

5. 0.7506 ● 0.750600

Redondea a la décima más cercana y a la milésima más cercana.

6. 8.17436

7. 0.389748

Escoge el mejor estimado.

8. $0.617 + 0.295 + 0.67$
  a. 1.6
  b. 3.5
  c. 6.3

9. 68.7×0.376
  a. 0.28
  b. 2.8
  c. 28

10. $3.685 \div 0.84$
  a. 0.04
  b. 0.4
  c. 4

Suma, resta, multiplica o divide. Al dividir redondea a la centésima más cercana donde sea necesario. Comprueba las respuestas.

11.
$$\begin{array}{r} \$122.98 \\ 68.02 \\ + \quad 17.31 \end{array}$$

12.
$$\begin{array}{r} 164.397 \\ - \quad 95.088 \end{array}$$

13.
$$\begin{array}{r} 1.756 \\ \times \ 0.004 \end{array}$$

14.
$$\begin{array}{r} 89.2 \\ 13.2 \\ + \ 16.3 \end{array}$$

15.
$$\begin{array}{r} 123.019 \\ \times \quad 200 \end{array}$$

16. 0.0127×10^4

17. $65\overline{)149.5}$

18. $32.19 \div 10^3$

19. 0.375×10^5

20. $0.015\overline{)1.17049}$

21. $\$183.74 - 17.99$

Escribe cada uno en notación científica.

22. 13,010,000

23. 680,095,000,000

Resuelve. Si no hay suficiente información, indica lo que falta.

24. En 1803 Estados Unidos pagó a Francia $15,000,000 por la Compra de Louisiana. ¿Cuánto costó la Compra de Louisiana por acre?

25. El primer pozo de petróleo se excavó en Titusville, Pennsylvania, en 1859. ¿Cuánto costaban 500 barriles en los años indicados en la tabla?

Año	Precio/barril
1859	$20
1862	$.10
1973	$2.40
1980	$32

Adrián trabajó durante quince días. Le pagaron $.01 el primer día, $.02 el segundo día, $.04 el tercer día, $.08 el cuarto día y así sucesivamente. ¿Cuánto ganó en total?

NÚMEROS CROMÁTICOS

Cuando colorees un mapa, las regiones fronterizas deben tener colores diferentes.

Algunos mapas pueden colorearse usando solamente 2 colores.

Algunos mapas requieren 3 colores.

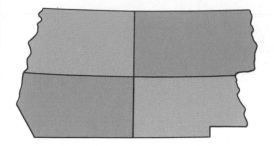

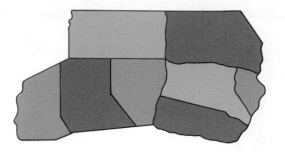

El **número cromático** de un mapa es el número mínimo de colores necesarios para colorear un mapa.

1. Copia cada mapa de la derecha y coloréalo. El número cromático del mapa **A** es 3. ¿Cuál es el número cromático del mapa **B**?

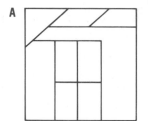

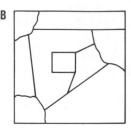

2. Los mapas nunca requieren 5 colores. Sólo recientemente los matemáticos pudieron demostrar que ésto es verdadero, aunque lo habían sospechado durante mucho tiempo. Copia el mapa de abajo de Estados Unidos y coloréalo. ¿Cuántos colores necesitaste?

SISTEMAS ANTIGUOS DE NUMERACIÓN

El sistema de numeración decimal es un sistema de valores posicionales basado en potencias de 10. Algunas civilizaciones antiguas usaban sistemas de valores posicionales que no estaban basados en potencias de 10.

Números babilónicos
(2,000 a. de C.)

| 1 | 2 | 3 | 4 | 5 | 6 | 7 | 8 | 9 | 10 |

Para los números menores que 60, los babilonios agrupaban en decenas. Para números mayores que o igual a 60, usaban una forma de valor posicional basado en potencias de 60.

Babilónico	Decimal
	54
	$(3 \times 60^2) + (16 \times 60) + (31 \times 1) = 11{,}791$

Los mayas usaban un sistema de valor posicional vertical (se lee de abajo hacia arriba) basado en potencias de 20. Sin embargo, en vez de 20^2, el valor de la tercera posición era 18×20 ó 360, el número de días del año solar.

Números mayas (a. de C. 400)

| 0 | 1 | 5 |

Maya	Decimal
	8
	$(1 \times 20 \times 18 \times 20) + (0 \times 18 \times 20) + (7 \times 20) + (10 \times 1) = 7{,}350$

Escribe el número decimal para cada número babilónico o maya.

1.
2.
3.
4.
5.

PERFECCIONAMIENTO DE DESTREZAS

Escoge las respuestas correctas. Escribe A, B, C, o D.

1. Compara. 4,019,743 ⬤ 4,090,743

    A >   **C** =

    B <   **D** no se da

2. Redondea 3,719,843 a la centena de millar más cercana.

    A 3,700,000   **C** 4,000,000

    B 3,800,000   **D** no se da

3. Estima.   8,597 − 729

    A 8,000   **C** 6,000

    B 7,000   **D** no se da

4.   6,009,716
   + 3,906,444

    A 9,916,150   **C** 9,916,160

    B 9,905,150   **D** no se da

5.   3,900,000
   −   67,677

    A 3,832,233   **C** 3,823,323

    B 3,832,323   **D** no se da

6. ¿Cómo es 11^2 en forma usual?

    A 22   **C** 111

    B 121   **D** no se da

7. ¿Cómo es 1^5 en forma usual?

    A 5   **C** 10,000

    B 11,111   **D** no se da

8.   8,719
   ×   23

    A 200,537   **C** 43,595

    B 20,537   **D** no se da

9. $31\overline{)10,468}$

    A 337 R11   **C** 336 R52

    B 337 R21   **D** no se da

10. 6.914 + 19.42 + 56.08

    A 82.414   **C** 82.44

    B 144.64   **D** no se da

11. 13 − 4.71

    A 9.29   **C** 8.29

    B 17.71   **D** no se da

12.   7.61
   × 0.03

    A 0.2283   **C** 2.283

    B 0.02283   **D** no se da

13. $1.5\overline{)6.84}$

    A 0.456   **C** 45.6

    B 4.56   **D** no se da

Resuelve.

14. El Colegio Secundario Wilson tiene 89 estudiantes en la orquesta, 113 en la banda y 232 en el coro. ¿Cuántos estudiantes hay en la banda y la orquesta combinadas?

    A 321   **C** 212

    B 202   **D** no se da

15. ¿Cuántos más estudiantes hay en el coro que en la banda?

    A 143   **C** 119

    B 121   **D** no se da

Tema: Los deportes

Unidades de longitud

El **metro (m)** es una unidad de longitud del sistema métrico. También lo son el **milímetro (mm), centímetro (cm)** y **kilómetro (km)**.

▶Las longitudes muy pequeñas se miden en milímetros.

▶Las longitudes pequeñas se miden en centímetros.

▶Las distancias largas se miden en kilómetros.

Un bate de béisbol mide aproximadamente 1 metro de largo

Ejemplos

a. El ala de la gorra de Casey medía unos 44 mm de espesor.

b. Casey medía unos 175 cm de altura.

c. Si Casey hubiera golpeado la pelota, habría corrido unos 30 m hasta la primera base.

d. Algunos lanzadores pueden lanzar una pelota rápida a velocidades de casi 160 km por hora.

10 mm = 1 cm	1,000 mm = 1 m
100 cm = 1 m	1,000 m = 1 km

TRABAJO EN CLASE

Estima la longitud de cada uno. Después mide redondeando al centímetro o metro más cercano para comprobar tus estimados.

1. el ancho de tu pulgar

2. tu altura

3. la longitud de tu escritorio

4. la longitud del salón de clase

5. la longitud de tu lápiz

6. la longitud de este libro

Completa.

7. ___ m = 1 km

8. 1 cm = ___ mm

9. 5 m = ___ cm

10. 9 km = ___ m

11. ___ mm = 4 m

12. ___ cm = 30 mm

PRÁCTICA

¿Cuál es el mejor estimado?

1. longitud de un carro
   a. 5 mm b. 5 cm c. 5 m d. 5 km

2. longitud de una pluma
   a. 15 mm b. 15 cm c. 15 m d. 15 km

3. la altura de George Washington
   a. 188 mm b. 188 cm c. 188 m d. 188 km

4. el ancho de una punta de lápiz
   a. 1 mm b. 1 cm c. 1 m d. 1 km

5. la longitud de una alberca olímpica
   a. 5 m b. 50 m c. 5 km d. 50 km

6. la distancia entre New York y Kansas City
   a. 18 m b. 1,800 m c. 18 km d. 1,800 km

7. el grosor de tu texto de matemáticas
   a. 3 mm b. 3 cm c. 30 cm d. 3 m

8. la longitud del Puente George Washington
   a. 1 m b. 10 m c. 1 km d. 10 km

Completa.

9. 1 m = ___ mm

10. 10 mm = ___ cm

11. 100 cm = ___ m

12. 2 km = ___ m

13. ___ cm = 7 m

14. 4 cm = ___ mm

15. ___ cm = 60 mm

16. 15,000 mm = ___ m

17. 8,000 m = ___ km

18. 9 m = ___ mm

19. ___ mm = 10 cm

20. ___ m = 24 km

21. 900 cm = ___ m

22. 150 cm = ___ m 50 cm

23. 4 m 65 cm = ___ cm

24. 358 cm = ___ m ___ cm

★25. 5,008 m = 5 ___ 8 ___

★26. 2,370 mm = ___ m ___ cm

Enumera tres objetos que tengan la medida dada. Después comprueba tus listas.

★27. entre 1 m y 10 m

★28. entre 1 cm y 10 cm

★29. entre 1 mm y 10 mm

APLICACIÓN

HISTORIA DE LAS MATEMÁTICAS

El sistema métrico es un sistema decimal, al igual que lo son nuestros sistemas numérico y monetario. Fue creado en Francia alrededor del 1790. Al principio, un metro era una diez-millonésima (0.0000001, ó $\frac{1}{10,000,000}$) de la distancia entre el Polo Norte y el Ecuador.

A medida que se fueron desarrollando distintos modos de medidas más exactas, el patrón de un metro se fue haciendo más refinado. Hoy un metro es 1,650,763.73 longitudes de onda de la luz anaranjada-roja del kryptón-86.

1. ¿Cuántas longitudes de onda de largo tienen 100 m?

★2. ¿Cuál es la distancia entre el Polo Norte y el Ecuador en metros? ¿en kilómetros?

Polo Norte

Ecuador

Relacionar unidades de longitud

Todos los prefijos métricos denominan potencias de 10. Algunos de los prefijos enumerados abajo no se usan comúnmente, pero deberías reconocerlos y conocer sus significados.

Prefijo	Símbolo	Significado	Unidad de longitud
kilo-	k	1,000	1 km = 1,000 m
hecto-	h	100	1 hm = 100 m
deca-	da	10	1 dam = 10 m
deci-	d	0.1	1 dm = 0.1 m
centi-	c	0.01	1 cm = 0.01 m
mili-	m	0.001	1 mm = 0.001 m

Usa esta tabla y la de arriba para hallar unidades de longitud relacionadas.

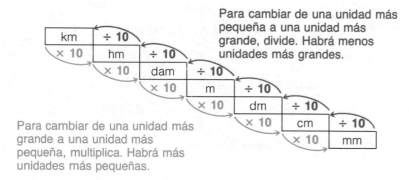

Para cambiar de una unidad más pequeña a una unidad más grande, divide. Habrá menos unidades más grandes.

Para cambiar de una unidad más grande a una unidad más pequeña, multiplica. Habrá más unidades más pequeñas.

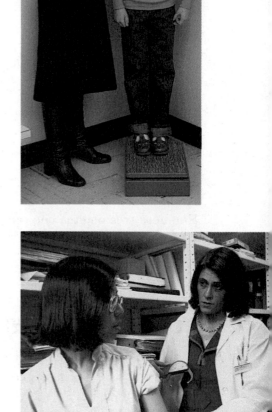

Ejemplos

a. 7 cm = ____ m

1 cm = 0.01 m ⟶ 7 cm = 0.07 m

b. 1 m = ____ km   De más pequeña a más grande, divide.

1 m = (1 ÷ 10 ÷ 10 ÷ 10) km = 0.001 km = 0.001 km

c. 35 dm = ____ mm   De más grande a más pequeña, multiplica.

35 dm = (35 × 10 × 10) mm = 3,500 mm

TRABAJO EN CLASE

Completa.

1. 1 ____ = 10 m

2. 1 dm = ____ m

3. ____ hm = 100 m

4. ____ dam = 1 m

5. 1 m = 10 ____

6. 12 dam = ____ m

7. 8 dm = ____ m

8. 70 dm = ____ km

9. 3.8 cm = ____ mm

Completa.

1. 1 ___ = 1,000 m
2. ___ m = 1 hm
3. 1 ___ = 0.01 m
4. ___ m = 1 mm
5. 1 ___ = 0.1 m
6. 10 m = ___ dam
7. 0.001 km = ___ m
8. ___ dm = 1 m
9. ___ m = 100 cm
10. 1 ___ = 0.1 dam
11. 0.01 hm = ___ m
12. 1 m = ___ mm
13. 12 cm = ___ m
14. 9 mm = ___ m
15. 4 dm = ___ m
16. ___ hm = 700 m
17. 5 ___ = 50 m
18. 10,000 m = 10 ___
19. 45 cm = ___ dm
20. 250 mm = ___ cm
21. 2,500 m = ___ km
22. ___ dm = 460 mm
23. 2.5 dm = ___ m
24. 5.65 m = ___ cm
25. 575 ___ = 57.5 cm
26. 6,070 ___ = 6.07 km
27. ___ mm = 74.6 dm

Substituye cada ⬭ con <, >, ó =.

28. 1,000 m ⬭ 1 km
29. 1 cm ⬭ 1 mm
30. 100 mm ⬭ 1 m
31. 10 mm ⬭ 1 cm
32. 1 km ⬭ 100 m
33. 100 mm ⬭ 1 cm
34. 10 cm ⬭ 10 mm
35. 10 m ⬭ 1,000 cm
36. 100 cm ⬭ 100 m
★37. 25 cm ⬭ 250 mm
★38. 345 cm ⬭ 34.5 m
★39. 4.5 m ⬭ 300 cm

APLICACIÓN

Los doctores en medicina deportiva estudian todas las partes del cuerpo incluyendo el sistema esquelético, ya que un hueso fracturado es una lesión común en los deportes.

Juana está en el octavo grado. La longitud de algunos de sus huesos se ilustra aquí.

Escribe la longitud o el ancho de cada hueso en decímetros, centímetros y milímetros.

40. clavícula   41. húmero   42. radio

43. fémur   44. tibia   45. falange

Resuelve.

46. Después que se sana un hueso fracturado, puede quedar más corto que antes. Juana se fracturó el radio. ¿Qué longitud tenía después de curarse?

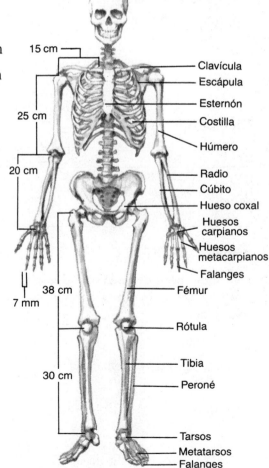

Cráneo
Clavícula
Escápula
Esternón
Costilla
Húmero
Radio
Cúbito
Hueso coxal
Huesos carpianos
Huesos metacarpianos
Falanges
Fémur
Rótula
Tibia
Peroné
Tarsos
Metatarsos
Falanges

15 cm
25 cm
20 cm
38 cm
7 mm
30 cm

65

Gramo y kilogramo

El **kilogramo (kg)**, **gramo (g)**, **miligramo (mg)** y **tonelada métrica (T)** son unidades de masa. Fuera del campo de la ciencia es común usar la palabra *peso* en lugar de *masa*.

▶Los objetos muy livianos se miden en miligramos.

▶Los objetos livianos se miden en gramos.

▶Los objetos pesados se miden en kilogramos.

▶Los objetos muy pesados se miden en toneladas métricas.

1,000 mg = 1 g

1,000 g = 1 kg

1,000 kg = 1 T

2 g de proteína
30 mg de potasio

Para ser bueno en los deportes, es necesario comer una dieta adecuada.

Ejemplos

Objeto	Pesa alrededor de
Tableta de vitaminas	1 g
Trozo de tiza	10 g
Pelota de béisbol	100 g

Objeto	Pesa alrededor de
Bate de béisbol	1 kg
Pelota de boleo	10 kg
Futbolista (adulto)	100 kg

Trabajo en clase

Estima el peso de cada uno. Después mide redondeando al gramo o kilogramo más cercano para comprobar tu estimado.

1. lápiz nuevo

2. presilla de papeles

3. vaso de agua

4. este libro de matemáticas

5. zapatos tenis

6. calculadora

Completa.

7. ___ g = 1 kg

8. 5,000 g = ___ kg

9. 1 g = ___ mg

10. 3,000 mg = ___ g

11. 8,000 kg = ___ t

12. 10 t = ___ kg

PRÁCTICA

Estima el peso—1 g, 10 g, 100 g ó 1 kg—de cada objeto. Después ordena los objetos desde el más liviano hasta el más pesado.

1. leotardo, zapatos de correr, muñequera, cordón de zapatos

2. palo de hockey, T de golf, Frisbee, silbato

3. bolsa plástica de sándwich, limón, lápiz, un pan

4. paleta de ping-pong, patines, bolígrafo, pelota de ping-pong

Estima el peso—1 kg, 10 kg, 100 kg, ó 1 T—de cada objeto. Después ordena los objetos desde el más liviano hasta el más pesado.

5. televisor portátil, cámara, bote de remo, yate

6. caballo Clydesdale, sabueso, petirrojo, perro San Bernardo

7. futbolista, pelota de fútbol, casco de fútbol, equipo de fútbol

8. patineta, lancha a motor, motocicleta, bicicleta

Completa.

9. 5 g = ___ mg

10. ___ g = 9 kg

11. 12 T = ___ kg

12. 6,000 g = ___ kg

13. ___ g = 7,000 mg

14. 2,000 kg = ___ T

15. ___ g = 15,000 mg

16. 35 kg = ___ g

17. 50 T = ___ kg

★ 18. 8 kg 700 g = ___ g

★ 19. 1 g + 2,000 mg = ___ g

★ 20. 50 T + 10,000 kg = ___ T

APLICACIÓN

HISTORIA DE LAS MATEMÁTICAS

La masa no es lo mismo que el peso. En el sistema métrico la unidad de peso es el **newton (N)**. Se llama así en honor a Sir Isaac Newton, quien descubrió la fuerza de gravedad a mediados del siglo diecisiete. Tu masa es la misma en cualquier planeta. Pero tu peso varía dependiendo de la fuerza de gravedad de un planeta.

El peso de Juana se halla multiplicando su peso en la Tierra por un factor dado. Halla el peso de Juana en Venus, Marte, Júpiter y la Luna cuando su peso en la Tierra es 500 N.

masa cantidad de materia en un objeto

peso fuerza de gravedad sobre un objeto

	Venus	Marte	Júpiter	Luna
Factor por el que debe multiplicarse el peso de Juana	0.89	0.38	2.65	0.16
Peso de Juana				

Mililitro y litro

▶ El **litro (L)** es una unidad de capacidad.
Una caja de 1 dm de lado contiene 1 L.

Las capacidades muy pequeñas se miden en
▶ **mililitros (mL)**. Una caja de 1 cm de lado
contiene 1 mL.

Las capacidades grandes se miden en
▶ **kilolitros (kL)**. Una caja de 1 m de lado
contiene 1 kL.

1,000 mL = 1 L   1,000 L = 1 kL

250 L

100 kL—

TRABAJO EN CLASE

¿Cómo medirías cada uno de éstos? Escoge litro o mililitro.

1. gasolina para un carro
2. vaso de agua
3. champú en un pomo
4. mostaza para un sandwich
5. agua en un balde
6. lata de jugo

Completa.

7. 6,000 mL = ___ L
8. 9 L = ___ mL
9. 1 kL = ___ L
10. 3,000 L = ___ kL
11. ___ L = 24,000 mL
12. ___ kL = 2,000 L

PRÁCTICA

Completa. Usa L o mL.

1. Hay 500 ___ de agua en el vaso.

2. Hay 4 ___ de jugo en la jarra.

3. La Sra. Ríos puso 30 ___ de gasolina en su carro.

4. Monique compró una botella de bronceador de 125 ___.

5. Hay 5 ___ de sopa en la cuchara.

6. Marlon llenó su pecera con 17 ___ de agua.

Completa.

7. 5 L = ___ mL

8. 7,000 L = ___ kL

9. ___ L = 9 kL

10. ___ L = 18,000 mL

11. 90,000 mL = ___ L

12. 145 kL = ___ L

★13. 5 L + 2,000 mL = ___ L

★14. 25 kL + ___ L = 40 kL

Estima.

★15. ¿Cuántos litros de agua usas generalmente para bañarte?

★16. ¿Cuál es la temperatura del agua en la que te bañas?

APLICACIÓN

═ RAZONAMIENTO VISUAL ═

La probeta **A** está llena de agua y **B** y **C** están vacías. Al pasar el agua de una probeta a otra separa los 100 mL de agua para que haya 50 mL en una. Las dos primeras veces se muestra en la tabla. Extiende la tabla para hallar cuantas veces es necesaria pasar el agua de una probeta a otra.

MILILITROS EN LA PROBETA			
Probeta	A	B	C
Comienzo	100	0	0
Primera vez	60	0	40
Segunda vez	60	40	0

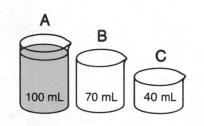

A — 100 mL   B — 70 mL   C — 40 mL

1. 75,642
    38,790
    + 68,465

2. 426
    × 785

3. 48,962,300
    − 37,985,463

4. 3.784
    36.91
    + 7.6382

5. 37)54,686

6. 38.9
    × 0.65

7. 4.8)0.6396

8. 54,608
    − 7,069

9. 2.86
    − 1.9384

10. 75)6.4125

11. 0.965
     3.47
     0.0684
     + 1.9

12. 7.456
     × 3.7

Relacionar unidades

Cada prefijo métrico se usa con *metro, gramo* y *litro* para formar nombres para otras unidades de medida.

Prefijo	Símbolo	Significado
kilo-	k	1,000
hecto-	h	100
deca-	da	10
deci-	d	0.1
centi-	c	0.01
mili-	m	0.001

1 km = 1,000 m   1 dm = 0.1 m
1 hL = 100 L   1 cg = 0.01 g
1 dag = 10 g   1 mL = 0.001 L

Para cambiar de una unidad más grande a una unidad más pequeña, multiplica. Habrá más unidades más pequeñas.

Mueve el punto decimal hacia la derecha.

×10	×10	×10	×10	×10	×10

kilómetro	hectómetro	decámetro	metro	decímetro	centímetro	milímetro
kilogramo	hectogramo	decagramo	gramo	decigramo	centigramo	miligramo
kilolitro	hectolitro	decalitro	litro	decilitro	centilitro	mililitro

÷10	÷10	÷10	÷10	÷10	÷10

Mueve el punto decimal hacia la izquierda.

Para cambiar de una unidad más pequeña a una unidad más grande, divide. Habrá menos unidades más grandes.

Ejemplos

a. 184 cm = ____ m   De más pequeño a más grande, divide.

184 cm = (184 ÷ 10 ÷ 10) m = 1.84 m = 1.84 m

b. 0.468 kg = ____ g   De más grande a más pequeño, multiplica.

0.468 kg = (0.468 × 10 × 10 × 10) g = 0 468 g = 468 g

c. 36.5 mm = ____ cm   De más pequeño a más grande, divide.

36.5 mm = (36.5 ÷ 10) cm = 3.65 cm = 3.65 cm

Trabajo en clase

Completa.

1. 1 ____ = 100 L

2. 1 cm = ____ m

3. 1 daL = ____ L

4. 754 m = ____ km

5. 0.687 L = ____ mL

6. 68 kg = ____ g

7. 100 mm = ____ cm

8. 6.2 cm = ____ mm

9. 4,230 mm = ____ dm

10. 4.76 g = 4,760 ____

PRÁCTICA

Completa.

1. 1 ___ = 10 m
2. 1 ___ = 0.001 g
3. ___ L = 1 kL

4. 1 dg = ___ g
5. 10 L = 1 ___
6. 100 cL = ___ L

7. 1.73 kg = ___ g
8. 0.74 km = ___ m
9. 9.7 cm = ___ m

10. 116 mg = 0.116 ___
11. 0.871 ___ = 8.71 dm
12. 386 kg = ___ g

13. ___ L = 3,896 mL
14. 0.0057 ___ = 5.7 mg
15. ___ L = 36.25 mL

16. 1,572 m = 1.572 ___
17. 27.2 m = ___ dm
18. 243,000 mg = ___ g

19. 6.5 ___ = 6,500 mL
20. 0.009 km = 9 ___
21. 1 L = 10 ___

22. ___ m = 0.0942 km
23. 411.6 g = 0.4116 ___
24. 1.94 m = ___ cm

25. 0.086 m = ___ mm
26. 39.7 cm = ___ mm
27. 14.5 ___ = 145 cm

28. ___ m = 10 dm
29. 1,746 mm = ___ cm
30. 3,996 mg = 3.996 ___

31. ___ T = 12,500 kg
32. ___ mg = 0.005 kg
33. 4,500 mm = 0.0045 ___

★ 34. 4.75 m = ___ m ___ dm ___ cm
★ 35. 3.67 m = 3 ___ 6 ___ 7 ___

★ 36. 0.806 kg = 8 ___ 6 ___
★ 37. 49.67 m = 4 ___ 9 ___ 6 ___ 7 ___

APLICACIÓN

Selecciona las palabras que tienen un prefijo métrico y da sus significados.

38. Los Juegos Olímpicos modernos comenzaron durante el siglo XIX para promover la paz y la amistad mundial.

39. Durante las dos primeras décadas las Olimpiadas se celebraron solamente en verano. Ahora hay Juegos Olímpicos de invierno y de verano. El decatlón es uno de los eventos de verano.

40. Muchos países usan fondos gubernamentales para financiar a sus atletas. En Estados Unidos los atletas son financiados por contribuciones de compañías e individuos. Cada centavo ayuda.

★ 41. Los Juegos Olímpicos originales se celebraron en la Grecia antigua. Tuvieron lugar en el estado de Olimpia, que abarcaba un área de unas 2 hectáreas.

Precisión y mayor error posible

Kim Lee necesita un perno de unos 3 cm de largo para reparar su bicicleta de carrera. Los dos pernos abajo miden 3 cm redondeado al centímetro más cercano.

Pero, al milímetro más cercano, el perno **A** mide 34 mm y el perno **B** mide 28 mm.

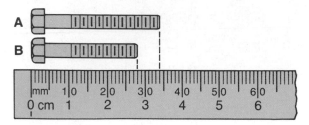

Las medidas al milímetro más cercano son más precisas. Cuanto más pequeña sea la unidad a la que mides, tanto más **precisa** será la medida.

Todas las medidas son aproximadas. La diferencia entre las medidas aproximadas de los pernos de arriba y las medidas verdaderas se llama *error de medida*. El **mayor error posible (MEP)** de cualquier medida es la mitad de la precisión de la medida. La medida verdadera está entre la medida **MEP** y la **medida + MEP**.

Medida	Precisión (medido al más cercano)	MEP	La medida verdadera está entre
3 cm	1 cm	0.5 cm	(3 − 0.5) cm y (3 + 0.5) cm, ó 2.5 cm y 3.5 cm
34 mm	1 mm	0.5 mm	33.5 mm y 34.5 mm
33.8 mm	0.1 mm	0.05 mm	33.75 mm y 33.85 mm
300 g	100 g	50 g	250 g y 350 g

TRABAJO EN CLASE

Completa la tabla de abajo.

	Medida	Precisión	MEP	La medida verdadera está entre
1.	52 cm			
2.	6.3 L			
3.	640 kg			
4.	7.50 m			
5.	800 mg			

Completa la tabla de abajo.

	Medida	Precisión	MEP	La medida verdadera está entre
1.	84 m			
2.	325 mL			
3.	9.4 kg			
4.	4 L			
5.	4.0 L			
6.	2.735 kg			
7.	510 cm			
8.	145.0 m			
9.	100.45 dm			
10.	0.014 km			
11.	0.0035 kg			
12.	500 g			
★13.	500 g	1 g		
★14.	500 g	10 g		

¿Qué medida es más precisa?

15. 12 km, 12,055 m

16. 424 mm, 42 cm

17. 424 cm, 42 mm

18. 0.508 kg, 0.58 kg

19. 4.06 km, 4.006 km

★20. 1.723 g, 17.2 mg

★21. 27.2 dm, 2,715 cm

★22. 7.120 kL, 7,120 L

APLICACIÓN

═══ LA CALCULADORA ═══

Usa una calculadora para determinar qué medida es más precisa. Recuerda que la barra de la fracción significa dividir: $\frac{1}{3} \longrightarrow 1 \div 3$.

1. $\frac{1}{3}$ cm, 0.33333 cm

2. 6.14285 m, $\frac{43}{7}$ m

3. $\frac{5}{2}$ kg, 8.375 kg

4. 7.667 L, $\frac{17}{4}$ L

5. $\frac{18}{16}$ kL, $\frac{23}{9}$ kL

6. $\frac{34}{5}$ m, $\frac{13}{8}$ km

Problemas para resolver

SIMULACIÓN

Para resolver un problema, a veces puede hacerse un modelo de una situación del mundo real. A este modelo se le llama una **simulación**. La simulación hace posible estudiar el problema sobre el papel en vez de tener que resolverlo en la realidad.

Los corrales de los toros, caballos, becerros y ponies del rodeo se han distribuido como lo muestra el diagrama de abajo. Pon los animales en los corrales de modo que cada fila, cada columna y ambas diagonales tengan sólo un animal de cada clase.

PIENSA   Pon los animales en los corrales de modo que cada fila, columna y diagonal contenga sólo un animal de cada clase.

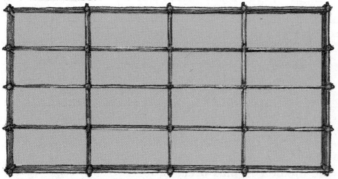

PLANEA   Simula la acción usando tiras de papel o tapas de botellas para representar los distintos animales. Ponlos hasta lograr una solución correcta.

RESUELVE

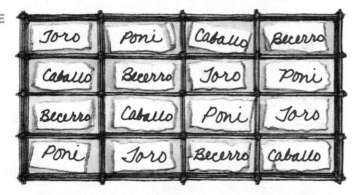

Toro	Poni	Caballo	Becerro
Caballo	Becerro	Toro	Poni
Becerro	Caballo	Poni	Toro
Poni	Toro	Becerro	Caballo

REVISA   ¿Contiene cada fila, columna y diagonal 4 animales diferentes? Sí.
¿Hay alguna fila, columna o diagonal que contenga más de un animal de cada clase? No. La respuesta es correcta.

Usa la simulación para resolver cada problema. Te resultará útil usar un dibujo o pequeños objetos.

1. Durante el ejercicio antes del partido de básquetbol, los miembros de los Blue Jays se paran en círculo. Cada jugador tira la pelota a cada uno de los otros jugadores. ¿Cuántas veces será tirada la pelota entre 5 jugadores?

2. Los Blue Jays van a tener uniformes nuevos. Las opciones se muestran a la derecha. ¿Cuántas combinaciones diferentes de uniformes puede seleccionar el equipo?

3. El entrenador de la escuela debe informar a los jugadores que el horario de práctica ha cambiado. Se lo dice a 3 jugadores, ellos se lo dicen a 2 jugadores más y después se lo dicen a 1 jugador más. ¿A cuántos jugadores se les ha informado el cambio de horario?

★ 4. Alan, Bob y Carlos tienen una competencia para decidir quién es el corredor más veloz. Correrán en 3 carreras. Si uno de ellos gana a otro en 2 de las 3 carreras, es el más veloz. Como resultado de la carreras Alan es más veloz que Bob y Bob más que Carlos. Es Alan más veloz que Carlos?

CREA TU PROPIO PROBLEMA

Llena los blancos con los datos correspondientes de la lista de la derecha. Después resuelve el problema.

Alicia caminó ____ hacia el norte, ____ hacia el este, ____ hacia el norte y ____ hacia el oeste. ¿A qué distancia estaba desde donde empezó?

DATOS		
47 km	3.5 km	39 km
2.5 km	74 cm	2.5 km
2 h	4 h	2.5 h
578 cm	2.8 km	67 km

Unidades de tiempo

Cuando Fred P. Newton nadó en el Río Mississippi desde Minneapolis hasta New Orleans, estuvo en el agua durante un total de 742 horas. ¿Cuántos días es esto?

Para cambiar desde una unidad más pequeña a una más grande, divide.

60 segundos (s) = 1 minuto
60 minutos = 1 hora (h)
24 horas = 1 día (d)
7 días = 1 semana (sem.)
52 semanas = 1 año
12 meses (mes) = 1 año
365 días = 1 año
100 años = 1 siglo (sig.)

Cambia a días y horas.

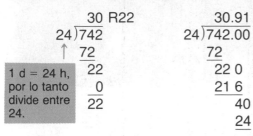

```
          30 R22
     24)742
  ↑    72
       22
        0
       22
```

1 d = 24 h, por lo tanto divide entre 24.

Cambia a décimas de un día

```
        30.91
   24)742.00
      72
      22 0
      21 6
         40
         24
```

742 h = 30 d 22 h   742 h = 30.9 d

Para cambiar de una unidad grande a una pequeña, multiplica.

4 h 15 min = (4 × 60) min + 15 min = 255 min

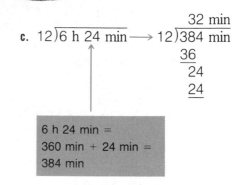

Al sumar, restar, multiplicar o dividir unidades de tiempo, es posible que tengas que reagrupar.

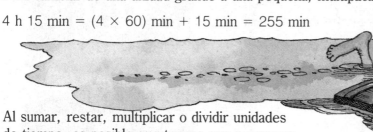

a.
```
    4  38
    5 d 14 h  ←
  − 1 d 21 h
    3 d 17 h
```

5 d 14 h =
4 d + 1 d + 14 h =
4 d + 24 h + 14 h =
4 d 38 h

b.
```
     5 min  26 s
   ×        7
   35 min 182 s, o
   38 min    2 s
            ↑
```

35 min 182 s =
35 min + 3 min 2 s =
38 min 2 s

c.
```
   12)6 h 24 min  →  12)384 min
   ↑                    36
                        24
                        24
```

6 h 24 min =
360 min + 24 min =
384 min

32 min

TRABAJO EN CLASE

Completa.

1. 17 min 35 s = ____ s   2. 45 d = ____ sem. ____ d   3. 256 min = ____ h (a la décima más cercana)

4. 2 años 3 meses
   + 3 años 5 meses

5. 28 min 26 s
   − 19 min 35 s

6. 3 d 17 h
   ×   5

7. 5)3 h 20 min

PRÁCTICA

Completa.

1. 100 s = ___ min ___ s
2. 270 min = ___ h ___ min
3. 5 min 25 s = ___ s
4. 2 h 35 min = ___ min
5. 125 h = ___ d ___ h
6. 37 d = ___ sem. ___ d
7. 136 s = ___ min ___ s
8. 210 h = ___ d ___ h
9. 11 d 19 h = ___ h
10. 1,000 d = ___ años ___ d
11. ___ sem. = 3 años 12 sem.
12. ___ años ___ mes = 72 mes
13. ___ años = 6 sig. 35 años
14. ___ años ___ sem. = 765 d
15. 192 d = ___ sem. ___ d
16. 1 h 30 min 40 s = ___ s
17. 1,894 min = ___ d ___ h ___ min
18. 1,054 d = ___ años ___ sem. ___ d
19. 3 sem. 5 d 10 h = ___ h

Halla cada uno a la décima más cercana.

20. 145 s = ___ min
21. ___ h = 349 min
22. 68 h = ___ d
23. ___ h = 295 min
★24. 3 h 51 min = ___ h
★25. 2 h 17 min 27 s = ___ h

Suma, resta, multiplica o divide.

26. 22 min 16 s
    − 9 min 34 s

27. 6 h 17 min
    × 4

28. 14 h 47 min
    + 15 h 39 min

29. 5 sem.
    − 2 sem. 5 d

30. 5 d 16 h
    × 3

31. 27 min 46 s
    + 43 min 33 s

32. 7)10 h 30 min

33. 8)5 d 16 h

34. 25)18 min 20 s

35. 5 años 3 sem. 5 d
    − 3 años 6 sem. 6 d

★36. 6 d 42 min
    × 3

★37. 4 h 16 s
    × 10

APLICACIÓN

Resuelve.

38. En el curso de un día, ¿cuántas veces apuntan las manecillas de un reloj en la misma dirección?

★39. Jon Erikson tardó 38 h 27 min en atravesar a nado el Canal de la Mancha tres veces. A la décima de hora más cercana, ¿cuánto tardó en cada cruce como promedio?

═ RAZONAMIENTO LÓGICO ═

Un jet tarda unas 5 horas en volar de costa a costa. Sale de San Francisco hacia New York a las 9:40 A.M. EST, mientras que otro sale de New York hacia San Francisco a las 11:00 A.M. EST. Se cruzan a la 1:00 P.M. EST. ¿Qué jet está más cerca de New York en ese momento?

Tiempo transcurrido

Los buques, aerolíneas y muchos países usan el tiempo de 24 horas en vez del de 12 horas para evitar confusiones entre A.M. y P.M.

Tiempo de 12 horas	Tiempo de 24 horas
7:30 A.M.	0730 ("cero siete treinta")
4:15 P.M.	1615 ("dieciseis quince") ←
12:00 medianoche	2400 ("veinticuatro cientos") ←
12:27 A.M.	0027 ("cero cero veintisiete") ←

Suma 12 horas hasta 1 P.M. o más tarde.

Resta 12 horas de 12:01 A.M. hasta 12:59 A.M.

Tiempo de 24 horas	Tiempo de 12 horas
0935 ("cero nueve treinta y cinco")	9:35 A.M.
1418 ("catorce dieciocho")	2:18 P.M. ←
1900 ("diecinueve cientos")	7:00 P.M. ←
0009 ("cero cero cero nueve")	12:09 A.M. ←

Resta 12 horas desde 1300 o más tarde.

Suma 12 horas a 0001 hasta 0059.

El *Liberty* terminó una regata en 3 horas 26 minutos. ¿A qué hora terminó el *Liberty*?

Hora de salida	**12 h 10 min**
Tiempo transcurrido	**+ 3 h 26 min**
Hora de llegada	**15 h 36 min**

El *Liberty* terminó a las 1536, ó 3:36 P.M.

Otro ejemplo

Halla el tiempo transcurrido entre las 9:45 A.M. y las 2:32 P.M.

		13 9 2
Hora de llegada	2:32 P.M.	1̶4̶ h 3̶2̶ min
Hora de salida	− 9:45 A.M.	− 9 h 45 min
Tiempo transcurrido		4 h 47 min

TRABAJO EN CLASE

1. Escribe 2:05 P.M. en tiempo de 24 horas.

2. Escribe 2012 en tiempo de 12 horas.

3. Halla el tiempo transcurrido entre las 10:37 A.M. y las 8:16 P.M.

4. Halla la hora 2 h 24 min antes de la 1:20 P.M.

5. Halla la hora 4 h 56 min después de las 11:03 A.M.

Copa americana

EMPIEZA

12:10 P.M.

Escribe el tiempo de 24 horas para cada hora.

1. 5:35 A.M.   **2.** 3:38 P.M.   **3.** 4:05 A.M.   **4.** 7:48 P.M.

5. 1:24 A.M.   **6.** 12:03 A.M.   **7.** 11:30 P.M.   **8.** 5:00 P.M.

Escribe el tiempo de 12 horas para cada hora.

9. 1235   **10.** 0345   **11.** 0915   **12.** 1700

13. 0900   **14.** 1932   **15.** 1517   **16.** 0006

Halla cada tiempo.

17. 4 h 14 min después de las 6:19 A.M.   **18.** 6 h 23 min antes de las 10:04 A.M.

19. 8 h 34 min después de las 6:47 P.M.   **20.** 5 h 35 min después de las 9:25 A.M.

21. 9 h 46 min antes de las 5:12 P.M.   ★ **22.** 8 h 39 min después de las 11:33 P.M.

★ **23.** 3 h 18 min antes de la 1:09 A.M.   ★ **24.** 17 h 22 min antes de las 2:48 A.M.

Halla el tiempo transcurrido entre las horas dadas.

25. 4:24 A.M. y 10:16 A.M.   **26.** 6:30 P.M. y 11:27 P.M.   **27.** 11:24 A.M. y 8:21 P.M.

28. 7:21 A.M. y 11:24 P.M.   ★ **29.** 10:28 P.M. y 3:47 A.M.   ★ **30.** 1:45 P.M. y 11:20 A.M.

APLICACIÓN

La regata Copa de América es una competencia para veleros muy famosa. Una nación desafía al campeón titular. En 1983 el velero australiano *Australia II* desafió al velero *Liberty* de Estados Unidos.

31. ¿Cuál fue el tiempo de regata del *Liberty* en la regata 2?

32. ¿Cuál fue el tiempo de regata del *Australia II* en la regata 1?

★ **33.** El ganador de la copa debe ganar cuatro de siete regatas. ¿Qué velero ganó la Copa de América en 1983?

Regata	Velero	Salida	Llegada
1	*Liberty*	12:10:08	15:35:50
	Australia II	12:10:05	15:37:00
2	*Liberty*	12:10:08	15:58:14
	Australia II	12:10:13	15:59:47
3	*Liberty*	14:00:02	17:53:48
	Australia II	14:00:10	17:50:34
4	*Liberty*	12:10:07	15:39:24
	Australia II	12:10:13	15:40:07
5	*Liberty*	12:10:06	15:41:43
	Australia II	12:10:43	15:39:56
6	*Liberty*	12:10:14	15:45:01
	Australia II	12:10:21	15:41:36
7	*Liberty*	13:05:08	17:21:26
	Australia II	13:05:16	17:20:45

(tiempos dados en horas: minutos: segundos)

Problemas para resolver

REPASO DE DESTREZAS Y ESTRATEGIAS

Resuelve.

1. Hoy Janet le dió 4 vueltas a la pista en 5 min 3.4 s. Ayer tardó 2.6 s más. ¿En cuánto tiempo lo hizo ayer?

2. Para la semana próxima, el entrenador de Janet quiere que ella disminuya el tiempo de hoy en 5 s. ¿Cuál será su tiempo?

3. Para el fin de la semana próxima, Janet habrá corrido cada una de las 4 vueltas de la siguiente manera: 75.0 s, 74.7 s, 74.3 s y 74.25 s. ¿Logró su objetivo?

4. Miguel y José pesaban ambos 65.95 kg cuando comenzaron un programa de ejercicios hace 5 semanas. Miguel pesa ahora 61.9 kg y José 63.7 kg. ¿Cuál fue el promedio semanal de pérdida de Miguel?

El Condado de Monroe celebró su Día Anual Deportivo de Primavera. Uno de los eventos fue un minitón a campo traviesa. Los corredores corrieron 1,200 m hacia el norte, 750 m hacia el este, 1,675 m hacia el sur, 900 m hacia el oeste y 475 m hacia el norte.

5. Cuando terminaron, ¿dónde estaban con relación a su punto de salida?

6. ¿Cuántos kilómetros de largo tenía la carrera que corrieron?

El ganador del minitón corrió la carrera en 15 min 12 s. El corredor que salió segundo terminó en 15 min 22 s. El tiempo del corredor del tercer puesto fue 15 min 48 s.

7. ¿Cuánto más rápido corrió el ganador que el que salió en segundo lugar, que el que salió en tercer lugar?

8. ¿Cuánto tardó cada uno de los corredores: el primero, el segundo y el tercero en correr 1 kilómetro?

Algunos de los otros eventos fueron la carrera de relevo, el concurso de la Papa Caliente y la carrera de bicicletas.

9. El equipo ganador del año pasado estableció un récord de 51.7 s en la carrera de relevo de 4 personas. Este año los ganadores corrieron las 4 etapas del relevo en los siguientes tiempos: 12.8 s, 13.3 s, 13.1 s, y 12.4 s. ¿Rompió el récord el equipo de este año?

10. Al, Beatriz, Chan Lee y Darlene estuvieron en el concurso de la Papa Caliente. Se pararon en círculo y se pasaron una papa. La papa pasó de Chan Lee a Darlene a Al a Beatriz a Chan Lee y así sucesivamente. La papa pasó 11 veces. ¿Quién fue el último en recibirla?

11. Veinticuatro ciclistas comenzaron su carrera de bicicletas a las 11:35 A.M. El tiempo récord fue 2 h 15 min. ¿A qué hora llegó a la meta el ganador?

12. El ciclista que terminó en segundo lugar en la carrera llegó 7 minutos después del ganador. ¿A qué hora llegó a la meta el ciclista que terminó en segundo lugar?

13. Carmen pasó diez semanas entrenándose para el evento ciclista. La primera semana recorrió 3 km cada día en su bicicleta. Aumentó su distancia en 0.5 km cada semana a partir de entonces. ¿Qué distancia recorrió cada día en su bicicleta durante la quinta semana de entrenamiento? ¿y la décima semana?

★ 14. Mientras esperaban sus eventos, Amelia, Bob, Carolina y Diana jugaron tirándose el Frisbee. Amelia tenía un Frisbee amarillo, Bob uno azul, Carolina uno rojo y Diana uno blanco. Los Frisbees se tiraron entre las siguientes personas: Amelia y Bob, Carolina y Diana, Amelia y Carolina y Diana y Bob. Al final, Carolina y Bob intercambiaron sus Frisbees y también Diana y Amelia. ¿Quién se quedó con el Frisbee rojo al final?

=== ALGO EXTRA ===

HÁLLALO TÚ

La gente corre cada vez más rápidamente. En los Juegos Olímpicos cada cuatro años, a menudo se rompen récords. Halla las respuestas a estas preguntas.

1. ¿En dónde se celebraron los Juegos Olímpicos de 1976 y 1984?

2. ¿Cuáles fueron los tiempos récords en la carrera de 100 metros en 1976 y en 1984? ¿en la de 200 metros?

3. ¿Por cuántos segundos se rompieron los récords en 1984?

REPASO DEL CAPÍTULO

¿Cuál es el mejor estimado? págs 62–63, 66–69

1. distancia entre Seattle y St. Louis   **a.** 2,700 cm   **b.** 2,700 m   **c.** 2,700 km

2. peso de una pelota de básquetbol   **a.** 1 mg   **b.** 1 g   **c.** 1 kg

3. leche en un cartón lleno   **a.** 1 mL   **b.** 1 L   **c.** 100 L

4. longitud de este libro   **a.** 25 cm   **b.** 25 mm   **c.** 25 m

Completa. págs 64–65, 70–71

5. 1 dm = ___ m

6. 1 ___ = 100 m

7. 40 mm = ___ cm

8. 1,000 L = 1 ___

9. 32 kg = ___ g

10. 200 cm = ___ m

11. 1.5 kg = ___ g

12. 574 mg = ___ g

13. 10 L = 1 ___

14. 27.2 dm = ___ cm

15. 2,940 m = ___ km

16. ___ mm = 7.4 cm

17. 6 d = ___ h

18. 7 min 26 s = ___ s

19. 75 d = ___ sem. ___ d

20. 286 min = ___ h ___ min

21. 123 sem. = ___ años ___ sem.

22. 84 h = ___ d (a la décima más cercana)

Da la precisión y el MEP para cada uno. págs 72–73

23. 262 mg

24. 1.2 km

25. 16.00 L

26. 0.012 g

Suma, resta, multiplica o divide. págs 76–77

27.   3 h 41 min
    + 1 h 26 min

28.   5 min 16 s
    − 2 min 38 s

29.   4 d 15 h
    ×   6

30.   10 min
    − 3 min 19 s

31.   7 sem. 4 d
    + 8 sem. 3 d

32. 32)‾18 d 16 h

33.   6 h
    − 2 h 28 min

34.   10 h 27 min
    ×   5

Halla cada tiempo. págs 78–79

35. 0637 horas en tiempo de 12 horas

36. 6 h 15 min antes de las 3:15 P.M.

37. 1:43 P.M. en tiempo de 24 horas

38. 1302 horas en tiempo de 12 horas

39. 4 h 57 min después de las 11:16 A.M.

40. 5 h 43 min antes de las 11:22 P.M.

41. el tiempo transcurrido entre las 3:57 A.M. y las 9:06 A.M.

Resuelve. págs 74–75, 80–81

42. Un año los miembros del equipo ganador en la carrera olímpica de relevo de 1,600 m obtuvieron los siguientes tiempos: 45.8 s, 44.9 s, 44.5 s, 44.3 s. ¿Cuál fue su tiempo total? ¿Cuál fue su tiempo medio?

43. Se hacen rodar dos monedas de un centavo, comenzando como se ve a la derecha. ¿Estará la cabeza hacia arriba o hacia abajo cuando hayan dado media vuelta?

PRUEBA DEL CAPÍTULO

¿Cuál es el mejor estimado?

1. altura de un cesto de básquetbol
   - **a.** 3 cm
   - **b.** 3 m
   - **c.** 3 km

2. distancia entre Chicago y New York
   - **a.** 1,200 cm
   - **b.** 1,200 m
   - **c.** 1,200 km

3. peso de una raqueta de raquetbol
   - **a.** 300 g
   - **b.** 300 kg
   - **c.** 300 T

4. peso de este libro
   - **a.** 1 mg
   - **b.** 1 g
   - **c.** 1 kg

5. capacidad del tanque de gasolina de un carro
   - **a.** 60 mL
   - **b.** 60 L
   - **c.** 600 L

6. capacidad de una cuchara de sopa
   - **a.** 5 mL
   - **b.** 5 L
   - **c.** 50 L

Completa.

7. 1 dam = 10 ____

8. 0.01 g = 1 ____

9. 4 dm = ____ m

10. 2.3 m = ____ cm

11. 72 L = ____ mL

12. 9,675 g = ____ kg

13. 7.5 cm = ____ mm

14. 0.923 g = ____ mg

15. 128 h = ____ d ____ h

16. 9 h 21 min = ____ min

17. A la décima más cercana, 266 min es ____ h.

18. El tiempo transcurrido entre las 8:56 A.M. y las 2:17 P.M. es ____ h ____ min.

Da la precisión y el MEP para cada uno.

19. 463 g

20. 16.200 km

Suma, resta o multiplica.

21.   16 h 27 min
    − 6 h 51 min

22.   4 sem. 3 d
    + 6 sem. 5 d

23.   12 h 25 min
    ×   3

Resuelve.

24. Luisa Romero corre 5 km todos los días. Desde su casa corre 750 m hacia el norte, 1,250 m hacia el oeste, 350 m hacia el sur, 500 m hacia el este, 275 m hacia el sur, 500 m hacia el oeste y 125 m hacia el sur. En ese punto, ¿en dónde se encuentra con relación a su casa? ¿Cuánto más tiene que correr?

25. Luisa Romero corre durante 30 min. Después de regresar a su casa, le lleva 50 min comer, ducharse, vestirse y caminar hasta la estación de trenes. Su tren sale a las 7:50 A.M. Una mañana se levantó tarde y no comenzó a correr hasta las 6:35 A.M. ¿Alcanzó su tren?

4 × (2 h 15 min) + 5 × (3 h 17 min) = ____ d (a la décima más cercana)

PIEZAS DE ROMPECABEZAS

¿Puedes poner estas piezas juntas de modo que quepan en el triángulo? Cálcalas y recórtalas. Usa una regla para comprobar las medidas de cada una de tus piezas.

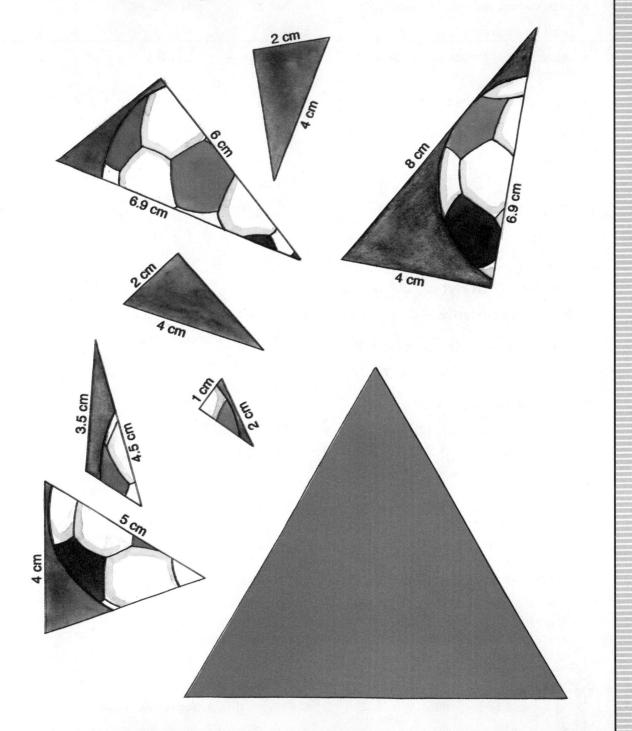

DÍGITOS SIGNIFICATIVOS Y EXACTITUD

Los **dígitos significativos** en medida son aquellos que dan el número de veces que la unidad de medida se usa.

Ejemplos

Medida	Medido al más cercano (Precisión)	Número de unidades	Dígitos significativos	Número de dígitos significativos
4.6 m	0.1 m	46 (0.1 m)	4, 6	2
302 g	1 g	302 (1 g)	3, 0, 2	3
0.085 kg	0.001 kg	85 (0.001 kg)	8, 5	2
50.40 L	0.01 L	5,040 (0.01 L)	5, 0, 4, 0	4
450 km	10 km	45 (10 km)	4, 5	2

Cuanto más dígitos significativos haya en una medida, tanto más **exacta** es la medida.

Enumerados en orden del más exacto al menos exacto, las medidas arriba son como sigue.

50.40 L ⟵ 4 dígitos significativos

302 g ⟵ 3 dígitos significativos

4.6 m, 0.085 kg, 450 km ⟵ 2 dígitos significativos

Completa esta tabla

	Medida	Medido al más cercano (Precisión)	Número de unidades	Dígitos significativos	Número de dígitos significativos
1.	49.6 m				
2.	5,000 km				
3.	1.300 km				
4.	106.250 m				
5.	0.05 m				
6.	250 m				
7.	78,590 km	1 km			

8. Enumera las medidas arriba en orden de menos exacta a más exacta.

9. Enumera las medidas arriba en orden de menos precisa a más precisa.

FLUJOGRAMAS

El procedimiento progresivo que se emplea para resolver un problema se llama un **algoritmo**. Un programador de computadora a menudo comienza haciendo un **flujograma** para representar los pasos del algoritmo.

Cada símbolo de un flujograma tiene un significado.

 se usa para comenzar o parar.

 se usa para entrada o salida.

 se usa para operaciones e instrucciones.

 se usa para una decisión.

Este flujograma muestra cómo contar hacia atrás para un lanzamiento de cohete. El flujograma hace una lazada. La lazada se usa para *repetir* pasos en un algoritmo. Sigue las flechas para contar hacia atrás desde el 10.

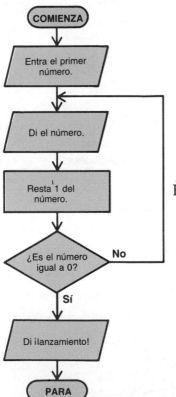

Ésta es una lazada.

Ésta es una lazada.

Sigue el flujograma para completar la tabla de entrada-salida.

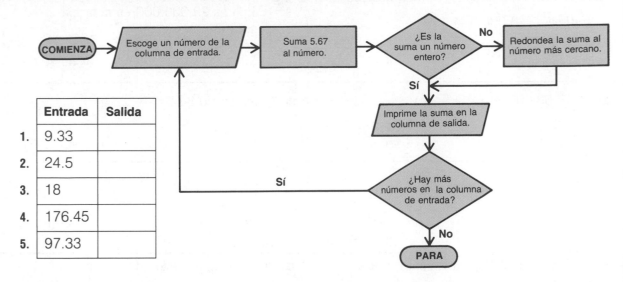

	Entrada	Salida
1.	9.33	
2.	24.5	
3.	18	
4.	176.45	
5.	97.33	

Copia el flujograma. Escribe cada paso en el lugar correcto.

6. cómo lograr una carrera en béisbol

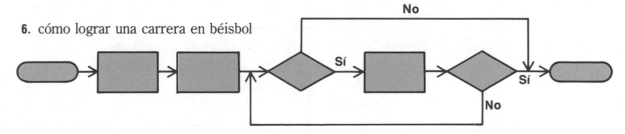

Corre hasta la primera base.   ¿Estás en el home?   PARA   ¿Puedes correr hasta la próxima base?

Corre hasta la próxima base.   Pégale a la pelota.   COMIENZA

Resuelve.

7. Se dan los pasos para un flujograma que muestra cómo contar números impares. Pon los pasos en orden y construye el flujograma.

Que el número sea igual a 1.   COMIENZA

Di el número.   Suma 2.

8. ¿Qué paso no aparece en el flujograma que muestra cómo contar números impares? ¿La lazada del flujograma termina alguna vez?

Haz un flujograma para cada uno.

9. cómo hacer sandwiches de mantequilla de cacahuate

10. cómo sumar 46.78 más 32.21

11. cómo convertir una unidad métrica en otra

12. cómo escribir un número en notación científica

PERFECCIONAMIENTO DE DESTREZAS

Escoge las respuestas correctas. Escribe A, B, C o D.

1. Estima. 48,090 + 1,139

A 49,000   C 61,000

B 50,000   D no se da

9. ¿Cómo es 29,000,000 en notación científica?

A 29×10^6 C 2.9×10^7

B 2.9×10^6 D no se da

2. $42 \times 63,000$

A 264,600   C 264,046

B 26,460,000   D no se da

10. Completa. 0.84 kg = ___ g

A 8,400   C 840

B 84   D no se da

3. $34\overline{)52,739}$

A 155 R5   C 1,551

B 1,551 R5   D no se da

11.
$$\begin{array}{r} 6 \text{ d } 7 \text{ h} \\ \times \quad 9 \\ \hline \end{array}$$

A 56 d 15 h   C 54 d 15 h

B 54 d 16 h   D no se da

4. Redondea 367.1059 a la centena más cercana.

A 400   C 300

B 380   D no se da

12. ¿Cuál es la precisión de 300 g?

A 100 g   C 1 mg

B 1 g   D no se da

5. Redondea 376.1059 a la décima más cercana.

A 376.2   C 376

B 376.11   D no se da

13. ¿Cuánto tiempo ha transcurrido entre las 10:30 P.M. y la 1:24 A.M.?

A 3 h 54 min   C 3 h 6 min

B 2 h 54 min   D no se da

6. Redondea 376.1059 a la milésima más cercana.

A 376.105   C 376.2

B 376.106   D no se da

Resuelve. Si no hay suficiente información, indica qué información falta.

14. El Club de Caminantes hizo un viaje de 14 días a Colorado. Cada miembro pagó $650 por el viaje. ¿Cuál fue el costo total del viaje?

A $6,500   C $9,100

B se necesita el número   D no se da
    de miembros del club

7.
$$\begin{array}{r} 0.4791 \\ - 0.0948 \\ \hline \end{array}$$

A 0.3653   C 0.3843

B 0.3657   D no se da

15. El club acampó a una altura de 11,624 pies. El próximo día caminaron durante 6 horas hasta llegar a una altura de 10,160 pies. ¿Cuántos pies ascendieron o descendieron?

A descendieron 224 pies

B ascendieron 1,464 pies

C descendieron 1,464 pies

D no se da

8. $7 \div 1.25$

A 5.6   C 0.56

B 56   D no se da

Tema: Los ríos

Explorar áreas de polígonos

TRABAJAR JUNTOS

Primero lee el artículo del periódico que aparece a la derecha. Después trabaja en un grupo pequeño en las siguientes actividades.

1. Comenta y decide qué entiende el alcalde por "desperdicio".

2. Dibuja tantos polígonos regulares diferentes como puedas para recortarlos de la antigua ficha de la ciudad, sin mucho desperdicio.

3. Prepara un método para estimar los desperdicios producidos por cada uno de los polígonos regulares que dibujaste. Úsalo para ordenar los polígonos en orden decreciente de desperdicios.

NUEVO DISEÑO DE FICHAS INMOVILIZA AL CONCEJO MUNICIPAL

(28 de agosto) El concejo municipal se ha reunido diciesiete veces para tratar la forma de las nuevas fichas para los autobuses de la ciudad. En la reunión de anoche y para ahorrar dinero, el concejo recomendó usar las fichas existentes. El plan consistía en convertir cada ficha redonda en uso en una moneda con forma de polígono regular. —Cortémolas en triángulos,— recomendó el concejal Simso.—Es mejor que sean cuadradas,—replicó la concejala Danz. El alcalde Tirola estaba preocupado por los desperdicios de las piezas. —Mi gobierno está en contra de cualquier clase de desperdicios —, afirmó el alcalde.

La reunión no carecía de emoción. En cierto momento, una delegación de estudiantes universitarios presentó ejemplos de una moneda de 17 lados que ellos preferían. Más tarde, un grupo de estudiantes de octavo grado de la Escuela Kennedy sonrieron cuando el concejo pasó una resolución para adoptar el polígono que reduce a un mínimo los desperdicios.

Compara tus resultados con los de otro grupo.

1. ¿Cómo estimaste la cantidad desperdiciada si la ficha era cuadrada?

2. ¿Cómo están relacionadas las fichas cuadrada y octogonal? ¿Qué observas sobre la cantidad desperdiciada en cada caso?

3. ¿Qué puedes decir sobre la cantidad desperdiciada de un polígono de 16 lados comparada con la de un polígono de 32 lados?

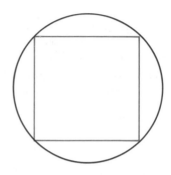

RAZONAR A FONDO

1. Explica por escrito la forma en que la cantidad desperdiciada está relacionada con los lados del polígono. Explica por escrito la forma en que el área de un polígono regular está relacionada con el área de un círculo.

2. ¿Por qué crees que algunos estudiantes de octavo grado sonrieron cuando el concejo votó la adopción del polígono con la mínima cantidad de desperdicios?

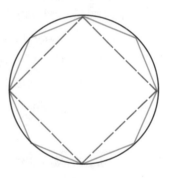

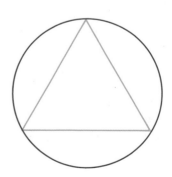

Explorar áreas de polígonos irregulares

Para algunos polígonos, como por ejemplo triángulos, rectángulos, cuadrados, paralelogramos y trapecios, existen fórmulas para hallar el área. Para otros polígonos, es necesario usar métodos especiales.

TRABAJAR JUNTOS

Trabaja en grupo. Usa una hoja de papel cuadriculado en centímetros y una regla. Escoge cuatro puntos, uno en cada lado del papel y únelos mediante segmentos para formar un cuadrilátero. No debe haber ningún punto en las esquinas del papel.

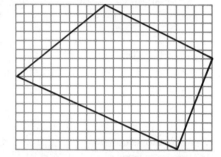

1. Calcula el área total del papel cuadriculado.

2. Halla las áreas de las secciones triangulares formadas.

3. Prepara un método para hallar el área del cuadrilátero. Anota su área.

Un grupo cometió un error y escogió un quinto punto que no estaba en el borde del papel.

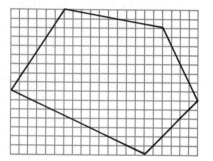

4. Decide cómo se puede aplicar tu método de cálculo del área de un cuadrilátero para hallar el área de un pentágono.

5. Haz un experimento para probar tu método.

6. ¿Crees que tu método serviría para cualquier polígono?

COMPARTIR IDEAS

Compara tus resultados con los de otros grupos.

1. ¿Formó alguno de los grupos un cuadrilátero regular? ¿Pudiste formar un cuadrilátero regular en tu papel cuadriculado de la forma descrita anteriormente? Explica.

2. ¿Formó alguno de los grupos un rectángulo? ¿Y un paralelogramo? ¿Y un trapecio? ¿Pudiste formar una de estas figuras en tu papel? Explica.

3. ¿Qué habría pasado si te hubieran dado un polígono más grande que tu hoja de papel cuadriculado? Explica cómo podrías usar tu método para hallar esta área.

Cuando dibujas un polígono en una hoja rectangular de papel cuadriculado, los triángulos que usas para hallar el área del polígono son rectángulos. ¿Necesitas usar triángulos fuera del polígono o puedes dividirlo en triángulos rectángulos? Explica.

Trabaja en grupos de cuatro para averiguarlo.

1. Cada miembro de tu grupo debe dibujar un polígono diferente. Dibuja la diagonal más larga que puedas para tu polígono. ¿Se han formado triángulos rectángulos? Al dibujar una diagonal, ¿se formará siempre un triángulo? Explica.

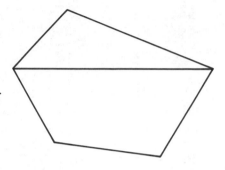

2. Desde cada vértice del polígono, que no esté en la diagonal, dibuja un segmento perpendicular a la diagonal. ¿Se ha formado algún triángulo rectángulo? ¿Se formará siempre al menos un triángulo rectángulo? Explica.

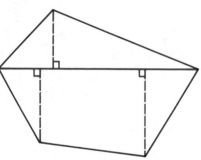

3. ¿Está dividido ahora tu polígono sólo en triángulos rectángulos? Si no es así ¿qué puedes hacer para formar otros triángulos rectángulos?

4. Dos miembros de tu grupo deben dibujar e investigar un pentágono. Los otros dos deben dibujar e investigar un hexágono.
   - Calca cada figura. Guarda la copia.
   - Divide cada polígono en triángulos rectángulos.
   - Mide con cuidado y después calcula el área de tu polígono dividido.
   - Intercambia polígonos calcados con los otros dos estudiantes de tu grupo. Calcula el área de este nuevo polígono partido.

5. ¿Puede dividirse siempre un polígono sólo en triángulos rectángulos? Explica la importancia de este método de dividir polígonos para hallar el área de un polígono irregular.

Propiedades

Juanita y Bárbara viajarán en canoa desde Chester hasta Whitehorse, una distancia de 12 km. Pararán para descansar en Milltown o Pennton. La distancia que recorrerán será la misma no importa dónde se detengan.

PROPIEDADES DE LA SUMA
(para los números *a*, *b* y *c*)

Propiedad conmutativa

$$a + b = b + a$$
$$9 + 3 = 3 + 9$$

Propiedad asociativa

$$a + (b + c) = (a + b) + c$$
$$5 + (6 + 4) = (5 + 6) + 4$$

Propiedad de identidad

$$a + 0 = a \qquad 0 + a = a$$
$$75 + 0 = 75 \qquad 0 + 75 = 75$$

PROPIEDADES DE LA MULTIPLICACIÓN
(para todos los números *a*, *b* y *c*)

Propiedad conmutativa

$$a \times b = b \times a$$
$$5 \times 7 = 7 \times 5$$

Propiedad asociativa

$$a \times (b \times c) = (a \times b) \times c$$
$$2 \times (4 \times 3) = (2 \times 4) \times 3$$

Propiedad de identidad

$$a \times 1 = a \qquad 1 \times a = a$$
$$27 \times 1 = 27 \qquad 1 \times 27 = 27$$

Propiedad del cero

$$a \times 0 = 0 \qquad 0 \times a = 0$$
$$19 \times 0 = 0 \qquad 0 \times 19 = 0$$

Propiedad distributiva de la multiplicación sobre la suma

$$a(b + c) = (a \times b) + (a \times c)$$
$$2(3 + 5) = (2 \times 3) + (2 \times 5)$$

Un número junto a un paréntesis significa multiplicar por dicho número.

TRABAJO EN CLASE

Nombra la propiedad.

1. $6 \times 5 = 5 \times 6$

2. $8 + 0 = 8$

3. $12 + 8 = 8 + 12$

4. $1 \times 84 = 84$

5. $9 \times 1 = 1 \times 9$

6. $12 \times 0 = 0$

7. $(20 \times 5) \times 4 = 20 \times (5 \times 4)$

8. $7(9 + 4) = (7 \times 9) + (7 \times 4)$

Nombra la propiedad.

1. $9 \times 7 = 7 \times 9$
2. $0 + 100 = 100$
3. $(9 + 8) + 7 = 9 + (8 + 7)$
4. $1 \times 109 = 109$
5. $204 + 3 = 3 + 204$
6. $5(8 + 4) = (5 \times 8) + (5 \times 4)$
7. $21 \times 1 = 21$
8. $129 \times 0 = 0$
9. $(5 \times 8) \times 9 = 5 \times (8 \times 9)$
10. $8 \times 1 = 1 \times 8$
11. $16 + 0 = 16$
12. $(2 + 3) + 4 = 2 + (3 + 4)$
13. $0 \times 15 = 0$
14. $25 + 143 = 143 + 25$
15. $(2 \times 3) + (2 \times 4) = 2(3 + 4)$

Haz que cada oración sea verdadera. Nombra la propiedad empleada.

16. $25 \times \square = 25$
17. $16 + 13 = \square + 16$
18. $(2 + 3) + 7 = 2 + (\square + 7)$
19. $\square + 67 = 67$
20. $29 \times \square = 1 \times 29$
21. $(3 \times \square) \times 8 = 3 \times (9 \times 8)$
22. $38 \times \square = 0$
23. $36 \times 45 = 45 \times \square$
24. $5(6 + \square) = (5 \times 6) + (5 \times 12)$
25. $0 + \square = 81$
26. $68 \times 0 = \square$
27. $146 \times \square = 146$

Escribe *verdadero* o *falso* para cada enunciado.

28. Si el producto de dos números es 0, entonces uno de los números debe ser 0.

29. Cuando se divide un número por 1, el cociente es dicho número.

30. Cuando se divide un número por sí mismo, el cociente es dicho número.

31. Cuando se resta un número de 0, la diferencia es dicho número.

32. Cero dividido por cualquier número mayor que 0 es 0.

★ 33. Cualquier número dividido por 0 es igual a dicho número.

★ 34. La resta es conmutativa.

★ 35. La división es conmutativa.

★ 36. La resta no es asociativa.

★ 37. La división es asociativa.

APLICACIÓN

═══ HAZLO MENTALMENTE ═══

Usa las propiedades para ayudarte a computar mentalmente cada respuesta.

1. $30 + (70 + 18)$
2. $(15 \times 8) + (15 \times 2)$
3. $(19 \times 5) \times 200$
4. $8 + 9 + 2 + 1 + 6$
5. $13 + 6 + 7 + 14$
6. $9 + 7 + 4 + 1 + 3 + 6$
7. $(6 \times 15) + (6 \times 35)$
8. $(640 + 391) + 360$
9. $(25 \times 68) \times 40$
10. $(27 \times 14) + (27 \times 6)$
★ 11. 21×19
★ 12. 38×42

Orden de las operaciones

Los Spence, Rodrigos y O'Neil fueron juntos a pasear en balsa. ¿Cuánto pagaron?

4 adultos + 6 niños

$4 \times 23 + 6 \times 15$

5 horas de diversión en el Río Lehigh	
Adultos	$23
Niños	$15

Para hallar el valor de una expresión con más de una operación, sigue este orden.

1. Trabaja con exponentes.

2. Haz todas las multiplicaciones y divisiones de izquierda a derecha.

3. Haz todas las sumas y restas de izquierda a derecha.

$$4 \times 23 + 6 \times 15 =$$
$$92 + 90 =$$
$$182$$

El valor de la expresión $4 \times 23 + 6 \times 15$ es 182. Pagaron $182 por pasear en balsa.

Cuando aparecen paréntesis o una barra de división, sigue primero el orden de las operaciones dentro de los paréntesis, o arriba o abajo de la barra de división.

a. $3 + 2(8 + 3^2) =$

$3 + 2(8 + 9) =$ Simplifica el exponente.

$3 + 2 \times 17 =$ Suma dentro del paréntesis.

$3 + 34 =$ Multiplica.

37 Suma.

b. $21 + \dfrac{36}{12 - 8} - 3 \times 4 =$ Resta debajo de la barra de división.

$21 + \dfrac{36}{4} - 3 \times 4 =$ Divide y multiplica.

$21 + 9 - 12 =$ Suma.

$30 - 12 =$ Resta.

18

TRABAJO EN CLASE

Halla el valor de cada expresión.

1. $9 \times 3 + 1$

2. $8(5 + 1)$

3. $27 + 4 - 8 \times 3$

4. $4^2 \div 8$

5. $20 - (12 - 8 \div 2) \times 2$

6. $320 \div (8 + 8 \times 3)$

7. $32 - 3 \times 2^3 - \dfrac{16 - 4}{3}$

8. $6 \times 7 - \dfrac{5 + 4}{3} \times 8$

9. $29 - 2 \times 3^2 + 28 \div 7$

96

PRÁCTICA

Halla el valor de cada expresión.

1. $3 + 4 - 6$
2. $18 - 7 \times 2$
3. $37 + 8 - 29$

4. $35 \div 5 - 3$
5. $2^2 - 1$
6. $15 - (3 + 4)$

7. $48 \div (12 \div 3)$
8. $4(3 + 9)$
9. $75 - 3 \times 25$

10. $3^2 + 15 \times 2$
11. $\frac{12 \times 8}{6} \times (4 + 4)$
12. $139 - \frac{27 + 54}{3}$

13. $252 \div 7 \div 6$
14. $8 \times \frac{24 - 6}{9}$
15. $(3 + 42) \div 9$

16. $48 \div 2^3 - \frac{21 - 11}{2}$
17. $32 \times 17 - 135$
18. $14 \times (3^2 + 37)$

19. $5^2 - 8 \times 2 + \frac{15}{3}$
20. $\frac{8 + 14}{5 + 6} \times (7 - 4)$
21. $(86 - 245 \div 7) \times 5$

22. $15 \times 8 + 35 \div 5$
23. $15 \times (8 + 35) \div 5$
24. $(15 \times 8 + 35) \div 5$

25. $4^2 + 9 \times 6 - 4$
26. $(4^2 + 1) \times 6 - 4$
27. $4^2 + 9 \times (6 - 4)$

28. $47 - 81 \div 9 + 36(3 + 2)$
29. $\frac{42 + 6^2}{2^4 - 2 \times 5}$
30. $(18 + 9) \times 3 \div 9 - \frac{4^2}{2}$

Usa paréntesis para hacer verdadera cada oración matemática.

★31. $3 + 5 \times 8 - 2 = 62$
★32. $42 \div 3 + 4 = 6$
★33. $5 \times 8 - 4 \times 2 = 40$

★34. $3^2 - 3 \times 8 - 15 \div 3 = 11$
★35. $48 \div 8 \div 2 + 4 = 1$
★36. $24 \div 2 + 2 \times 5 = 2$

APLICACIÓN

37. En el viaje en balsa la Sra. Spence se sentó detrás de Rob O'Neil, el Sr. Rodrigo se sentó detrás de su hijo Marc, y Marc se sentó frente a Rob O'Neil. ¿En qué orden, de adelante hacia atrás, se sentarón estas cuatro personas en la balsa?

═══ RAZONAMIENTO LÓGICO ═══

Escribe cada expresión. Puedes usar la suma, la resta, la multiplicación, la división, exponentes y paréntesis.

Ejemplo Usa cuatro 3 para designar el siete. $3 + 3 + 3 \div 3 = 3 + 3 + 1 = 7$

1. Usa cuatro 5 para designar el seis.
2. Usa cuatro 5 para designar el diez.

3. Usa cuatro 4 para designar el veinte.
4. Usa tres 6 para designar el treinta.

5. Usa tres 3 para designar el veinticuatro.
6. Usa cinco 5 para designar el cien.

★7. Usa cuatro 4 para designar cada número del cero al diez.

Expresiones

Los trabajadores del puerto cargan 11 T por minuto en este buque de contenedores.

La expresión $11 \times y$, ó $11y$, representa la cantidad de carga que los trabajadores pueden cargar en y minutos. La variable y representa el número de minutos. Una **variable** es un símbolo que representa un número en una expresión o ecuación.

Para hallar el número de toneladas que los trabajadores pueden cargar en 15 minutos, **evalúa** $11y$ cuando $y = 15$.

$$11y =$$
$$11 \times 15 =$$
$$165$$

Substituye 15 por y para hallar el valor de 11y

Los trabajadores del puerto pueden cargar 165 toneladas en 15 minutos.

Más ejemplos

Escribe una expresión para cada uno. Después evalúa la expresión.

a. dieciseis menos que un número t

$$t - 16$$
Sea $t = 20$. $20 - 16 = 4$

b. dos por un número x, más siete

$$2x + 7$$

Sea $x = 9$.

TRABAJO EN CLASE

Evalúa cada expresión. Sea $x = 4$ e $y = 28$.

1. $3x - 4$

2. $2y$

3. $\frac{y}{4}$

4. $9 - x$

5. $\frac{y - x}{6}$

Escribe una expresión para cada una.

6. doce más que un número y

7. el producto de ocho por un número d

PRÁCTICA

Evalúa cada expresión. Sea $a = 5$, $b = 4$, $c = 15$ y $d = 7$.

1. $c - 9$ **2.** $d + 12$ **3.** $5 + b$ **4.** $4a$

5. $3d$ **6.** $\frac{c}{3}$ **7.** $2b + 3$ **8.** $14 - 2a$

9. a^2 **10.** ab **11.** $(d - 7) \times a$ **12.** $\frac{bd}{7}$

13. $\frac{2a - b}{3}$ **14.** $25 - a + b$ **15.** $a + c - b^2$ **16.** $16 + c - (b + 7)$

Halla cada salida.

	Entrada	Salida
	x	$3(x - 4)$
17.	7	
18.	12	
19.	35	

	Entrada	Salida
	y	$2y^2$
20.	5	
21.	8	
22.	10	

	Entrada	Salida
	f	$\frac{36 - 2f}{4}$
23.	4	
24.	12	
25.	18	

Escribe una expresión para cada uno.

26. trece por un número b

27. un número n más catorce

28. cincuenta menos que un número y

29. un número r dividido entre diez

30. el producto de cinco por un número c

31. la suma del doble de un número y más cinco

★**32.** el producto de un número n por seis, menos nueve

★**33.** diez menos que un número x dividido entre tres

Escribe como una expresión en palabras.

34. $3a$ **35.** $n + 6$ **36.** $15 - b$ **37.** $\frac{p}{5}$ **38.** $\frac{8}{c}$

★**39.** $7p - 2$ ★**40.** $9(c + 3)$ ★**41.** $\frac{m + n}{2}$ ★**42.** $\frac{12}{c + d}$ ★**43.** $36 - 2x + 5$

APLICACIÓN

Escribe una expresión para cada uno. Usa x para la variable. Después evalúa la expresión.

44. Los trabajadores del puerto pueden cargar 2 toneladas de carga por minuto en un buque de carga normal.
   a. ¿Cuántas toneladas pueden cargar en una hora?
   b. ¿Cuántas toneladas pueden cargar en 2 horas y 30 minutos?

★**45.** ¿Cuántas más toneladas transporta un supertanque que estos otros buques?
   a. un buque contenedor
   b. un buque LASH
   c. un buque tanque

Tipo de buque	Capacidad (en T)
Contenedor	11,000
LASH	24,000
Tanque	2,000
Supertanque	450,000

Ecuaciones y fórmulas

Sacagawea recorrió 3,000 millas con la expedición desde su aldea Mandan hasta la costa del Pacífico. ¿Qué distancia había recorrido la expedición antes de que ella se le uniera?

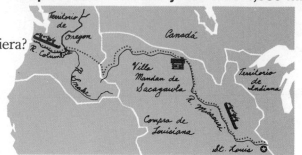

Expedición de Lewis y Clark de 4,000 millas

Escribe una ecuación. Una **ecuación** es una oración matemática con un signo igual (=).

3,000 más un número n es 4,000.

3,000 + n = 4,000

Para **resolver** una ecuación, halla un valor para la variable que haga verdadera la oración matemática. Este valor es una **solución**.

Usa 1,000 como valor para n en 3,000 + n = 4,000.   3,000 + 1,000 = 4,000

1,000 es la solución. La expedición había recorrido 1,000 millas antes de que Sacagawea se les uniera.

Una **fórmula** es una ecuación. Evalúa cada fórmula para el valor dado.

a. $p = c + 200$ (Sea $c = 125$.)
$p = 125 + 200$
$p = 325$

b. $60 h = m$ (Sea $h = 7$).
$60 \times 7 = m$
$420 = m$

detalle cortesía de Montana Historical Society

TRABAJO EN CLASE

Substituye el valor dado en la ecuación. Después indica si es una solución.

1. $x + 17 = 29$ (Sea $x = 12$.)   **2.** $18y = 126$ (Sea $y = 7$.)   **3.** $2y - 48 = 15$ (Sea $y = 59$.)

Escribe una ecuación para cada uno.

4. Veinte más que un número c es cincuenta

5. El producto de cinco y un número y es diez.

Evalúa cada fórmula.

6. $s = n - 10$, para $n = 38$

7. $24d = h$, para $d = 5$

Substituye el valor dado en la ecuación. Después indica si es una solución.

1. $9y = 63$ (Sea $y = 7$.)   2. $t - 10 = 10$ (Sea $t = 10$.)   3. $3n - 68 = 49$ (Sea $n = 39$.)

4. $\frac{n}{14} = 8$ (Sea $n = 112$.)   5. $y - 57 = 0$ (Sea $y = 57$.)   6. $2x + 5 = 39$ (Sea $x = 20$.)

7. $\frac{w}{15} = 9$ (Sea $w = 165$.)   8. $x + 11 = 14$ (Sea $x = 3$.)   9. $35 = 20 + y$ (Sea $y = 55$.)

10. $2(13 - x) = 18$ (Sea $x = 4$.) 11. $10(n - 2) = 9$ (Sea $n = 10$.) 12. $4(m + 5) = 80$ (Sea $m = 15$.)

Escribe una ecuación para cada uno.

13. Un número n más cuatro es nueve.

14. Treinta y dos menos que un número x es diez.

15. Un número t dividido entre doce es igual a veinte.

16. Once menos que el producto de ocho por un número x es treinta y siete.

★ 17. Siete veces la suma de un número c más quince es ciento treinta y tres.

★ 18. Ciento cuarenta y tres dividido entre la suma de un número b más seis es once.

Evalúa cada fórmula para los valores dados.

19.
t	$c = 2t + 3$
4	
12	
18	

20.
a	$h = 8 + \frac{18 - a}{2}$
4	
12	
17	

21.
s	$A = s^2$
7	
15	
36	

★ 22.
r	t	$d = rt$
35	2	
55	4	
60	2.5	

★ 23.
t	f	$s = 7t + 3f$
2	1	
3	2	
5	0	

★ 24.
B	h	$V = Bh$
2	3.5	
4	7.2	
8.3	10	

APLICACIÓN

Slant Indian Village, Mandan, North Dakota

Escribe una ecuación para cada uno. Substituye los valores dados en la ecuación para hallar la solución.

25. La Expedición de Lewis y Clark tardó 28 meses en hacer el viaje de ida y vuelta entre St. Louis y la Costa del Pacífico. Pasaron nueve meses de invierno. ¿Cuántos meses se pasaron viajando? Usa los valores 10, 15, 19, y 21.

★ 26. Cuarenta y cinco personas salieron desde St. Louis en la expedición. Entre ellos estaban Lewis y Clark, York el sirviente de Clark, 23 voluntarios del ejército y 9 marineros. El resto eran intérpretes, cazadores y carpinteros. ¿Cuántos eran los intérpretes, cazadores y carpinteros? Usa los valores 7, 10, 13, y 16.

Problemas para resolver

PATRONES

A veces reconocer un patrón te ayudará a resolver un problema.

1. Luisa necesita tres cuadrados más para terminar este diseño de una vela. ¿Qué colores usará para los cuadrados que faltan?

   ¿Cuáles son los datos?

   Ella usa 4 colores. Cada cuadrado tiene 2 colores.

   ¿Cómo puede hallarse la respuesta?

   Busca un patrón. Los cuadrados en las diagonales de la parte inferior izquierda a la parte superior derecha son todos iguales. En las columnas verticales la mitad superior de cada uno es igual a la mitad inferior del que tiene encima.

   Desarrolla el plan.

   Como los cuadrados 13, 7 y 4 son , el cuadrado 10 debe ser .

   Como los cuadrados 14 y 8 son , el cuadrado 11 debe ser .

   Como el cuadrado 12 es amarillo en la parte inferior, el cuadrado 16 debe ser amarillo en la parte superior. Todos los cuadrados con amarillo en la parte superior son verdes en la parte inferior.

   Entonces el cuadrado 16 es .

   ¿Cómo puede comprobarse la solución?

   Comprueba si cada tipo de cuadrado aparece en cada fila y en cada columna.

2. Halla los dos números que siguen en esta secuencia.
   1, 3, 6, 10, 15, ___, ___.

   ¿Cómo puede hallarse la respuesta?

   Busca un patrón.

   $3 = 1 + 2$ $10 = 1 + 2 + 3 + 4$
   $6 = 1 + 2 + 3$ $15 = 1 + 2 + 3 + 4 + 5$

   Continúa el patrón y halla los números que faltan.

   $1 + 2 + 3 + 4 + 5 + 6 = 21$
   $1 + 2 + 3 + 4 + 5 + 6 + 7 = 28$

   La secuencia es 1, 3, 6, 10, 15, 21, 28.

Completa cada patrón.

1.

2. A, C, D, F, ——, ——, ——

3.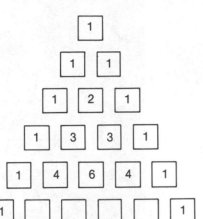

4.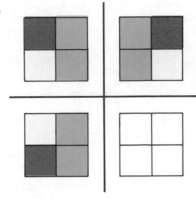

5. 1, 2, 4, 8, ——, ——

6. 1, 1, 2, 3, 5, 8, ——, ——

7. 1, 3, 9, 27, ——, ——

8. 1, 4, 9, 16, ——, ——, ——

Resuelve.

9. En el patrón de la derecha, ¿cuál es el orden de los colores en la tercera fila?

10. ¿Cuántos cuadrados hay en el patrón?

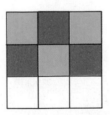

11. Juan Tenor es un afinador de pianos. Sabe que el do central en el piano tiene una frecuencia de 256 ciclos de vibraciones por segundo. Cada vez que baja una octava, la frecuencia disminuye la mitad de ciclos por segundo. Halla la frecuencia cuando toca el do tres octavas por debajo del do central.

★ **12.** Amelia tiene un tanque de peces de 20 galones. El agua se evapora a razón de 1.5 galones por semana. Ella agrega 2 galones de agua cada dos semanas. Amelia agregó agua hoy y el tanque contiene 16 galones ahora. ¿Cuánta agua habrá en el tanque en seis semanas?

=== CREA TU PROPIO PROBLEMA ===

1. Inventa un patrón de números usando la suma. Comienza con el 1. Escribe los primeros cinco números del patrón. Pide a un compañero de clase que escriba los tres números que siguen.

2. Inventa un patrón de colores usando cuadrados y los colores rojo, azul y amarillo. Muestra los primeros cinco cuadrados del patrón. Pide a un compañero que muestre los tres cuadrados siguientes.

Operaciones inversas

La evaporación y la precipitación son procesos inversos del ciclo del agua.

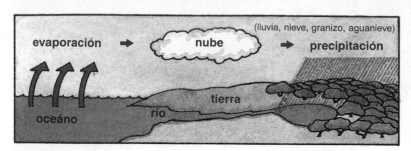

La suma y la resta son **operaciones inversas.**

La multiplicación y la división son **operaciones inversas.**

Más ejemplos

TRABAJO EN CLASE

Nombra la inversa de cada operación.

1. suma 7

2. divide entre 5

3. resta 2

4. multiplica por 9

5. divide entre 12

6. resta 16

7. suma 24

8. el doble de un número

Se hizo una operación con cada variable. Escribe la operación inversa.

9. $c - 6$

10. $5n$

11. $7 + y$

12. $\frac{x}{3}$

13. $d + 12$

PRÁCTICA

Nombra la inversa de cada operación.

1. suma 8

2. multiplica por 3

3. resta 7

4. divide entre 9

5. resta 14

6. suma 19

7. multiplica por 15

8. divide entre 21

9. aumenta en 14

10. disminuye en 15

11. suma 0

12. duplica un número

Se hizo una operación con cada variable. Escribe la operación inversa.

13. $n + 7$

14. $c - 4$

15. $8d$

16. $\frac{c}{3}$

17. $x - 6$

18. $8 + c$

19. $5x$

20. $\frac{n}{10}$

21. $y - 15$

22. $20 + d$

23. $14n$

24. $x - 32$

25. $\frac{t}{18}$

26. $c + 18$

27. $\frac{r}{30}$

Completa cada oración matemática.

28. $23 + 4 - 4 = \square$

29. $\frac{3 \times 8}{3} = \square$

30. $19 - 7 + 7 = \square$

31. $10 - 10 + 16 = \square$

32. $\frac{72}{8} \times 8 = \square$

33. $5 \times 14 \div 5 = \square$

34. $n - 12 + 12 = \square$

35. $\frac{9x}{9} = \square$

36. $\frac{c}{15} \times 15 = \square$

37. $8 - 8 + y = \square$

38. $20d \div 20 = \square$

39. $t + 24 - 24 = \square$

★**40.** $2d - 5 + 5 = \square$

★**41.** $2 + 3n - 2 = \square$

★**42.** $\frac{n - 6}{5} \times 5 = \square$

★**43.** $\frac{3(x - 4)}{3} = \square$

★**44.** $\frac{5n - 2 + 2}{5} = \square$

★**45.** $\frac{2(c + 4 - 4)}{2} = \square$

APLICACIÓN

LA CALCULADORA

Usa las teclas $\boxed{+}$, $\boxed{-}$, $\boxed{\times}$, $\boxed{\div}$, **ó** $\boxed{=}$ **para hacer verdadera cada oración matemática.**

1. $15 \square 7 \boxed{-} 15 \boxed{=} 7$

2. $24 \square 3 \boxed{\div} 24 \boxed{=} 3$

3. $9 \boxed{+} 7 \square 7 \square 9 \boxed{=} 14$

4. $18 \boxed{\times} 9 \square 9 \square 2 \boxed{=} 36$

5. $8 \square 6 \boxed{\times} 10 \square 10 \boxed{=} 14$

6. $6 \boxed{-} 6 \square 8 \square 9 \boxed{=} 72$

7. $12 \square 7 \boxed{\div} 12 \square 8 \boxed{=} 15$

8. $24 \square 8 \boxed{+} 8 \square 6 \boxed{=} 5$

★**9.** $9 \square 8 \boxed{\div} 9 \square 6 \square 3 \boxed{=} 10$

★**10.** $2 \square 18 \boxed{-} 18 \square 3 \boxed{+} 3 \boxed{=} 33$

Ecuaciones de suma y de resta

Huck y Jim tardaron 13 días para ir desde St. Petersburg, Missouri hasta Cairo, Illinois. Después de 5 días habían llegado a St. Louis, Missouri. ¿Cuánto tardaron en viajar desde St. Louis hasta Cairo?

$$d + 5 = 13$$

Para resolver la ecuación $d + 5 = 13$, halla el valor de la variable.

▶ Siempre haz lo mismo a ambos lados de una ecuación para mantener la oración matemática equilibrada.

$d + 5 = 13$	Usa la inversa de sumar 5 para resolver.
$d + 5 - 5 = 13 - 5$	Resta 5 de *ambos* lados de la ecuación.
$d = 8$	Solución

Comprueba

$8 + 5 = 13$	Reemplaza d por 8 en la ecuación original.

Tardaron 8 días para ir desde St. Louis hasta Cairo.

Las aventuras de Huckleberry Finn por Mark Twain

Más ejemplos

a.		
$y - 8 = 19$	Usa la inversa de restar 8 para resolver.
$y - 8 + 8 = 19 + 8$	Suma 8 a los lados.
$y = 27$	Solución

Comprueba

$27 - 8 = 19$	Reemplaza y por 27 en la ecuación original.

b.		
$1.7 + n = 3.1$	Usa la inversa de sumar 1.7 para resolver.
$1.7 - 1.7 + n = 3.1 - 1.7$	Resta 1.7 de *ambos* lados.
$n = 1.4$	Solución

Comprueba

$1.7 + 1.4 = 3.1$	Reemplaza n por 1.4 en la ecuación original.

TRABAJO EN CLASE

Primero indica qué debes hacer a ambos lados de la ecuación. Después resuélvela. Comprueba cada solución.

1. $x + 9 = 24$ **2.** $14 + a = 14$ **3.** $y - 12 = 37$ **4.** $18 = x - 10$

5. $41 = y + 20$ **6.** $n - 2.5 = 0$ **7.** $44 = x - 0$ **8.** $3.5 + n = 7.9$

PRÁCTICA

Primero indica qué debes hacer a ambos lados de la ecuación.
Después resuélvela. Comprueba cada solución.

1. $x + 11 = 20$

2. $y + 15 = 27$

3. $n - 19 = 7$

4. $b - 12 = 8$

5. $y + 19 = 19$

6. $t - 43 = 86$

7. $32 + a = 96$

8. $119 = x + 43$

9. $31 = d + 0$

10. $w - 2.7 = 2.7$

11. $8.2 = 5.4 + v$

12. $r - 35 = 0$

13. $175 = n + 100$

14. $7.2 = b - 1.8$

15. $x + 144 = 144$

16. $p - 121 = 168$

17. $1 = m - 78$

18. $0 + t = 0$

19. $9.7 = 5.6 + x$

20. $2.4 = c - 2.4$

21. $1 = d + 0$

22. $38 + n = 49$

23. $6 = a - 3.5$

24. $x + 37 = 62$

★25. $n - 27 = 54 + 18$

★26. $112 - 84 = s - 17 + 18$

★27. $12 \times 5 = x + 17$

Escribe una ecuación para cada oración matemática. Después resuélvela.

28. Un número n disminuido en 19 es 35.

29. Nueve aumentado en un número x es 25.

30. La suma de un número b y 45 es 108.

31. Un número y disminuido en 0.4 es 8.6.

32. Un número n aumentado en 7.4 es 12.

33. Noventa y ocho es igual a un número b disminuido en 32.

★34. La suma de un número x más 36 es la suma de 26 más 53.

★35. Un número c aumentado en 23 equivale a 87 disminuido por 19.

★36. Cincuenta y cinco menor que un número n es igual al producto de 25 y 18.

★37. Ciento cuarenta y tres dividido entre 13 equivale a un número y disminuido en 37.

APLICACIÓN

Escribe una ecuación para cada uno. Después resuélvela.

38. El viaje de Huck y Jim desde St. Petersburg hasta Cairo fue de unas 300 millas de largo. El viaje desde St. Petersburg hasta St. Louis fue de unas 125 millas de largo. ¿A qué distancia estaba St. Louis de Cairo?

★39. El Mississippi, el río más largo de Estados Unidos, recorre 2,350 millas desde su nacimiento en Minnesota hasta su desembocadura en el Golfo de México. Su punto más ancho está en Cairo, Illinois, donde mide 4,500 pies de ancho. ¿Cuánto más o menos que una milla tiene de ancho el río en Cairo?

Ecuaciones de multiplicación y división

Ben Carleo trabaja para la Comisión de Pesca y Caza. Durante un período de cuatro días, soltó 1,424 truchas en el Río Snake. Como promedio, ¿cuántas truchas soltó cada día?

$$4t = 1,424$$

Para resolver $4t = 1,424$, halla el valor de la variable.

▶Haz siempre lo mismo a ambos lados de una ecuación para mantener la oración matemática equilibrada.

$4t = 1,424$ — Usa la inversa de multiplicar por 4

$\frac{4t}{4} = \frac{1,424}{4}$ — Divide *ambos* lados de la ecuación entre 4.

$t = 356$ — Solución

Comprueba

$4 \times 356 = 1,424$ — Substituye t por 356 en la ecuación original.

Como promedio, Ben soltó 356 peces cada día.

Más ejemplos

a. $\frac{d}{6} = 15$ — Usa la inversa de dividir entre 6 para resolver.

$\frac{d}{6} \times 6 = 15 \times 6$ — Multiplica los lados por 6.

$d = 90$ — Solución

Comprueba

$\frac{90}{6} = 15$ — Substituye d por 90 en la ecuación original.

b. $c \times 12 = 10.8$ — **b.** Usa la inversa de multiplicar por 12.

$\frac{c \times 12}{12} = \frac{10.8}{12}$ — Divide los lados entre 12.

$c = 0.9$ — Solución

Comprueba

$0.9 \times 12 = 10.8$ — Substitye c por 9 en la ecuación original.

TRABAJO EN CLASE

Primero indica qué debes hacer a ambos lados de la ecuación.
Después resuélvela. Comprueba cada solución.

1. $4x = 40$

2. $\frac{a}{7} = 5$

3. $9 = \frac{x}{0.7}$

4. $13n = 13$

5. $96 = 12y$

6. $19 = n \div 11$

7. $a \times 2.5 = 22.5$

8. $1 = \frac{n}{21}$

PRÁCTICA

Primero indica qué debes hacer a ambos lados de la ecuación. Después resuélvela. Comprueba cada solución.

1. $2x = 32$

2. $8x = 72$

3. $\frac{n}{6} = 9$

4. $36 = 9y$

5. $b \times 20 = 12$

6. $\frac{t}{5} = 8$

7. $38c = 38$

8. $y \div 10 = 10$

9. $1.4 = \frac{x}{9}$

10. $\frac{a}{7} = 15$

11. $55 = b \times 5$

12. $6a = 12.6$

13. $80 = 16c$

14. $7.5 = 7.5y$

15. $1 = \frac{m}{4.3}$

16. $28 = \frac{w}{10}$

17. $22 = y \div 7$

18. $14.4 = 12x$

★**19.** $24x = 2 \times 36$　★**20.** $25y = 133 + 117$　★**21.** $2s^2 = 162$

Escribe una ecuación para cada oración matemática. Después resuélvela.

22. Un número y multiplicado por 3 es 48.

23. Un número z dividido entre 7 es 36.

24. El producto de un número t y 25 es 17.5.

25. Un número n se divide entre 19. El cociente es 34.

26. Un número n multiplicado por 9 es igual a 153.

27. Diecisiete es el cociente de un número z y 13.

★**28.** El producto de 12 por 15 es igual a un número x dividido entre 3.

★**29.** El producto de un número n por 16 equivale al producto de 32 por 12, dividido entre 4.

APLICACIÓN

30. Ben soltó peces durante un período de 7 días. Soltó 295, 325, 305, 335 y 315 peces los primeros cinco días. Según este patrón, ¿cuántos peces soltó en los días 6 y 7?

▰▰▰ RAZONAMIENTO LÓGICO ▰▰▰

Tienes un mensaje para Jim Kirk pero primero debes calcular su número de teléfono. Los primeros tres dígitos son 555. Los cuatro restantes pueden encontrarse usando la siguiente información. La suma de los cuatro dígitos es su edad, veintidós. El primer dígito es tres veces el tercero. El segundo dígito es dos menos que el cuarto. El cuarto dígito es el doble del tercero. ¿Cuál es el número de teléfono de Jim Kirk?

Práctica mixta

1. $34.6 + 7.95 + 162.1$

2.
$$\begin{array}{r} 3{,}462 \\ \times\ \ \ 507 \end{array}$$

3.
$$\begin{array}{r} 684{,}903 \\ -\ 487{,}006 \end{array}$$

4. $7.5\overline{)364.2}$

5.
$$\begin{array}{r} \$345.67 \\ 56.78 \\ +\ \ 89.34 \end{array}$$

6.
$$\begin{array}{r} 0.6987 \\ \times\ \ \ \ 34.3 \end{array}$$

7.
$$\begin{array}{r} 48.6 \\ -\ 17.891 \end{array}$$

8. $54\overline{)3{,}375}$

9. $3{,}006 - 1{,}848$

10.
$$\begin{array}{r} 36{,}482 \\ 409{,}806 \\ 43{,}064 \\ +\ 270{,}857 \end{array}$$

11. $0.28\overline{)101.0352}$

12.
$$\begin{array}{r} \$5.38 \\ \times\ \ \ 256 \end{array}$$

REPASO DEL CAPÍTULO

Nombra la propiedad. págs. 94–95

1. $8 + 6 = 6 + 8$ **2.** $3(4 + 5) = (3 \times 4) + (3 \times 5)$

3. $17 \times 0 = 0$ **4.** $(5 \times 7) \times 9 = 5 \times (7 \times 9)$

Evalúa cada expresión. Sea $a = 19$, $b = 11$, y $d = 6$. págs. 96–99

5. $24 + 6 - 7 \times 3$ **6.** $4^2 \div 2$ **7.** $32 \div 8 \times 5 + 7$ **8.** $(135 - 87) \div 3$

9. $b - 9$ **10.** $2d + 1$ **11.** $25 - a + b$ **12.** d^2

13. $\frac{d}{3}$ **14.** $a \times d - b$ **15.** ad **16.** $\frac{a + b}{2}$

Substituye el valor dado en la ecuación. Después indica si es una solución. págs. 100–101

17. $x + 6 = 10$ (Sea $x = 4$.)   **18.** $\frac{t}{5} = 35$ (Sea $t = 7$.)   **19.** $2x - 1 = 7$ (Sea $x = 4$.)

Primero indica qué debes hacer a ambos lados de la ecuación. Después resuélvela. Comprueba cada solución. págs. 106–109

20. $x + 8 = 17$ **21.** $y - 13 = 9$ **22.** $4x = 20$ **23.** $\frac{n}{6} = 7$

24. $m - 49 = 0$ **25.** $18 = \frac{x}{7}$ **26.** $6x = 102$ **27.** $35 + a = 35$

28. $18 = 18n$ **29.** $119 = a - 12$ **30.** $\frac{m}{15} = 1$ **31.** $21 = a + 9$

32. $y + 1.3 = 2.1$ **33.** $\frac{a}{0.8} = 1.5$ **34.** $0.6m = 4.2$ **35.** $6.5 = x - 1.8$

Escribe una ecuación para cada oración. Después resuélvela. págs. 106–109

36. La suma de un número b más 16 es 41.

37. El producto de 7 por un número y es 175.

38. Doce menos que un número n es igual a 68.

39. Un número x dividido entre 0.3 es 7.

40. Veinte más que un número x es 56.

41. El doble de un número c es 138.

Resuelve. págs. 102–103

42. Los traficantes de pieles podían remar en el Mississippi contra la corriente 1,500 km desde New Orleans hasta St. Louis a unos 15 km por día. ¿Cuánto tiempo duraba el viaje?

43. Un vapor que navega el Mississippi recogió 1 pasajero en la primera escala, 3 en la segunda, 5 en la tercera, 7 en la cuarta y así sucesivamente. ¿Cuántos pasajeros recogió en la duodécima escala? ¿Cuántos pasajeros había en el barco después de la duodécima escala?

Nombra la propiedad.

1. $(5 + 3) + 4 = 5 + (3 + 4)$

2. $5(6 + 7) = (5 \times 6) + (5 \times 7)$

Evalúa cada expresión. Sea $x = 9$ e $y = 5$.

3. $48 \div 6 \times 3 + 9$

4. $129 \div (21 - 18)$

5. $2x - 1$

6. $\frac{x + y}{2}$

7. y^2

Nombra la inversa de cada operación.

8. divide entre 7

9. resta 5

10. suma 3.6

Resuelve cada ecuación.

11. $x + 6 = 15$

12. $9 = x - 18$

13. $\frac{x}{4} = 8$

14. $9x = 72$

15. $x - 14 = 11$

16. $\frac{x}{25} = 1$

17. $53 + y = 53$

18. $21y = 63$

19. $x + 1.9 = 2.7$

20. $y - 6 = 0$

21. $1.5x = 4.5$

22. $\frac{y}{0.3} = 7$

Resuelve. Usa la gráfica de la derecha. Escribe una ecuación para 23 y 24.

23. ¿Cuánto más largo es el Missouri que el Arkansas?

24. En un viaje por canoa en el Hudson, Linda y Pablo recorrieron un promedio de 25 km por día. A esta velocidad, ¿cuánto tardarían en recorrer en canoa todo el río?

25. Al recorrer el Río Grande, Cocheta vio las banderas que aparecen abajo. Según este patrón, ¿cuál sería la próxima bandera?

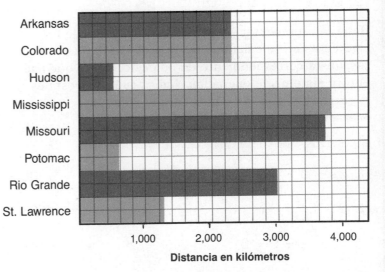

Longitud de los ríos de EE.UU. al km más cercano

Ríos: Arkansas, Colorado, Hudson, Mississippi, Missouri, Potomac, Rio Grande, St. Lawrence

Distancia en kilómetros

 Si recorrieras la longitud de todos los ríos de la gráfica de arriba, ¿aproximadamente qué distancia habrías recorrido? Viajando a razón de 50 km por día, ¿cuánto tardarías en recorrer la longitud de todos los ríos?

ORDEN DE LAS OPERACIONES

Aunque se hayan oprimido las teclas en el mismo orden, diferentes calculadoras pueden mostrar respuestas diferentes.

Una calculadora con un sistema de operación **aritmética** realiza las operaciones en el orden en que se entran.

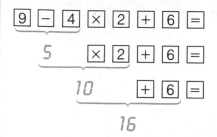

Una calculadora con un sistema de operación **algebraica** realiza las operaciones según las reglas para el orden de operaciones.

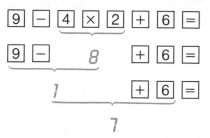

Aprieta las teclas en orden para hallar qué sistema de operación tiene la calculadora que usas. Si la pantalla muestra 110, tiene un sistema aritmético. Si la pantalla muestra 70, tiene un sistema algebraico.

$$\boxed{5}\ \boxed{+}\ \boxed{8}\ \boxed{\times}\ \boxed{9}\ \boxed{-}\ \boxed{7}\ \boxed{=}$$

Halla la representación visual para cada una de las siguientes en tu calculadora. Después halla la respuesta correspondiente en una calculadora que usa el otro sistema de operación. Indica qué respuesta es la correcta según las reglas para el orden de operaciones.

1. $6 + 4 \times 5 - 3$

2. $6 + 8 \div 2 - 7$

3. $32 - 6 \times 4 + 10$

4. $36 - 12 \div 6$

5. $9 + 24 \div 3 - 11$

6. $25 - 10 \div 5 - 2$

7. $36 \div 2 - 6 \div 3$

8. $42 \div 7 - 6 \div 2$

9. $9 \times 8 - 56 \div 8$

10. $8 \times 3 + 7 \times 5$

11. $7 \times 6 - 3 + 4 \times 5$

12. $16 + 28 \div 4 - 5 \times 3$

13. $64 - 8 \times 3 \div 6 + 10$

14. $16 + 32 \div 8 \times 3 - 5 \times 2$

15. $45 \div 9 + 3 \times 7 - 16 \div 2$

16. $54 \div 6 - 4 \times 2 + 35 \div 5$

ÁLGEBRA

La palabra *álgebra* viene de la palabra árabe *al-jabr,* que era parte del título de un libro árabe del siglo noveno, *hisab al-jabr wa'l muqabalah.* Fue escrito por el matemático al-Khowarazmi. El título significa "la ciencia de reunir e igualar."

   A menudo las relaciones matemáticas son difíciles de entender cuando se expresan en palabras. Pero cuando se expresan las mismas relaciones por medio del álgebra se pueden entender y simplificarlas. El álgebra a menudo facilita la resolución de problemas—problemas que los grandes matemáticos antiguos no podían resolver.

¿Puedes hallar un valor para cada x abajo?

1. $x = 4 + 2(5^2 + 3) + 12 - 6 \div 3$

2. $3x + 7 = 16$ **3.** $\frac{x}{3^2} = 2.7$ **4.** $2^x = 2^3$

5. El producto de 8 por 9 es igual al cociente de un número x dividido por 4.

6. $x = \frac{25 - 4}{49 \div 7}$ **7.** $x = 3^2 + 4^2$ **8.** $5x^2 = 80$

9. Un número x multiplicado por cinco cuando se le disminuye en 2 equivale a 17 aumentado en 6.

10. $31 - x = 27$ **11.** $\frac{144}{x} = 48$ **12.** $x^2 = 10^2 - 8^2$

REPASO ACUMULATIVO

Escoge las respuestas correctas. Escribe A, B, C o D.

1. ¿Cuál es la forma usual de 26 millares de millón?

   A 26,000,000,000   C 2,600,000,000
   B 26,000,000   D no se da

2. ¿Cuál es la forma usual?
   $(2 \times 10^5) + (3 \times 10^4) + (7 \times 10^2) + (5 \times 10)$

   A 230,750   C 237,075
   B 23,075   D no se da

3. ¿Cómo es 8^3 en forma usual?

   A 24   C 512
   B 64   D no se da

4. $97,006 + 981 + 14,703$

   A 112,689   C 101,690
   B 112,690   D no se da

5.   261,703
   $-$ 5,918

   A 265,785   C 255,785
   B 255,795   D no se da

6. $176.12
   $\times$ 100

   A $17,612.00   C $176,120.00
   B $1,761.20   D no se da

7. $57\overline{)1,083}$

   A 18 R48   C 19 R3
   B 19   D no se da

8. ¿Cuál es el decimal para $\frac{9}{100}$?

   A 9.0   C 0.09
   B 0.9   D no se da

9. ¿Cuál es el decimal para $2 + (3 \times \frac{1}{10})$?

   A 3.2   C 3.02
   B 2.03   D no se da

10. Compara. 7.681 ⬤ 7.6805

    A >   C =
    B <   D no se da

11. Compara. 31.42 ⬤ 31.24

    A >   C =
    B <   D no se da

12. Estima. $29.704 - 11.693$

    A 30   C 40
    B 20   D no se da

13. Estima 316.49×2.93

    A 900   C 600
    B 800   D no se da

14. Divide y redondea a la centésima más cercana. $\frac{17}{3}$

    A 5.33   C 5.66
    B 5.67   D no se da

15. Divide y redondea a la centésima más cercana. $5.4\overline{)62}$

    A 1.15   C 11.49
    B 11.48   D no se da

16. Completa. 30 cm = ____ mm

    A 0.3   C 3
    B 300   D no se da

17. Completa. ____ g = 5 kg

    A 0.05   C 50
    B 5,000   D no se da

18. Completa. 2.4 L = 2,400 ____

    A mL   C hL
    B L   D no se da

Escoge las respuestas correctas. Escribe A, B, C o D.

19. Completa. 6 ___ = 600 mm

A dam   C cm
B dm   D no se da

28. ¿Cuál es una expresión para un numero r más seis?

A $4 - 6$ C $6r$
B $r + 6$ D no se da

20. Estima la altura de un granero.

A 10 m   C 20 km
B 20 cm   D no se da

29. ¿Cuál es una expresión para la suma de un número x por cinco más dos?

A $2x + 5$ C $5x + 2$
B $2 + x + 5$ D no se da

21. Estima la capacidad de un balde.

A 30 mL   C 30 L
B 3 kL   D no se da

30. ¿Qué debes hacer a ambos lados de esta ecuación? $36 = w + 9$

A restar 9   C sumar 9
B restar 36   D no se da

22.   1 sem. 6 d
       + 3 sem. 5 d

A 4 sem. 4 d   C 5 sem. 4 d
B 5 sem. 1 d   D no se da

31. ¿Qué debes hacer a ambos lados de esta ecuación? $\frac{x}{7} = 8$

A dividir 7   C multiplicar por 7
B multiplicar por 8   D no se da

23. $4\overline{)3\ h\ 20\ min}$

A 50 min   C 1 h 50 min
B 1 h 5 min   D no se da

32. Resuelve esta ecuación. $m - 16 = 8$

A $m = 8$ C $m = 2$
B $m = 24$ D no se da

24. ¿Qué propiedad de la suma se empleó? $16 + 0 = 16$

A asociativa   C distributiva
B conmutativa   D no se da

33. Resuelve esta ecuación. $0.3y = 1.5$

A $y = 5$ C $y = 0.45$
B $y = 0.5$ D no se da

25. ¿Qué propiedad de la multiplicación se empleó? $10 \times 3 = 3 \times 10$

A identidad   C asociativa
B conmutativa   D no se da

34. Resuelve esta ecuación. $x + 83 = 112$

A $x = 198$ C $x = 29$
B $x = 31$ D no se da

26. ¿Cuál es el valor de $2^4 + 14 \div 2$?

A 15   C 22
B 23   D no se da

35. Resuelve esta ecuación. $7 = \frac{c}{4.6}$

A $c = 32.2$ C $c = 11.6$
B $c = 3.22$ D no se da

27. ¿Cuál es el valor de $(9 \times 2 + 7) \div 5 + 17$?

A 22   C 33
B 25   D no se da

36. Resuelve esta ecuación. $b - 5.5 = 4.9$

A $b = 11.4$ C $b = 0.6$
B $b = 10.4$ D no se da

Escoge las respuestas correctas. Escribe A, B, C o D.

Usa la figura para 37–39.

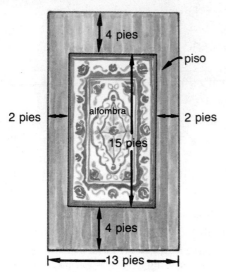

37. ¿Qué ancho tiene la alfombra?

A 13 pies   C 9 pies
B 11 pies   D no se da

38. ¿Qué longitud tiene el piso?

A 23 pies   C 19 pies
B 15 pies   D no se da

39. ¿Cuánto más ancho es el piso que la alfombra?

A 2 pies   C 4 pies
B 9 pies   D no se da

Resuelve cada problema. Si no hay suficiente información, indica cuál es la información que falta.

40. La población de Los Angeles es de unos 3,000,000. La población combinada de Los Angeles y Philadelphia es de unos 4,000,000. ¿Qué ciudad tiene la población mayor y por cuánto?

A Los Angeles por 1,000,000
B necesita la población de Philadelphia
C Philadelphia por 2,000,000
D no se da

41. Memphis está a 480 millas de Houston. Omaha está a 790 millas de Houston. Akron está a 620 millas de Memphis. ¿Cuánto más lejos está Memphis de Akron que Memphis de Houston?

A 140 millas
B necesita la distancia entre Akron y Houston
C 310 millas
D no se da

Resuelve.

42. Diana hace un edredón con cuadrados de tela. Tiene 9 filas de 6 cuadrados. Los cuadrados de las esquinas y los dos del centro en la fila del medio son blancos. Cada cuadrado que comparte un lado con uno blanco es dorado. De los restantes, una mitad es azul y la otra, rosada. ¿Cuántos son dorados?

A 6   C 14
B 22   D no se da

43. ¿Cuántos cuadrados son azules?

A 26   C 13
B 17   D no se da

Halla el patrón. ¿Cuáles son los dos próximos números?

44. 7, 11, 15, 19, ___, ___

A 23, 27   C 23, 25
B 21, 23   D no se da

45. 5, 10, 20, 40, ___, ___

A 80, 160   C 80, 120
B 60, 80   D no se da

46. 2, 2.6, 3.2, 3.8, ___, ___

A 4.2, 4.8   C 4.0, 4.6
B 4.4, 5.0   D no se da

Teoría de números • Fracciones 5

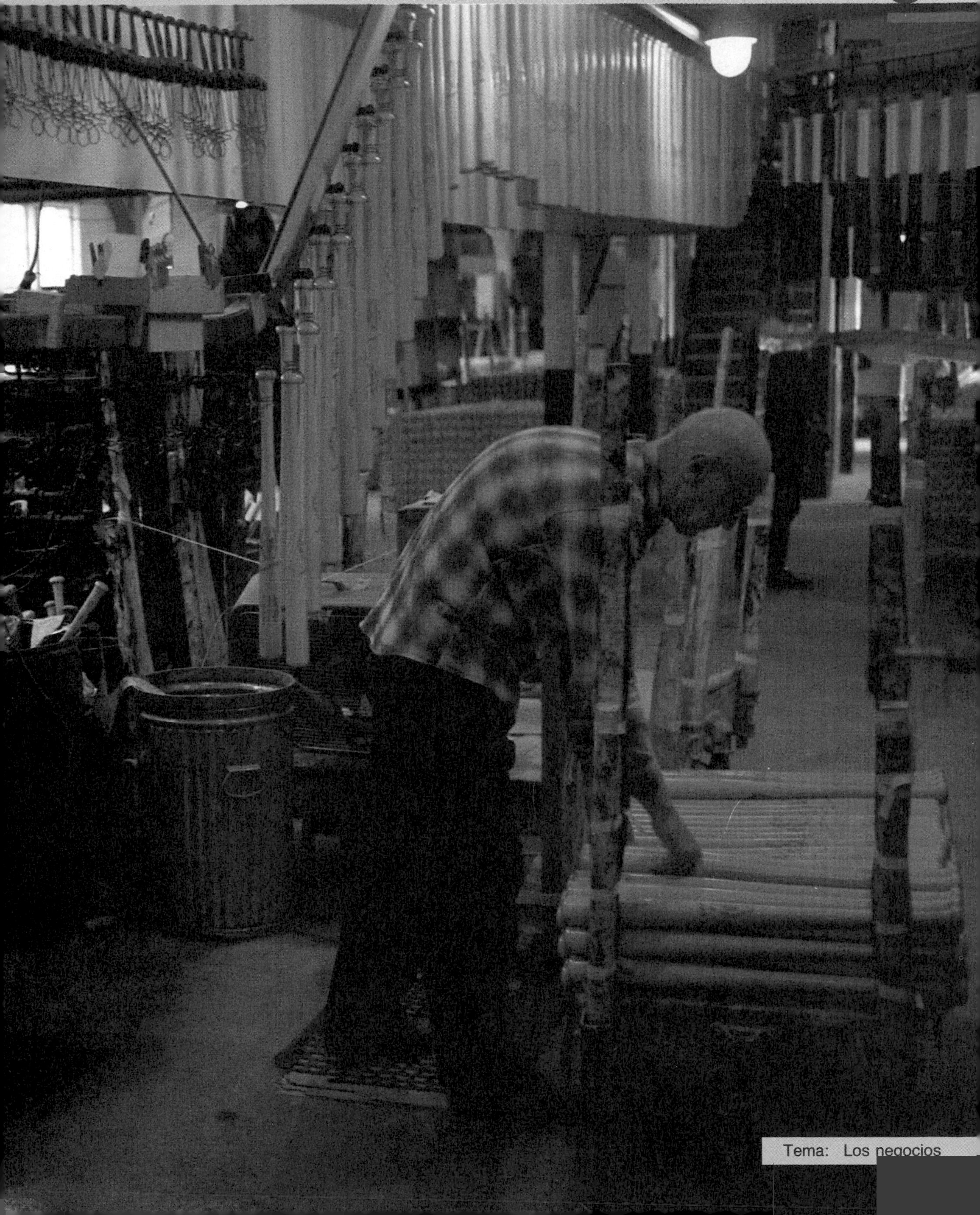

Tema: Los negocios

Factores

José, Tom y Sharon están jugando un juego de cartas llamado Cartel. José quiere gastar $12 en camiones. Los petroleros cuestan $6 y los que transportan carros cuestan $4. ¿Cuántos de cada tipo de camión puede comprar?

$$6\overline{)12}^{\,2} \qquad 4\overline{)12}^{\,3}$$

José puede comprar 2 petroleros ó 3 transportadores.

Cuando 12 es dividido entre 6 ó entre 4, el residuo es 0. Entonces 12 es divisible entre 6 y también entre 4. Los números 6 y 4 son factores de 12.

Un número es divisible entre cada uno de sus factores.

Las reglas de abajo pueden usarse para comprobar rápidamente la divisibilidad.

Un número es divisible entre	2	si el último dígito es 0, 2, 4, 6, 8.
	3	si la suma de los dígitos es divisible entre 3.
	4	si el número formado por los dos últimos dígitos es divisible entre 4.
	5	si el último dígito es 0 ó 5.
	6	si el número es par y la suma de los dígitos es divisible entre 3.
	8	si el número formado por los últimos 3 dígitos es divisible entre 8.
	9	si la suma de los dígitos es divisible entre 9.

Los factores o divisores de 12 son 1, 2, 3, 4, 6 y 12.

Los factores o divisores de 16 son 1, 2, 4, 8 y 16.

Los factores o divisores comunes de 12 y 16 son 1, 2 y 4.

El **máximo común divisor (MCD)** de 12 y 16 es 4.

Trabajo en clase

Escribe los factores de cada uno.

1. 15 **2.** 24 **3.** 18 **4.** 16 **5.** 17 **6.** 42

Escribe los factores o divisores comunes. Después halla cada MCD.

7. 26, 39 **8.** 15, 32 **9.** 18, 45 **10.** 20, 35, 55

PRÁCTICA

Complete cada tabla usando las reglas de la divisibilidad.

	Número	Divisible entre		
		3	6	9
1.	186	sí		no
2.	294			
3.	10,026			
4.	7,910			
5.	1,234,515			

	Número	Divisible entre		
		4	5	8
6.	816	sí	no	
7.	1,035			
8.	10,636			
9.	12,060			
10.	1,030,040			

Escribe los factores de cada uno.

11. 12   **12.** 32   **13.** 60   **14.** 13   **15.** 25   **16.** 100

Escribe los factores o divisores comunes.

17. 8, 12   **18.** 16, 24   **19.** 16, 32   **20.** 6, 7

21. 36, 60   **22.** 27, 45   **23.** 9, 45, 60   ★ **24.** 119, 167, 179

Halla el MCD de cada uno.

25. 4, 10   **26.** 12, 18   **27.** 24, 27   **28.** 8, 9

29. 48, 60   **30.** 13, 104   **31.** 28, 42, 98   ★ **32.** 175, 250, 400

APLICACIÓN

33. Sharon gastó su dinero en bienes raíces. Las casas costaron $8 y los almacenes costaron $10. Si gastó $1,040 en casas, ¿cuántas casas compró? ¿Cuántos almacenes podría haber comprado en su lugar?

★ **34.** Tom compró vagones de carga para una línea ferroviaria y gastó $35. José compró algunos también y gastó $40. ¿Cuánto podrán haber costado los vagones como máximo?

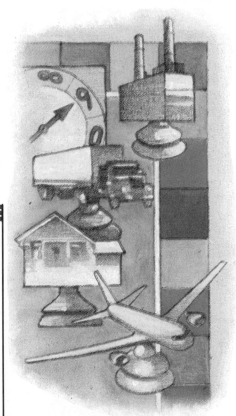

RAZONAMIENTO LÓGICO

Durante un censo reciente una mujer le dijo al encargado de tomar el censo que tenía tres hijos. Cuando le preguntó sus edades, ella contestó, —El producto de sus edades es 72. La suma de sus edades es la misma que el número de mi casa.—El encargado del censo miró el número de la casa. —Todavía no lo puedo saber,—se quejó. La mujer contestó:
—Oh, es verdad. Me olvidé decir que al mayor le gusta el juego Cartel.—El encargado del censo escribió ahora mismo las edades de los tres niños. ¿Qué edades tenían?

Factores primos

María trabaja para la Compañía de Colchas de los Apalaches. Ya ha hecho 23 cuadrados. Usando estos 23 cuadrados, ¿puede hacer una colcha rectangular que tenga más de una fila?

Los únicos factores de 23 son 1 y 23.

La colcha podría tener 1 sola fila de 23 cuadrados.
María no puede hacerla con 23 cuadrados.

23 es un número primo.

▶ Un **Número primo** es un número entero mayor de 1 cuyos factores son 1 y sí mismo. Ejemplos de números primos:
2, 3, 5, 7, 11, 13, 17, 19, 23

▶ Un **número compuesto** es un número entero mayor de 1 que no es primo. Ejemplos de números compuestos:
4, 6, 8, 9, 10, 12, 14, 15, 16, 18, 20

Los números 0 y 1 no son ni primos ni compuestos.

Cada número compuesto puede escribirse como el producto de dos o más números primos. Este producto, o **descomposición en factores primos,** puede hallarse dividiendo entre números primos hasta que el cociente sea primo.

Halla la descomposición en factores primos de 60.

$$\frac{30}{2\overline{)60}} \qquad \frac{15}{2\overline{)30}} \qquad \frac{5}{3\overline{)15}} \qquad 60 = 2 \times 2 \times 3 \times 5$$

También puede emplearse un árbol de factores.

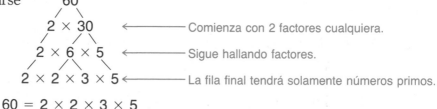

60
2 × 30 ⟵ Comienza con 2 factores cualquiera.
2 × 6 × 5 ⟵ Sigue hallando factores.
2 × 2 × 3 × 5 ⟵ La fila final tendrá solamente números primos.

$$60 = 2 \times 2 \times 3 \times 5$$

Usa exponentes cuando se repite un factor. $60 = 2^2 \times 3 \times 5$

TRABAJO EN CLASE

Escribe *primo* o *compuesto* para cada uno.

1. 16   **2.** 27   **3.** 31   **4.** 39   **5.** 47   **6.** 99

Escribe la descomposición en factores primos para cada uno. Usa exponentes.

7. 18   **8.** 44   **9.** 76   **10.** 84   **11.** 136   **12.** 204

PRÁCTICA

Halla todos los números primos del 1 al 100.

1. Sigue estos pasos usando el tamiz de Eratóstenes.

   a. Escribe los números enteros del 1 al 100 en filas de seis.

   b. Tacha el 1, el 1 no es primo.

   c. Haz un círculo alrededor del 2. Tacha todos los números divisibles entre 2.

   d. Haz un círculo alrededor del 3. Tacha todos los números divisibles entre 3.

   e. Haz un círculo alrededor del proximo número después del 3 que no esté tachado. Tacha todos los números divisibles entre dicho número.

   f. Continúa hasta que todos los números estén en círculo o tachados. Todos los números primos menores de 100 estarán dentro de un círculo.

Halla la descomposición en factores primos de cada uno usando un árbol de factores.

2. 10   3. 63   4. 78   5. 66   6. 105   7. 162

Escribe la descomposición en factores primos de cada uno usando exponentes.

8. 20   9. 40   10. 27   11. 52   12. 24   13. 45

14. 120   15. 135   16. 225   17. 363   ★18. 528   ★19. 1,024

Halla cada número, dada la descomposición en factores primos.

20. $2^2 \times 3^2$ 21. 5^3 22. $2^4 \times 3$ 23. 7×2^2 ★24. $2^4 \times 3^2 \times 5^2$ ★25. 3^8

APLICACIÓN

=== HISTORIA DE LAS MATEMÁTICAS ===

El matemático Christian Goldbach (1690—1764) hizo una conjetura o suposición famosa sobre los números primos. La Conjetura de Goldbach enuncia: Todo número par mayor de 2 puede expresarse como la suma de dos números primos; todo número impar mayor de 7 puede expresarse como la suma de tres números primos. Durante siglos los matemáticos han tratado sin éxito de refutar la Conjetura de Goldbach.

Escribe cada número par como la suma de dos primos.

1. 24   2. 10   3. 52   4. 112

Escribe cada número impar como la suma de tres primos.

5. 15   6. 27   7. 35   8. 57

Múltiplos

Una compañía de juguetes fabrica carros en miniatura sobre una línea de montaje. Cada tercer carro es pintado de blanco y cada cuarto carro tiene un número. ¿Cada cuánto se fabrica un carro blanco numerado?

Para hallar los múltiplos de un número, multiplica el número por cada número entero.

	× 0	× 1	× 2	× 3	× 4	× 5	× 6	× 7	× 8	. . .
Múltiplos de 3	⓪	3	6	9	⑫	15	18	21	㉔	. . .
Múltiplos de 4	⓪	4	8	⑫	16	20	㉔	28	32	. . .

. . . significa que la lista continúa indefinidamente.

Los múltiplos comunes de 3 y 4 son 0, 12, 24, . . .

▶ El **mínimo común múltiplo (MCM)** de dos o más números es el menor número diferente del cero que es un múltiplo de cada número.

El MCM de 3 y 4 es 12. De modo que cada 12º carro será un carro blanco numerado.

Halla el MCM de 10 y 12.

Para hallar el MCM de dos números, enumera los múltiplos del número mayor. El primer número diferente de cero que es un múltiplo de ambos es el MCM.

Los múltiplos de 12 son 0, 12, 24, 36, 48, 60, 72, . . .

60 es el primer número diferente de cero que es también un múltiplo de 10.

Entonces 60 es el MCM de 10 y 12.

TRABAJO EN CLASE

Escribe los primeros cinco múltiplos de cada uno.

1. 5   **2.** 6   **3.** 8   **4.** 15   **5.** 20   **6.** 25

Halla el MCM de cada uno.

7. 4, 9   **8.** 6, 8   **9.** 5, 10   **10.** 8, 10   **11.** 3, 7, 14

PRÁCTICA

Escribe los cuatro primeros múltiplos comunes.

1. 3, 6   **2.** 3, 5   **3.** 8, 12   **4.** 12, 16

Halla el MCM de cada uno.

5. 4, 6   **6.** 8, 4   **7.** 3, 5   **8.** 8, 16

9. 6, 16   **10.** 8, 32   **11.** 10, 25   **12.** 12, 24

13. 15, 20   **14.** 18, 54   **15.** 35, 70   **16.** 16, 18

17. 2, 4, 5   **18.** 4, 12, 20   **19.** 10, 20, 30   **20.** 2, 3, 5

Completa. Sigue la regla si está dada.

Regla: Divide entre 7.

	Entrada	Salida
21.	0	
22.		1
23.	14	

Regla: Multiplica por 3.

	Entrada	Salida
24.		0
25.	1	
26.		6

27. Halla la regla:

Entrada	Salida
3	15
4	20
5	25

Demuestra que el producto de los números equivale al producto de su MCD y su MCM.

★**28.** 6, 8   ★**29.** 12, 16   ★**30.** 15, 36   ★**31.** 10, 25

APLICACIÓN

32. Si cada cuarto carro tiene un número y cada quinto carro tiene una raya pintada, ¿cada cuánto aparece un carro numerado con una raya?

33. Tanya tenía $9 para gastar. Los carros con rayas cuestan $3 y los blancos cuestan $4. Si gastó todo su dinero, ¿qué tipo de carro compró?

34. Los carros numerados vienen en cajas de 3 y los blancos en cajas de 2. ¿Cuántas cajas de cada uno se necesitan como mínimo para tener un número igual de cada tipo?

★**35.** Cada tercer carro es blanco, cada cuarto está numerado y cada quinto carro tiene rayas. ¿Cada cuánto aparecerá un carro en miniatura blanco, numerado y rayas?

LA CALCULADORA

1. 2, 4, 8 16, . . . es una secuencia de las potencias de 2. Es decir que 2, 4, 8, 16, . . . puede escribirse como 2^1, 2^2, 2^3, 2^4, . . . Usa una calculadora para hallar el 26° número en la secuencia. Entra el 2 y multiplica por 2 veinticinco veces.

2. Halla el 50° número en la secuencia: 3, 9, 27, 81, . . .

3. Halla el 13° número en la secuencia: 4, 16, 64, 256, . . .

Máximo Común Divisor y Mínimo Común Múltiplo

Usa la descomposición en factores primos para hallar el MCD y el MCM de dos o más números.

Halla el MCD y el MCM de 8 y 36.

Primero halla la descomposición en factores primos de cada uno.

$$8: \quad 2\overline{)8}^{\,4} \qquad 2\overline{)4}^{\,2} \qquad\qquad 8 = 2^3$$

$$36: \quad 2\overline{)36}^{\,18} \qquad 2\overline{)18}^{\,9} \qquad 3\overline{)9}^{\,3} \qquad 36 = 2^2 \times 3^2$$

El MCD es el producto de los factores primos comunes. Si no hay factores primos comunes, el MCD es 1.

$$8 = ②\times②\times 2$$
$$36 = ②\times②\times 3 \times 3$$

$$2 \times 2 = 4$$

El MCD de 8 y 36 es 4.

El MCM es el producto de la potencia mayor de cada factor primo.

$$8 = ②^3$$
$$36 = 2^2 \times ③^2$$

$$2^3 \times 3^2 = 72$$

El MCM de 8 y 36 es 72.

Más ejemplos

Halla el MCD y el MCM de cada uno.

a. $9 = 3^2 \qquad 4 = 2^2$

$MCD = 1$

$MCM = 3^2 \times 2^2 = 36$

b. $8 = 2^3 \qquad 32 = 2^5$

$MCD = 2^3 = 8$

$MCM = 2^5 = 32$

c. $20 = 2^2 \times 5 \qquad 56 = 2^3 \times 7$

$MCD = 2^2 = 4$

$MCM = 2^3 \times 5 \times 7 = 280$

TRABAJO EN CLASE

Halla el MCD y el MCM de cada uno.

1. $6 = 3 \times 2$
$9 = 3 \times 3$

2. $10 = 2 \times 5$
$16 = 2 \times 2 \times 2 \times 2$

3. $45 = 3^2 \times 5$
$30 = 2 \times 3 \times 5$

4. 8, 9

5. 3, 12

6. 24, 18

7. 50, 25

PRÁCTICA

Halla el MCD de cada uno.

1. $10 = 2 \times 5$
$35 = 5 \times 7$

2. $30 = 2 \times 3 \times 5$
$70 = 2 \times 5 \times 7$

3. $36 = 2 \times 2 \times 3 \times 3$
$90 = 2 \times 3 \times 3 \times 5$

Halla el MCM de cada uno.

4. $16 = 2^4$
$25 = 5^2$

5. $18 = 2 \times 3^2$
$12 = 2^2 \times 3$

6. $20 = 2^2 \times 5$
$60 = 2^2 \times 3 \times 5$

Halla el MCD y el MCM de cada uno.

7. 12, 18

8. 8, 32

9. 18, 30

10. 14, 49

11. 12, 15

12. 24, 36

13. 25, 40

14. 10, 21

15. 6, 16

16. 12, 16

17. 12, 28

18. 30, 40

19. 75, 90

20. 2, 4, 10

21. 3, 5, 7

★**22.** 28, 35, 56

Escribe *verdadero* o *falso*.

23. La suma de dos número pares es par.

24. La suma de dos números impares es impar.

25. El producto de dos números pares es par.

26. El producto de dos números impares es impar.

27. Todo número par es un múltiplo de 2.

28. Todo múltiplo de 16 es un múltiplo de 8.

★ **29.** Todo múltiplo de 8 es un múltiplo de 16.

★**30.** Todo número entero es un factor de 0.

APLICACIÓN

RAZONAMIENTO LÓGICO

Una agricultora condujo ponies Shetland y patos Indian Runner al corral. Como mínimo, ¿cuántos de cada tipo de animal pasaron por el portón si el número total de cabezas de pato y de patas de pato era igual al número total de cabezas de poni y de patas de poni?

Problemas para resolver

DIVIDE Y CONQUISTA

Los problemas complicados pueden resolverse dividiéndolos en más pequeños y más simples que se resuelven uno a la vez. Los resultados pueden combinarse para resolver el problema original.

Pete es chequeador en el Mercado de Dixon. La Sra. Rosen compró comestibles por valor de $41.80. Ella tenía los siguientes cupones de fabricantes que valían el doble de su valor nominal: 4 de 20¢ cada uno, 3 de 25¢ cada uno y 1 de 50¢. Tenía los siguientes cupones de tienda que valían su valor nominal: 2 de 12¢ cada uno y 1 de 25¢. ¿Cuánto pagó?

¿Cuál es la pregunta?

¿Cuánto pagó la Sra. Rosen por los comestibles?

¿Cuáles son los datos?

Comestibles por valor de $41.80
Cupones de fabricantes: 4 de 20¢; 3 de 25¢; 1 de 50¢
Cupones de tienda: 2 de 12¢; 1 de 25¢
Los cupones de fabricantes valen el doble de su valor nominal.
Los cupones de tienda valen su valor nominal.

¿Cómo puede hallarse la respuesta?

Divide el problema en problemas más pequeños.

Paso 1 Halla el valor total de los cupones de fabricantes y dóblalo.

Paso 2 Halla el valor total de los cupones de tienda.

Paso 3 Halla el valor total de todos los cupones.

Paso 4 Resta el valor de los cupones del costo original de los comestibles.

Sigue los pasos en orden y halla la respuesta.

Paso 1	Paso 2	Paso 3	Paso 4
4 de 20¢ = 80¢	2 de 12¢ = 24¢	$4.10	$41.80
3 de 25¢ = 75¢	+ 1 de 25¢ = 25¢	+ .49	− 4.59
+ 1 de 50¢ = 50¢	49¢	$4.59	$37.21
$2.05			

2 × $2.05 = $4.10

Pete cobró $37.21 por los comestibles.

¿Es correcta tu aritmética?

Usa la suma para comprobar. La respuesta es correcta.

Resuelve cada problema.

1. Yvette trabajó el verano pasado cortando zacate. Cortó cada zacate una vez por semana. Recibió $5 por cada uno de 7 zacates, $6 por cada uno de 3 zacates y $10 por cada uno de 2 zacates. ¿Cuánto ganó cada semana?

2. Ramón entrega comestibles. Cobra 50¢ por bolsa por las entregas que quedan a 5 cuadras o menos de la tienda y 75¢ por las que quedan más lejos de 5 cuadras. Un día entregó 8 bolsas a 2 cuadras y 5 bolsas a 7 cuadras. ¿Cuánto ganó?

El Colegio Secundario Ferris tendrá una feria la semana próxima. Usa la gráfica de abajo para contestar los problemas del 3 al 8.

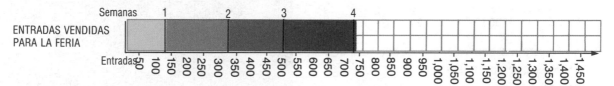

3. ¿Cuántas entradas para la feria se han vendido cada semana?

4. ¿Se vendieron más entradas en las primeras dos semanas o en las últimas dos semanas? ¿Cuántas más?

5. Las entradas se venden a $1.75 cada una. ¿Cuánto más se cobró en la cuarta semana que en la segunda semana?

6. ¿Cuánto dinero se cobró en total al final de la cuarta semana?

7. Los estudiantes quieren reunir por lo menos $2,000. ¿Cuántas entradas más deben venderse para lograr esta meta?

8. En la feria, los estudiantes vendieron 525 entradas más. Por cada entrada que vendieron, el concejo de la ciudad dio $.25. ¿Cuánto dinero reunieron los estudiantes en total?

Usa el cartel de la derecha para contestar del 9 al 11.

9. Mona compró 3 álbumes y 2 casetes. Pagó $2.19 de impuesto. ¿Cuánto pagó en total por sus compras?

10. Manuel compró dos álbumes, 2 discos LP estéreo y 1 disco. Pagó $2.96 de impuesto. ¿Cuánto pagó en total?

11. Juanita compró 3 casetes y 3 álbumes. Dos álbumes estaban rebajados $2.00. Pagó $2.15 de impuesto. ¿Cuánto pagó?

TIENDA DE MÚSICA SyJ	
¡ VENTA!	
Artículo	Precio especial
Álbumes	$9.99
Discos de larga duración.	$6.99
Discos compactos	$15.39
Casetes	$3.29

CREA TU PROPIO PROBLEMA

¿Qué preguntas puedes hacer sobre la información en esta gráfica circular? Escribe tres.

DÍA TÍPICO DE UN ESTUDIANTE DEL OCTAVO GRADO

Escuela 6 horas

Otras

Dormir 8 horas

La forma más simple

La niña ha completado $\frac{6}{8}$ de su alfombra y su maestra $\frac{3}{4}$ de su alfombra.

numerador
↓ ↓

$\frac{3}{4}$ y $\frac{6}{8}$ son fracciones equivalentes. $\frac{3}{4} = \frac{6}{8}$

↑ ↑
denominador

Para hallar una fracción equivalente, multiplica o divide el numerador y el denominador por el mismo número diferente de cero.

$$\frac{3}{5} = \frac{3 \times 6}{5 \times 6} = \frac{18}{30} \qquad \frac{12}{21} = \frac{12 \div 3}{21 \div 3} = \frac{4}{7}$$

▶Las fracciones equivalentes tienen productos cruzados que son iguales.

$\frac{4}{6} = \frac{8}{12}$ $4 \times 12 = 6 \times 8$

Los productos cruzados pueden usarse para hallar fracciones equivalentes.

$\frac{6}{10} = \frac{n}{15}$ $6 \times 15 = 10 \times n$
$90 = 10 \times n$
$9 = n$ Entonces $\frac{6}{10} = \frac{9}{15}$.

▶Una fracción está en su **expresión mínima** o **forma más simple** cuando el MCD de su numerador y denominador es 1. Dos números son *relativamente primos* si su MCD es 1.

Para escribir una fracción en su forma más simple, divide el numerador y el denominador entre su MCD.

Escribe $\frac{9}{15}$ en su forma más simple.

El MCD de 9 y 15 es 3.

El MCD de 3 y 5 es 1. $\frac{3}{5}$ está en su forma más simple.

TRABAJO EN CLASE

Substituye cada ⬤ por = ó ≠ (no igual). Usa productos cruzados.

1. $\frac{4}{10}$ ⬤ $\frac{40}{100}$ **2.** $\frac{40}{100}$ ⬤ $\frac{2}{5}$ **3.** $\frac{3}{5}$ ⬤ $\frac{2}{3}$ **4.** $\frac{5}{10}$ ⬤ $\frac{3}{6}$ **5.** $\frac{1}{12}$ ⬤ $\frac{10}{125}$

Halla cada valor de *n*.

6. $\frac{3}{4} = \frac{n}{16}$ **7.** $\frac{3}{2} = \frac{9}{n}$ **8.** $\frac{n}{15} = \frac{4}{20}$ **9.** $\frac{5}{n} = \frac{6}{12}$ **10.** $\frac{n}{8} = \frac{11}{4}$

Escribe cada una en su forma más simple.

11. $\frac{15}{20}$ **12.** $\frac{18}{10}$ **13.** $\frac{8}{27}$ **14.** $\frac{85}{100}$ **15.** $\frac{36}{45}$ **16.** $\frac{7}{28}$

PRÁCTICA

Substituye cada 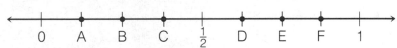 por = ó ≠.

1. $\frac{2}{4}$ ⬭ $\frac{5}{10}$ **2.** $\frac{6}{9}$ ⬭ $\frac{4}{6}$ **3.** $\frac{3}{10}$ ⬭ $\frac{30}{100}$ **4.** $\frac{7}{12}$ ⬭ $\frac{8}{13}$

5. $\frac{6}{8}$ ⬭ $\frac{4}{3}$ **6.** $\frac{1}{6}$ ⬭ $\frac{4}{24}$ **7.** $\frac{16}{40}$ ⬭ $\frac{7}{15}$ **8.** $\frac{3}{20}$ ⬭ $\frac{12}{80}$

Halla cada valor de *n*.

9. $\frac{15}{20} = \frac{n}{4}$ **10.** $\frac{25}{100} = \frac{1}{n}$ **11.** $\frac{9}{12} = \frac{6}{n}$

12. $\frac{5}{2} = \frac{n}{18}$ **13.** $\frac{17}{n} = \frac{5}{10}$ **14.** $\frac{n}{20} = \frac{15}{50}$

Escribe en su forma más simple.

15. $\frac{9}{12}$ **16.** $\frac{21}{24}$ **17.** $\frac{20}{16}$ **18.** $\frac{10}{45}$ **19.** $\frac{49}{49}$

20. $\frac{64}{32}$ **21.** $\frac{27}{64}$ **22.** $\frac{25}{75}$ **23.** $\frac{18}{30}$ **24.** $\frac{40}{25}$

25. $\frac{36}{28}$ **26.** $\frac{13}{78}$ **27.** $\frac{108}{36}$ **28.** $\frac{42}{10}$ **29.** $\frac{49}{63}$

30. $\frac{66}{99}$ **31.** $\frac{36}{48}$ **32.** $\frac{70}{100}$ ★ **33.** $\frac{143}{209}$ ★ **34.** $\frac{168}{1,000}$

Escribe cuatro fracciones que denominen cada punto sobre la recta numérica de abajo.

35. A **36.** B **37.** C **38.** D **39.** E

¿Qué letra de la recta numérica corresponde a cada fracción?

★ **40.** $\frac{12}{48}$ ★ **41.** $\frac{27}{72}$ ★ **42.** $\frac{198}{264}$ ★ **43.** $\frac{280}{320}$

APLICACIÓN

¿Son las partes iguales rojas para cada par de alfombras?

44.  **45.** 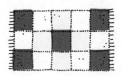 **46.**

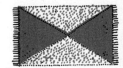
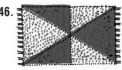

1. 86,397 + 9,568

2. 15,682 − 5,095

3. 293,178
  15,286
  + 29,980

4. 17,006
  − 5,298

5. 63,198
  × 7

6. 3,279
  × 36

7. $42\overline{)2,365,482}$

8. $18\overline{)90,432}$

9. 16.8 + 412 + 0.09

10. 56 − 3.825

11. 31.7 − 0.63

12. 15.9
  × 0.6

13. 0.08 × 0.04

14. $5\overline{)1.8}$

15. $0.6\overline{)0.228}$

Estima.

16. 325.71 + 96.015

17. 62.91 − 8.016

18. 518.16 × 3.2

19. $5.2\overline{)1,563.81}$

Fracciones y números mixtos

Mike, Alberto, Ron y Marita ganan dinero tocando en una orquesta. Practican $3\frac{1}{2}$ horas por semana. Cada sesión de práctica dura $\frac{1}{2}$ hora. Por lo tanto tienen 7 sesiones de media hora por semana.

$$3\frac{1}{2} = \frac{7}{2}$$

Un número mixto o un número entero puede escribirse como una fracción impropia.

a. Multiplica y después suma para hallar el numerador de un número mixto.

$$3\frac{1}{2} = \frac{6+1}{2} = \frac{7}{2}$$

$\frac{7}{2}$ es una **fracción impropia** pues el numerador es mayor que o igual al denominador.

b. Escribe 4 como una fracción con 6 como denominador.

$$4 = \frac{4}{1} \times \frac{6}{6} = \frac{24}{6}$$

Una fracción impropia puede escribirse como número mixto o como número entero.

c. $\frac{23}{4} \longrightarrow 4\overline{)23} = 5\frac{3}{4}$

$\qquad \quad \dfrac{20}{3}$

d. $\frac{27}{9} = 27 \div 9 = 3$

Halla cada valor de n.

e. $7\frac{13}{10} = 8\frac{n}{10}$

$$7\frac{13}{10} = 7 + \frac{13}{10}$$
$$= 7 + 1\frac{3}{10}$$
$$= 8\frac{3}{10} \qquad \text{Por lo tanto } n = 3.$$

f. $9\frac{1}{3} = 8\frac{n}{3}$

$$9\frac{1}{3} = 8 + 1 + \frac{1}{3}$$
$$= 8 + \frac{3}{3} + \frac{1}{3}$$
$$= 8\frac{4}{3} \qquad \text{Por lo tanto } n = 4.$$

TRABAJO EN CLASE

Escribe cada uno como una fracción impropia, un número entero o un número mixto.

1. $7\frac{5}{8}$ **2.** $\frac{27}{10}$ **3.** $8\frac{1}{2}$ **4.** $\frac{72}{9}$ **5.** $9\frac{3}{4}$ **6.** $\frac{13}{4}$

Halla cada valor de n.

7. $7 = \frac{n}{5}$ **8.** $5\frac{2}{3} = 4\frac{n}{3}$ **9.** $4\frac{9}{6} = 5\frac{3}{n}$ **10.** $5 = \frac{5}{n}$ **11.** $9\frac{2}{3} = n\frac{5}{3}$ **12.** $7 = \frac{n}{1}$ **13.** $4 = 3\frac{n}{7}$

PRÁCTICA

Escribe cada uno como una fracción impropia.

1. $1\frac{7}{10}$ 2. $3 = \frac{\Box}{1}$ 3. $5\frac{2}{3}$ 4. $7\frac{4}{9}$ 5. $6\frac{3}{4}$ 6. $5\frac{5}{6}$

7. $10\frac{7}{8}$ 8. $4 = \frac{\Box}{3}$ 9. $12\frac{1}{2}$ 10. $4\frac{3}{8}$ 11. $20\frac{2}{5}$ 12. $13\frac{1}{6}$

Escribe cada uno como un número mixto o un número entero.

13. $\frac{25}{5}$ 14. $\frac{33}{10}$ 15. $\frac{18}{7}$ 16. $\frac{40}{8}$ 17. $\frac{59}{7}$ 18. $\frac{62}{5}$ 19. $\frac{26}{4}$

20. $\frac{12}{12}$ 21. $\frac{17}{8}$ 22. $\frac{78}{9}$ 23. $\frac{27}{3}$ 24. $\frac{75}{2}$ 25. $\frac{100}{6}$ 26. $\frac{133}{5}$

Halla cada valor de x.

27. $1\frac{4}{5} = \frac{x}{5}$ 28. $3\frac{5}{5} = x$ 29. $5\frac{9}{5} = 6\frac{x}{5}$ 30. $8\frac{5}{9} = 7\frac{x}{9}$

31. $6 = 5\frac{x}{8}$ 32. $5\frac{2}{9} = 4\frac{11}{x}$ 33. $7\frac{7}{3} = x\frac{1}{3}$ 34. $11\frac{x}{8} = 9\frac{22}{8}$

35. $4\frac{11}{3} = 7\frac{x}{3}$ 36. $9\frac{1}{6} = 8\frac{7}{x}$ 37. $10\frac{x}{5} = 11\frac{2}{5}$ 38. $11\frac{28}{10} = 13\frac{x}{10}$

Substituye cada $\Box$ con el número mixto que falta.

★ 39. $4{,}500{,}000 = \Box$ millón ★ 40. $1{,}250{,}000 = \Box$ millón ★ 41. $6{,}750{,}000 = \Box$ millón

APLICACIÓN

42. Mike practica solo $2\frac{1}{2}$ horas por semana, $\frac{1}{2}$ hora por día. ¿Cuántos días por semana practica solo?

43. A veces Janeen canta con la orquesta. Para una función practica $\frac{1}{2}$ hora cada día durante 9 días. ¿Cuántas horas practica? Da la respuesta en forma de número mixto.

44. Para tocar en una función de beneficencia, los 4 músicos recibieron $150. Dividieron el dinero en partes iguales. ¿Cuánto dinero recibió cada uno? Da la respuesta corno número mixto y en dólares y centavos.

★ 45. La comisión de beneficencia tenía $250 para gastar. Una mitad se gastó en la orquesta y $\frac{1}{4}$ en comida. ¿Cuánto dinero quedó para gastar en decoraciones? Da la respuesta en dólares y centavos.

Comparar fracciones

Sara es ebanista. Tiene que perforar un agujero para una clavija de $\frac{5}{16}$ de pulgada. ¿Hará una broca de $\frac{3}{8}$ de pulgada un agujero suficientemente grande?

Compara $\frac{5}{16}$ y $\frac{3}{8}$.

Para comparar fracciones heterogéneas, reagrúpalas como fracciones homogéneas. Después compara los numeradores.

- Halla el mínimo común denominador (mcd).

  $\frac{5}{16}$ y $\frac{3}{8}$ **Piensa**   El MCM de 16 y 8 es 16; por lo tanto 16 es el mcd de $\frac{5}{16}$ y $\frac{3}{8}$.

- Escribe como fracciones homogéneas.

  $\frac{5}{16}$ $\frac{3}{8} = \frac{6}{16}$

- Compara los numeradores.

  $5 < 6$, entonces $\frac{5}{16} < \frac{6}{16}$ y $\frac{5}{16} < \frac{3}{8}$.

Una broca de $\frac{3}{8}$ de pulgada hace un agujero suficientemente grande.

Más ejemplos

a. Compara $8\frac{2}{3}$, $8\frac{5}{6}$ y $8\frac{3}{4}$.

Como los números son iguales, compara las fracciones.

El mcd de $\frac{2}{3}$, $\frac{5}{6}$, y $\frac{3}{4}$ es 12.

$\frac{2}{3} = \frac{8}{12}$ $\frac{5}{6} = \frac{10}{12}$ $\frac{3}{4} = \frac{9}{12}$

$\frac{8}{12} < \frac{9}{12} < \frac{10}{12}$, por lo tanto $8\frac{2}{3} < 8\frac{3}{4} < 8\frac{5}{6}$.

b. Compara $\frac{3}{5}$ y $\frac{3}{10}$.

Como los numeradores son iguales, compara los denominadores. La fracción con el *menor* denominador es la fracción *mayor*.

$5 < 10$, por lo tanto $\frac{3}{5} > \frac{3}{10}$.

TRABAJO EN CLASE

Escribe como fracciones semejantes.

1. $\frac{5}{2}, \frac{3}{4}$ 2. $\frac{1}{3}, \frac{3}{8}$ 3. $\frac{1}{6}, \frac{5}{9}$ 4. $\frac{9}{10}, \frac{1}{4}$ 5. $\frac{1}{2}, \frac{3}{10}, \frac{7}{100}$

Compara. Usa <, >, ó = para cada ⬤.

6. $\frac{1}{2}$ ⬤ $\frac{2}{3}$ 7. $\frac{13}{4}$ ⬤ $\frac{11}{5}$ 8. $\frac{4}{7}$ ⬤ $\frac{4}{9}$ 9. $2\frac{4}{5}$ ⬤ $2\frac{8}{10}$ 10. $8\frac{2}{3}$ ⬤ $9\frac{1}{4}$

Escribe como fracciones homogéneas.

1. $\frac{3}{2}, \frac{5}{4}$

2. $\frac{1}{8}, \frac{3}{4}$

3. $\frac{3}{10}, \frac{2}{5}$

4. $\frac{7}{6}, \frac{1}{4}$

5. $\frac{1}{3}, \frac{1}{4}$

6. $\frac{5}{6}, \frac{2}{9}$

7. $\frac{7}{16}, \frac{5}{12}$

8. $\frac{7}{12}, \frac{5}{18}$

9. $\frac{1}{2}, \frac{2}{3}, \frac{5}{6}$

10. $\frac{1}{6}, \frac{3}{4}, \frac{2}{5}$

Compara. Usa <, >, ó = para cada ⬤.

11. $\frac{3}{8}$ ⬤ $\frac{7}{8}$

12. $\frac{9}{10}$ ⬤ $\frac{7}{10}$

13. $\frac{5}{6}$ ⬤ $\frac{10}{12}$

14. $\frac{3}{4}$ ⬤ $\frac{3}{7}$

15. $\frac{2}{2}$ ⬤ $\frac{3}{3}$

16. $\frac{5}{12}$ ⬤ $\frac{2}{3}$

17. $\frac{2}{11}$ ⬤ $\frac{2}{5}$

18. $\frac{7}{8}$ ⬤ $\frac{1}{2}$

19. $\frac{3}{5}$ ⬤ $\frac{9}{10}$

20. $\frac{7}{10}$ ⬤ $\frac{1}{2}$

21. $2\frac{1}{3}$ ⬤ $2\frac{1}{2}$

22. $8\frac{3}{5}$ ⬤ $6\frac{3}{5}$

23. $1\frac{1}{4}$ ⬤ $1\frac{2}{5}$

24. $10\frac{2}{7}$ ⬤ $9\frac{3}{7}$

25. $6\frac{1}{3}$ ⬤ $6\frac{3}{8}$

Escribe en orden de menor a mayor.

26. $\frac{1}{2}, \frac{1}{3}, \frac{1}{4}$

27. $\frac{1}{5}, \frac{1}{3}, \frac{1}{4}$

28. $4\frac{3}{8}, 4\frac{5}{12}, 4\frac{1}{3}$

★29. $\frac{1}{30}, \frac{2}{3}, \frac{7}{12}, \frac{11}{15}, \frac{5}{6}$

APLICACIÓN

30. Sara ha perforado dos agujeros en un trozo de madera. Uno tiene $\frac{1}{8}$ de pulgada de diámetro y el otro $\frac{3}{16}$ de pulgada de diámetro. Tiene un perno con un diámetro de $\frac{5}{32}$ de pulgada. ¿Pasará el perno por ambos agujeros?

★31. Sara tiene 3 pernos para 3 agujeros que ha perforado. Los pernos miden $\frac{15}{64}$, $\frac{1}{8}$, y $\frac{9}{32}$ de pulgada de diámetro. Escoge el perno que se adapta mejor a cada agujero.

Agujeros (en pulgadas)	Pernos
$\frac{5}{16}$	
$\frac{1}{4}$	
$\frac{5}{32}$	

USAR PRODUCTOS CRUZADOS

Otra manera de comparar fracciones es usar productos cruzados. Estudia estos ejemplos. Después usa <, >, ó = para cada ⬤.

$\frac{1}{2}$ ⬤ $\frac{5}{10}$

$\frac{3}{4}$ ⬤ $\frac{7}{10}$

$\frac{1}{4}$ ⬤ $\frac{5}{8}$

$1 \times 10 = 2 \times 5$

$3 \times 10 > 4 \times 7$

$1 \times 8 < 4 \times 5$

Por lo tanto $\frac{1}{2} = \frac{5}{10}$.

Por lo tanto $\frac{3}{4} > \frac{7}{10}$.

Por lo tanto $\frac{1}{4} < \frac{5}{8}$.

1. $\frac{3}{4}$ ⬤ $\frac{3}{5}$

2. $\frac{3}{10}$ ⬤ $\frac{2}{5}$

3. $\frac{10}{16}$ ⬤ $\frac{13}{24}$

4. $\frac{12}{18}$ ⬤ $\frac{10}{15}$

Fracciones y decimales

Los accionistas son propietarios de empresas. Compran y venden acciones de compañías. Aquí se muestran los precios (en dólares) de algunas acciones. ¿Cuánto costaría una acción de Light Computer al precio máximo de ayer?

ACCIONES	ALTAS	BAJAS	CIERRE	CAMBIO
Light Comptr	$28\frac{3}{4}$	$27\frac{1}{2}$	$27\frac{1}{2}$	$-1\frac{5}{8}$
LMO	$64\frac{7}{8}$	$63\frac{5}{8}$	$64\frac{3}{4}$	$+\frac{3}{8}$
Thrush	$29\frac{7}{8}$	29	$29\frac{1}{4}$	$-\frac{5}{8}$
Sando	$50\frac{3}{4}$	$48\frac{3}{8}$	$48\frac{3}{8}$	$+2\frac{1}{4}$

LISTA DEL MERCADO DE VALORES

$28\frac{3}{4}$ dólares = \$28■■

Divide para cambiar $\frac{3}{4}$ a un decimal.

$$\frac{3}{4} \longrightarrow 4\overline{)3.00} = 0.75$$

$$\begin{array}{r} 0.75 \\ 4\overline{)3.00} \\ \underline{2\ 8} \\ 20 \\ \underline{20} \\ 0 \end{array}$$

0.75 es un **decimal finito.** El residuo después de la división es 0.

$$\frac{3}{4} = 0.75$$

Una acción de Light Computer cuesta \$28.75 al precio máximo de ayer.

Escribe $\frac{5}{6}$ en forma decimal.

$$\frac{5}{6} \longrightarrow 6\overline{)5.000}$$

$$\begin{array}{r} 0.833... \\ 6\overline{)5.000} \\ \underline{4\ 8} \\ 20 \\ \underline{18} \\ 20 \end{array}$$

 $0.833... = 0.83\frac{1}{3}$

0.8333 . . . es un **decimal periódico.** El residuo nunca es 0. Si sigues dividiendo, los dígitos del cociente siguen repitiéndose.

$\frac{5}{6} = 0.833...,$ or $0.8\overline{3}$ Se usa una barra para mostrar el dígito o dígitos que se repiten.

TRABAJO EN CLASE

Escribe cada uno en forma decimal.

1. $\frac{3}{8}$
2. $3\frac{1}{2}$
3. $\frac{2}{3}$
4. $4\frac{1}{3}$
5. $1\frac{3}{10}$
6. $\frac{5}{8}$

7. $1\frac{1}{6}$
8. $\frac{3}{5}$
9. $\frac{7}{25}$
10. $\frac{3}{20}$
11. $6\frac{2}{15}$
12. $\frac{1}{9}$

PRÁCTICA

Escribe cada uno en forma decimal.

1. $\frac{1}{2}$ 2. $\frac{1}{4}$ 3. $\frac{3}{4}$ 4. $\frac{1}{8}$ 5. $\frac{7}{8}$ 6. $\frac{4}{5}$ 7. $\frac{1}{3}$ 8. $\frac{1}{10}$

9. $\frac{1}{5}$ 10. $\frac{2}{5}$ 11. $\frac{5}{6}$ 12. $\frac{9}{10}$ 13. $\frac{1}{20}$ 14. $\frac{3}{20}$ 15. $\frac{5}{12}$ 16. $\frac{1}{25}$

17. $\frac{7}{10}$ 18. $\frac{1}{6}$ 19. $\frac{3}{11}$ 20. $\frac{1}{9}$ 21. $\frac{7}{20}$ 22. $\frac{7}{30}$ 23. $\frac{3}{16}$ 24. $\frac{8}{3}$

25. $\frac{20}{9}$ 26. $\frac{11}{8}$ 27. $2\frac{7}{10}$ 28. $5\frac{3}{2}$ 29. $1\frac{2}{9}$ 30. $11\frac{4}{9}$ 31. $4\frac{7}{50}$ 32. $6\frac{1}{12}$

Compara. Usa <, > ó = para cada ⬤.

★ 33. $\frac{3}{5}$ ⬤ 0.61   ★ 34. $\frac{2}{3}$ ⬤ 0.65   ★ 35. $\frac{1}{11}$ ⬤ 0.09091   ★ 36. $\frac{7}{12}$ ⬤ 0.584

APLICACIÓN

37. ¿Cuánto costaría una acción de Sando al precio de cierre de ayer? Escribe la respuesta en forma decimal.

38. ¿Cuánto cambió el precio de las acciones de LMO desde el día anterior? Escribe la respuesta en forma decimal.

★ 39. Ocho acciones de LMO cuestan $517. ¿Cuál es el precio por acción? ¿Es el precio mayor o menor que el máximo de ayer?

LA CALCULADORA

Usa una calculadora para hallar el decimal equivalente para cada fracción. Escribe cada uno como aparece en la calculadora.

1. $\frac{1}{9}$ 2. $\frac{2}{9}$ 3. $\frac{3}{9}$ 4. $\frac{1}{99}$ 5. $\frac{2}{99}$ 6. $\frac{3}{99}$ 7. $\frac{1}{999}$ 8. $\frac{2}{999}$ 9. $\frac{3}{999}$

Usa los patrones anteriores para hallar el decimal equivalente de cada uno de los siguientes sin usar la calculadora.

10. $\frac{4}{9}$ 11. $\frac{5}{9}$ 12. $\frac{5}{99}$ 13. $\frac{7}{99}$ 14. $\frac{8}{999}$

Problemas para resolver

REPASO DE DESTREZAS Y ESTRATEGIAS

Arlene Smith es vendedora de carros de Solomon Motors.

1. Les vendió este carro a los Taylor por $1,000 menos que el precio de la etiqueta. Ellos pagaron $2,500 de depósito y tomaron un préstamo para el resto. ¿Cuánto tomaron de préstamo?

2. Los Taylor devolverán el dinero del préstamo en 48 cuotas mensuales de $220 cada una. ¿Cuánto habrán pagado de interés?

3. Los Taylor dieron un paseo en su nuevo carro. Manejaron 2.3 km hacia el sur, 4.2 km hacia el este, 4.6 km hacia el norte, 5.0 km hacia el oeste y 2.3 km hacia el sur. ¿Dónde estaban con respecto a su punto de partida?

4. José Santora compró una camioneta de segunda mano por $6,800. Tiene $2,500 en efectivo. Pagará el resto con un préstamo del banco. ¿Cuánto pagará de interés?

5. José tomó su camioneta para dar una vuelta de prueba. Manejó 1.5 km hacia el este, 3.4 km hacia el sur, 1.5 km hacia el oeste y 0.7 km hacia el norte. ¿Dónde estaba con respecto a su punto de partida?

Arlene tiene esta gráfica en su oficina. Muestra sus ventas durante los primeros 5 meses del año. Se espera que venda 20 carros por mes.

6. ¿Cuántos más carros vendió en mayo que en febrero y marzo juntos?

7. ¿Por cuántos carros no llegó a su cuota durante los primeros 3 meses?

8. Cuántos carros debe vender en junio para que sus ventas de seis meses lleguen a la cuota?

9. De junio a diciembre Arlene vendió 153 carros. ¿Alcanzó su cuota anual?

10. Arlene gana una comisión media de $175 por cada carro que vende. ¿Cuál fue su ingreso anual?

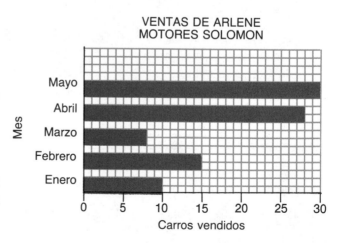

VENTAS DE ARLENE
MOTORES SOLOMON

Mes / Carros vendidos

11. ¿Cuántos más carros tendría que vender para que su ingreso anual llegue a $50,000?

Problemas para resolver

¿QUÉ PASARÍA SI . . . ?

Éste es el registro de Sandy del número de horas que trabajó esta semana como recepcionista en Solomon Motors. Le pagan $3.80 por hora.

Día	L	M	M	J	V	S	D
Horas	4	0	4	2	7	10	6

1. ¿Qué día trabajó más tiempo?

2. ¿Qué día no tuvo que trabajar?

3. ¿Cuánto ganó durante la semana?

4. ¿En qué días ganó más de $22.80?

5. La compañía dedujo $19.38 esa semana por los impuestos. ¿Cuánto llevó Sandy a su casa?

¿Qué pasaría si el horario de Sandy para la semana próxima es el mismo que para esta semana, pero trabaja además 5 horas adicionales el jueves?

6. ¿Cuántas horas habrá trabajado durante la semana?

7. ¿Cuánto habrá ganado esa semana?

8. La compañía deducirá $22.23 por los impuestos. ¿Cuánto llevará Sandy a su casa?

¿Qué pasaría si Sandy recibe un aumento de $.30 por hora y trabaja el mismo número de horas que trabajó la primera semana?

9. ¿Cuál será su salario para la semana?

10. La compañía deducirá $20.97 por los impuestos. ¿Cuánto llevará Sandy a su casa?

Qué pasaría si a Sandy le pagan doble por el domingo y trabaja el mismo número de horas que la primera semana?

11. ¿Cuánto ganará por la semana a $3.80 por hora?

12. Cuánto ganará por la semana con el aumento de $.30 por hora?

REPASO DEL CAPÍTULO

Escribe los factores de cada número. Después halla el MCD. págs 118–119

1. 7, 8 **2.** 10, 15 **3.** 21, 35 **4.** 32, 40

Escribe los primeros cinco múltiplos de cada número. Después halla el MCM. págs 122–123

5. 3, 7 **6.** 8, 16 **7.** 6, 9 **8.** 12, 30

Usa la descomposición en factores primos para hallar el MCD y el MCM. págs 120–121, 124–145

9. 9, 16 **10.** 36, 54 **11.** 15, 20 **12.** 60, 75

Escribe cada uno en su forma más simple. págs 128–129

13. $\frac{9}{12}$ **14.** $\frac{3}{15}$ **15.** $\frac{56}{14}$ **16.** $\frac{10}{25}$ **17.** $\frac{32}{27}$ **18.** $\frac{72}{100}$

Halla cada valor de n. págs 128–129

19. $\frac{7}{8} = \frac{n}{16}$ **20.** $\frac{5}{n} = \frac{30}{24}$ **21.** $\frac{n}{12} = \frac{21}{36}$ **22.** $\frac{36}{48} = \frac{n}{4}$

Escribe cada uno como un número entero o un número mixto. págs 130–131

23. $\frac{16}{9}$ **24.** $\frac{25}{5}$ **25.** $\frac{76}{8}$ **26.** $\frac{11}{3}$ **27.** $\frac{83}{6}$

Escribe cada uno como una fracción impropia. págs 130–131

28. $2\frac{2}{3}$ **29.** $3\frac{5}{8}$ **30.** $8 = \frac{\square}{5}$ **31.** $10\frac{5}{6}$ **32.** $4\frac{2}{5}$

Compara. Usa <, > ó = para cada ⬬. págs 132–133

33. $\frac{7}{20}$ ⬬ $\frac{11}{20}$ **34.** $\frac{1}{8}$ ⬬ $\frac{1}{9}$ **35.** $\frac{5}{6}$ ⬬ $\frac{7}{8}$ **36.** $1\frac{3}{8}$ ⬬ $1\frac{5}{12}$

Escribe cada uno en forma decimal. págs 134–135

37. $\frac{7}{9}$ **38.** $\frac{8}{25}$ **39.** $1\frac{3}{16}$ **40.** $\frac{2}{3}$ **41.** $7\frac{1}{6}$

Resuelve. págs 126–127, 136–137

42. Jenna está haciendo una colcha cuadrada. Tiene 81 cuadrados. ¿Cuántas filas y columnas tendrá la colcha?

43. Elena vendió una de sus colchas por $120. Había gastado $40 en los materiales. ¿Qué fracción de la venta fue su ganancia?

PRUEBA DEL CAPÍTULO

Escribe los factores de cada número. Después halla el MCD. Enumera los primeros cinco múltiplos de cada número. Después halla el MCM.

1. 5, 6

2. 8, 10

Usa la descomposición en factores primos para hallar el MCD y el MCM.

3. 8, 32

4. 12, 16

Escribe cada uno en su forma más simple.

5. $\frac{3}{18}$

6. $\frac{20}{25}$

7. $\frac{84}{12}$

8. $\frac{25}{49}$

Halla cada valor de n.

9. $\frac{n}{5} = \frac{10}{25}$

10. $\frac{56}{14} = \frac{4}{n}$

11. $\frac{n}{15} = \frac{10}{50}$

12. $\frac{9}{15} = \frac{30}{n}$

Escribe cada fracción impropia como un número entero o un número mixto. Escribe cada número mixto o número entero como una fracción impropia.

13. $\frac{31}{12}$

14. $\frac{45}{5}$

15. $2\frac{7}{8}$

16. $7 = \frac{\square}{4}$

Compara. Usa <, > ó = para cada ⬬.

17. $\frac{7}{8}$ ⬬ $\frac{5}{6}$

18. $1\frac{9}{12}$ ⬬ $1\frac{3}{4}$

19. $\frac{1}{5}$ ⬬ $\frac{1}{4}$

Escribe cada uno en forma decimal.

20. $\frac{9}{20}$

21. $\frac{1}{3}$

22. $1\frac{3}{8}$

23. $3\frac{4}{11}$

Resuelve.

24. Las decoraciones para el baile costaron $50. La comisión compró rollos de papel crepé a $3.50 por una caja de 10. ¿Cuánto compraron y cuánto gastaron si quedó $43?

25. Una acción de Sando se vendió a $29\frac{7}{8}$ de dólares al precio máximo de ayer y a $29\frac{1}{4}$ de dólares al cierre de ayer. ¿Qué precio fue mayor? Escribe cada precio en forma decimal.

Marita pagó $15 para reparar su violín. Tardó 45 minutos. ¿Cuál fue el cargo por hora?

RUMMY DE FRACCIONES

En la primera columna a la derecha se dan 13 fracciones. Para cada una se dan tres fracciones equivalentes. Para cada una de las 52 fracciones, haz una carta para jugar como las de abajo.

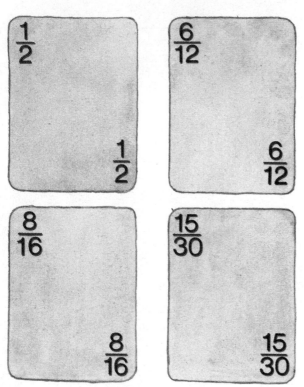

Para jugar al Rummy de Fracciones (2 a 4 jugadores)

La mano mezcla las cartas y da 7 cartas a cada jugador. Las cartas restantes se ponen cara abajo. La carta de arriba, puesta cara arriba, se pone junto al mazo como pila de descarte.

El juego comienza por la izquierda de la mano. Cada jugador por turno puede tomar la carta de arriba del mazo o la carta de arriba de la pila de descarte. Cada vez que un jugador toma una carta él o ella debe descartar también una carta cara arriba en la pila de descarte.

Cuando un jugador tiene 3 cartas que denominan fracciones equivalentes, el jugador puede ponerlas sobre la mesa. Cualquier jugador que tiene o saca la cuarta carta que denomina una fracción equivalente puede ponerla sobre la mesa durante su turno.

El ganador es el primero que juega todas sus cartas. Si las cartas del mazo se acaban antes de que alguien gane, la pila de descarte se mezcla y se pone cara abajo. Nuevamente la carta de arriba se pone cara arriba junto al mazo y el juego continúa.

$\frac{1}{2}$	$\frac{6}{12}$	$\frac{8}{16}$	$\frac{15}{30}$
$\frac{1}{3}$	$\frac{4}{12}$	$\frac{9}{27}$	$\frac{12}{36}$
$\frac{2}{3}$	$\frac{8}{12}$	$\frac{10}{15}$	$\frac{14}{21}$
$\frac{1}{4}$	$\frac{3}{12}$	$\frac{4}{16}$	$\frac{5}{20}$
$\frac{3}{4}$	$\frac{9}{12}$	$\frac{15}{20}$	$\frac{18}{24}$
$\frac{1}{5}$	$\frac{4}{20}$	$\frac{5}{25}$	$\frac{7}{35}$
$\frac{3}{5}$	$\frac{9}{15}$	$\frac{12}{20}$	$\frac{18}{30}$
$\frac{1}{6}$	$\frac{2}{12}$	$\frac{3}{18}$	$\frac{4}{24}$
$\frac{5}{6}$	$\frac{10}{12}$	$\frac{20}{24}$	$\frac{25}{30}$
$\frac{1}{8}$	$\frac{2}{16}$	$\frac{3}{24}$	$\frac{5}{40}$
$\frac{3}{8}$	$\frac{6}{16}$	$\frac{9}{24}$	$\frac{18}{48}$
$\frac{5}{8}$	$\frac{10}{16}$	$\frac{20}{32}$	$\frac{25}{40}$
$\frac{7}{8}$	$\frac{14}{16}$	$\frac{21}{24}$	$\frac{35}{40}$

NÚMEROS PRIMOS GEMELOS

Los números primos han fascinado a mucha gente desde hace alrededor de 500 años A. de C. Han surgido muchas preguntas acerca de los números primos. Aquí hay algunas preguntas que pueden contestarse usando el Tamiz de Eratóstenes. Usa el tamiz para hallar los números primos del 1 al 300. Contesta cada uno de los siguientes ejercicios.

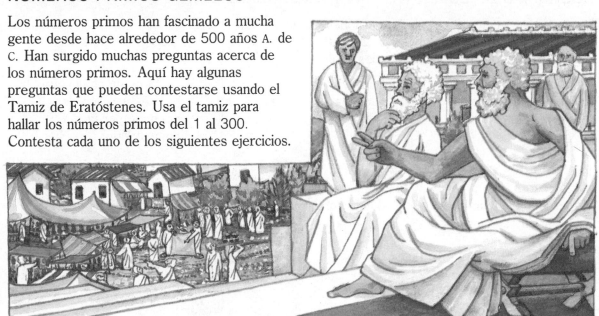

1. Escribe los números primos entre cada par.

   a. 100 y 150   **b.** 180 y 230   **c.** 250 y 300

2. ¿Cuántos números primos hay entre 1 y 300?

3. A medida que avanzas por la lista de los números naturales, ¿ocurren números primos con más o menos frecuencia?

4. Enumera dos números primos que sean números naturales consecutivos.

5. ¿Puede haber otros pares de números primos que son consecutivos? Explica tu respuesta.

6. Los **números primos gemelos** son pares de primos cuya diferencia es exactamente 2. (3 y 5 son números primos gemelos.) Halla un par de números primos gemelos entre cada par.

   a. 20 y 40   **b.** 170 y 190

   c. 200 y 240   **d.** 250 y 280

7. ¿Crees que hay un número finito de números primos, un número finito de números primos gemelos?

PROGRAMAS DE COMPUTADORA Y FLUJOGRAMAS

Un programa es un conjunto de instrucciones escritas en un lenguaje de computadora. Algunos programadores usan el lenguage BASIC que emplea enunciados, órdenes y funciones.

► NEW borra la memoria de la computadora para un nuevo programa.

► LET le dice a la computadora que asigne un valor a una variable.

► REM es un comentario para el programador. Es ignorado por la computadora.

► PRINT le dice a la computadora que imprima números o exactamente lo que está entre comillas.

► INPUT le dice a la computadora que espere 1 ó más números, cada uno nombrado por una variable.

► GOTO le dice a la computadora que se ramifique hacia otra línea del programa.

► END señala a la computadora que detenga el programa.

► RUN le dice a la computadora que siga el programa.

► IF . . . THEN le dice a la computadora que ponga a prueba una expresión. Seguirá a las instrucciones que vienen después de THEN solamente cuando la expresión que viene después de IF es verdadera. Cuando la expresión IF es falsa, la computadora salta a la próxima línea del programa.

► INT(X) es una función de BASIC que da el número entero mayor que no sea mayor que X.

Ejemplos

$INT(19.99) = 19$ $INT(7/2) = 3$

PROGRAMA

```
10 REM PROGRAMA PARA DETERMINAR
   SI UN NUMERO ES UN NUMERO
   ENTERO
20 PRINT "ENTRA UN NUMERO."
30 INPUT N
40 IF INT(N) = N THEN GOTO 70
50 PRINT N; "NO ES UN
   NUMERO ENTERO."
60 GOTO 80
70 PRINT N; "ES UN NUMERO
   ENTERO."
```

Este flujograma y programa determinará si un número es un número entero.

SALIDA

```
RUN
ENTRA UN NUMERO.
? 14
14 ES UN NUMERO ENTERO

RUN
ENTRA UN NUMERO
? 23.8
23.8 NO ES UN NUMERO ENTERO.
```

Este flujograma y programa determinará si un número es un
divisor de otro número. La línea 50 usa la función INT para
probar la divisibilidad del cociente.

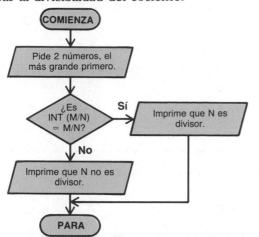

PROGRAMA

```
10 REM PROGRAMA PARA DETERMINAR
   DIVISIBILIDAD
20 PRINT "ENTRA 2 NÚMEROS.
   ESCRIBE PRIMERO EL MAYOR".
30 INPUT M
40 INPUT N
50 IF INT(M/N) = M/N THEN GOTO 80
60 PRINT N; "NO ES UN DIVISOR
   DE" ;M
70 GOTO 90
80 PRINT N; "ES UN DIVISOR DE" ;M
90 END
```

Usa el programa para contestar cada pregunta.

1. Si M = 739310 y N = 13, ¿cuál es la
salida de la computadora?

2. ¿Qué número no se permite para la
variable N?

3. Supón que la salida de la computadora en la
línea 50 es 19 NO ES UN DIVISOR DE
79000 ¿Qué número se le asignó a M? ¿a
N?

4. Tom siempre entra su número más
pequeño primero. ¿Seguirá ejecutando
correctamente el programa? ¿Irá alguna
vez el programa a la línea 80?

Escribe la salida de computadora para cada programa abajo.

5.
```
10 LET N = 7.9 * 3.85
20 PRINT INT(N)
30 END
```

6.
```
10 LET A = 99.99
20 LET B = 5
30 PRINT INT(A/B)
40 END
```

7.
```
10 LET X = 22.93
20 LET Y = 2 * X + 1
30 PRINT INT(Y)
40 END
```

=== CON LA COMPUTADORA ===

Ejecuta el programa de esta página para hallar si 291 es un divisor de cada uno.

1. 18339   **2.** 131241   **3.** 217668   **4.** 5839   **5.** 1746

**Usa un flujograma para escribir un programa para cada uno. Después prueba tu
programa en la computadora.**

6. Pide un número entero. Divídelo entre
2. Si el cociente es un número entero,
imprime que el número es par. Si el
cociente no es un número entero,
imprime que el número es impar.

★ 7. Pide un número impar entre 10 y 50.
Divídelo entre 3, 5 y 7. Si algún
cociente es un número entero, imprime
"COMPUESTO". Si ningún cociente es
un número entero, imprime "PRIMO".

PERFECCIONAMIENTO DE DESTREZAS

Escoge las respuestas correctas. Escribe A, B, C o D.

1. Compara. 3.1 ⬤ 3.01

A >   C =
B <   D no se da

2. 0.762×10^5

A 7.62   C 76,200
B 7,620   D no se da

3. $69.01 \div 10^4$

A 6.901   C 6,901
B 0.006901   D no se da

4. ¿Cuál es el mayor error posible de la medida 26 cm?

A 5 cm   C 1 cm
B 0.5 cm   D no se da

5. ¿Cuál es el mayor error posible de la medida 26.0 cm?

A 0.01 cm   C 0.05 cm
B 0.5 cm   D no se da

6. Evalúa $(ab) \div 3$ para $a = 6$ y $b = 5$.

A 30   C 10
B 2   D no se da

7. Evalúa $4a - 2b$ para $a = 6$ y $b = 5$.

A 4   C 34
B 22   D no se da

8. Resuelve esta ecuación. $d \div 9 = 18$

A $d = 2$ C $d = 0.5$
B $d = 162$ D no se da

9. Resuelve esta ecuación. $x - 7.2 = 9.1$

A $x = 16.3$ C $x = 2.1$
B $x = 1.9$ D no se da

10. Resuelve esta ecuación. $1.2y = 48$

A $y = 4$ C $y = 40$
B $y = 0.4$ D no se da

11. ¿Cuáles son los factores comunes de 15 y 20?

A 1, 5   C 1, 3, 4, 5
B 1, 3, 5   D no se da

12. ¿Cuál es el MCM de 6, 11 y 12?

A 132   C 12
B 66   D no se da

13. Compara. $\frac{5}{8}$ ⬤ $\frac{10}{16}$

A >   C =
B <   D no se da

14. ¿Cuál es el decimal para $\frac{7}{8}$?

A 0.875   C 0.925
B 1.143   D no se da

Halla el patrón. ¿Cuáles son los dos números siguientes?

15. 3, 9, 15, 21, ____, ____

A 25, 31   C 27, 33
B 24, 27   D no se da

16. 1, 4, 16, 64, ____, ____

A 128, 256   C 256, 512
B 256, 1,024   D no se da

17. 5.3, 4.8, 4.3, 3.8, ____, ____

A 3.3, 2.8   C 3.3, 2.3
B 2.8, 1.8   D no se da

Tema: Los pasatiempos que terminan en carreras

Sumar y restar fracciones

La encuesta que hizo Jeremías de los estudiantes de la Escuela Clearview demuestra que la mitad de ellos prefiere los clubes de artes escénicas—conjunto de danza, conjunto coral y club de drama. La otra mitad prefiere o deportes o el diario escolar. ¿Qué parte del cuerpo escolar prefiere la actividad más popular?

Resta $\frac{1}{2} - \frac{1}{8}$ para hallar qué parte del cuerpo escolar prefiere los deportes.

Para sumar o restar fracciones, haz lo siguiente.

- Escribe fracciones equivalentes usando el mcd.

- Suma o resta los numeradores.
  Escribe la respuesta en su forma más simple.

$$\begin{aligned} \frac{1}{2} &= \frac{4}{8} \\ -\frac{1}{8} &= \frac{1}{8} \\ \hline &\ \ \frac{3}{8} \end{aligned}$$

Piensa El mcd de $\frac{1}{2}$ y $\frac{1}{8}$ es 8.

$\frac{3}{8}$ del cuerpo escolar prefiere los deportes.

Para sumar números mixtos, primero suma las fracciones y después los números enteros. Escribe la respuesta en su forma más simple. Resta números mixtos de la misma manera.

$$\begin{aligned} 2\frac{3}{4} &= 2\frac{3}{4} \\ 1\frac{1}{2} &= 1\frac{2}{4} \\ +\ 1\frac{1}{2} &= 1\frac{2}{4} \\ \hline 4\frac{7}{4} &= 5\frac{3}{4} \end{aligned}$$

NOTICIAS DE ESCUELA

Trabajo en clase

Suma o resta. Escribe cada respuesta en su forma más simple.

1. $\frac{5}{8}$
   $+\ \frac{7}{8}$

2. $\frac{2}{5}$
   $-\ \frac{1}{6}$

3. $\frac{7}{12}$
   $+\ \frac{1}{3}$

4. $6\frac{3}{8}$
   $+\ 5\frac{1}{8}$

5. $10\frac{2}{3}$
   $-\ 4\frac{1}{4}$

6. $5\frac{3}{4}$
   $-\ 2$

7. $\frac{17}{12} - \frac{5}{6}$

8. $\frac{1}{2} + \frac{1}{3} + \frac{1}{4}$

9. $10\frac{3}{4} - 8\frac{2}{5}$

10. $3\frac{1}{2} + 5 + 1\frac{7}{10}$

Suma o resta. Escribe cada respuesta en su forma más simple.

1. $\frac{13}{16}$
$-\ \frac{7}{16}$

2. $\frac{5}{6}$
$+\ \frac{5}{6}$

3. $9\frac{3}{10}$
$+\ 2\frac{7}{10}$

4. $14\frac{1}{2}$
$-\ 7$

5. 12
$+\ 9\frac{5}{6}$

6. $\frac{3}{4}$
$+\ \frac{1}{6}$

7. $9\frac{3}{5}$
$+\ 2\frac{1}{10}$

8. $\frac{2}{3}$
$-\ \frac{3}{8}$

9. $\frac{1}{10}$
$+\ \frac{3}{4}$

10. $10\frac{5}{6}$
$-\ 7\frac{2}{3}$

11. $\frac{4}{9} - \frac{1}{6}$

12. $\frac{3}{10} + \frac{17}{100}$

13. $10\frac{1}{3} - 5$

14. $11\frac{1}{2} + 5\frac{3}{8}$

15. $\frac{1}{2} + \frac{3}{8} + \frac{4}{5}$

16. $\frac{7}{8} - \frac{2}{5} - \frac{1}{4}$

17. $4\frac{1}{2} + 6\frac{7}{10} + 2\frac{2}{5}$

18. $14\frac{7}{8} - 5\frac{3}{4}$

Una fracción que tiene 1 como el numerador es una unidad de fracción. Escribe cada una de las fracciones siguientes como la suma de unidades de fracción. No uses ninguna unidad más de una vez en una suma.

19. Escribe $\frac{5}{8}$ usando dos unidades de fracción

20. Escribe $\frac{3}{10}$ usando dos unidades de fracción

21. Escribe $\frac{13}{16}$ usando tres unidades de fracción

★**22.** Escribe $\frac{3}{7}$ usando tres unidades de fracción

Evalúa cada expresión para $a = 1\frac{1}{4}$, $b = \frac{3}{5}$, y $c = 2\frac{2}{3}$.

★**23.** $a + b - \frac{1}{3}$

★**24.** $c - a + b$

★**25.** $c + a - b$

★**26.** $c - b + \frac{8}{15}$

APLICACIÓN

27. Joan planea el esquema del diario de la Escuela Clearview. Esta semana usa $\frac{1}{4}$ de la página de deportes para publicidad y $\frac{3}{8}$ de la página para artículos. ¿Cuánto espacio le queda para fotos?

28. Josh escribió un artículo para el *Semanario de la Ciudad* sobre los voluntarios en el centro de jubilados. La semana pasada Flo trabajó $2\frac{3}{4}$ h en el cuarto de ejercicio y $2\frac{1}{2}$ h en el cuarto de artesanías. ¿Cuánto tiempo trabajó en total?

RAZONAMIENTO LÓGICO

En un estante de biblioteca hay tres volúmenes de Shakespeare juntos. El volumen 1 está a la izquierda y el volumen 3 está a la derecha. Las encuadernaciones están frente a tí. Cada tapa mide $\frac{1}{4}$ de pulgada de grueso y cada libro sin su tapa mide $1\frac{1}{2}$ pulgadas de grueso. Si un gusano se abriera camino directamente desde la página 1 del volumen 1 hasta la última página del volumen 3, ¿qué distancia recorrería?

Reagrupar antes de restar

Graciela confecciona trajes para la comedia musical de la escuela. Para el último traje necesita $2\frac{1}{2}$ yardas de tela. Tiene $1\frac{3}{4}$ yardas. ¿Cuánta más tela necesita?

Paso 1	Paso 2	Paso 3
Escribe fracciones equivalentes usando el mcd.	Reagrupa si no puedes restar.	Resta. Escribe la respuesta en su forma más simple.

Paso 1

$$2\frac{1}{2} = 2\frac{2}{4}$$
$$-1\frac{3}{4} = 1\frac{3}{4}$$

Piensa $\frac{2}{4} < \frac{3}{4}$

Paso 2

$$2\frac{2}{4} = 1\frac{6}{4}$$
$$-1\frac{3}{4} = 1\frac{3}{4}$$

Paso 3

$$\begin{array}{r} 1\frac{6}{4} \\ -1\frac{3}{4} \\ \hline \frac{3}{4} \end{array}$$

Graciela necesita $\frac{3}{4}$ de yarda más de tela.

Más ejemplos

a.
$$\begin{array}{r} 5\frac{1}{6} = 4\frac{7}{6} \\ -2\frac{5}{6} = 2\frac{5}{6} \\ \hline 2\frac{2}{6} = 2\frac{1}{3} \end{array}$$

b.
$$\begin{array}{r} 7 = 6\frac{3}{3} \\ -3\frac{1}{3} = 3\frac{1}{3} \\ \hline 3\frac{2}{3} \end{array}$$

c.
$$\begin{array}{r} 12\frac{1}{4} = 12\frac{5}{20} = 11\frac{25}{20} \\ -6\frac{2}{5} = 6\frac{8}{20} = 6\frac{8}{20} \\ \hline 5\frac{17}{20} \end{array}$$

TRABAJO EN CLASE

Resta. Escribe cada respuesta en su forma más simple.

1. $\begin{array}{r} 4\frac{1}{3} \\ -1\frac{2}{3} \\ \hline \end{array}$

2. $\begin{array}{r} 7\frac{3}{10} \\ -4\frac{4}{5} \\ \hline \end{array}$

3. $\begin{array}{r} 5 \\ -1\frac{3}{4} \\ \hline \end{array}$

4. $\begin{array}{r} 8\frac{1}{6} \\ -7\frac{3}{4} \\ \hline \end{array}$

5. $\begin{array}{r} 5\frac{1}{8} \\ -1\frac{3}{4} \\ \hline \end{array}$

6. $4\frac{1}{4} - 1\frac{3}{4}$

7. $10\frac{2}{5} - 8\frac{3}{4}$

8. $2 - \frac{1}{2}$

9. $10 - 5\frac{1}{7}$

PRÁCTICA

Resta. Escribe cada respuesta en su forma más simple.

1.   12
      $- 9\frac{5}{6}$

2.   10
      $- 6\frac{7}{8}$

3.   13
      $- 8\frac{2}{5}$

4. $3\frac{1}{2}$
      $- 1\frac{3}{4}$

5. $16\frac{1}{3}$
      $- 7\frac{5}{8}$

6.   8
      $- 2\frac{1}{3}$

7. $12\frac{1}{2}$
      $- 6\frac{3}{4}$

8. $14\frac{3}{4}$
      $- 5\frac{7}{8}$

9. $14 - 5\frac{3}{4}$

10. $7\frac{2}{3} - 3\frac{4}{5}$

11. $5\frac{1}{9} - 3\frac{4}{9}$

12. $22\frac{3}{4} - 10\frac{5}{6}$

13. $12 - \frac{3}{8}$

14. $5\frac{1}{3} - 2\frac{3}{8}$

15. $9 - 8\frac{2}{5} + 4\frac{1}{10}$

16. $10\frac{2}{3} - 9\frac{3}{4} + 7\frac{1}{2}$

★ **17.** $\left(5 - 2\frac{1}{8}\right) + \left(4\frac{1}{8} - 1\frac{2}{3}\right)$

★ **18.** $6\frac{1}{5} - \left(4\frac{1}{3} - 1\frac{4}{5}\right)$

Halla los números que faltan en cada secuencia.

★ **19.** $9\frac{4}{5}$, $9\frac{1}{5}$, $8\frac{3}{5}$, □, □

★ **20.** $6\frac{2}{3}$, 6, $5\frac{1}{3}$, □, □

★ **21.** 12, $10\frac{7}{8}$, $9\frac{3}{4}$, □, □

★ **22.** 10, $8\frac{2}{5}$, $6\frac{4}{5}$, □, □

APLICACIÓN

23. Paula ha asistido a la Escuela de Diseño Chamber durante $1\frac{1}{2}$ años para llegar a ser diseñadora de modas. Debe tener 2 años de instrucción en la clase y 2 años de entrenamiento en el trabajo para graduarse. ¿Cuántos más años tiene que completar para graduarse?

★ **24.** Uno de los conjuntos que Paula diseñó fue un traje de mujer que requiere $1\frac{5}{8}$ yardas de tela para la falda, $2\frac{3}{4}$ yardas para la chaqueta y $2\frac{1}{2}$ yardas para los pantalones. En el rollo de tela que Paula quiere para el traje quedan $6\frac{1}{2}$ yardas. ¿Queda tela suficiente?

Práctica mixta

1. $n + 1 = 9$

2. $x - 4 = 7$

3. $3x = 27$

4. $\frac{x}{2} = 7$

5. $y - 19 = 17$

6. $m + 6 = 6$

7. $15m = 75$

8. $17 = a + 8$

9. $\frac{x}{29} = 1$

10. $108 = m - 19$

11. $18 = \frac{x}{6}$

12. $15 + x = 16$

13. $8x = 104$

14. $107 = y - 9$

15. $\frac{x}{27} = 3$

16. $13x = 91$

17. $\frac{x}{3} = 18$

18. $x + 28 = 47$

19. $y - 39 = 5$

20. $14y = 28$

149

Contar fracciones

TRABAJAR JUNTOS

Lee el artículo del *Diario Sol* a la derecha.
Después trabaja en equipo.

1. Comenta lo que quiere decir Unet Entirvul
   por "todas las fracciones entre 0 y 1".

2. ¡Imagínate que tu equipo tiene una recta
   numérica muy detallada y una lupa de
   aumento! Comenta dónde comenzarías en
   la recta numérica para escoger fracciones
   para sumar. ¿Cómo estarías seguro de no
   olvidarte de ninguna?

3. Trata de organizar las fracciones de modo
   que puedas sumarlas sin olvidarte ni repetir
   ninguna fracción. Prueba tu método.

4. Anota los resultados de tus exploraciones.

¡MAGNATE OFRECE PREMIO!

Los Angeles   29 de agosto

El industrial Unet Entirvul ha ofreci-
do un premio de 1 millón de
dólares al estudiante de matemáticas que sume correctamente
todas las fracciones entre 0 y 1. En
la conferencia de prensa donde
anunció el premio, el Sr. Entirvul
dijo: «He tratado de sumarlas yo
solo pero me equivoqué entre

$$\frac{1}{279{,}387{,}419} \quad y \quad \frac{2}{279{,}387{,}419}$$

Cualquier estudiante que las
sume merece el premio, aun
cuando use una calculadora o
una computadora agregó.» Entirvul, hijo de un maestro de escuela, llegó a Estados Unidos en 1959
sin un dólar en

1. Cada grupo debe dar un informe sobre los resultados de sus exploraciones. ¿Qué problemas encontraron los grupos que usaron una recta numérica para organizar la selección de sumandos? ¿Funcionó el método?

2. ¿Usó algún grupo papel cuadriculado para hacer una lista de todas las fracciones? Una manera de hacerlo es considerar una fracción como un par ordenado, primero el denominador y después el numerador:

$$\frac{1}{2} \longrightarrow (2, 1)$$

Si tuvieras un pedazo de papel cuadriculado suficientemente grande y tiempo de sobra, ¿podrías representar *cada* fracción de esta manera? Comenta.

3. ¿Necesitas considerar todas las fracciones para ganar el premio? Si no es así, ¿qué fracciones no necesitas considerar?

4. Si usaste el arreglo triangular de la derecha para hacer una lista de todas las fracciones, ¿tendrías oportunidad de ganar el premio de 1 millón de dólares? Explica.

1. El matemático alemán del siglo diecinueve Georg Cantor usó una gráfica de fracciones para "contar" todas las fracciones, incluyendo aquéllas mayores o iguales a 1. ¿En qué se diferenciaría la gráfica de Cantor de la de arriba?

2. Cantor concluyó que había exactamente suficientes números enteros para "contar" todas las fracciones.

¿Qué crees que entendía Cantor por "contar"?

¿Por qué significa la conclusión de Cantor que no existe la fracción más grande?

¿Qué indica la conclusión de Cantor sobre la oferta del premio del Sr. Entirvul?

Multiplicar fracciones

Juan es un miembro cadete de la Civil Air Patrol (CAP). Ha aprendido a volar y ha ayudado en varias misiones de búsqueda-y-rescate. Hay 65 miembros en el grupo de la CAP local de Juan. Dos quintos son cadetes (de 13 a 18 años de edad). ¿Cuántos cadetes hay en el grupo?

Para multiplicar fracciones, multiplica los numeradores y los denominadores. Simplifica factores antes de multiplicar, divide el numerador y el denominador por un factor común.

$$\frac{2}{5} \times 65 = \frac{2}{\overset{}{\underset{1}{5}}} \times \frac{\overset{13}{65}}{1} = \frac{2 \times 13}{1 \times 1} = \frac{26}{1} = 26$$

Hay 26 cadetes en el grupo de Juan.

Más ejemplos

a. $\frac{\overset{1}{5}}{\underset{2}{6}} \times \frac{\overset{3}{9}}{\underset{2}{10}} = \frac{1 \times 3}{2 \times 2} = \frac{3}{4}$

b. $7 \times \frac{4}{9} = \frac{7}{1} \times \frac{4}{9} = \frac{28}{9}$, ó $3\frac{1}{9}$

c. Halla $\frac{2}{3}$ de 9.

$\frac{2}{\overset{}{\underset{1}{3}}} \times \frac{\overset{3}{9}}{1} = \frac{2 \times 3}{1 \times 1} = \frac{6}{1} = 6$

d. Halla $\frac{1}{2}$ de $\frac{1}{4}$.

$\frac{1}{2} \times \frac{1}{4} = \frac{1 \times 1}{2 \times 4} = \frac{1}{8}$

TRABAJO EN CLASE

Multiplica. Escribe cada respuesta en su forma más simple.

1. $\frac{7}{10} \times \frac{3}{5}$

2. $\frac{3}{4} \times \frac{1}{2}$

3. $15 \times \frac{2}{5}$

4. $\frac{5}{7} \times 21$

5. $\frac{1}{3} \times \frac{1}{4}$

6. $\frac{3}{4} \times 5$

7. $\frac{2}{3} \times \frac{3}{2}$

8. $\frac{5}{6} \times \frac{3}{8}$

Halla cada uno.

9. $\frac{7}{8}$ de 12

10. $\frac{1}{2}$ de $\frac{1}{8}$

11. $\frac{3}{4}$ de 16

12. $\frac{2}{5}$ de $\frac{15}{4}$

PRÁCTICA

Multiplica. Escribe cada respuesta en su forma más simple.

1. $\frac{3}{5} \times \frac{2}{3}$

2. $\frac{1}{2} \times \frac{4}{5}$

3. $\frac{5}{8} \times 16$

4. $\frac{3}{8} \times \frac{4}{15}$

5. $8 \times \frac{5}{4}$

6. $\frac{3}{10} \times 5$

7. $\frac{2}{5} \times \frac{5}{2}$

8. $\frac{2}{3} \times \frac{3}{8}$

9. $\frac{5}{12} \times \frac{4}{3}$

10. $\frac{5}{8} \times \frac{4}{5}$

11. $\frac{7}{8} \times 6$

12. $\frac{5}{8} \times \frac{4}{9}$

13. $10 \times \frac{5}{6}$

14. $\frac{4}{9} \times \frac{2}{3}$

15. $\frac{2}{3} \times \frac{1}{5}$

16. $\frac{4}{5} \times \frac{3}{2}$

17. $\frac{1}{2} \times \frac{3}{4} \times \frac{3}{8}$

18. $\frac{3}{4} \times 4 \times \frac{2}{3}$

19. $24 \times \frac{5}{6} \times \frac{3}{4}$

20. $\frac{2}{3} \times \frac{3}{5} \times \frac{1}{4}$

★ **21.** $\left(1 - \frac{3}{4}\right) \times \left(\frac{1}{2} + \frac{3}{8}\right)$ ★ **22.** $\frac{1}{4} + \frac{5}{6} \times \frac{3}{4} - \frac{1}{2}$ ★ **23.** $\left(\frac{2}{3} + \frac{1}{4}\right) \times \frac{2}{3} \times \frac{2}{11}$ ★ **24.** $6 \times \frac{5}{4}\left(1 - \frac{4}{5}\right) + \frac{3}{2}$

Halla cada uno.

25. $\frac{2}{3}$ de $\frac{3}{4}$ **26.** $\frac{1}{2}$ de 2   **27.** $\frac{5}{8}$ de $\frac{4}{5}$ **28.** $\frac{4}{5}$ de 20   **29.** $\frac{7}{4}$ de $\frac{2}{3}$ **30.** $\frac{4}{7}$ de 28

Halla cada salida.

	Entrada	Salida
	n	$\frac{2}{3}n$
31.	$\frac{4}{5}$	
32.	12	
33.	$\frac{1}{2}$	
34.	$\frac{5}{6}$	

	Entrada	Salida
	n	$\frac{3}{2}n$
35.	$\frac{6}{7}$	
36.	$\frac{1}{3}$	
37.	$\frac{3}{5}$	
38.	$\frac{1}{2}$	

	Entrada	Salida
	n	$2n + \frac{1}{4}$
★ **39.**	$\frac{2}{3}$	
★ **40.**	$\frac{1}{2}$	
★ **41.**	$\frac{1}{6}$	
★ **42.**	$\frac{7}{8}$	

APLICACIÓN

43. Un año la CAP tuvo unos 63 mil miembros a nivel nacional. Alrededor de $\frac{3}{7}$ eran cadetes. ¿Aproximadamente cuántos cadetes había en la GAP?

★ **44.** Jeff Kowalski, un piloto de una aerolínea voló desde New York hasta Pittsburgh y regresó. Tardó $\frac{3}{4}$ de hora en llegar a Pittsburgh. Debido al viento a favor el viaje de vuelta tardó sólo $\frac{4}{5}$ de ese tiempo. ¿Cuánto duró el viaje de ida y vuelta?

Dividir fracciones

▶Dos números cuyo producto es 1 son **recíprocos.**

- $8 \times \frac{1}{8} = 1$

  8 y $\frac{1}{8}$ son recíprocos.

- $\frac{3}{5} \times \frac{5}{3} = 1$

  $\frac{3}{5}$ y $\frac{5}{3}$ son recíprocos.

Dividir entre un número da el mismo resultado que multiplicar por su recíproco.

$$40 \div 8 = 5 \qquad 40 \times \frac{1}{8} = 5$$

Dora revela su propia película. En cada rollo de película se gasta $\frac{1}{8}$ de botella de solución de revelador. Su botella de solución está $\frac{3}{4}$ llena. ¿Cuántos rollos de película puede revelar Dora?

$$\frac{3}{4} \div \frac{1}{8} = n$$

Para dividir una fracción, multiplica por su recíproco.

$$\frac{3}{4} \div \frac{1}{8} = \frac{3}{4} \times 8 = \frac{3}{\underset{1}{\cancel{4}}} \times \frac{\overset{2}{\cancel{8}}}{1} = \frac{3 \times 2}{1 \times 1} = \frac{6}{1} = 6$$

Dora puede revelar 6 rollos de película.

Más ejemplos

a. $\frac{3}{5} \div \frac{4}{15} = \frac{3}{\underset{1}{\cancel{5}}} \times \frac{\overset{3}{\cancel{15}}}{4} = \frac{3 \times 3}{1 \times 4} = \frac{9}{4},$ or $2\frac{1}{4}$

b. $\frac{2}{5} \div 4 = \frac{\overset{1}{\cancel{2}}}{5} \times \frac{1}{\underset{2}{\cancel{4}}} = \frac{1 \times 1}{5 \times 2} = \frac{1}{10}$

TRABAJO EN CLASE

Halla el recíproco de cada número.

1. $\frac{1}{2}$ **2.** $\frac{2}{7}$ **3.** 4   **4.** $\frac{5}{6}$ **5.** 9   **6.** $\frac{1}{6}$

Divide. Escribe cada respuesta en su forma más simple.

7. $\frac{1}{2} \div \frac{1}{3}$ **8.** $12 \div \frac{1}{2}$ **9.** $\frac{3}{4} \div 6$ **10.** $\frac{2}{5} \div \frac{3}{8}$

PRÁCTICA

Halla el recíproco de cada número.

1. $\frac{1}{3}$ 2. 5   3. $\frac{2}{3}$ 4. $\frac{7}{5}$ 5. 20   6. $\frac{3}{4}$

7. $\frac{9}{10}$ 8. $\frac{5}{12}$ 9. $\frac{1}{8}$ 10. 100   11. $\frac{1}{10}$ 12. 7

Divide. Escribe cada respuesta en su forma más simple.

13. $\frac{2}{3} \div \frac{8}{3}$ 14. $\frac{5}{8} \div \frac{3}{8}$ 15. $\frac{3}{8} \div \frac{5}{8}$ 16. $5 \div \frac{1}{4}$

17. $\frac{1}{2} \div 2$ 18. $\frac{3}{4} \div 3$ 19. $\frac{2}{3} \div \frac{2}{3}$ 20. $\frac{5}{12} \div \frac{5}{6}$

21. $\frac{6}{5} \div \frac{4}{15}$ 22. $1 \div \frac{7}{8}$ 23. $\frac{3}{4} \div \frac{6}{5}$ 24. $20 \div \frac{4}{7}$

25. $\frac{4}{5} \div \frac{3}{10}$ 26. $\frac{4}{5} \div \frac{4}{3}$ 27. $\frac{1}{6} \div \frac{1}{4}$ 28. $9 \div \frac{3}{4}$

Evalúa cada expresión para $a = \frac{1}{3}$ y $b = \frac{3}{4}$.

29. $a \div b$ 30. $9 \div b$ ★ 31. $\frac{7}{8} \div \left(a + \frac{5}{6}\right)$ ★ 32. $b \times \left(a \div \frac{1}{6}\right)$

APLICACIÓN

33. Para detener el proceso del revelado, la película va de la solución del revelador al baño de detención. A Dora le queda $\frac{2}{3}$ de botella de baño de detención. Usa $\frac{1}{4}$ de botella para cada rollo de película. ¿Cuántos rollos puede revelar?

34. El último paso en el proceso es poner la película en una solución llamada fijador. Dora tiene 3 botellas de fijador. Usa $\frac{1}{3}$ de botella para cada rollo. Dora tiene 8 rollos para revelar. ¿Tiene suficiente fijador?

★ 35. Carl es fotógrafo de cine del equipo de fútbol Lions. Durante el último cuarto de un partido, descubre que le quedan 10 minutos de película. Cada jugada dura 50 segundos. ¿Cuántas jugadas puede filmar con lo que le queda? (50 segundos $= \frac{50}{60}$, ó $\frac{5}{6}$, minuto)

155

Multiplicar y dividir números mixtos

Para *All-American Feast,* los estudiantes del Club de cocina preparan esta receta. Esperan 42 personas, el $10\frac{1}{2}$ veces el número de porciones de la receta. ¿Cuánta harina necesitarán?

Pollo a la Pennsylvania Dutch (Para 4 Personas)

$2\frac{1}{2}$ a 3 libras de pollo, cortado en 8 trozos para servir
$\frac{1}{2}$ taza de vinagre de manzanas
$\frac{1}{2}$ cucharadita de jengibre molido
$\frac{1}{4}$ cucharadita de clavos de olor molidos
una pizca de pimienta de Cayena
1 limón, en rodajas
$1\frac{1}{2}$ taza de harina
2 cucharadas de aceite vegetal
1 cebolla grande, cortada
aceite para freir
pimienta molida fresca al gusto
ramitas de perejil fresco (opcional)

Para multiplicar con números mixtos escribe los números mixtos y los números enteros como fracciones impropias. Después multiplica las fracciones.

Halla $10\frac{1}{2}$ veces la cantidad de harina.

$$10\frac{1}{2} \times 1\frac{1}{2} =$$

$$\frac{21}{2} \times \frac{3}{2} = \frac{21 \times 3}{2 \times 2} = \frac{63}{4} = 15\frac{3}{4}$$

El Club de Cocina necesitará $15\frac{3}{4}$ tazas de harina.

Para dividir números mixtos, escribe los números mixtos y los números enteros como fracciones impropias. Después divide las fracciones.

Halla $9 \div 2\frac{7}{10}$.

$$9 \div 2\frac{7}{10} =$$

$$\frac{9}{1} \div \frac{27}{10} = \frac{\overset{1}{\cancel{9}}}{1} \times \frac{10}{\underset{3}{\cancel{27}}} = \frac{1 \times 10}{1 \times 3} = \frac{10}{3} = 3\frac{1}{3}$$

Más ejemplos

a. $3 \times 2\frac{1}{2} = \frac{3}{1} \times \frac{5}{2} = \frac{15}{2}$ ó $7\frac{1}{2}$

b. $2\frac{1}{4} \div \frac{3}{8} = \frac{9}{4} \div \frac{3}{8} = \frac{\overset{3}{\cancel{9}}}{\underset{1}{\cancel{4}}} \times \frac{\overset{2}{\cancel{8}}}{\underset{1}{\cancel{3}}} = 6$

TRABAJO EN CLASE

Multiplica o divide. Escribe cada respuesta en su forma más simple.

1. $1\frac{3}{4} \times 3\frac{1}{2}$

2. $5 \div 2\frac{2}{3}$

3. $6 \times 2\frac{1}{6}$

4. $\frac{1}{3} \times 1\frac{1}{5}$

5. $2\frac{1}{3} \div 3\frac{1}{2}$

6. $3\frac{3}{10} \div 11$

7. $2\frac{5}{6} \div 5\frac{1}{10}$

8. $1\frac{1}{2} \times \frac{2}{3}$

PRÁCTICA

Multiplica o divide. Escribe cada respuesta en su forma más simple.

1. $1\frac{1}{2} \times 2\frac{3}{4}$

2. $2\frac{1}{3} \times 3$

3. $1\frac{1}{4} \div 2\frac{1}{2}$

4. $3\frac{1}{2} \div \frac{7}{8}$

5. $2 \div 2\frac{1}{4}$

6. $1\frac{7}{8} \times 3\frac{2}{3}$

7. $\frac{5}{6} \times 2\frac{2}{5}$

8. $5 \div 3\frac{1}{8}$

9. $2\frac{2}{3} \div \frac{1}{3}$

10. $4\frac{1}{5} \times 1\frac{1}{2}$

11. $3\frac{1}{3} \times \frac{3}{4}$

12. $\frac{1}{3} \div 2\frac{1}{3}$

13. $3\frac{3}{4} \times 6$

14. $12 \times 2\frac{5}{6}$

15. $5\frac{1}{3} \div 4$

16. $4\frac{1}{2} \div 2\frac{1}{2}$

17. $5\frac{3}{7} \div 2\frac{3}{8}$

18. $2\frac{1}{10} \times 3\frac{3}{4}$

19. $5\frac{3}{5} \div 2\frac{1}{10}$

20. $3\frac{3}{4} \times 6\frac{4}{5}$

21. $4\frac{3}{8} \times 4 \times 2\frac{2}{5}$

22. $\frac{3}{5} \times 12 \times 7\frac{1}{2}$

23. $3\frac{3}{4} \times 5\frac{1}{3} \times 2$

★ 24. $4\frac{1}{2} \div \left(8 \times 6\frac{3}{4}\right)$

★ 25. $\left(4\frac{1}{5} \div 4\frac{2}{3}\right) \times 1\frac{1}{9}$

★ 26. $\left(1\frac{1}{2} \times 3\frac{1}{6}\right) \div \frac{1}{4}$

APLICACIÓN

27. ¿Cuánto jengibre y cuántos clavos de olor usará el Club de cocina en su receta?

28. ¿Cuánto pollo y cuánto vinagre de cidra de manzana usará el Club de cocina

★ 29. Manuel, un cocinero de un restaurante de Boston, a menudo prepara Sopa de Pescado New England. Prepara $\frac{1}{12}$ de la receta del restaurante para su familia. ¿Qué cantidad de cada ingrediente usa? Hay 32 cucharadas en una libra de mantequilla. ¿Cuántas cucharadas de mantequilla usa en su casa?

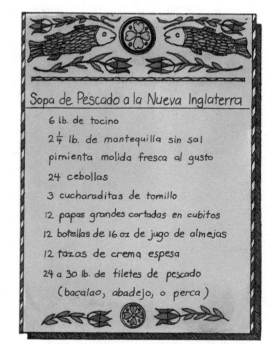

Sopa de Pescado a la Nueva Inglaterra

6 lb. de tocino

2$\frac{1}{4}$ lb. de mantequilla sin sal

pimienta molida fresca al gusto

24 cebollas

3 cucharaditas de tomillo

12 papas grandes cortadas en cubitos

12 botellas de 16 oz de jugo de almejas

12 tazas de crema espesa

24 a 30 lb. de filetes de pescado
   (bacalao, abadejo, o perca)

HAZLO MENTALMENTE

Puedes hallar rápidamente ciertos productos usando la propiedad distributiva.

$$3\frac{1}{8} \times 24 = \left(3 + \frac{1}{8}\right) \times 24 = (3 \times 24) + \left(\frac{1}{8} \times 24\right) = 72 + 3 = 75$$

1. $2\frac{1}{4} \times 16$

2. $2\frac{1}{6} \times 42$

3. $8\frac{1}{10} \times 50$

4. $7\frac{1}{5} \times 10$

5. $3\frac{1}{4} \times 12$

6. $1\frac{1}{9} \times 63$

7. $5\frac{1}{4} \times 20$

8. $3\frac{1}{8} \times 40$

Problemas para resolver

HACER Y USAR DIBUJOS

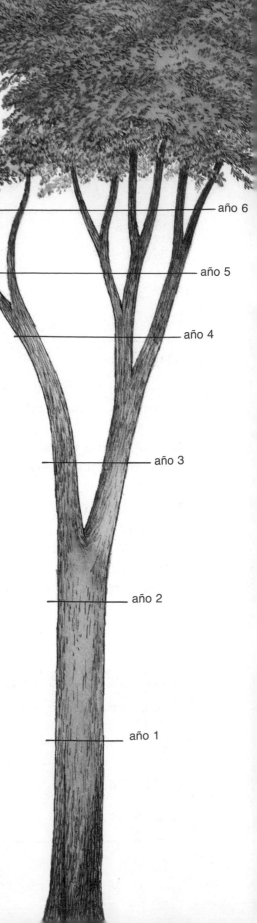

año 6

año 5

año 4

año 3

año 2

año 1

Un dibujo puede ser un importante instrumento para resolver problemas. Puede dar la respuesta a un problema. Puede ayudarte a ver un patrón que dará la respuesta.

1. A Marietta le gusta dibujar. Espera ser una artista profesional algún día. Su dibujo a la derecha muestra la manera en que algunos árboles dividen sus ramas durante la estación de crecimiento. ¿Cuántas ramas tendrá el árbol después de la séptima estación de crecimiento?

¿Cuántas ramas tiene el árbol después de 7 estaciones?

Los datos están en el dibujo. Cuenta el número de ramas que hay después de cada estación de crecimiento. Trata de hallar un patrón.

Estación	1	2	3	4	5	6	7
Ramas	1	1	2	3	5	8	☐

Fíjate en que al final de cada estación de crecimiento, el número de ramas es la suma de los números de las dos estaciones de crecimiento anteriores.

Por lo tanto, habrá 5 + 8 = 13 ramas al fin de la séptima estación de crecimiento.

2. A Enrique y a su padre les gusta construir cosas para la casa. Ellos hacen una escalera con bloques de cemento. Usaron 6 bloques para hacer una escalera de 2 escalones. ¿Cuántos bloques necesitarán para hacer una escalera de 5 escalones?

¿Cuántos bloques usarían para una escalera de 5 escalones?

Usarían 6 bloques para hacer una escalera de 2 escalones.

Hay dos maneras de resolver el problema. Haz un dibujo y cuenta los bloques, o haz una serie de dibujos y busca un patrón. Escoge el método que prefieras. Resuelve el problema. Usa el otro método para comprobar la respuesta.

PRÁCTICA

Resuelve cada problema.

1. Enrique y su padre cortaron un gran árbol para hacer lugar para un jardín. Tardaron 12 minutos en atravezar el tronco. ¿Cuánto tardarán en cortar el resto del tronco en 5 partes si trabajan a la misma velocidad?

2. De cada rama de un árbol en el patio de Enrique brotan dos ramas nuevas cada estación. Después de la primera estación había dos ramas. ¿Cuántas ramas nuevas había después de la quinta estación?

3. La semana pasada se celebró un torneo de tenis. Asistieron 8 personas al torneo. Juan le ganó a Mateo en el partido 1. Nancy derrotó a Luisa en el partido 2. David derrotó a Elmer en el partido 3. Barbara le ganó a Eleonora en el partido 4. En el partido 5 el ganador del partido 1 derrotó al ganador del partido 2. En el partido 6 el ganador del partido 4 derrotó al ganador del partido 3. Al final, partido 7, el ganador del partido 5 perdió. ¿Quién fue el campeón?

4. Se fijan los resultados de seis partidos de béisbol en el tablero de anuncios del patio de recreo. El entrenador quiere clavar las seis listas poniendo una tachuela en cada esquina de cada lista. Las esquinas se van a sobreponer. ¿Cuál es el menor número de tachuelas que necesitará el entrenador para clavar las seis listas?

El Club de bicicletas usa las dos rutas indicadas en el mapa de la derecha.

5. La ruta del camino Montco (ruta negra) tiene 10 millas. ¿Qué longitud tiene el camino Lynn?

★ 6. ¿Cuánto más larga es la ruta del camino Circle (ruta roja) que la del camino Montco?

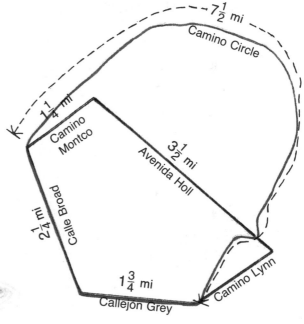

CREA TU PROPIO PROBLEMA

Tama usó este dibujo para resolver un problema. Inventa un problema que ella podría tratar de resolver.

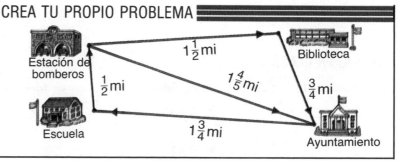

159

Decimales y fracciones

Estos adolescentes diseñaron el Miniparque Yosemite en San Francisco. ¿Qué longitud le dieron al Golden Pine Trail? Escribe la longitud como una fracción.

Para cambiar un decimal a una fracción, sigue estos pasos.

Paso 1 Escribe el decimal como fracción equivalente o número mixto con un denominador que sea una potencia de 10. $0.5 = \frac{5}{10}$

Paso 2 Escríbela en su forma más simple.
$\frac{5}{10} = \frac{1}{2}$

Ellos hicieron el Golden Pine Trail $\frac{1}{2}$ milla de largo.

Más ejemplos

a. $4.125 = 4\frac{125}{1,000}$

Piensa $\frac{125 \div 125}{1,000 \div 125} = \frac{1}{8}$

$4.125 = 4\frac{1}{8}$

b. $0.875 = \frac{875}{1,000}$

Piensa $\frac{875 \div 125}{1,000 \div 125} = \frac{7}{8}$

$0.875 = \frac{7}{8}$

c. $5.75 = 5\frac{75}{100}$

Piensa $\frac{75 \div 25}{100 \div 25} = \frac{3}{4}$

$5.75 = 5\frac{3}{4}$

d. $0.33\frac{1}{3} = \frac{33\frac{1}{3}}{100} = 33\frac{1}{3} \div 100$

$= \frac{100}{3} \div \frac{100}{1}$

$= \frac{100}{3} \times \frac{1}{100} = \frac{1}{3}$

$0.33\frac{1}{3} = \frac{1}{3}$

TRABAJO EN CLASE

Escribe cada uno como fracción o número mixto en su forma más simple.

1. 0.75

2. 8.625

3. 0.66

4. 0.1

5. 3.8

6. 5.25

7. 0.05

8. $0.16\frac{2}{3}$

Escribe cada uno como fracción o número mixto en su forma más simple.

1. 0.9	**2.** 0.5	**3.** 0.125	**4.** 0.6
5. $0.33\frac{1}{3}$	**6.** 0.25	**7.** 3.45	**8.** 2.7
9. 0.875	**10.** 0.4	**11.** 1.15	**12.** 1.05
13. 2.375	**14.** 1.5	**15.** 8.04	**16.** 2.65
17. 3.625	**18.** 11.75	**19.** 2.125	**20.** 6.55
21. 7.16	**22.** 3.12	**23.** 1.36	**24.** 4.875
25. 1.6875	**26.** 0.3125	**27.** 2.4375	**28.** 0.004
29. 0.0825	**30.** $0.66\frac{2}{3}$	**31.** $0.83\frac{1}{3}$	★**32.** $0.08\frac{1}{3}$

Halla cada suma o producto. Escribe como fracción y como decimal.

33. $\frac{1}{2} + 0.7 + \frac{1}{5}$ **34.** $\frac{4}{5} \times 0.25$ **35.** $\frac{5}{8} + 0.375 + 1.5$

36. $1.5 \times 2\frac{1}{4}$ **37.** $6\frac{1}{4} \times 4.2$ **38.** $1\frac{1}{3} + 2.75 + 0.83\frac{1}{3}$

Escribe cada uno como decimal sin dividir.

★**39.** $\frac{1}{50}$ ★**40.** $\frac{7}{50}$ ★**41.** $\frac{2}{25}$ ★**42.** $\frac{8}{25}$ ★**43.** $\frac{8}{125}$ ★**44.** $\frac{21}{125}$

APLICACIÓN

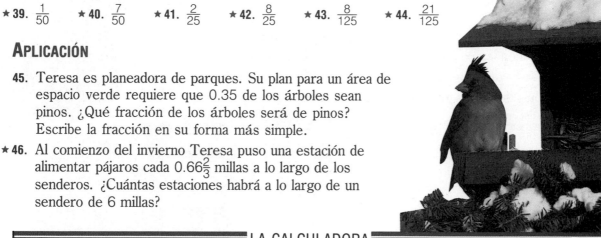

45. Teresa es planeadora de parques. Su plan para un área de espacio verde requiere que 0.35 de los árboles sean pinos. ¿Qué fracción de los árboles será de pinos? Escribe la fracción en su forma más simple.

★**46.** Al comienzo del invierno Teresa puso una estación de alimentar pájaros cada $0.66\frac{2}{3}$ millas a lo largo de los senderos. ¿Cuántas estaciones habrá a lo largo de un sendero de 6 millas?

LA CALCULADORA

Una calculadora mostró los siguientes cocientes. En una calculadora usa la multiplicación y la resta para hallar los residuos. Después escribe el cociente como número mixto.

1. $277 \div 8 = 34.625$ **2.** $1{,}245 \div 6 = 207.5$

3. $253 \div 2 = 126.5$ **4.** $783 \div 5 = 156.6$

5. $657 \div 12 = 54.75$ **6.** $459 \div 8 = 57.375$

Estimar con fracciones

X410 CERRADO POR REPARACIONES PRÓXIMA ESTACIÓN DE COMBUSTIBLE A 1,820,602 MILLAS

—¡Oh, no!—pensó Mika. —¿Podré llegar con mi reserva de combustible?

Estima si Mika tiene suficiente combustible.

Mika recorre 2,000,000 millas con $\frac{1}{2}$ tanque.

Redondeado al millón cercano, 1,820,602 es 2,000,000. De manera que Mika tiene que recorrer unas 2,000,000 millas.

Mika tiene $\frac{3}{8}$ de tanque.

$$\frac{3}{8} + \frac{1}{4} = \frac{5}{8}$$

reserva

$\frac{5}{8} > \frac{1}{2}$, por lo tanto podrá llegar.

Para estimar cuando sumas, restas, multiplicas o divides fracciones, redondea como si fueran decimales. Si la fracción es $\frac{1}{2}$ o mayor, redondea al número entero siguiente. Si es menor de $\frac{1}{2}$, no cambies el dígito en la posición que debe ser redondeado.

a.
$2\frac{1}{2}$ se redondea a   3
$+ 2\frac{1}{4}$ se redondea a $+ 2$
                    5

b.
$5\frac{1}{6}$ se redondea a   5
$- 3\frac{7}{8}$ se redondea a $- 4$
                    1

c. $9 \div 2\frac{7}{10}$ se redondea a $9 \div 3 = 3$

d. $2\frac{1}{5} \times 7\frac{2}{3}$ se redondea a $2 \times 8 = 16$

TRABAJO EN CLASE

Indica si cada fracción es menor o mayor que $\frac{1}{2}$.

1. $\frac{3}{4}$ **2.** $\frac{3}{5}$ **3.** $\frac{7}{16}$ **4.** $\frac{4}{9}$ **5.** $\frac{3}{8}$

Estima cada respuesta.

6.
$3\frac{3}{4}$
$+ 1\frac{1}{2}$

7.
$8\frac{1}{8}$
$- 4\frac{2}{3}$

8.
$9\frac{1}{6}$
$+ \frac{2}{3}$

9.
$9\frac{7}{8}$
$\times 1\frac{9}{10}$

10. $5\frac{1}{6} \times 2\frac{7}{10}$

11. $13\frac{5}{6} \div 2\frac{1}{5}$

PRÁCTICA

Sin usar ni papel ni lápiz, indica si cada fracción es menor o mayor que $\frac{1}{2}$.

1. $\frac{7}{10}$ **2.** $\frac{1}{4}$ **3.** $\frac{1}{3}$ **4.** $\frac{2}{3}$ **5.** $\frac{4}{7}$

6. $\frac{5}{12}$ **7.** $\frac{6}{11}$ **8.** $\frac{2}{5}$ **9.** $\frac{7}{8}$ **10.** $\frac{11}{16}$

Estima cada respuesta.

11. $3\frac{2}{7}$ **12.** $9\frac{2}{3}$ **13.** $\frac{4}{5}$ **14.** $2\frac{3}{8}$ **15.** $\frac{5}{6}$

$+\ 5\frac{1}{5}$ $-\ 6\frac{5}{9}$ $+\ \frac{1}{8}$ $-\ 2\frac{1}{4}$ $+\ \frac{2}{3}$

16. $3\frac{4}{5} \times 2\frac{1}{10}$ **17.** $\frac{8}{9} - \frac{1}{6}$ **18.** $10 \div 1\frac{7}{8}$ **19.** $\frac{3}{4} \times \frac{7}{9}$

20. $5\frac{3}{7} + 6\frac{1}{9}$ **21.** $\frac{7}{8} \div \frac{5}{3}$ **22.** $9\frac{5}{7} \times 4\frac{2}{9}$ **23.** $\frac{9}{10} \div 2\frac{5}{6}$

Indica si cada fracción está más cerca a 0, $\frac{1}{2}$ ó 1. (Puedes cambiar a decimales.)

24. $\frac{5}{6}$ **25.** $\frac{1}{10}$ **26.** $\frac{9}{10}$ **27.** $\frac{9}{16}$

28. $\frac{1}{16}$ **29.** $\frac{5}{8}$ **30.** $\frac{3}{7}$ **31.** $\frac{4}{5}$

Estima si cada respuesta es menor o mayor de 1.

★ **32.** $\frac{1}{2} + \frac{3}{5}$ ★ **33.** $1\frac{1}{3} - \frac{1}{4}$ ★ **34.** $\frac{9}{5} \times \frac{1}{2}$

★ **35.** $1\frac{1}{3} \div \frac{1}{5}$ ★ **36.** $\frac{2}{5} + \frac{1}{3}$ ★ **37.** $\frac{6}{5} \times \frac{9}{8}$

APLICACIÓN

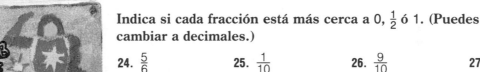

LA CALCULADORA

Estima cada respuesta. Después usa una calculadora para hallar la respuesta verdadera. Comprueba usando el estimado.

1. $\dfrac{3\frac{7}{8} + 4\frac{1}{4}}{1\frac{5}{8}}$ **2.** $\dfrac{5\frac{5}{8} \times 3\frac{3}{5}}{1\frac{1}{2}}$ **3.** $\dfrac{10 \div 1\frac{1}{4}}{\frac{1}{2}}$

4. $\dfrac{4\frac{7}{8} - 1\frac{3}{8}}{1\frac{1}{4}}$ **5.** $\dfrac{3\frac{1}{2} + 5\frac{1}{4}}{10 - 6\frac{1}{2}}$ **6.** $\dfrac{6\frac{1}{2} - 1\frac{1}{4}}{1\frac{1}{8}}$

Ecuaciones de fracciones

Resuelve las ecuaciones con fracciones y números mixtos de la misma manera en que resuelves ecuaciones con números enteros.

a.

$$n + 1\tfrac{1}{2} = 2$$

> Usa la inversa de sumar $1\tfrac{1}{2}$ para resolver.

$$n + 1\tfrac{1}{2} - 1\tfrac{1}{2} = 2 - 1\tfrac{1}{2}$$

$$n = \tfrac{1}{2}$$

Comprueba $\tfrac{1}{2} + 1\tfrac{1}{2} = 2$

b.

$$a - \tfrac{7}{8} = \tfrac{5}{8}$$

> Usa la inversa de restar $\tfrac{7}{8}$ para resolver.

$$a - \tfrac{7}{8} + \tfrac{7}{8} = \tfrac{5}{8} + \tfrac{7}{8}$$

$$a = \tfrac{12}{8} = \tfrac{3}{2}, \text{ or } 1\tfrac{1}{2}$$

Comprueba $1\tfrac{1}{2} - \tfrac{7}{8} = \tfrac{5}{8}$

c.

$$\tfrac{1}{8}\, b = \tfrac{3}{4}$$

> Usa la inversa de multiplicar por $\tfrac{1}{8}$ para resolver.

$$\tfrac{1}{8} \div \tfrac{1}{8} \times b = \tfrac{3}{4} \div \tfrac{1}{8}$$

$$b = \tfrac{3}{4} \div \tfrac{1}{8} = \tfrac{3}{4} \times \tfrac{8}{1} = 6$$

Comprueba $\tfrac{1}{8} \times 6 = \tfrac{3}{4}$

d.

$$n \div \tfrac{1}{2} = 1\tfrac{1}{2}$$

> Usa la inversa de dividir entre $\tfrac{1}{2}$ para resolver.

$$n \div \tfrac{1}{2} \times \tfrac{1}{2} = 1\tfrac{1}{2} \times \tfrac{1}{2}$$

$$n = \tfrac{3}{2} \times \tfrac{1}{2} = \tfrac{3}{4}$$

Comprueba $\tfrac{3}{4} \div \tfrac{1}{2} = \tfrac{3}{4} \times \tfrac{2}{1} = \tfrac{3}{2} = 1\tfrac{1}{2}$

Trabajo en clase

Resuelve y comprueba.

1. $n + \tfrac{1}{3} = \tfrac{5}{3}$

2. $y - \tfrac{1}{6} = \tfrac{5}{6}$

3. $\tfrac{1}{2}\, a = 6$

4. $y \div 4 = \tfrac{3}{5}$

5. $x + 3\tfrac{1}{8} = 5$

6. $x - 1\tfrac{3}{4} = 2\tfrac{5}{8}$

7. $b \div 1\tfrac{1}{3} = 2$

8. $s \times 1\tfrac{3}{4} = 7$

PRÁCTICA

Resuelve y comprueba.

1. $x + \frac{1}{4} = \frac{3}{4}$
2. $y - \frac{4}{5} = \frac{4}{5}$
3. $x - \frac{1}{8} = \frac{7}{8}$
4. $\frac{1}{2} + n = \frac{3}{2}$

5. $\frac{1}{3} x = 2$
6. $\frac{3}{4} y = \frac{1}{4}$
7. $4n = \frac{1}{2}$
8. $y \div \frac{1}{2} = 4$

9. $x - \frac{2}{3} = 1$
10. $y - \frac{1}{3} = \frac{2}{3}$
11. $1\frac{1}{5} + n = 2\frac{3}{5}$
12. $3 + x = 7\frac{1}{2}$

13. $2\frac{1}{4} \times n = 3$
14. $\frac{7}{5} x = 21$
15. $x \div 4 = 3\frac{5}{8}$
16. $y \div \frac{5}{4} = \frac{8}{3}$

17. $y - 1\frac{1}{4} = 2\frac{5}{8}$
18. $1\frac{3}{4} + n = 2\frac{1}{8}$
19. $x + 2\frac{1}{5} = 3\frac{1}{10}$
20. $n - 4\frac{1}{3} = 5\frac{5}{6}$

21. $\frac{1}{10} n = 1\frac{3}{5}$
22. $2\frac{2}{3} \times n = 1\frac{2}{3}$
23. $n \div \frac{3}{8} = 2\frac{2}{3}$
24. $y \times 3\frac{3}{8} = 4\frac{1}{2}$

Escribe una ecuación para cada oración matemática.
Después resuélvela.

25. Un número n más $\frac{5}{6}$ es igual a $\frac{11}{6}$.

26. Un número y multiplicado por su mitad es $\frac{1}{5}$.

27. La suma de un número y más $2\frac{1}{3}$ es igual a $3\frac{2}{3}$.

28. Un número a dividido entre 5 es $\frac{3}{5}$.

29. Un número n menos $\frac{2}{3}$ es 0.

30. El producto de un número y por 7 es $3\frac{1}{2}$.

★ 31. La suma de $\frac{2}{5}$, $1\frac{1}{5}$, más un número n es $2\frac{1}{5}$.

★ 32. Un número y dividido entre 3 es igual a $\frac{2}{3}$ por $\frac{3}{5}$.

APLICACIÓN

Escoge la ecuación adecuada para resolver.

33. El concejo estudiantil de la escuela Storme organizó un baile. Cobraron $300 por la venta de entradas. Eso era igual a $2\frac{1}{2}$ veces el costo del baile. ¿Cuánto costó el baile?

   a. $2\frac{1}{2} \times n = 300$ **b.** $n \div 2\frac{1}{2} = 300$

★ 34. Marian está en el concejo municipal. Organiza la celebración del Día de la Independencia. Tiene $1,200 para gastar. Gastará $\frac{1}{2}$ en comida, $\frac{1}{3}$ en diversiones y el resto en los salarios de los oficiales de policía, bomberos, y el escuadrón de primeros auxilios. ¿Cuánto gastará en cada artículo?

   a. $\frac{1}{2} x = \$1,200$ **b.** $\frac{1}{2} \times \$1,200 = x$

      $\frac{1}{3} y = \$1,200$ $\frac{1}{3} \times \$1,200 = y$

      $\frac{1}{4} z = \$1,200$ $\frac{1}{6} \times \$1,200 = z$

Longitud, peso, capacidad

Como parte de su proyecto de primavera el Club Jardín de Fairview está hermoseando esta parcela de tierra a la entrada de la escuela Fairview. Escribe el ancho en pies y pulgadas. Después escríbelo en yardas y pulgadas.

Longitud	Peso	Capacidad
12 plg = 1 pie	16 oz = 1 lb	8 onzas líquidas (oz liq) = 1 t
3 pies = 1 yd	2,000 lb = 1 tonelada (T)	2 t = 1 pt
5,280 pies = 1 mi		2 pt = 1 ct
1,760 yd = 1 mi		4 ct = 1 gal

Para cambiar una unidad mayor a una menor, multiplica.

$6\frac{2}{3}$ **pies** = ___ **pies** ___ **plg**

1 **pie** = 12 **plg**

$\frac{2}{3}$ **pie** = $\frac{2}{3} \times$ (12 **plg**) = 8 **plg**

$6\frac{2}{3}$ **pies** = 6 **pies** 8 **plg**

El ancho es 6 pies 8 plg, ó 2 yd 8 plg.

Para cambiar una unidad menor a una mayor, divide.

$6\frac{2}{3}$ **pies** = ___ **yd** ___ **plg**

3 **pies** = 1 **yd**

6 **pies** = (6 ÷ 3) **yd** = 2 **yd**

$6\frac{2}{3}$ **pies** = 2 **yd** 8 **plg**

Más ejemplos

a. $5\frac{1}{2}$ lb = ___ oz

1 lb = 16 oz

$5\frac{1}{2}$ lb = $5\frac{1}{2} \times$ (16 oz)

$= \frac{11}{2} \times \frac{16}{1}$ oz = 88 oz

b. 21 oz liq = ___ t ___ oz liq

8 oz liq = 1 t

21 oz liq

21 oz liq = 2 t 5 oz liq, ó $2\frac{5}{8}$ t

TRABAJO EN CLASE

Completa.

1. 15 pies 6 plg = ___ yd ___ plg   **2.** $2\frac{1}{2}$ mi = ___ pies   **3.** 28 plg = ___ pies ___ plg

4. $4\frac{1}{4}$ pt = ___ oz   **5.** 7,500 lb = ___ T   **6.** 57 oz = ___ lb ___ oz

7. $8\frac{1}{3}$ pies = ___ pies ___ plg   **8.** $9\frac{3}{4}$ pies = ___ yd ___ plg   **9.** 20 pies = ___ yd ___ pies

PRÁCTICA

Completa.

1. 48 plg = _____ pies

2. $5\frac{3}{4}$ pies = _____ pies _____ plg

3. $4\frac{2}{3}$ yd = _____ pies

4. 10,560 pies = _____ mi

5. $9\frac{1}{2}$ pies = _____ yd _____ plg

6. 8 plg = _____ pies

7. 64 plg = _____ pies_____ plg

8. 7 pies 8 plg = _____ plg

9. 5 yd 2 pies = _____ pies

10. 1,320 pies = _____ mi

11. 28 pies = _____ yd _____ pies

12. 108 plg = _____ yd

13. 3 lb = _____ oz

14. 96 oz = _____ lb

15. 5,000 lb = _____ T

16. 7 T = _____ lb

17. $5\frac{1}{4}$ lb = _____ lb _____ oz

18. 100 oz = _____ lb

19. 4 oz = _____ lb

20. 3 lb 12 oz = _____ oz

21. 114 oz = _____ lb _____ oz

22. 8 gal = _____ ct

23. 2 ct = _____ gal

24. 14 ct = _____ gal _____ ct

25. 4 oz liq = _____ t.

26. 17 t = _____ ct _____ t.

27. 3 ct 1 pt = _____ pt

28. 1 pt = _____ ct

29. 1 ct = _____ oz liq

30. 2 ct 1 pt 1 t = _____ t

★ 31. 10 lb 4 oz = _____ lb

★32. 6 pies 4 plg = _____ yd

★33. $14\frac{2}{3}$ pies = _____ yd _____ pies _____ plg

Completa.

34. $111\frac{1}{2}$ gal = _____ ct

35. 26,400 pies = _____ mi

36. 440 yd = _____ mi

37. 39 lb 12 oz = _____ oz

38. 7 mi = _____ yd

39. 104 oz = _____ lb

APLICACIÓN

40. Los miembros del Club Jardín compran sus suministros en un vivero que vende herbicidas en recipientes de un cuarto solamente. ¿Cuántos recipientes necesitan?

41. Nodin trabaja en el vivero. Está embotellando un fertilizante para vender en recipientes de una pinta. Tiene 12 galones de fertilizante. ¿Cuántos recipientes de una pinta necesita?

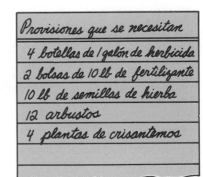

Provisiones que se necesitan

4 botellas de 1 galón de herbicida

2 bolsas de 10 lb de fertilizante

10 lb de semillas de hierba

12 arbustos

4 plantas de crisantemos

★ 42. Nodin sigue las instrucciones de la derecha para mezclar el fertilizante líquido. ¿Cuántas tazas de cristales de fertilizante usa con 10 galones de agua? (1 cucharada [chda] = $\frac{1}{2}$ oz liq)

167

Trabajar con medidas

El Club de Modelos de Ferrocarril está ampliando su exhibición de modelos de ferrocarril. Luis y Adelita hacen trenes. En un tren la locomotora y el vagón de carbón miden juntos 1 pie 3 plg de longitud. La locomotora sola mide 8 plg. ¿Cuánto mide el vagón de carbón?

$$\begin{array}{r} 1 \text{ pie } 3 \text{ plg} \\ - \qquad 8 \text{ plg} \\ \hline \end{array}$$
3 plg < 8 plg, por lo tanto reagrupa para restar.

$$\begin{array}{r} \overset{0}{\cancel{1}} \text{ pie } \overset{15}{\cancel{3}} \text{ plg} \\ - \qquad 8 \text{ plg} \\ \hline 7 \text{ plg} \end{array}$$
1 pie = 12 plg, 12 plg + 3 plg = 15 plg

El vagón de carbón mide 7 plg de largo.

Más ejemplos

a.
$$\begin{array}{r} 3 \text{ pies } 5 \text{ plg} \\ + 2 \text{ pies } 8 \text{ plg} \\ \hline 5 \text{ pies } 13 \text{ plg} \end{array}$$
= 5 pies + (1 pie + 1 plg)
= 6 pies 1 plg
= 2 yd 1 plg

b.
$$\begin{array}{r} \overset{6}{\cancel{7}} \text{ yd} \quad \overset{3 \text{ pies}}{} \\ - 3 \text{ yd } 2 \text{ pie} \\ \hline 3 \text{ yd } 1 \text{ pies} \end{array}$$

c.
$$\begin{array}{r} 1 \text{ pt } 1 \text{ t} \\ \times \qquad 5 \\ \hline 5 \text{ pt } 5 \text{ t} \end{array}$$
= (2 ct + 1 pt) + (1 ct + 1 t)
= 3 ct 1 pt 1 t

d.
$$\begin{array}{r} 6 \text{ yd } 1 \text{ pie} \\ \times \qquad \frac{1}{2} \\ \hline 3 \text{ yd } \frac{1}{2} \text{ pie} = 3 \text{ yd } 6 \text{ plg} \end{array}$$

TRABAJO EN CLASE

Suma, resta o multiplica.

1.
$$\begin{array}{r} 12 \text{ pies } 7 \text{ plg} \\ + \quad 8 \text{ pies } 9 \text{ plg} \\ \hline \end{array}$$

2.
$$\begin{array}{r} 8 \text{ yd} \\ - 4 \text{ yd } 2 \text{ pies} \\ \hline \end{array}$$

3.
$$\begin{array}{r} 2 \text{ T } 1{,}250 \text{ lb} \\ + 1 \text{ T } 1{,}000 \text{ lb} \\ \hline \end{array}$$

4.
$$\begin{array}{r} 4 \text{ gal} \\ - 1 \text{ gal } 2 \text{ ct} \\ \hline \end{array}$$

5.
$$\begin{array}{r} 2 \text{ lb } 6 \text{ oz} \\ \times \qquad 4 \\ \hline \end{array}$$

6.
$$\begin{array}{r} 4 \text{ ft } 3 \text{ plg} \\ \times \qquad 5 \\ \hline \end{array}$$

Suma, resta, multiplica o divide.

1. 2 pies 8 plg
  + 4 pies 2 plg

2. 5 pies 10 plg
  − 3 pies   7 plg

3. 2 gal 1 ct
  + 3 gal 2 ct

4. 8 lb   9 oz
  + 3 lb 11 oz

5. 3 ct
  − 1 ct 1 pt

6. 3 lb   3 oz
  − 1 lb 11 oz

7. 4 lb 13 oz
  + 2 lb 14 oz

8. 5 yd
  − 2 yd 2 pies

9. 12 oz
  ×   8

10. 3 ct
  × 3

11. 2 pies 7 plg
  ×   2

12. 3 lb 4 oz
  ×   4

13. 5 yd
  − 2 yd 1 pie

14. 4 pies 10 plg
  + 3 pies   7 plg

15. 2 lb 9 oz
  ×   3

16. 2 t
  −   6 oz liq

★17. 4)10 pies 8 plg   **★18.** 3)7 lb 5 oz   **★19.** 3)13 ct 1 pt   **★20.** 5)6 yd 2 pies

APLICACIÓN

21. El Club de Modelos de Ferrocarril tiene trenes $\frac{1}{87}$ del tamaño de los trenes verdaderos. Una locomotora y un vagón de carbón verdaderos miden 103 pies 3 plg de largo. El vagón de carbón mide 43 pies 6 plg de largo. ¿Cuánto mide la locomotora?

22. Juana es aprendiz en una oficina de arquitectos. Está construyendo un modelo para un centro de artes escénicas que tendrá $\frac{1}{48}$ del tamaño del edificio verdadero. El auditorio verdadero tendrá 40 pies de altura. ¿Qué altura tendrá el del modelo?

≡ RAZONAMIENTO VISUAL ≡

Slim, Bobbi, Curly, Fred y Jo-Jo están en estas posiciones al fin de una carrera.

Slim está 20 yardas detrás de Bobbi.
Jo-Jo está 30 yardas delante de Slim.
Curly está 50 yardas detrás de Jo-Jo.
Fred está 10 yardas detrás de Curly.

¿Quién ganó? ¿Quién terminó en segundo, tercero, cuarto y último lugar?

Problemas para resolver

REPASO DE DESTREZAS Y ESTRATEGIAS   Trabajos de verano

El Parque de Diversiones Tierra del Rey publicó este anuncio.

SE NECESITA AYUDA PARA EL VERANO

Payasos: $3.35 por hora

Operadores de tranvía y deslizadero acuático: $4.85 por hora

Camareros y cajeros para el restaurante: $3.75 por hora

Resuelve. Usa el anuncio para 1–4.

1. Sara trabajó como payaso por seis semanas durante el verano. Trabajó $25\frac{1}{2}$, 31, 22, 29, $27\frac{1}{2}$, 25 horas durante las seis semanas. ¿Cuánto ganó?

2. Para los disfraces, Sara tenía tres blusas y dos pares de pantalones como los que se muestran a la derecha. ¿Cuántos disfraces diferentes pudo combinar?

3. Lorraine trabajó como operadora de la barranca acuática. Ayudaba a que la gente se subiera cada 30 segundos. Como promedio, una barranca acuática llevaba 3 personas. ¿Cuántas personas pasaron por hora?

4. Larry trabajó como camarero en uno de los restaurantes durante dos semanas. Trabajó $21\frac{1}{2}$ horas la primera semana y 26 la segunda. Después tomó un nuevo trabajo como operador del tranvía. Trabajó las siguientes $24\frac{1}{2}$, 28, $30\frac{1}{2}$, 26, 31, 24 horas durante las seis semanas. ¿Cuánto ganó?

El anfiteatro de la Tierra del Rey tiene seis secciones de butacas. Cada sección tiene diez filas. Hay 1 butaca en la primera fila, 2 en la segunda fila, 3 en la tercera fila y demás.

5. ¿Cuántas butacas hay en el anfiteatro?

170

El Sr. Krebs, gerente de la Tierra del Rey, lleva la cuenta de la asistencia diaria.

6. En un día normal, 38 autobuses y 374 carros entran al parque. Cada autobús transporta un promedio de 45 personas. Cada carro trae un promedio de 3 personas. ¿Cuántas más personas fueron al parque el Día de la Independencia que en cualquier día normal?

7. Basándose en sus cuentas de asistencia, el Sr. Krebs determinó que el parque debería estar abierto de jueves a domingo todas las semanas. El parque está cerrado durante el invierno. ¿Cuántos días al año está abierto el parque?

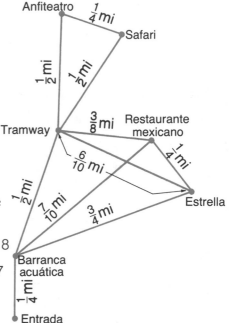

El sábado pasado la familia Molinero fue a la Tierra del Rey. Después de entrar al parque, fueron a la baranca acuática, al tranvía y al safari, en ese orden. Luego almorzaron en un restaurante mexicano. Después del almuerzo pasearon en la estrella, fueron a ver los delfines en el anfiteatro y volvieron a montar en la barranca acuática antes de irse.

8. ¿Qué distancia caminó la familia Molinero?
La estrella tiene 13 sillas numeradas del 1 al 13. Las sillas se descargan y cargan en el siguiente orden.

Parada 1: descarga/carga silla 2   Parada 2: descarga/carga silla 8

Parada 3: descarga/carga silla 1   Parada 4: descarga/carga silla 7

★ 9. ¿En qué parada será descargada y cargada la silla 11?

★10. ¿Qué silla será descargada y cargada en la parada 13?

════ ALGO EXTRA ════

ANTES Y AHORA

Aquí aparecen dos problemas. Uno apareció en 1881 en _The Complete Arithmetic_ de Henry B. Maglathin, publicado por Leach, Shewell y Sanborn. El otro fue escrito hoy. Trata de resolver ambos.

Antes

Compré un barril de aceite con $68\frac{1}{2}$ galones a 72 centavos el galón; habiéndose filtrado $\frac{3}{8}$, el resto se vendió a 90 centavos el galón. ¿Cuánto gané o perdí?

Ahora

Pablo tiene un puesto de limonada en el campo de golf Bound Brook. Pagó $5.86 por 6 galones de limonada. Perdió un galón, vendió el resto a 25¢ por vaso de 8 oz. ¿Cuánto ganó o perdió Pablo?

171

REPASO DEL CAPÍTULO

Escribe cada respuesta en su forma más simple. págs 146–157

1. $\dfrac{1}{3}$ $+\dfrac{3}{4}$

2. $\dfrac{2}{5}$ $-\dfrac{3}{10}$

3. $\dfrac{5}{6}$ $+\dfrac{2}{3}$

4. $\dfrac{5}{12}$ $+\dfrac{4}{3}$

5. $\dfrac{3}{4}$ $-\dfrac{3}{10}$

6. $7\dfrac{5}{6}$ $-3\dfrac{1}{6}$

7. $9\dfrac{2}{3}$ $+8\dfrac{2}{3}$

8. $12\dfrac{5}{12}$ $-8\dfrac{2}{3}$

9. $9\dfrac{3}{4}$ $+2\dfrac{5}{6}$

10. $4\dfrac{1}{8}$ $-1\dfrac{1}{2}$

11. $7 \times \dfrac{1}{7}$

12. $\dfrac{1}{2} \times \dfrac{3}{5}$

13. $\dfrac{3}{10} \times \dfrac{2}{9}$

14. $5 \div \dfrac{1}{3}$

15. $\dfrac{3}{8} \times \dfrac{5}{6}$

16. $\dfrac{3}{4} \div 9$

17. $1\dfrac{3}{7} \times 2\dfrac{5}{8}$

18. $1\dfrac{1}{2} \div 1\dfrac{2}{3}$

Escribe cada decimal como fracción en su forma más simple. págs 160–161

19. 0.3

20. 0.75

21. 0.16

22. 0.375

23. 0.8

Estima. págs 162–163

24. $9\dfrac{2}{7} - 7\dfrac{1}{8}$

25. $\dfrac{1}{2} + \dfrac{1}{4}$

26. $6 \div 1\dfrac{3}{4}$

27. $2\dfrac{2}{3} \times 3\dfrac{1}{5}$

Resuelve y comprueba. págs 164–165

28. $x + \dfrac{3}{2} = \dfrac{7}{2}$

29. $\dfrac{1}{4}n = \dfrac{5}{2}$

30. $y + 2\dfrac{1}{4} = 6$

31. $a \div 5 = 1\dfrac{3}{8}$

Completa. págs 166–167

32. $4\dfrac{1}{3}$ pies = ___ plg.

33. 69 oz = ___ lb

34. 11 pt = ___ gal ___ ct ___ pt

Suma, resta o multiplica. págs 168–169

35. 5 pies 4 plg $+$ 2 pies 9 plg

36. 4 lb 3 oz $-$ 1 lb 8 oz

37. 3 ct 1 pt $\times$ 2

38. 6 yd $-$ 4 yd 2 pies

Resuelve. págs 158–159, 170–171

39. Jerry planea el esquema para el diario *Silver Times*. Usa $\dfrac{1}{3}$ de la primera plana para fotos y $\dfrac{1}{2}$ para artículos. ¿Cuánto espacio le queda para el índice?

40. Graciela está cosiendo perlas en las mangas de un traje. Cada manga mide $10\dfrac{1}{2}$ plg alrededor. Ella cose una perla cada $1\dfrac{1}{2}$ plg. ¿Cuántas perlas coserá sobre cada manga?

PRUEBA DEL CAPÍTULO

Escribe cada respuesta en su forma más simple.

1. $\frac{5}{8} + \frac{7}{8}$

2. $\frac{2}{3} - \frac{3}{5}$

3. $\frac{2}{3} \times \frac{1}{2}$

4. $2\frac{3}{8} + 3\frac{1}{3}$

5. $1\frac{1}{2} \times 3\frac{1}{4}$

6. $\frac{5}{8} \div 2$

7. $5\frac{2}{5} - 3\frac{1}{2}$

8. $4 \div 1\frac{1}{2}$

9. $8 - 1\frac{1}{4}$

10. $3\frac{1}{3} \div 2\frac{2}{3}$

11. $3 \times \frac{7}{12}$

12. $9 + 1\frac{1}{8}$

Escoge el mejor estimado.

13. $\frac{9}{5} \div \frac{7}{8}$
   a. $\frac{1}{2}$
   b. 1
   c. 2

14. $\frac{3}{4} + \frac{1}{6}$
   a. 0
   b. $\frac{1}{2}$
   c. 1

15. $4\frac{2}{9} \times 1\frac{1}{5}$
   a. 1
   b. 4
   c. 7

Resuelve y comprueba.

16. $\frac{1}{6} + y = \frac{5}{6}$

17. $\frac{2}{5}y = \frac{2}{5}$

18. $y \div \frac{1}{2} = 4$

Escribe cada decimal como fracción en su forma más simple.

19. 0.6

20. 0.875

Completa.

21. $4\frac{1}{2}$ pies = _____ plg

22.   3 pies 3 plg
    $-$1 pie   7 plg
    _____

23.   1 gal 2 ct
    $\times$ 8
    _____

Resuelve.

24. Ana toca en la banda de la escuela Clearview. Practica el clarinete $\frac{3}{4}$ de hora todos los días de la semana y $1\frac{1}{2}$ horas los sábados y domingos. ¿Cuántas horas practica por semana?

25. Lamont manejó desde Seabright a Clinton, a Monroe, a Franklin, a Carson y regresó a Monroe. ¿Qué distancia recorrió?

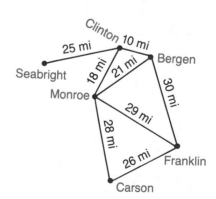

Un disco de $33\frac{1}{3}$ de velocidad gira $33\frac{1}{3}$ veces por minuto. ¿Cuántas veces girará un disco de $33\frac{1}{3}$ en 45 segundos?

CLAVE DE FRACCIONES

En una clave de fracciones, se envía un mensaje como una serie de fracciones. Se usa una palabra clave para enredar el alfabeto. En la primera clave de abajo se usa la palabra clave NUNTIUS para enredar el alfabeto. En la segunda clave se usa la palabra clave LEXICON. En cualquier clave los dígitos debajo de las letras pueden arreglarse en cualquier orden.

Completa cada mensaje.

1	2	3	4	5	6	7	8
S O N	A N T E	B C D	F G H I J	K L M P	Q R U V W	X Y	Z
4 8 9	3 6 7 9	5 6 7	5 6 7 8 9	6 7 8 9	3 6 7 8 9	6 7 8	9

Mensaje

$\frac{2}{9}$ $\frac{1}{9}$ $\frac{6}{8}$ $\frac{4}{8}$ $\frac{2}{3}$ $\frac{6}{7}$ $\frac{2}{6}$ $\frac{5}{8}$ $\frac{2}{9}$ $\frac{2}{6}$ $\frac{1}{4}$ $\frac{2}{3}$ $\frac{4}{9}$ $\frac{2}{9}$ $\frac{2}{3}$ $\frac{2}{7}$ $\frac{6}{7}$ $\frac{2}{3}$ $\frac{5}{8}$ $\frac{4}{8}$ $\frac{4}{6}$ $\frac{1}{8}$

E

1	2	3	4	5	6	7	8
F A C	H A D A	B E G	I J K L M	N O P	Q R S T U	V W Y	Z
3 7 9	4 6 8 9	7 8 9	5 6 7 8 9	5 7 9	5 6 7 8 9	6 8 9	9

Mensaje

$\frac{2}{4}$ $\frac{1}{7}$ $\frac{6}{7}$ $\frac{2}{4}$ $\frac{3}{8}$ $\frac{1}{9}$ $\frac{2}{4}$ $\frac{5}{7}$ $\frac{6}{9}$ $\frac{5}{5}$ $\frac{3}{7}$ $\frac{6}{9}$ $\frac{3}{8}$ $\frac{5}{5}$ $\frac{6}{8}$ $\frac{6}{6}$ $\frac{2}{6}$ $\frac{3}{7}$ $\frac{2}{9}$ $\frac{4}{6}$ $\frac{5}{7}$

H

Inventa tu propia clave usando fracciones. Inventa una palabra clave para enredar el alfabeto. Después envía un mensaje a un amigo usando esta clave de fracciones.

FRACIONES COMPLEJAS Y CONTINUAS

Una **fracción compleja** tiene una o más fracciones en el numerador, el denominador o ambos.

$$\dfrac{\frac{2}{3}}{\frac{3}{5}}$$

Para simplificar una fracción compleja, vuelve a escribir la fracción empleando el símbolo $\div$.

$$\frac{2}{3} \div \frac{3}{5} = \frac{2}{3} \cdot \frac{5}{3} = \frac{10}{9}$$

Simplifica cada fracción compleja.

1. $\dfrac{\frac{4}{5}}{\frac{2}{3}}$

2. $\dfrac{\frac{3}{10}}{\frac{4}{5}}$

3. $\dfrac{\frac{5}{3}}{2}$

4. $\dfrac{4}{\frac{2}{5}}$

5. $\dfrac{\frac{7}{8}}{\frac{9}{4}}$

Una fracción compleja como $\dfrac{1}{2 + \frac{1}{1 + \frac{1}{3}}}$ se llama una **fracción continua.**

Esta fracción continua puede simplificarse como se muestra, abajo.

$$\frac{1}{2 + \frac{1}{1 + \frac{1}{3}}} = \frac{1}{2 + \frac{1}{\frac{4}{3}}} = \frac{1}{2 + \frac{3}{4}} = \frac{1}{\frac{11}{4}} = \frac{4}{11}$$

Simplifica cada fracción continua.

6. $\dfrac{1}{4 + \frac{1}{6 + \frac{1}{2}}}$

7. $\dfrac{1}{3 + \frac{1}{2 + \frac{1}{2}}}$

8. $\dfrac{1}{2 + \frac{1}{3 + \frac{1}{5 + \frac{1}{2}}}}$

Año bisiesto

Cada cuatro años debe sumarse un día extra al año porque la tierra tarda algo más de 365 días—approximadamente $365\frac{1}{4}$ de días—para hacer su órbita alrededor del sol. Sin embargo, $365\frac{1}{4}$ es una aproximación. El número de días que tarda en realidad es

$$365\,\frac{1}{4 + \frac{1}{7 + \frac{1}{1 + \frac{1}{3 + \frac{1}{4 + \frac{1}{1 + \frac{1}{1 + \frac{1}{2}}}}}}}}$$

febrero

d	l	m	m	j	v	s
		1	2	3	4	5
6	7	8	9	10	11	12
13	14	15	16	17	18	19
20	21	22	23	24	25	26
27	28	29				

¿Por cuánto está equivocada la aproximación?

PERFECCIONAMIENTO DE DESTREZAS

Escoge las respuestas correctas. Escribe A, B, C o D.

1. $10.36 + 7.458 + 16.091$

   A 33.909   **C** 33.809

   B 33.799   **D** no se da

2. $1.6\overline{)0.5}$

   A 3.125   **C** 0.3125

   B 0.03125   **D** no se da

3. Completa. ___ cm = 1.7 m

   A 170   **C** 0.017

   B 17   **D** no se da

4. Completa. 0.53 kg = ___ g

   A 53   **C** 5.3

   B 530   **D** no se da

5. Completa cada oración matemática. ¿Qué propiedad de la suma se emplea?
$32 + \underline{\quad} = 32$

   A 0; conmutativa   **C** 0; identidad

   B 1; identidad   **D** no se da

6. Completa cada oración matemática. ¿Qué propiedad de la multiplicación se emplea?
$4 \times \underline{\quad} = 9 \times 4$

   A 9; identidad   **C** 9; distributiva

   B 1; identidad   **D** no se da

7. ¿Cuál es $\frac{12}{32}$ en su forma más simple?

   A $\frac{6}{16}$ **C** $\frac{1}{4}$

   B $\frac{3}{8}$ **D** no se da

8. Compara. $\frac{1}{7}$ ⬭ $\frac{1}{3}$

   A >   **C** =

   B <   **D** no se da

9. ¿Cuál es el decimal de $\frac{3}{8}$?

   A 2.6   **C** 0.325

   B 0.375   **D** no se da

10. $5\frac{7}{9} - \frac{5}{8}$

   A $4\frac{11}{72}$ **C** $4\frac{45}{72}$

   B $5\frac{56}{72}$ **D** no se da

11. $\frac{3}{8} + \frac{1}{3}$

   A $\frac{17}{24}$ **C** $\frac{4}{11}$

   B $\frac{4}{24}$ **D** no se da

12. $1\frac{1}{8} \div 4\frac{3}{10}$

   A $\frac{172}{45}$ **C** $\frac{45}{172}$

   B $\frac{387}{80}$ **D** no se da

13.   6 pies
    − 3 pies 9 plg

   A 3 pies 3 plg   **C** 2 pies 3 plg

   B 9 pies 9 plg   **D** no se da

Solve.

14. Charlene compra 3 latas de frijoles a $.35 por lata, 5 latas de sopa a $.49 por lata y una bolsa de harina por $1.29. ¿Cuánto recibirá de vuelto si pagó con un billete de $10?

   A $5.21   **C** $6.50

   B $4.79   **D** no se da

15. Electrónicos Elmer tiene la meta de vender 250 televisores por semana. Esta semana vendieron 37 el lunes, 41 el martes, 20 el miércoles y 83 el jueves. ¿Cuántos más debe vender para llegar a la meta?

   A 89   **C** 181

   B 69   **D** no se da

Tema: Formas en la naturaleza que imita la gente

Ángulos

Los objetos hechos por el hombre a menudo
imitan formas de la naturaleza. Los ángulos de
la semilla del arce y el boomerang les
permiten dar vueltas en el aire. El ángulo del
boomerang le permite también regresar al
lanzador.

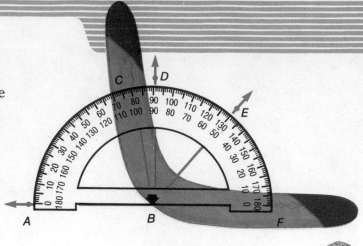

Dos rayos con un extremo común (el
vértice) forman un **ángulo.** Los ángulos se
clasifican según sus medidas.

Recuerda que debes
poner la flecha sobre el
vértice y el punto cero
sobre uno de los rayos.

ÁNGULOS			
Tipo	**Definición**	**Ejemplo**	**Medida del ejemplo**
Agudo	Mide menos de 90°	∠ABC	80°
Recto	Mide 90°	∠ABD	90°
Obtuso	Mide más de 90° pero menos de 180°	∠ABE	130°
Llano	Mide 180°	∠ABF	180°

▶Dos ángulos son **suplementarios** si la
suma de sus medidas es 180°.

∠ABC y ∠CBF son ángulos suplementarios.

$$80° + 100° = 180°$$

▶Dos ángulos son **complementarios** si la
suma de sus medidas es 90°.

∠DBE y ∠EBF son ángulos complementarios.

$$40° + 50° = 90°$$

Trabajo en clase

**Mide estos ángulos. Después clasifícalos como agudo, recto
u obtuso. ¿Cuáles pares de ángulos son complementarios?
¿Cuáles pares de ángulos son suplementarios?**

1.

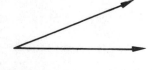

2.

3.

4.

5.

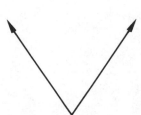

6.

PRÁCTICA

Mide cada ángulo. Después clasifica cada uno como agudo, recto, obtuso o llano.

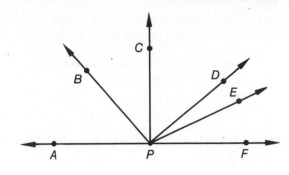

1. ∠DPE
2. ∠CPD
3. ∠BPD
4. ∠BPE
5. ∠CPE
6. ∠APE
7. ∠APF
8. ∠APC
9. ∠BPF

Usa la figura de la derecha.

10. Nombra dos pares de ángulos complementarios.

11. Nombra dos pares de ángulos suplementarios.

Halla el complemento y el suplemento de cada uno.

12. 45°   13. 12°   14. 89°   15. 33°   ★ 16. X

Dibuja cada ángulo.

17. Dibuja ∠CDE 15° mayor que un ángulo recto. ¿Qué tipo de ángulo es ∠CDE?

18. Dibuja ∠XYZ 10° menor que un ángulo recto. ¿Qué tipo de ángulo es ∠XYZ?

19. Dibuja ∠PQR 45° menor que un ángulo recto. ¿Qué tipo de ángulo es ∠PQR?

20. Dibuja ∠MNO 90° mayor que un ángulo recto. ¿Qué tipo de ángulo es ∠MNO?

Usa la figura de la derecha.

★ 21. Sin medir, halla a, b, c y d.

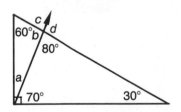

APLICACIÓN

═══ ESTIMAR ═══

Estima la medida de cada ángulo abajo. Después usa un transportador y compara la medida verdadera con tu estimado. (Pista: Usa un ángulo recto como referencia.)

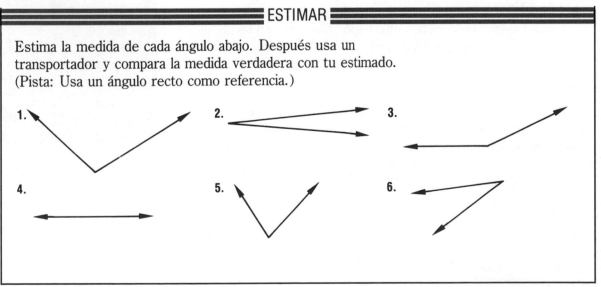

Congruencia

Los triángulos congruentes de la telaraña y del puente les dan mayor resistencia.

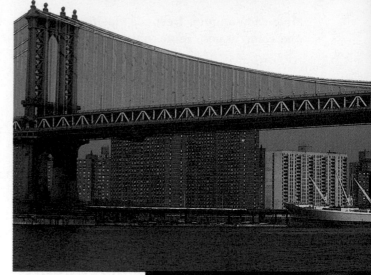

▶Dos segmentos son **congruentes** (≅) si tienen la misma longitud.

La longitud de $\overline{AC}$ equivale a la longitud de $\overline{DF}$ ($AC = DF$), por lo tanto $\overline{AC} \cong \overline{DF}$.

▶Dos ángulos son congruentes si tienen la misma medida.

La medida del ángulo A equivale a la medida del ángulo D ($m\angle A = m\angle D$), por lo tanto $\angle A \cong \angle D$.

▶Dos polígonos son congruentes si tienen el mismo tamaño y forma, es decir, si los lados y ángulos de uno son congruentes con los lados y ángulos del otro.

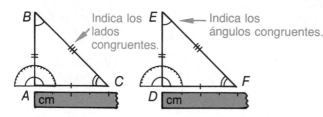

Indica los lados congruentes.

Indica los ángulos congruentes.

$$\overline{AB} \cong \overline{DE} \qquad \overline{BC} \cong \overline{EF} \qquad \overline{AC} \cong \overline{DF}$$

$$\angle A \cong \angle D \qquad \angle B \cong \angle E \qquad \angle C \cong \angle F$$

Por lo tanto $\triangle ABC \cong \triangle DEF$.

△ significa *triángulo*.

Nombra polígonos congruentes en el orden de las partes correspondientes. Las **partes correspondientes** son las partes que se superponen exactamente.

TRABAJO EN CLASE

Mide para determinar si los polígonos son congruentes. Si es así, indica los lados congruentes y los ángulos congruentes. Después enuncia la congruencia de los polígonos.

1.

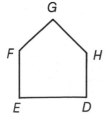

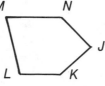

2.

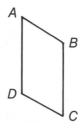

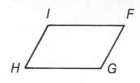

**Mide para determinar si los polígonos de cada par son congruentes.
Si es así, indica los lados congruentes y los ángulos congruentes.
Enuncia la congruencia de los polígonos.**

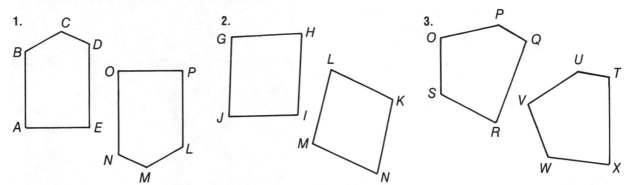

1. **2.** **3.**

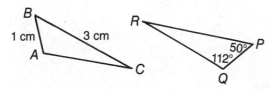

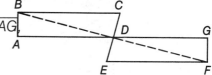

Halla cada uno de los siguientes para $\triangle ABC \cong \triangle QPR$.

4. $\angle A \cong$?   **5.** $\angle B \cong$?   **6.** $\angle C \cong$?

7. $\overline{AB} \cong$?   **8.** $\overline{AC} \cong$?   **9.** $\overline{BC} \cong$?

10. longitud de $\overline{QP}$ **11.** longitud de $\overline{PR}$ **12.** m$\angle C$

Usa la figura de la derecha.

★ **13.** Indica los polígonos congruentes. *D* es el *punto medio* de $\overline{AG}$
de $\overline{BF}$ y de $\overline{CE}$. $AB = FG$ y $BC = EF$.

APLICACIÓN

SIMETRÍA

Un figura plana tiene un **eje de simetría** si se puede doblar
en dos partes congruentes que se superponen exactamente.
Esta figura tiene 4 ejes de simetría.

Una figura plana tiene un **centro de simetría** si se puede girar
menos de una vuelta entera y seguir luciendo *exactamente* como
lucía antes de que girara. Esta figura tiene 6 posiciones
respecto de su centro de simetría donde luce exactamente igual.

¿Qué figuras de abajo tienen ejes de simetría? ¿Cuántos ejes
de simetría tiene cada una? ¿Cuáles tienen centros de
simetría? ¿Cuántas posiciones?

Rectas secantes

En el Valle Rift de África, los tallos de las hierbas de papiro se intersectan unos con otros para hacer resistencia contra el viento.

Dos rectas pueden intersectarse para formar cuatro ángulos rectos. Dichas rectas secantes son **perpendiculares** ($\perp$).

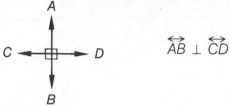

$$\overleftrightarrow{AB} \perp \overleftrightarrow{CD}$$

Dos rectas pueden intersectarse para formar dos ángulos agudos y dos obtusos. Forman pares de ángulos adyacentes y suplementarios.

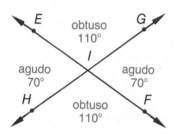

Los **ángulos adyacentes** tienen un vértice común y un rayo común entre sí.

m$\angle EIG$ + m$\angle GIF$ = 180°   m$\angle GIF$ + m$\angle HIF$ = 180°

m$\angle HIF$ + m$\angle EIH$ = 180°   m$\angle EIH$ + m$\angle EIG$ = 180°

Las rectas secantes también forman dos pares de ángulos congruentes, llamados **ángulos opuestos por el vértice.**

$\angle EIH \cong \angle GIF$ $\angle EIH$ y $\angle GIF$ son ángulos opuestos por el vértice.

$\angle EIG \cong \angle HIF$ $\angle EIG$ y $\angle HIF$ son ángulos opuestos por el vértice.

TRABAJO EN CLASE

Sin medir, da la medida de cada ángulo.

1. $\angle PQS$ **2.** $\angle SQT$ **3.** $\angle TQR$

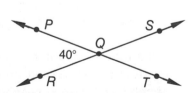

En la figura de la derecha, indica lo siguiente.

4. rectas perpendiculares

5. ángulos opuestos por el vértice

6. un ángulo que es un suplemento del $\angle QRS$

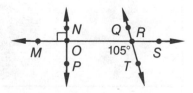

En la figura de la derecha, $\overleftrightarrow{AB} \perp \overleftrightarrow{CD}$ y m∠CPE = 35°.
Halla la medida de cada ángulo.

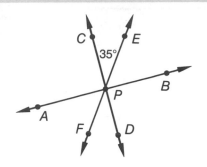

1. ∠APC

2. ∠FPD

3. ∠CPB

4. ∠APD

5. ∠BPD

6. ∠BPE

7. Indica un ángulo que sea congruente al ∠DPE.

8. Indica un ángulo que sea adyacente al ∠APF.

Usa la figura de la derecha. Escribe *verdadero* o *falso* para cada enunciado.

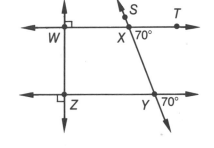

9. $\overleftrightarrow{WZ} \perp \overleftrightarrow{WX}$

10. $\overleftrightarrow{WX} \perp \overleftrightarrow{XY}$

11. m∠WZY = 90°

12. m∠WXY = 100°

13. m∠XYZ = 110°

14. m∠SXW = 110°

15. ∠TXY y ∠WXY son suplementarios.

16. ∠SXT y ∠WXY son ángulos opuestos por el vértice.

17. ∠WXY y ∠XYZ son suplementarios.

18. ∠TXY y ∠SXW son suplementarios.

Usa la figura de la derecha. $\overleftrightarrow{AB}$ y $\overleftrightarrow{CD}$ están en el plano *p*.

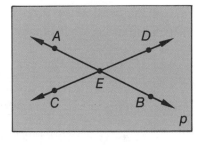

19. ¿Cuántos puntos necesitas para dibujar una recta? Es decir, ¿cuántos puntos *determinan* una recta?

20. ¿Cuántos puntos necesitas para dibujar dos rectas secantes?

★ 21. ¿Cuántos puntos determinan un plano?

Copia la figura usada en 9–18.

★ 22. Dibuja una recta a través de X que sea perpendicular a $\overleftrightarrow{WX}$. Marca el punto P en la intersección de $\overleftrightarrow{ZY}$.

★ 23. En la figura del ejercicio **22**, ¿qué es m∠PXY?

APLICACIÓN

El Puente Brooklyn se sostiene por medio de cables. Sin medir, halla cada medida abajo.

24. *a*   25. *b*   26. *c*   27. *d*   28. *e*   29. *f*

★ 30. Halla otro ejemplo de rectas secantes en arquitectura. Dibuja la intersección. Estima la medida de cada ángulo.

Rectas paralelas

El viento ha esculpido líneas
paralelas en esta duna de arena.

Dos rectas en un mismo plano
que nunca se intersectan son
paralelas (∥).

$\overleftrightarrow{JK} \parallel \overleftrightarrow{LM}$

Una **secante** es una recta
que intersecta dos o más
rectas en diferentes puntos.

$\overleftrightarrow{NR}$ es una secante.

Bruneau Sand Dunes State Park cerca de Snake River, Idaho

Dos rectas paralelas intersectadas por una secante
forman pares de ángulos congruentes.

Ángulos correspondientes	Ángulos alternos internos	Ángulos alternos externos
∠LQR ≅ ∠JPQ		
∠LQP ≅ ∠JPN	∠LQP ≅ ∠QPK	∠NPK ≅ ∠LQR
∠RQM ≅ ∠QPK	∠JPQ ≅ ∠PQM	∠JPN ≅ ∠RQM
∠MQP ≅ ∠KPN		

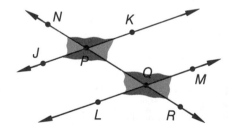

TRABAJO EN CLASE

En la figura de la derecha, $\overleftrightarrow{BD} \parallel \overleftrightarrow{EG}$ y
m∠CFE = 65°. Halla la medida de cada ángulo.

1. ∠ACB   2. ∠FCD   3. ∠CFG

4. ∠BCF   5. ∠EFH   6. ∠ACD

Indica estos ángulos en la figura de la derecha.

7. los ángulos alternos internos

8. los ángulos correspondientes

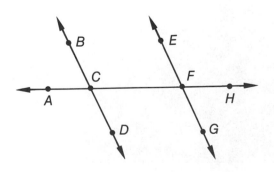

PRÁCTICA

En la figura de la derecha, $\overleftrightarrow{PT} \parallel \overleftrightarrow{UX}$, $\overleftrightarrow{PT} \perp \overleftrightarrow{RZ}$ y
m∠PSV = 45°. Halla la medida de cada ángulo.

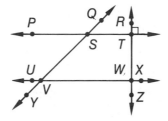

1. ∠SVW   2. ∠UVY

3. ∠QST   4. ∠VST

5. ∠YVW   6. ∠UVS

7. ∠PSQ   8. ∠STW

9. ∠TWX   10. ∠STR

Usa la figura de arriba. Escribe *verdadero* o *falso* para cada
enunciado.

11. ∠PSV y ∠SVW son   12. ∠QST y ∠UVY son
ángulos interiores alternos.   ángulos exteriores alternos.

13. ∠TSV y ∠WVY son   14. ∠TSV y ∠SVW son
ángulos correspondientes.   ángulos interiores alternos.

15. ∠PSV y ∠UVY son   16. ∠PSV y ∠QST son ángulos
ángulos correspondientes.   opuestos por el vértice.

17. ∠PSV y ∠SVU son   18. ∠PSQ y ∠VST son
ángulos suplementarios.   ángulos suplementarios.

19. $\overleftrightarrow{UX} \perp \overleftrightarrow{RZ}$ 20. m∠VST+m∠STW=215°

Dibuja dos planos secantes.

★21. ¿Qué figura geométrica es la intersección de los planos?

★22. Las rectas alabeadas son rectas que no se intersectan y
que no están en el mismo plano. Dibuja dos rectas
alabeadas en tu dibujo.

APLICACIÓN

Sin medir, halla las medidas de cada ángulo.

23. ∠AHC   24. ∠DHI   25. ∠FIB

26. ∠HDF   27. ∠JFG   28. ∠DFJ

29. ¿Es $\overleftrightarrow{CD} \parallel \overleftrightarrow{EF}$?   30. ¿Es $\overleftrightarrow{AB} \parallel \overleftrightarrow{DG}$?

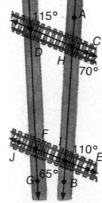

★31. Halla figuras que muestren ejemplos de
rectas paralelas y rectas paralelas cortadas
por secantes. Demuestra que son ejemplos
dibujando rectas sobre los objetos. Usa
estas figuras para hacer un collage titulado
"Rectas paralelas en nuestro mundo."

1.   5,078
   + 2,967

2.   4,113
   − 649

3.   2,609
   × 86

4. 16,810 ÷ 82

5.   248.1
   − 78.9

6. 9 + 10.8 + 1.7

7. $69.09
   − 48.96

8.   5.28
   × 0.35

9. 45 ÷ 100

10.   4.56 ÷ 0.8

Evalúa. Sea $n = 4$.

11. $n + 8$

12. $15 - n$

13. $7n$

14. $4n - 2$

15. $3n + 9$

16. $(n + 2) + (n - 1)$

17. $6(n + 3)$

18. $6n + 3$

Polígonos

¿Por qué crees que estos polígonos se llaman polígonos regulares?

triángulo

cuadrilátero

pentágono

hexágono

Mide los lados y los ángulos de cada uno.

- ¿Qué ves?
- ¿Cómo describirías un polígono regular?
- ¿Qué métodos puedes usar para hallar la suma de las medidas de los ángulos de un polígono regular?

TRABAJAR JUNTOS

Trabaja con un compañero. Dibuja un triángulo que no sea regular. ¿Cómo puedes hallar la suma de las medidas de los ángulos?

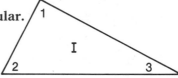

1. Usa el triángulo que dibujaste. Numera los ángulos como se muestra. Recorta el triángulo y haz dos copias más.

    - Coloca los tres triángulos como se muestra.

    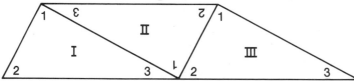

    - ¿Cómo te puede ayudar este modelo a hallar la suma de las medidas de los ángulos de un triángulo?

2. Haz experimentos con otros triángulos. ¿Es siempre la suma de las medidas de los ángulos la misma?

RAZONAR A FONDO

Comenta y resuelve.

1. Fíjate en los triángulos recortados por los otros compañeros. ¿Se pueden colocar todos según se muestra?

2. Si un triángulo tiene un ángulo agudo, ¿cómo puedes describir la suma de las medidas de los otros ángulos?

3. ¿Cuál es la suma de los dos ángulos agudos de un triángulo rectángulo?

4. ¿Cuál es la medida de cada ángulo de un triángulo regular?

A. Dibuja un cuadrilátero. Llámalo *ABCD.*

   1. ¿Cómo definirías una diagonal de un cuadrilátero?
      ¿Y de cualquier polígono?

   2. ¿Cuántas diagonales tiene un cuadrilátero?

   3. Puedes dibujar más de una diagonal desde el vértice
      A de tu cuadrilátero? Explica.

   4. Comenta la forma de hallar la suma de las medidas de
      los ángulos de un cuadrilátero.

B. Trabaja en grupos de tres para hallar la
suma de las medidas de los ángulos de
cualquier polígono. Decide quién hará las
distintas tareas.

   ● Dibujar un polígono.

   ● Dibujar todas las diagonales de un vértice.

   ● Copiar y completar el cuadro de la
     derecha.

Cambia las tareas y repite la actividad para
otros polígonos.

INVESTIGACIÓN DE POLÍGONOS		
	Triángulo	Cuadrilátero
Número de lados	3	4
Número de diagonales desde un vértice	0	1
Número de triángulos formados	1	2
Suma de las medidas de los ángulos	180°	

1. ¿Qué patrones observas al estudiar los datos
anotados?

2. Halla la suma de las medidas de los ángulos de un
decágono sin dibujar un diagrama.

3. Usa lo que has aprendido para escribir una fórmula para la
suma de las medidas de los ángulos de un polígono de *n* lados.

4. Usa una calculadora y los resultados de arriba para
hallar la suma de las medidas de los ángulos para un
polígono de 9 lados, 12 lados y 20 lados.

5. La suma de las medidas de los ángulos de un polígono
es de 900°. ¿Cuántos lados tiene el polígono?

Triángulos

Las caras de muchos cristales son triangulares.

Aquí hay 6 triángulos equiláteros hechos con 12 palitos. Forma 3 triángulos equiláteros moviendo 4 de los palitos.

¿Qué es un triángulo equilátero?

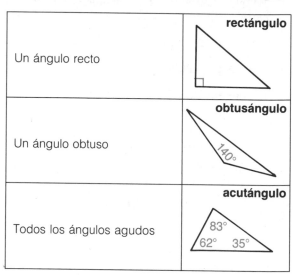

Triángulos clasificados según sus lados

No hay dos lados congruentes	**escaleno**
Por lo menos dos lados congruentes Por lo menos dos ángulos congruentes	**isósceles** 
Los tres lados son congruentes Los tres ángulos son congruentes	**equilátero**

Triángulos clasificados según sus ángulos

Un ángulo recto	**rectángulo**
Un ángulo obtuso	**obtusángulo** 140°
Todos los ángulos agudos	**acutángulo** 83° 62° 35°

TRABAJO EN CLASE

Para cada triángulo, halla las medidas que faltan.

1. isósceles

x, a, 46°, 4, 5, b

2. equilátero

15, b, a, x, y, c

3. rectángulo

3, a, 5, b, 37°, 4

4. escaleno

11, a, 8, 30°, 40°, 16

PRÁCTICA

Para cada triángulo, mide cada lado y cada ángulo. Clasifica el triángulo como rectángulo, acutángulo u obtusángulo; escaleno, isósceles o equilátero.

1.

2.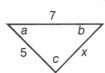

3.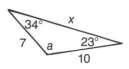

Para cada triángulo halla las medidas que faltan.

4. equilátero
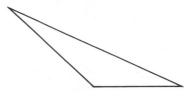

5. isósceles rectángulo
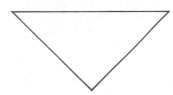

6. isósceles

★7. escaleno

Si es posible, dibuja cada triángulo. Si no, explica por qué.

8. escaleno rectángulo

9. equilatero obtusángulo

10. isósceles rectángulo

11. equilátero rectángulo

12. isósceles escaleno

13. escaleno acutángulo

Clasifica cada triángulo como acutángulo, rectángulo u obtusángulo; escaleno, isósceles o equilátero.

★14. Los vértices son A, B y C. El lado $\overline{AB}$ tiene la misma longitud que el lado $\overline{BC}$. m∠A = m∠C = 60°.

★15. Los vértices son X, Y y Z. m∠X = 65° y m∠Y = 25°.

APLICACIÓN

16. Las formas de estas señales de tráfico imitan formas que se encuentran en la naturaleza. Las señales de tráfico de forma triangular significan bajar la velocidad y tener cuidado. ¿Qué tipo de triángulo son estas señales?

★17. ¿Qué otros tipos de polígonos se ven en estas figuras?

RAZONAMIENTO LÓGICO

Tienes 12 palitos de estas longitudes: 3 de 2 unidades de largo, 3 de 3 unidades de largo, 3 de 4 unidades de largo y 3 de 5 unidades de largo. ¿Cuántos y qué tipos de triángulos diferentes puedes hacer?

189

Cuadriláteros

Ejemplos de cuadriláteros aparecen en la naturaleza y en cosas hechas por el hombre.

Composition (1921) por el pintor holandés del siglo XX, Piet Mondrian

Los cuadriláteros tienen 4 lados y 4 ángulos. Algunos cuadriláteros son especiales.

trapecio

paralelogramo

En un trapecio solamente un par de lados opuestos es paralelo.

En un paralelogramo ambos pares de lados opuestos son paralelos. Los lados opuestos y los ángulos opuestos son congruentes.

rombo

rectángulo

cuadrado

Un rombo es un paralelogramo con todos sus lados congruentes.

Un rectángulo es un paralelogramo con cuatro ángulos rectos.

Un cuadrado es un rectángulo con todos sus lados congruentes.

TRABAJO EN CLASE

1. En la figura de la derecha, nombra los lados opuestos, los lados paralelos y los lados congruentes.

2. ¿Es *WXYZ* un trapecio? ¿un paralelogramo? ¿un rombo? ¿un rectángulo? ¿un cuadrado?

3. ¿Qué tipos de cuadriláteros son paralelogramos? ¿Cuáles son rombos? ¿Cuáles son rectángulos?

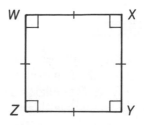

PRÁCTICA

Para cada cuadrilátero abajo, indica los lados paralelos, los lados congruentes y los ángulos congruentes. Después nombra el cuadrilátero.

1.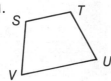

2.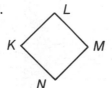

3.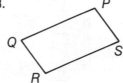

4.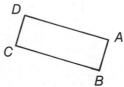

Para cada cuadrilátero, halla las medidas que faltan.

5.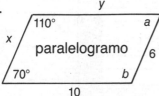

6.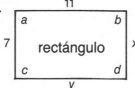

7.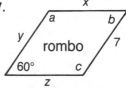

Escribe *verdadero* o *falso* para cada enunciado.

8. Un cuadrado es un rombo.

9. Un rectángulo es un trapecio.

10. Los ángulos opuestos de un paralelogramo son congruentes.

11. Los lados opuestos de un trapecio son congruentes.

12. Un paralelogramo es un rectángulo.

13. Un trapecio es un paralelogramo.

14. Los lados opuestos de un rectángulo son congruentes.

15. Un trapecio a veces tiene cuatro ángulos rectos.

★**16.** Un paralelogramo con un ángulo recto es un rectángulo.

★**17.** Un rectángulo con lados adyacentes congruentes es un cuadrado.

Nombra cada cuadrilátero.

★**18.** Los vértices son *A*, *B*, *C* y *D*. El lado $\overline{AD}$ tiene la misma longitud que el lado $\overline{BC}$. El lado $\overline{AB}$ es paralelo al lado $\overline{CD}$. m∠*A* = m∠*B* = 70°. m∠*C* = m∠*D* = 110°.

★**19.** Los vértices son *W*, *X*, *Y* y *Z*. El lado $\overline{WX}$ tiene la misma longitud que el lado $\overline{ZY}$. El lado $\overline{WZ}$ es paralelo al lado $\overline{XY}$. m∠*W* = m∠*Y* = 65°. m∠*X* = m∠*Z* = 115°.

APLICACIÓN

RAZONAMIENTO VISUAL

1. Saca 4 palitos para dejar 5 cuadrados.

2. Saca 8 palitos para dejar 2 cuadrados. (Los cuadrados no tienen que ser del mismo tamaño.)

Problemas para resolver
HACER Y USAR TABLAS

Las tablas son útiles para organizar la información.
Así es más fácil resolver problemas.

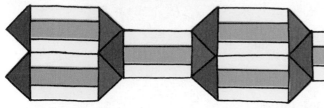

- PIENSA
- PLANEA
- RESUELVE
- REVISA

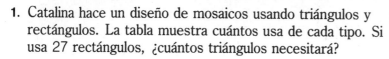

1. Catalina hace un diseño de mosaicos usando triángulos y
rectángulos. La tabla muestra cuántos usa de cada tipo. Si
usa 27 rectángulos, ¿cuántos triángulos necesitará?

Triángulos	2	4	6	8	10	
Rectángulos	3	6	9	12	15	

¿Cuántos triángulos necesitará? Catalina usa 27
rectángulos. En la tabla la fila de los triángulos
aumenta en 2 y la fila de los rectángulos en 3.

Completa la tabla hasta que la fila de los
rectángulos muestre 27.

Triángulos	2	4	6	8	10	12	14	16	18
Rectángulos	3	6	9	12	15	18	21	24	27

La tabla muestra que Catalina necesitará 18 triángulos.

Comprueba para asegurarte de que las fracciones sean
equivalentes.

Es decir, $\frac{18}{27} = \frac{18 \div 9}{27 \div 9} = \frac{2}{3}$.

La respuesta es correcta.

2. Dos relojes de la torre de la municipalidad muestran la
misma hora a las 2:00 P.M. Uno de estos relojes anda
correctamente. El otro anda hacia atrás. ¿A qué hora
volverán a mostrar la misma hora?

Haz una tabla para mostrar las horas de cada reloj.

Hora en el reloj 1	2 P.M.	3 P.M.	4 P.M.	5 P.M.	
Hora en el reloj 2	2 P.M.	1 P.M.	12 P.M.	11 A.M.	

Completa la tabla. Resuelve el problema.

El Sr. Harwood está plantando 7 huertos de árboles frutales.
La tabla muestra su plan. Copia y completa la tabla.

Huerto	1	2	3	4	5	6	7
Manzano	6	8	10	12	10	8	6
Duraznero	9	12					9
Peral	10	16	24				10
Total	25	36	49				25

1. ¿Cuántos durazneros hay en el huerto 5?

2. ¿Cuántos perales hay en el huerto 4?

3. ¿Cuántos manzanos debería comprar el Sr. Harwood en total?

4. ¿Cuántos durazneros debería comprar el Sr. Harwood en total?

5. ¿Cuántos árboles necesita en total?

6. ¿Cuántos de cada tipo habrá en el huerto 6?

Jaime y Luisa están haciendo un tablero de juego con una pieza cuadrada
de madera. Se turnan dibujando líneas como se muestra en la ilustración.
Jaime dibuja una línea horizontal, después Luisa dibuja una línea
vertical. Siguen hasta que cada uno ha dibujado 20 líneas.

7. ¿Cuántas secciones hay cuando cada uno ha dibujado 1 línea?

8. ¿Cuántas secciones hay cuando cada uno ha dibujado 2 líneas?

9. ¿Cuántas secciones habrá cuando cada uno haya dibujado 3 líneas?

10. Haz una tabla para mostrar el número de líneas y secciones que habrá cada vez que ambos dibujen sus líneas.

11. ¿Cuántas secciones habrá cuando terminen?

★ 12. ¿Cuántas líneas debe dibujar cada uno para tener exactamente 625 secciones?

=== CREA TU PROPIO PROBLEMA ===

Usa los datos de esta tabla para crear tu propio problema.

	Jaime	María	Clem
Hexágonos regulares	3	6	9
Triángulos equiláteros	6	12	18
Cuadrados	4	8	12

Perímetro

A la derecha hay un esquema de un jardín botánico. ¿Cuál es la distancia alrededor del sendero?

75 + 150 + 75 + 100 + 100 = 500

La distancia alrededor del sendero es 500 m.

La distancia alrededor de un polígono es su **perímetro.** Puedes usar una fórmula para hallar el perímetro de algunos polígonos.

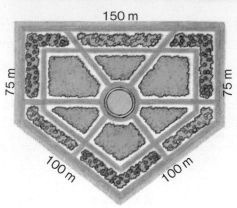

150 m

75 m

75 m

100 m

100 m

Cuadrado

El perímetro de un cuadrado es cuatro veces la longitud de un lado.

P = 4lado

$P = 4 \times 5$
$\quad = 20$

lado = 5 m

El perímetro es 20 m.

Rectángulo

El perímetro de un rectángulo es el doble de la longitud más el doble del ancho.

P = 2l + 2a
= 2(l + a)

$P = 2(12 + 5)$
$\quad = 2 \times 17 = 34$

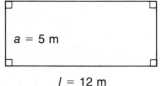

a = 5 m

l = 12 m

El perímetro es 34 m.

La fórmula $P = nlado$ puede usarse para hallar el perímetro de cualquier polígono regular. En la fórmula, n es el número de lados y *lado* es la longitud de cada lado.

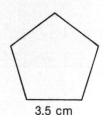

3.5 cm

P = nlado

$P = 5 \times 3.5$
$P = 17.5$

El perímetro es 17.5 cm.

TRABAJO EN CLASE

Halla el perímetro de cada figura.

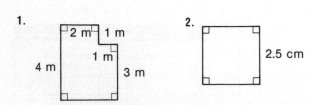

1.

2 m   1 m

1 m

4 m   3 m

2.

2.5 cm

3.

5 km

2.5 km

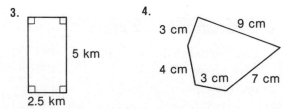

4.

3 cm   9 cm

4 cm

3 cm   7 cm

5. un triángulo equilátero con un lado de 14 cm

6. un rectángulo de 7.2 cm por 5 cm

194

Halla el perímetro de cada figura.

1.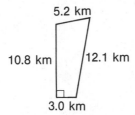
15 m · 8 m

2. 9 cm

3.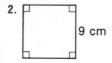
13 m · 12 m · 5 m

4.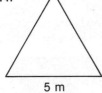
5.2 km
10.8 km · 12.1 km
3.0 km

5.
9 km
4.5 km

6.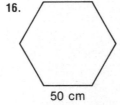
2.5 m
2.5 m · 9.6 m
9.5 m · 13 m
5 m

7. un rectángulo de 8 cm por 9 cm

8. un cuadrado de 9.4 km de lado

9. un rectángulo de 6.2 m por 10.4 m

Se da el perímetro de cada polígono. Halla los lados que faltan.

★ **10.** un cuadrado con $P = 100$ m

★ **11.** un rectángulo con $P = 55$ cm, $l = 15$ cm

★ **12.** un triángulo equilátero con $P = 20.1$ m

★ **13.** un cuadrado con $P = 26$ m

Halla el perímetro de cada polígono regular.

14. 5 m

15. 4.6 cm

16. 50 cm

★ 17. 100 m

APLICACIÓN

18. Uno de los canteros rectangulares de flores del jardín botánico de la página 194 mide 3.2 m de largo y 1.8 m de ancho. ¿Cuál es el perímetro del cantero de flores?

19. Una de las jardineras bordea el cantero de flores con **18** ladrillos que miden 10 cm de ancho y 20 cm de largo cada uno. ¿Cuántos ladrillos necesitará?

★ **20.** El dibujo de la derecha muestra cómo se usará una cerca de estacas en otra parte del jardín. ¿Cuántos metros de cerca se necesitarán en total? Si la cerca cuesta $6 por metro, ¿cuánto costará ponerle una cerca a este cantero de flores?

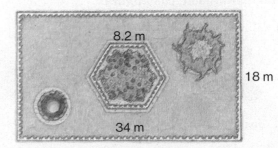
8.2 m
18 m
34 m

Área—rectángulos, cuadrados, paralelogramos

El **área** de una región es el número de unidades cuadradas necesarias para cubrir la región. El **centímetro cuadrado (cm²)**, el **metro cuadrado (m²)** y el **kilómetro cuadrado (km²)** son unidades de área.

La gente a menudo cultiva hierbas en canteros rectangulares o cuadrados. Las hierbas que crecen bien juntas se agrupan juntas. ¿Cuánto espacio se usa para el tomillo en este jardín?

El área de un rectángulo es su longitud por su ancho.

A = la

El tomillo crece en un rectángulo de 3 m por 2 m.

$A = 3 \text{ m} \times 2 \text{ m} = 6 \text{ m}^2$

El espacio que se usa para el tomillo es de 6 m².

Un cuadrado es un rectángulo especial en el que *l = a = lado*.

A = lado × lado = lado²

La salvia crece en un cuadrado de 2 m por 2 m. El área es

$A = 2 \text{ m} \times 2 \text{ m} = (2 \text{ m})^2 = 4 \text{ m}^2.$

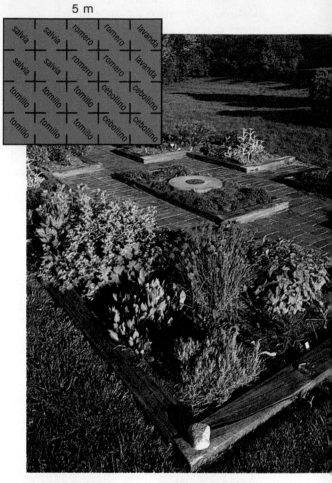

La fórmula para el área de un rectángulo puede usarse para hallar el área de un paralelogramo con base *b* y altura *al*. Reordena el paralelogramo ilustrado y halla el área del nuevo rectángulo.

Para el paralelogramo de la derecha, si *b* = 11 cm y *al* = 7 cm, por lo tanto *A* = *bal* = 11 cm × 7 cm = 77 cm².

A = base × altura = bal

TRABAJO EN CLASE

Halla el área de cada figura.

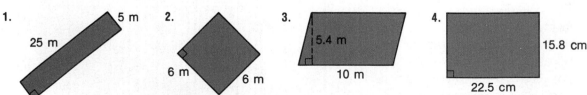

1. 5 m, 25 m

2. 6 m, 6 m

3. 5.4 m, 10 m

4. 15.8 cm, 22.5 cm

5. cuadrado: *lado* = 2.3 m

6. paralelogramo: *b* = 1.5 km, *al* = 0.8 km

PRÁCTICA

Halla el área de cada figura.

1.
6 m
3 m

2.
8 cm   8 cm

3.
18 cm
11 cm

4.
12.5 m   12.5 m

5.
10 cm
7 cm

Halla el área de cada rectángulo o cuadrado.

6. $l = 12$ m, $a = 5$ m

7. $l = 1.7$ cm, $a = 8$ cm

8. $lado = 12$ m

9. $l = 10.8$ cm, $a = 5.9$ cm

10. $lado = 2.5$ m

11. $lado = 7.8$ cm

Halla el área de cada paralelogramo.

12. $b = 14$ cm, $al = 7$ cm

13. $b = 37$ m, $al = 5$ m

14. $b = 12.3$ cm, $al = 25.2$ cm

Halla el área de cada región sombreada.

15.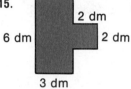
2 dm
6 dm   2 dm
3 dm

16.
3 m
5 m

17.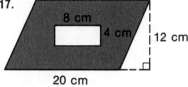
8 cm
4 cm   12 cm
20 cm

Resuelve

★ **18.** ¿Cuál es más grande, un cuadrado de 10 metros o 10 metros cuadrados? ¿cuánto más grande?

★ **19.** ¿Cuál es más grande, un cuadrado de 100 metros o 100 metros cuadrados? ¿cuánto más grande?

APLICACIÓN

¿Cuánto espacio se emplea para cada hierba en el jardín de la página 196?

20. romero

21. lavanda

22. cebollino

LOS LADOS DE UN CUADRADO

El área de este cuadrado es $A = lado^2 = 100$ m^2.
Para hallar la longitud de un lado del cuadrado, halla un número que cuando se eleve al cuadrado equivalga a 100.

$10^2 = 100$, por lo tanto $lado = 10$ m.

l $A = 100$ m^2
l

Halla la longitud de un lado de cada cuadrado con el área que se da abajo.

1. $A = 9$ m^2
2. $A = 49$ cm^2
3. $A = 25$ m^2
4. $A = 36$ cm^2
5. $A = 121$ m^2

Área—triángulos, trapecios

Los agrimensores miden la topografía tomando fotografías aéreas. El Sr. Díaz sacó fotos de esta parcela de tierra de forma triangular. ¿Cuál es el área de la parcela?

El área de un triángulo es la mitad del área de un paralelogramo con la misma base y la misma altura. En la figura de la derecha, la diagonal del paralelogramo lo divide en dos triángulos congruentes.

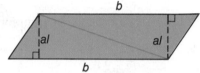

Área $= \frac{1}{2} \times$ base $\times$ altura

> Otro nombre de la altura del triángulo es *altitud*.

$A = \frac{1}{2} bal$

El área de la parcela de tierra es $\frac{1}{2} \times (1 \text{ km}) \times (1.5 \text{ km}) = 20 \text{ km}^2$.

Divide un trapecio en dos triángulos. El área del trapecio es la suma de las áreas de los dos triángulos.

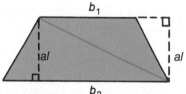

$A = \frac{1}{2} b_1 al + \frac{1}{2} b_2 al = \frac{1}{2} al (b_1 + b_2)$

Para el trapecio de la derecha, si $al = 5$ m, $b_1 = 8$ m, y $b_2 = 14$ m, entonces $A = \frac{1}{2}(5 \text{ m})(8 \text{ m} + 14 \text{ m}) = \frac{1}{2}(5 \text{ m}) (22 \text{ m}) = 55 \text{ m}^2$.

TRABAJO EN CLASE

Halla el área de cada figura.

1.

5 cm
9 cm

2.
4 cm
3 cm

3.
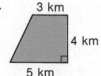
3 km
4 km
5 km

4.

7 cm
5 cm
4 cm

5. triángulo: $b = 12.8$ cm, $al = 10.3$ cm

6. trapecio: $al = 8.2$ m, $b_1 = 6$ m, $b_2 = 10.5$ m

PRÁCTICA

Halla el área de cada figura.

1.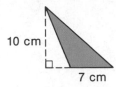
10 cm
7 cm

2.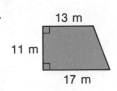
13 m
11 m
17 m

3.
3.5 km   5 km

4.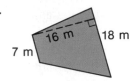
16 m   18 m
7 m

5. triángulo: $b = 8$ m, $al = 2$ m

6. trapecio: $al = 7$ cm, $b_1 = 10$ cm, $b_2 = 7$ cm

7. triángulo: $b = 13$ cm, $al = 6.4$ cm

8. trapecio: $al = 4.5$ m, $b_1 = 4$ m, $b_2 = 6$ m

9. triángulo: $b = 3.5$ m, $al = 4.5$ m

10. trapecio: $al = 30$ m, $b_1 = 65$ m, $b_2 = 48$ m

$\overline{AF} \parallel \overline{JG}$; $\overline{BI} \parallel \overline{CH} \parallel \overline{EG}$; $\overline{AJ} \parallel \overline{DH} \parallel \overline{FG}$; $\overline{AB} \cong \overline{BC} \cong$
$\overline{CD} \cong \overline{EF} \cong \overline{IH}$. **Halla el área de cada uno.**

11. *BIJ*

12. *ABJ*

13. *DFGH*

14. *BDHI*

15. *BCHJ*

16. *CEGH*

17. *BCHI*

★18. *BHI*

★19. *JCDG*

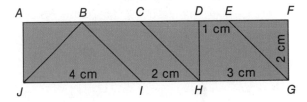

Halla el área de cada región sombreada.

20.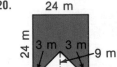
24 m
24 m
3 m 3 m   9 m

21.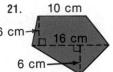
10 cm
6 cm   16 cm
6 cm

★22.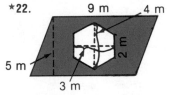
9 m   4 m
2 m
5 m
3 m

APLICACIÓN

=== **LA CALCULADORA** ===

Al substituir los valores de una fórmula, presta atención al orden de las teclas que usas en una calculadora. Para hallar el área de este trapecio, aprieta ⑥ ⊕ ⑧ ⊜ ⊗ ⑦ ÷ ② ⊜ 　49.

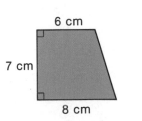
6 cm
7 cm
8 cm

El área es 49 cm².

Si aprietas ⑦ ⊗ ⑥ ⊕ ⑧ ÷ ② ⊜, podrías obtener 25 ó 46. Ambas respuestas son incorrectas.

Muestra un orden de teclas correcto para hallar el área de cada figura.

1.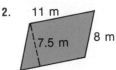
8 m
7 m   6 m
15 m

2.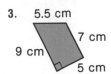
11 m
7.5 m   8 m

3. 5.5 cm
7 cm
9 cm   5 cm

4.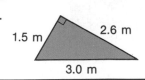
2.6 m
1.5 m
3.0 m

Círculos

Esta rueda de medicina fue construida hace unos 200 años por los americanos nativos de Wyoming. Su diámetro mide unos 26 m. Halla el perímetro y el área de la rueda.

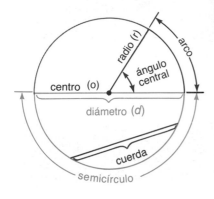

El perímetro de un círculo se llama su **circunferencia (C).** En todo círculo la razón $\frac{C}{d}$ es el mismo número, π (pi). Tanto 3.14 como $\frac{22}{7}$ son valores aproximados de π.

$\frac{C}{d} = \pi$, **por lo tanto $C = \pi d$, o $C = 2\pi r$.**

> El diámetro es el doble del radio. $d = 2r$

Para la rueda de medicina, $C = \pi d \approx 3.14 \times 26$ m $= 81.64$ m.

└─aproximadamente igual a

Recorta este círculo para hacer un "paralelogramo". Su altura es igual al radio del círculo. Su base es la mitad de la circunferencia. El círculo y el "paralelogramo" tienen la misma área.

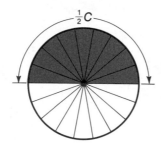

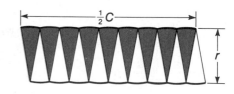

$A = bal = \frac{1}{2}Cr = \frac{1}{2} \times 2\pi r \times r = \pi r \times r = \pi r^2$

Para la rueda de medicina, $A = \pi r^2 \approx 3.14 \times (13 \text{ m})^2 = 3.14 \times 169$ m$^2 = 530.66$ m^2. Redondeado al metro cuadrado más cercano, cubre 531 m^2.

> $d = 26$, por lo tanto $r = 13$.

TRABAJO EN CLASE

Halla la circunferencia y el área de cada figura redondeadas a la unidad más cercana. Usa 3.14 para π.

1.

2 cm
O

2.

8 m
O

3.

12 m
O

4. $d = 14$ mm

5. $d = 12$ m

6. $r = 2.5$ km

PRÁCTICA

Halla la circunferencia y el área de cada figura redondeadas a la unidad más cercana. Usa 3.14 para π.

1.

7 cm
O

2.

24 m
O

3.

36 mm
O

4.

9 m
O

5. $r = 5$ m

6. $r = 16$ cm

7. $d = 30$ dm

8. $d = 100$ m

9. $r = 10$ m

10. $d = 44$ cm

11. $r = 3.4$ km

12. $d = 12.7$ cm

Halla el área de la parte sombreada redondeada a la unidad más cercana.

13.

20 m
10 m
O

14.

5 m
O

15.

O
6 cm

16.

8 m
O

Escribe *verdadero* o *falso* para cada enunciado.

17. El diámetro de un círculo es una cuerda.

18. El radio es el doble del diámetro.

19. Un semicírculo es un arco.

20. Hay 360° alrededor del centro de un círculo.

21. El vértice de un ángulo central de un círculo es a veces el centro del círculo.

22. La razón de la circunferencia al diámetro de todos los círculos es la misma.

★23. La longitud de un semicírculo es un cuarto de la circunferencia del círculo.

★24. Si un ángulo central de un círculo mide 180°, determina un semicírculo.

APLICACIÓN

25. Stonehenge fue construido hace unos 5,500 años. Halla la circunferencia y el área de cada círculo en la figura. Redondea a la unidad más cercana.

★26. ¿Cuántas veces mayor es el diámetro del círculo más grande? ¿la circunferencia del círculo más grande? ¿el área?

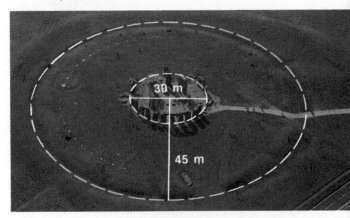
30 m
45 m

RAZONAMIENTO VISUAL

Estas 2 cuerdas dividen el círculo en 3 partes. Usa 3 cuerdas para dividir el círculo en lo siguiente.

1. 4 partes   **2.** 5 partes   **3.** 6 partes   **4.** 7 partes

Problemas para resolver

REPASO DE DESTREZAS Y ESTRATEGIAS

La Comisión de Parques del Condado de Wichita está plantando árboles a lo largo de los tres lados del parque. El parque tiene la forma de un triángulo equilátero. Se han plantado los tres árboles uno en cada vértice. Se han plantado tres árboles más a lo largo de un lado, completando la plantación de ese lado.

1. ¿Cuántos árboles más deben plantarse?

2. ¿Cuántos árboles se plantarán en total a lo largo de los lados del parque?

3. La tabla de abajo muestra el costo de los árboles que compró la Comisión. ¿Cuánto costarán los árboles en total?

Número total de árboles	1–4	5–8	9–13	14–17
Costo por árbol	$25	$22	$20	$18

4. La tabla de abajo muestra el número de semillas que hay en cada fila de un girasol. ¿Cuántas semillas habrá en la fila 12?

Fila	1	2	3	4	5	6	7	8
Número de semillas	1	1	2	3	5	8	13	21

5. El perro de María tiene una cadena de 5 m. Redondeado al metro cuadrado más cercano, ¿qué área tiene su "recorrido"? Usa $\pi \approx 3.14$.

6. La manecilla de la hora del reloj de la Municipalidad de Mercer mide 40 cm de largo. Redondeado al metro más cercano, ¿qué distancia recorre el extremo de la manecilla de la hora en un día?

7. La tierra está a 150,000,000 km del sol. Redondeado al millón de kilómetros más cercano, ¿qué distancia recorre la tierra alrededor del sol en un año?

8. El Sr. López pavimenta la entrada de su casa. Mide 5 m de ancho y 10 m de largo. El asfalto cuesta $28.50 por metro cuadrado. ¿Cuánto le costará pavimentar su entrada?

9. El dibujo de abajo es un corte transversal de una concha de nautilo. $AF = FB$ y $AM = MF$. ¿Qué longitud tiene $\overline{AB}$?

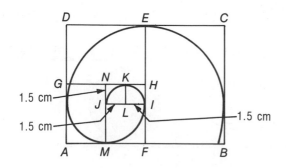

202

Problemas para resolver

¿QUÉ PASARÍA SI . . . ?

El Sr. Macell tiene 36 piezas de pizarra. Cada pieza es un cuadrado de 1 pie de lado. Quiere hacer un patio rectangular con las piezas de pizarra.

1. Haz una tabla para mostrar la longitud y el ancho de los posibles patios rectangulares que se pueden hacer.

2. ¿Cuántos patios diferentes hay?

3. El Sr. Macell quiere que su patio tenga un perímetro de 30 pies. ¿Cuáles serán las dimensiones?

¿Qué pasaría si el Sr. Macell cortara cada pizarra por la mitad para formar rectángulos de 1 pie por $\frac{1}{2}$ pie?

4. Prepara una tabla para mostrar la longitud y el ancho de cada uno de los posibles patios rectangulares.

5. ¿Cuántos patios diferentes son posibles?

6. El Sr. Macell quiere que su patio tenga un perímetro de 40 pies. ¿Cuáles serán las dimensiones?

7. Haz un dibujo del patio.

¿Qué pasaría si se cortara cada una de las pizarras cuadradas originales por la mitad a lo largo de la diagonal?

8. ¿Qué figura formaría cada pieza?

9. ¿Cuántos patios rectangulares diferentes son posibles?

10. El Sr. Macell quiere que su patio tenga un perímetro de 24 pies. ¿Cuáles serán las dimensiones?

★ 11. Las piezas de pizarra de 1 pie le cuestan $9.50 cada una al Sr. Macell. ¿Cuánto le costará este patio?

¿Qué pasaría si el Sr. Macell pudiera comprar piezas rectangulares de 1 pie por $\frac{1}{2}$ pie por $62 la docena?

★ 12. ¿Es menos caro comprar piezas precortadas o cortar las suyas?

★ 13. ¿Cuál es la diferencia de precio?

REPASO DEL CAPÍTULO

Mide cada ángulo. Después clasifícalo como agudo, recto u obtuso. págs. 178–179

1.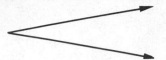

2.

¿Son congruentes los polígonos de cada par? Si es así, indica los lados y ángulos congruentes. Después enuncia la congruencia de los polígonos. págs. 180–181

3.

4.

Usa la figura de la derecha para hallar cada uno. m∠FGH = 130°. págs. 182–185

5. rectas perpendiculares   **6.** rectas paralelas

7. ∠FGJ y ∠_____ son ángulos alternos internos.

8. la medida del complemento del ∠EFG

9. m∠KGJ   **10.** m∠FGJ   **11.** m∠EFG   **12.** m∠EFM   **13.** m∠NEF

Nombra cada polígono. Después indica la suma de las medidas de sus ángulos. págs. 186–187

14.

15.

16.

Para cada polígono, halla las medidas que faltan. págs. 188–191

17. triángulo equilátero

18. rombo

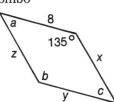

19. triángulo rectángulo isósceles

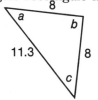

Halla el perímetro o la circunferencia y el área de cada figura redondeados a la unidad más cercana. Usa 3.14 para π. págs. 194–201

20.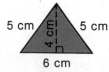
5 cm   4 cm   5 cm
6 cm

21.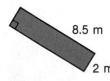
8.5 m
2 m

22.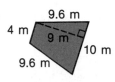
9.6 m
4 m   9 m   10 m
9.6 m

23.
12 cm
O

24.
1.5 m   O

Resuelve. págs. 192–93, 202–203

25. Se han dispuesto sesenta sillas en filas. En cada fila hay el mismo número de sillas. ¿Cuántos números de filas son posibles?

PRUEBA DEL CAPÍTULO

Usa la figura de la derecha para contestar 1–12.

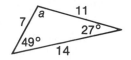

1. Indica las rectas perpendiculares.

2. Indica las rectas paralelas.

3. $\angle ACB$ y $\angle$____ son ángulos opuestos por el vértice.

4. $\angle ACB$ y $\angle$____ son ángulos correspondientes.

5. Mide cada ángulo del $\triangle CHG$ y clasifícalo como acutángulo, rectángulo u obtusángulo.

6. Indica los lados y ángulos congruentes del $\triangle CHG$.

7. Si m$\angle CHG$ = 120°, entonces m$\angle DCH$ = ____.

8. Halla m (el complemento del $\angle HCG$).

9. Clasifica el $\triangle CHG$. Da la suma de sus ángulos.

10. Clasifica $CDGH$. Da la suma de las medidas de sus ángulos.

11. CG = 17.5 cm, CH = 10 cm, y al = 5 cm. Halla el perímetro y el área de CHG.

12. CD = 9 m, DG = 4 m, GH = 5 m y HC = 5 m. Halla el perímetro y el área de $CDGH$.

Para cada polígono, halla las medidas que faltan.

13. paralelogramo

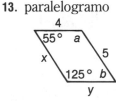

14. cuadrado

15. pentágono regular

16. triángulo escaleno

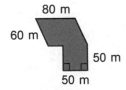

Halla el perímetro o la circunferencia y el área de cada figura. Usa 3.14 para π. Redondea a la unidad más cercana.

17. cuadrado de 12 cm de lado

18. círculo con un radio de 4 m

Resuelve.

19. ¿Cuánto costará poner una cerca en este campo del Zoológico de Oneonta? El material de la cerca cuesta $7.50 por metro.

20. A Bobbi, María, Sara y Alicia les gusta jugar el tenis juntas. Sin embargo, no pueden jugar en los mismos días.
    - Bobbi no puede jugar los martes, miércoles y sábados.
    - María puede jugar los lunes, miércoles y jueves.
    - Sara no puede jugar los lunes y jueves.
    - Alicia puede jugar los lunes, martes y viernes.
    - Ninguna puede jugar los domingos.
    a. ¿Puede cada pareja encontrar un día para jugar?
    b. ¿Hay días en que no pueden jugar?

    Halla el área de la región sombreada. Usa π ≈ 3.14. Redondea a la unidad más cercana.

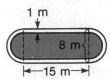

ROMPECABEZAS GEOMÉTRICOS

1. Copia estas monedas puestas a distancias iguales. Pon tu lápiz en una moneda. Sin levantarlo conecta las monedas usando sólo 4 segmentos de recta.

2. Arregla 10 monedas en 5 filas de 4 monedas cada una.

3. Una primavera, 3 grietas rectas aparecieron en la superficie de esta acera. Las grietas separaron las piedras. Pon 7 piedras sobre una hoja de papel en el patrón a la derecha. Dibuja rectas para mostrar dónde estaban las grietas.

4. ¿Que dos figuras de abajo completarán cada rectángulo?

a.

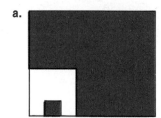

1	2	3	4	5

b.

1	2	3	4	5	6

ÁNGULOS Y CÍRCULOS

Un **ángulo inscripto** es un ángulo con un
vértice sobre un círculo y con lados que
contienen cuerdas de un círculo. Un ángulo
inscripto intercepta un arco de un círculo.

ángulo inscripto ABC

$\angle ABC$ intersecta $\overset{\frown}{AC}$. significa *arco*.

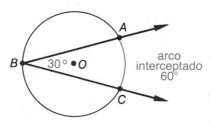

▶ La medida de un ángulo inscripto es la mitad
de la medida de su arco interceptado.

$$m\overset{\frown}{AC} = 60°$$

$$m\angle ABC = \tfrac{1}{2}(60°) = 30°$$

▶ La medida de un ángulo central equivale a
la medida de su arco interceptado.

ángulo central DEF

$$m\overset{\frown}{DF} = m\angle DEF = 60°$$

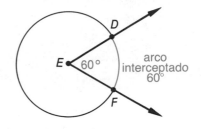

La longitud de un arco es igual a la

$$\frac{\text{medida del arco}}{360°} \times \text{circunferencia}$$

↑ medida del círculo

Para el círculo E con radio de 6 cm, la longitud de $\overset{\frown}{DF}$ es como sigue.

$$\frac{60°}{360°} \times 2\pi(6\ \text{cm}) = \tfrac{1}{6} \times 12\pi\ \text{cm} = 2\pi\ \text{cm} \approx 6.28\ \text{cm}$$

Redondeada a la unidad más cercana, la longitud de $\overset{\frown}{DF}$ es 6 cm.

Halla la medida y la longitud de cada arco. El radio de cada círculo es 12 m.

1.

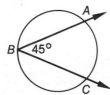

2.

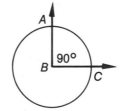

3.

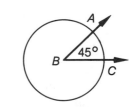

4.

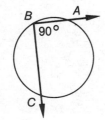

5.

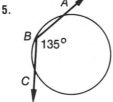

6.

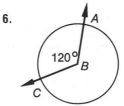

PROCESAMIENTO DE TEXTO

Pantalla

Unidad de disco

Teclado

Impresora

José ya ha pasado 7 horas trabajando en su artículo. Todavía no ha terminado debido a errores de ortografía y puntuación. Sara ha pasado 3 horas en su artículo. Ella ya terminó porque usó una procesadora de texto.

¿Qué hace una procesadora de texto?

Puede reordenar oraciones o párrafos, corrige la ortografía y la puntuación, almacena una parte o todo el artículo hasta que lo necesite. ¡Hasta puede imprimir un libro entero!

¿Cómo funciona una procesadora de texto?

El sistema de procesamiento de texto generalmente tiene un teclado, una pantalla, una unidad de procesamiento y una impresora. Algunos sistemas tienen un programa que se usa con una computadora. Las palabras se escriben como en una máquina de escribir y aparecen en la pantalla o monitor. Para hacer cambios se usan ciertas órdenes. Puede darse una orden a la computadora para corregir errores de ortografía, agregar o eliminar palabras o mover oraciones. Cuando se escribe una orden, el cambio aparece en la pantalla. Cuando se termina el artículo, puede ordenar a la impresora que lo imprima o puede almacenarlo.

Los autores usan sistemas de procesamiento de texto para ayudarse a corregir sus libros. Es fácil hacer correcciones sin tener que volver a escribir toda una página.

Los reporteros también usan procesadoras de texto. Pueden generar sus artículos rápida y fácilmente. Se ahorra tiempo porque no tienen que volver a escribir artículos.

Los abogados usan procesadoras de texto al preparar sus notas para las cortes.

Las secretarias consideran que las procesadoras de texto son valiosas. Son más rápidas y exactas para preparar cartas, documentos e informes.

PROYECTO

1. Halla otras 3 profesiones que usan procesadoras de texto. Escribe un párrafo para cada una describiendo cómo se usa la procesadora de texto.

2. Junta artículos de periódicos y revistas que demuestren los usos del procesamiento de texto. Úsalos para crear un tablero de anuncios.

3. Investiga la historia del procesamiento de texto. Averigua cómo se inició.

★ 4. Visita una tienda de computadoras. Pide una demostración de un programa de procesamiento de texto. Escribe un informe sobre tus descubrimientos.

REPASO ACUMULATIVO

Escoge las repuestas correctas. Escribe A, B, C o D.

1. ¿Cuál es la forma usual?
cinco millones, treinta millares, seis

  A 5,306,000   **C** 5,030,600
  B 5,030,006   **D** no se da

9.   3 sem 5 d
  $\times$ 3

  A 9 sem 5 d   **C** 11 sem 1 d
  B 9 sem 1 d   **D** no se da

2. Redondea 3,965,000 al millar más cercano.

  A 3,970,000   **C** 3,965,000
  B 4,000,000   **D** no se da

10. Estima la altura de la puerta de un armario.

  A 20 cm   **C** 200 mm
  B 2 m   **D** no se da

3. Estima. 4,862 $\times$ 29

  A 80,000   **C** 120,000
  B 150,000   **D** no se da

11. Completa. 12.06 dag = ___ g

  A 120.6   **C** 1.206
  B 0.1206   **D** no se da

4. 54,033 $\div$ 67

  A 860 R31   **C** 806 R31
  B 851 R14   **D** no se da

12. ¿Qué hora es 6 h 32 min antes de las 2:45 P.M.?

  A 9:17 P.M.   **C** 8:13 A.M.
  B 9:17 A.M.   **D** no se da

5. ¿Cuál es el valor del 6 en 32.065?

  A 0.6   **C** 600
  B 0.006   **D** no se da

13. ¿Qué propiedad se usa?
(6 $\times$ 2) + (6 $\times$ 5) = 6(2 + 5)

  A identidad   **C** asociativa
  B conmutativa   **D** no se da

6. 4.6 + 0.15 + 13.094

  A 17.844   **C** 13.155
  B 17.744   **D** no se da

14. 12 $\div$ (2^3 + 4) $\times$ 6

  A 24   **C** 8
  B 6   **D** no se da

7.   0.024
  $\times$ 0.08

  A 0.0162   **C** 0.00192
  B 0.162   **D** no se da

15. Evalúa $2a + b^2$ para $a = 4$ y $b = 3$.

  A 17   **C** 22
  B 14   **D** no se da

8. 3.015 $\times$ 10^5

  A 150.75   **C** 30,150
  B 301,500   **D** no se da

16. Resuelve esta ecuación. $31 = \frac{n}{20}$

  A $n = 1.55$ **C** $n = 620$
  B $n = 51$ **D** no se da

REPASO ACUMULATIVO

Escoge las respuestas correctas. Escribe A, B, C o D.

17. Resuelve esta ecuación. $b \times 2.4 = 12$

   A $b = 28.8$ **C** $b = 9.6$

   B $b = 5$ **D** no se da

18. ¿Cuál es la descomposición en factores primos de 168?

   A $2^3 \times 3 \times 7$ **C** 6×21

   B $2^4 \times 3 \times 7$ **D** no se da

19. ¿Cuál es el MCM de 8 y 12?

   A 48   **C** 4

   B 96   **D** no se da

20. ¿Cómo es $\frac{27}{4}$ como número mixto?

   A $4\frac{3}{4}$ **C** $6\frac{1}{4}$

   B $6\frac{3}{4}$ **D** no se da

21. ¿Comó es $7\frac{2}{3}$ como número decimal?

   A 0.66 **C** $7.\overline{6}$

   B $0.7\overline{3}$ **D** no se da

22. $12\frac{2}{5}$
$+ 18\frac{3}{4}$

   A $30\frac{3}{20}$ **C** $30\frac{4}{5}$

   B $31\frac{1}{20}$ **D** no se da

23. $5\frac{2}{9}$
$- 2\frac{7}{9}$

   A $7\frac{8}{9}$ **C** $3\frac{4}{9}$

   B $2\frac{4}{9}$ **D** no se da

24. $\frac{7}{8} \times 6$

   A $5\frac{1}{4}$ **C** $1\frac{1}{5}$

   B 7   **D** no se da

25. $10\frac{4}{5} \div \frac{9}{25}$

   A $\frac{1}{30}$ **C** 30

   B $10\frac{9}{25}$ **D** no se da

26. Completa. 6 lb 4 oz = ___ oz

   A 76   **C** 96

   B 100   **D** no se da

27. ¿Cuál es el complemento de un ángulo de 35°?

   A 55°   **C** 45°

   B 145°   **D** no se da

28. ¿Cuál es un triángulo con 3 ángulos iguales?

   A isósceles   **C** rectángulo

   B equilátero   **D** no se da

29. ¿Cuál es el perímetro?

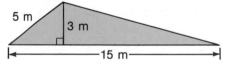

   A 18.03 m   **C** 11.1 m

   B 17.83 m   **D** no se da

30. ¿Cuál es el área?

5 m   3 m   15 m

   A 28 m^2 **C** 22.5 m^2

   B 37.5 m^2 **D** no se da

REPASO ACUMULATIVO

Escoge las respuestas correctas. Escribe A, B, C o D.

Resuelve.

31. La escuela secundaria Adams está tratando de conseguir dinero para actividades escolares. Los estudiantes venderán naranjas a $.50 cada una. El costo para la escuela es $7.20 por cajón de 24. ¿Cuánto se gana por cajón?

   A $12.00   C $5.20
   B $4.80   D no se da

32. ¿Cuántos cajones deben venderse para conseguir $120?

   A 25   C 240
   B 40   D no se da

33. Si otra compañía ofrece vender naranjas a la escuela a $.25 cada una, ¿cuál es la diferencia en la ganancia por cajón?

   A $6.00   C $2.80
   B $1.20   D no se da

Halla el patrón. ¿Cuáles son los dos próximos números que siguen?

34. 5, 6, 8, 11, ___, ___

   A 15, 20   C 15, 19
   B 14, 18   D no se da

35. 12.5, 12.41, 12.32, ___, ___

   A 11.5, 11.14   C 12.23, 12.14
   B 11.42, 10.52   D no se da

36. 6, 12, 11, 22, ___, ___

   A 44, 43   C 21, 42
   B 28, 27   D no se da

Resuelve.

37. Los costos de viaje son $.15 por milla. El Sr. Adkins recorre 42 millas el miércoles y 157 millas el viernes. ¿Cuánto es el total de sus gastos de viaje para el miércoles y el viernes?

   A $28.85   C $39.85
   B $19.85   D no se da

Usa la gráfica de abajo para 38–40.

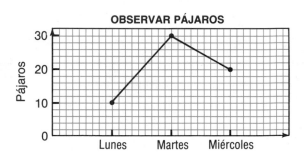

38. El club de ornitología fue a la reserva natural para ver cuántas clases de pájaros podían observar. ¿Cuántos pájaros en total vieron el lunes, martes y miércoles?

   A 65   C 45
   B 60   D no se da

39. ¿Cuál fue el número promedio de pájaros que se vió en cada uno de estos días?

   A 20   C 13
   B 21   D no se da

40. Si la meta del club es observar 100 pájaros diferentes en la semana, ¿qué total se necesitará para el jueves y el viernes?

   A 35   C 0
   B 18   D no se da

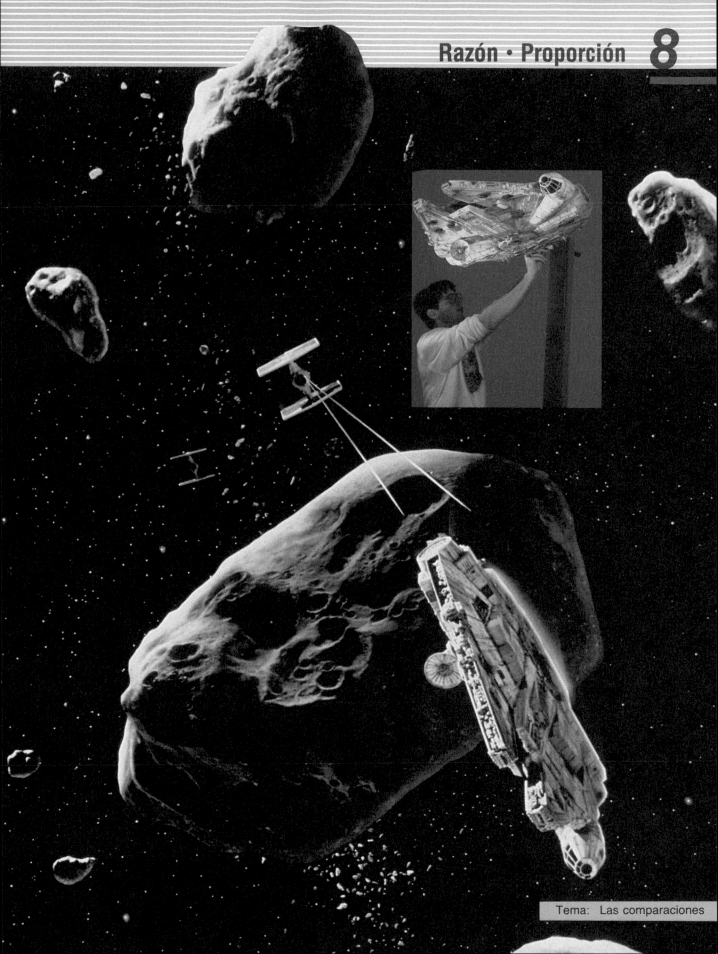

Tema: Las comparaciones

Razones

Cuando se acuñó la moneda de un centavo en 1796, tenía un fuerte poder adquisitivo. Una persona podía comprar una docena de manzanas por 11¢. Hoy una docena de manzanas cuesta $2.00.

$.10

$.01

▶Una **razón** es un par de números que describe o compara dos cantidades.

a razón de	se escribe	se lee
12 manzanas por 11¢	$\frac{12}{11}$ ó 12:11	12 a 11

comparación	se escribe	se lee
13 estados en 1776 50 estados en 1986	$\frac{13}{50}$ ó 13:50	13 a 50

Las razones iguales describen o hacen la misma comparación. Puedes hallar razones iguales multiplicando o dividiendo.

$$\frac{12}{11} = \frac{12 \times 3}{11 \times 3} = \quad \leftarrow \text{primer término} \\ \quad\quad\quad\quad\quad\quad \leftarrow \text{segundo término}$$

$$\frac{48}{44} = \frac{48 \div 4}{44 \div 4} = \frac{12}{11}$$

Para comprobar si dos razones son iguales, puedes multiplicar o dividir, o usar los productos cruzados.

▶Si los productos cruzados de dos razones son iguales, entonces las razones son iguales.

a.
$$6 \times 2?$$
$$\frac{6}{9} \quad \frac{12}{18}$$
$$9 \times 2?$$
$$\frac{6}{9} = \frac{12}{18}$$

b.
$$24 \div 4?$$
$$\frac{24}{16} \quad \frac{6}{5}$$
$$16 \div 4?$$
$$\frac{24}{16} \neq \frac{6}{5}$$
no es igual a

c.
$$\frac{10}{12} \quad \frac{25}{30}$$
$$10 \times 30 = 12 \times 25,$$
por lo tanto $\frac{10}{12} = \frac{25}{30}$.

d.
$$\frac{8}{10} \quad \frac{52}{55}$$
$$8 \times 55 \neq 10 \times 52,$$
por lo tanto $\frac{8}{10} \neq \frac{52}{55}$.

TRABAJO EN CLASE

Escribe una razón en forma de fracción para cada uno.

1. 12 manzanas por $2.00

2. 2 latas por 59¢

3. 5 teléfonos por cada 2 casas

Escribe tres razones iguales más para cada uno.

4. $\frac{8}{3}, \frac{16}{6}, \frac{24}{9}$

5. $\frac{72}{120}, \frac{36}{60}, \frac{24}{40}$

6. $\frac{1.5}{5}, \frac{3}{10}, \frac{4.5}{15}$

Substituye cada ● por = o ≠.

7. $\frac{3}{2}$ ● $\frac{21}{14}$

8. $\frac{7}{8}$ ● $\frac{28}{32}$

9. $\frac{5}{9}$ ● $\frac{7}{13}$

10. $\frac{8}{6}$ ● $\frac{9}{7}$

11. $\frac{3.2}{7}$ ● $\frac{16}{35}$

PRÁCTICA

Escribe una razón en forma de fracción para cada comparación.

1. 2 latas por 89¢
2. 3 radios por familia
3. 50 botellas por minuto
4. 3 toronjas por $2.00
5. 1.5 kg por $1.00
6. 6 computadoras para 25 estudiantes
7. 4 zapatos a 12 medias
8. $195 por mes
9. 15 km por L
10. 5 pares por $2.99
11. 1 cm a 250 cm
12. 5 blusas a 3 faldas

Escribe tres razones iguales más para cada una.

13. $\frac{1}{5}, \frac{2}{10}, \frac{3}{15}$

14. $\frac{3}{2}, \frac{6}{4}, \frac{9}{6}$

15. $\frac{2.5}{4}, \frac{5}{8}, \frac{7.5}{12}$

16. $\frac{36}{72}, \frac{18}{36}, \frac{12}{24}$

17. $\frac{120}{80}, \frac{60}{40}, \frac{30}{20}$

18. $\frac{75}{100}, \frac{37.5}{50}, \frac{25}{33\frac{1}{3}}$

Substituye cada ⬭ por = o ≠.

19. $\frac{2}{3}$ ⬭ $\frac{14}{21}$

20. $\frac{9}{32}$ ⬭ $\frac{2}{8}$

21. $\frac{16}{6}$ ⬭ $\frac{40}{15}$

22. $\frac{14}{15}$ ⬭ $\frac{52}{45}$

23. $\frac{21}{7}$ ⬭ $\frac{56}{15}$

24. $\frac{5}{7}$ ⬭ $\frac{20}{28}$

25. $\frac{14}{6}$ ⬭ $\frac{35}{15}$

26. $\frac{23}{8}$ ⬭ $\frac{54}{19}$

27. $\frac{3}{4}$ ⬭ $\frac{19}{25}$

28. $\frac{9}{10}$ ⬭ $\frac{8}{9}$

29. $\frac{7}{10}$ ⬭ $\frac{3.4}{5}$

30. $\frac{1.5}{2.5}$ ⬭ $\frac{150}{250}$

31. $\frac{\frac{2}{3}}{8}$ ⬭ $\frac{5}{60}$

32. $\frac{0.25}{4}$ ⬭ $\frac{1}{15}$

33. $\frac{3\frac{1}{5}}{7}$ ⬭ $\frac{8}{17\frac{1}{2}}$

En cada caso las cuatro razones son iguales. Halla los números que faltan.

★34. $\frac{a}{16}, \frac{6}{b}, \frac{4}{8}, \frac{c}{4}$

★35. $\frac{x}{8}, \frac{15}{y}, \frac{20}{32}, \frac{z+9}{16}$

★36. $\frac{6}{m+5}, \frac{n}{10}, \frac{18}{15}, \frac{24}{p+5}$

APLICACIÓN

Escribe una razón para cada uno.

37. En 1776 la población de Estados Unidos era de unos 3 millones. Hoy la población es de unos 237 millones.

38. En el Antiguo Oeste, las diligencias viajaban a una velocidad de 15 km/h. Hoy la velocidad en la carretera es de 90 km/h.

=== RAZONAMIENTO LÓGICO ===

Un autobús de recorrido corto tiene capacidad para 96 pasajeros. En un viaje a Dallas, había un asiento vacío por cada dos asientos ocupados. ¿Cuántos pasajeros había a bordo?

Proporciones

En la película *King Kong*, el poderoso mono parecía
medir 50 pies de altura. En realidad el modelo tenía 18 plgs
de altura. ¿Qué altura tendría un modelo de árbol que
parecía medir 25 pies de altura junto a King Kong?

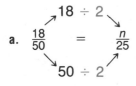

$$\frac{18}{50} = \frac{n}{25}$$

Resuelve esta
proporción para
hallar la altura del
modelo de árbol.

▶Una **proporción** es un enunciado que afirma que
dos razones son iguales.

Puedes *resolver una proporción* multiplicando, dividiendo
o usando productos cruzados.

producto de los medios =
producto de los extremos

a.
$$\frac{18}{50} = \frac{n}{25}$$
$18 \div 2$
$50 \div 2$

$n = 18 \div 2 = 9$

b.
$$\frac{18}{50} = \frac{n}{25}$$ medios / extremos

$18 \times 25 = 50 \times n$
$450 = 50n$
$9 = n$

Comprueba $18 \times 25 = 50 \times 9$
$450 = 450$

El modelo de árbol habría medido 9 plg de altura.

Más ejemplos

c.
$$\frac{15}{n} = \frac{8}{5}$$
$15 \times 5 = n \times 8$
$75 = 8n$
$9\frac{3}{8} = n$

Estima para comprobar.
15 es aproximadamente
8×2 por lo tanto n debería
ser aproximadamente 5×2
ó 10.

La respuesta $9\frac{3}{8}$ tiene sentido,
puesto que se aproxima a 10.

d.
$$\frac{1.7}{3.5} = \frac{5.1}{n}$$
$1.7 \times 3 = 5.1$
$n = 3.5 \times 3 = 10.5$

TRABAJO EN CLASE

Resuelve. Comprueba cada respuesta.

1. $\frac{n}{15} = \frac{17}{3}$ **2.** $\frac{7}{n} = \frac{28}{12}$ **3.** $\frac{9}{6} = \frac{15}{n}$ **4.** $\frac{n}{5.1} = \frac{9}{27}$ **5.** $\frac{23}{5} = \frac{n}{\frac{1}{2}}$

Escribe una proporción para cada uno. Después resuelve para hallar la respuesta.

6. 2 por 39¢
¿Cuántos por $1.17?

7. 9 en 15
¿12 en cuántos?

8. 20 por 35
¿Cuántos por 7?

Resuelve. Comprueba cada respuesta.

1. $\frac{4}{3} = \frac{n}{9}$

2. $\frac{n}{6} = \frac{8}{3}$

3. $\frac{10}{x} = \frac{15}{6}$

4. $\frac{42}{24} = \frac{7}{x}$

5. $\frac{9}{7} = \frac{n}{49}$

6. $\frac{8}{20} = \frac{30}{y}$

7. $\frac{n}{18} = \frac{10}{15}$

8. $\frac{35}{21} = \frac{x}{9}$

9. $\frac{n}{19} = \frac{10}{5}$

10. $\frac{28}{n} = \frac{36}{27}$

11. $\frac{32}{48} = \frac{38}{y}$

12. $\frac{24}{n} = \frac{27}{63}$

13. $\frac{30}{24} = \frac{x}{16}$

14. $\frac{x}{33} = \frac{4}{11}$

15. $\frac{32}{y} = \frac{5.6}{4.9}$

16. $\frac{n}{15} = \frac{3.2}{5}$

17. $\frac{10.5}{x} = \frac{5}{10}$

18. $\frac{32}{7.2} = \frac{n}{9}$

19. $\frac{n}{10} = \frac{4}{3}$

20. $\frac{600}{n} = \frac{3}{\frac{1}{2}}$

21. $\frac{9}{6.5} = \frac{4}{n}$

22. $\frac{2\frac{1}{3}}{5} = \frac{x}{12}$

23. $\frac{\frac{1}{2}}{5} = \frac{n}{20}$

24. $\frac{n}{7} = \frac{12}{24}$

Escribe una proporción para cada uno. Después resuelve para hallar la respuesta.

25. 5 por 78¢
    ¿25 por cuánto?

26. 5 por 59¢
    ¿10 por cuánto?

27. 6 en 60
    ¿Cuántos en 10?

28. 4 en 20
    ¿10 en cuántos?

29. 3 por 5
    ¿9 por cuántos?

30. 1.5 por 6
    ¿Cuántos por 16?

★ 31. 8 en 30
    ¿Cuántos en 49?

★ 32. 2 por 89¢
    ¿7 por cuánto?

★ 33. 6 por $1.97
    ¿5 por cuánto?

APLICACIÓN

34. Tienen que hacerse modelos de la Esfinge y de la Gran Pirámide para una película sobre Egipto. La Esfinge tiene 66 pies de altura y el modelo 11 plg de altura. La Gran Pirámide tiene 480 pies de altura. ¿Qué altura tendrá que tener su modelo?

★ 35. La base de la Gran Pirámide mide 756 pies cuadrados. ¿Cuál debería ser la base del modelo?

HAZLO MENTALMENTE

Trata de resolver cada proporción mentalmente.

1. $\frac{1}{3} = \frac{4}{n}$

2. $\frac{1}{2} = \frac{x}{8}$

3. $\frac{x}{5} = \frac{40}{50}$

4. $\frac{3}{10} = \frac{n}{100}$

5. $\frac{2}{7} = \frac{14}{x}$

6. $\frac{n}{80} = \frac{6}{8}$

7. $\frac{75}{100} = \frac{7.5}{n}$

8. $\frac{3}{x} = \frac{18}{24}$

Precio por unidad

Sé un comprador que compara. ¿Cuál es la mejor compra?

Para hallar la mejor compra, compara los precios por unidad.

▶El **precio por unidad** de un artículo es una razón: *precio* por *unidad de medida*.

$$\begin{array}{c} \overset{\text{precio}}{\underset{\text{unidad de medida}}{\dfrac{p}{1} = \dfrac{25}{2}}} \end{array} \implies p = \frac{25}{2} = 12.5$$

El precio por unidad es $12.50.

$$\begin{array}{c} \overset{\text{precio}}{\underset{\text{unidad de medida}}{\dfrac{p}{1} = \dfrac{35}{3}}} \end{array} \implies p = \frac{35}{3} = 11\frac{2}{3}$$

El precio por unidad es $11.67 redondeado al centavo más cercano.

Las camisas que se venden a 3 por $35.00 son la mejor compra porque su precio por unidad es menor.

Otro ejemplo

Halla el precio por unidad.

3 latas por $1.00

$$\begin{array}{c} \overset{\text{precio}}{\underset{\text{unidad de medida}}{\dfrac{p}{1} = \dfrac{1}{3}}} \end{array} \implies p = \frac{1}{3}$$

El precio por unidad es $.33 redondeado al centavo más cercano. Pero si compraras sólo 1 lata, pagarías $.34. Las tiendas siempre redondean al centavo superior más cercano salvo que el residuo sea 0.

TRABAJO EN CLASE

Halla el precio por unidad. Redondea al centavo más cercano.

1. 12 lápices por 84¢

2. 1.5 L por 72¢

3. 4 latas por $1.25

4. 5 bloques por $1.60

5. 2.5 kg por $5.89

6. una docena de limones por $1.00

PRÁCTICA

Halla el precio por unidad. Redondea al centavo más próximo.

Artículo	Cantidad o tamaño	Precio	Precio por unidad
1. jeans	3	$38.97	____ por prenda
2. shorts deportivos	4	$ 9.28	____ por prenda
3. jabón	5 barras	$ 1.79	____ por barra
4. jugo	6 latas	$ .99	____ por lata
5. leche	4 L	$ 2.39	____ por L
6. tarjetas postales	caja de 25	$ 8.75	____ por tarjeta
7. medias	12 pares	$ 9.99	____ por par
8. pañuelos	6 cajas	$ 2.00	____ por caja
9. barras de fruta	1 docena	$ 2.98	____ por barra
10. pelotas de ping-pong	$\frac{1}{2}$ docena	$ 1.59	____ por pelota
11. alimento para perros	3 latas	$ .67	____ por lata
12. mantequilla de cacahuate	250 g	$ 1.89	____ por kg
★ **13.** servilletas	100	$ .89	____ por servilleta
★ **14.** toallas de papel	rollo de 250 hojas	$ 1.05	____ por 100 hojas

APLICACIÓN

¿Cuál es la mejor compra?

15. alimento para perros
  a. 3 latas por $.67
  b. 5 latas por $1.05

16. jabón
  a. 5 barras por $1.79
  b. 4 barras por $1.49

17. tarjetas postales
  a. caja de 25 por $8.75
  b. caja de 30 por $11.25

18. camisetas de béisbol
  a. 4 por $15.96
  b. 3 por $11.37

19. champú
  a. 375 mL por $2.95
  b. 425 mL por $3.25

★ **20.** jugo
  a. 350 mL por $.23
  b. 1 L por $.67

ESTIMAR

Estima el precio por unidad.

1. 2 kg por $1.99

2. 3 pares por $14.97

3. 4 cajas por $1.97

4. 3 camisas por $23.98

5. 5 bloques por $1.07

6. 4 L por $2.19

7. caja de 20 por $5.25

8. 1 docena por $1.29

9. 110 hojas por $.93

Dibujo a escala

Un dibujo a escala puede ser una reducción o una ampliación de un objeto verdadero. La escala para el dibujo es una razón.

tamaño del dibujo: tamaño del objeto verdadero

La escala para este dibujo a escala de un carro es 1 cm:25 cm.

¿Cuál es la longitud verdadera del carro?

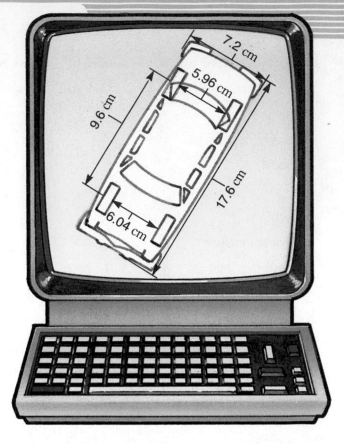

```
  ┌dibujo a escala┐
   └→ 1   =  17.6 ←┘
    →25      n   ←
  ┌───────┘
   └ verdadero ┘
```

$1 \times n = 25 \times 17.6$

$n = 440$

El carro mide 440 cm largo.

Más ejemplos

a. **escala**   1 cm:5 mm
longitud del dibujo a escala   5 mm
longitud verdadera   ___

5 mm = 0.5 cm

$\frac{1}{5} = \frac{0.5}{n}$

$1 \times n = 5 \times 0.5$

$n = 2.5$

La longitud verdadera es 2.5 mm.

b. **escala**   1 cm a 2 m
longitud del dibujo a escala   ___
longitud verdadera   15.6 m

$\frac{1}{2} = \frac{n}{15.6}$

$1 \times 15.6 = 2 \times n$

$7.8 = n$

La longitud del dibujo a escala es 7.8 cm.

TRABAJO EN CLASE

Completa.

1. **escala**   1 mm:20 cm
dibujo   12 mm
verdadero   ___

2. **escala**   1 cm:1 mm
dibujo   ___
verdadero   7 mm

3. **escala**   1 cm a 2.5 km
dibujo   4.8 cm
verdadero   ___

4. **escala**   1 cm:40 km
dibujo   3.2 cm
verdadero   ___

5. **escala**   1 mm:1 cm
dibujo   10 cm
verdadero   ___

6. **escala**   1 cm a 0.5 m
dibujo   ___
verdadero   6.5 m

PRÁCTICA

Completa.

1. escala 1 cm:15 cm
    dibujo   9 cm
    verdadero ___

2. escala 1 mm a 5 mm
    dibujo ___
    verdadero 75 mm

3. escala 1 cm:1 mm
    dibujo 7.8 cm
    verdadero ___

4. escala 1 cm a 2.5 m
    dibujo ___
    verdadero 25 m

5. escala 1 cm:10 km
    dibujo 12.5 cm
    verdadero ___

6. escala 1 cm:2.5 mm
    dibujo ___
    verdadero 17.5 mm

7. escala 1 cm:5 mm
    dibujo ___
    verdadero 37.5 mm

8. escala 1 cm:50 cm
    dibujo ___
    verdadero 9.7 m

9. escala 1 mm a 10 km
    dibujo 1.5 cm
    verdadero ___

La escala de un mapa es 1 cm a 50 km. Halla la distancia verdadera representada por cada medida en el mapa.

10. 3 cm   **11.** 10 cm   **12.** 4.2 cm   **13.** 5.5 cm   **14.** 5 mm

¿Qué distancia verdadera es más larga, a o b?

★**15.a. escala** 1 cm:20 km
    dibujo 16.25 cm
    verdadero ___

  b. escala 1 cm:25 km
    dibujo 15 cm
    verdadero ___

★**16.a. escala** 1 mm:10 km
    dibujo 1 cm
    verdadero ___

  b. escala 1 cm:50 km
    dibujo 2.5 cm
    verdadero ___

APLICACIÓN

17. Prepara una tabla que muestre la longitud del dibujo a escala y la longitud verdadera para todas las dimensiones del carro de la página 220.

RAZONAMIENTO VISUAL

Halla seis pares de carros que tengan la misma forma pero *no* el mismo tamaño.

Distancia, velocidad, tiempo

Una nave espacial puede trasladarse más de 400 veces más rápido que un carro. Viajando a 40,000 km por hora, una nave espacial puede ir desde la tierra hasta la luna en 10 horas. ¿A qué distancia está la tierra de la luna?

$$\frac{\text{distancia } (d)}{\text{tiempo } (t)} = \text{velocidad } (v)$$

$$\overset{\text{distancia}}{\frac{40,000}{1}} = \frac{d}{10}$$
$$\underset{\text{tiempo}}{}$$

$1d = 40,000 \times 10$

$d = 400,000$

La tierra está a 400,000 km de la luna.

Más ejemplos

a. 450 km en 5 h
360 km en t h

$$\frac{450}{5} = \frac{360}{t}$$
$$450\,t = 5 \times 360$$
$$t = 4$$

b. 300 km en 4 h
d km en 1 h

$$\frac{300}{4} = \frac{d}{1}$$
$$300 \times 1 = 4d$$
$$75 = d$$

TRABAJO EN CLASE

Completa.

1. 40,000 km en 1 h
160,000 km en t h

2. 700 km en 2 h
d km en 8 h

3. 234 km en 3 h
d km en 1 h

4. 8 m en 12 min
1 m en t min

5. 2,400 km en 3 h
d km en 4.5 h

6. 360 m en 1 s
540 m en t s

PRÁCTICA

Completa.

1. 240 km en 3 h
   d km en 5 h

2. 2,880 km en 4 h
   d km en 1 h

3. 663 km en 8.5 h
   78 km en t h

4. 80 km en 1 h
   100 km en t h

5. 5 km en 45 min
   1 km en t min

6. 7 m en 2 min
   d m en 9 min

7. 10,000 km en 4 h
   25,000 km en t h

8. 180 m en 4 min
   d m en 2.5 min

★ 9. 900 km en 1 h
   d km en 15 min

★ 10. 600 m en 1 min
   d m en 1 s

APLICACIÓN

11. Hay unos 640 km entre Petersburg, Virginia y la Ciudad de New York. Rosa tardó 8 h en hacer el viaje. Como promedio, ¿a qué velocidad viajó?

★ 12. Kyoko recorrió en su bicicleta 24 km en 1 hora. Como promedio, ¿qué distancia recorrió en 1 minuto?

RAZONAMIENTO LÓGICO

Juan y J.C. están a 30 km de distancia dirigiéndose el uno hacia el otro. Viajan a 15 km por hora. Una mosca empieza desde Juan y vuela hacia J.C., después a Juan y así sucesivamente. La mosca continúa de ida y vuelta a 60 km por hora hasta que Juan y J.C. chocan, reventando la mosca. ¿Qué distancia recorrió la mosca?

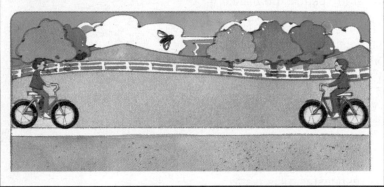

Práctica mixta

1. 143.62
      9.08
   + 74.57

2. $30.607 - 1.9467$

3. $3\frac{2}{3} + 4\frac{1}{2} + \frac{5}{6}$

4. $25\frac{3}{4}$
   $- 18\frac{7}{8}$

5.   0.308
   × 7.96

6. $\frac{1}{2} + \frac{1}{3} + \frac{1}{4}$

7. $\frac{5}{8} \times 3\frac{1}{5}$

8. $4.9)\overline{\$29.89}$

9. $9\frac{1}{6} - 4\frac{5}{12}$

10.   2.64
    × 0.03

11. $3\frac{2}{3} \div 4\frac{2}{5}$

Resuelve.

12. $x + \frac{3}{4} = 2\frac{1}{2}$

13. $7.8 = n - 8.4$

14. $\frac{3}{8}n = 6$

15. $12\frac{2}{3} = x - 7\frac{1}{3}$

16. $3.2\, n = 16$

223

Problemas para resolver

LÓGICA

PIENSA
PLANEA
RESUELVE
REVISA

Cuando se necesita extraer conclusiones lógicas a partir de los datos, a menudo es útil organizar los datos en una tabla.

Anita, Bárbara, Carol y Ruth son payasos de circo. Cada una viste un traje rojo, azul, verde o blanco.

Pista 1: Ruth y Anita salieron de la pista antes que los payasos de traje blanco y de traje azul.

Pista 2: El payaso de rojo bailó con Anita.

Pista 3: Bárbara vio que Carol se ponía el traje blanco.

¿Qué traje viste cada persona?

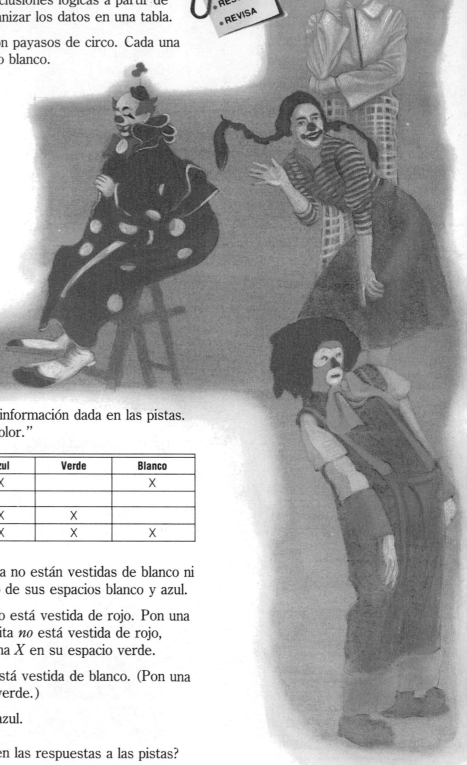

Usa una tabla para organizar la información dada en las pistas. Una X significa "no lleva este color."

	Rojo	Azul	Verde	Blanco
Anita	X	X		X
Bárbara				
Carol	X	X	X	
Ruth		X	X	X

La pista 1 dice que Ruth y Anita no están vestidas de blanco ni de azul. Pon una *X* en cada uno de sus espacios blanco y azul.

La pista 2 nos dice que Anita no está vestida de rojo. Pon una *X* en su espacio rojo. Como Anita *no* está vestida de rojo, Ruth debe llevar el rojo. Pon una *X* en su espacio verde.

La pista 3 nos dice que Carol está vestida de blanco. (Pon una *X* en sus espacios rojo, azul y verde.)

Bárbara debe estar vestida de azul.

Revisa las pistas. ¿Corresponden las respuestas a las pistas?

PRÁCTICA

Resuelve.

1. El carpintero, el plomero y el farmacéutico de Villa María son Luis, Jackson y Cooper.

   - Cooper vive al lado del plomero.
   - El carpintero es el hijo de Cooper.
   - Luis y Cooper estaban juntos en el equipo de carrera de pista en el colegio secundario.

   ¿Qué trabajo tiene cada persona?

2. Marci, Patti, Carlos y Brenda fueron cada uno a un cine diferente anoche. Vieron *Viaje espacial, Regreso al planeta K, Criaturas nocturnas,* y *Aventura del Oeste.*

   - Brenda vio que Patti salía del cine en donde ponían *Viaje espacial.*
   - Marci no quería ver *Criaturas nocturas.*
   - Carlos y Marci ya habían visto *Aventura del Oeste* hace dos semanas.

   ¿Qué película vio cada persona?

3. Había cuatro actos en una función de circo. Los elefantes actuaban durante 9 minutos, los payasos actuaban durante 18 minutos, el domador de leones 15 minutos y los acróbatas 12 minutos. Entre actos había un descanso de 2 minutos.

   - El acto de los acróbatas estaba entre los elefantes y los payasos.
   - Los elefantes comenzaban a las 2:00 P.M. en punto.
   - El domador de leones terminaba exactamente a las 3:00 P.M.

   Dibuja una recta del tiempo que indique cuándo se daba cada actuación y cuándo tenían lugar los descansos.

★4. Siete carros participaron en la carrera de 4,300 millas de Memphis.

   - El carro ganador tenía un número par.
   - El carro 4 le ganó al carro 7 por un metro.
   - Al carro 6 se le reventó una llanta y terminó último.
   - El conductor del carro 1 era el único vestido de amarillo.
   - La conductora del carro 2 vio que el conductor que iba delante de ella vestía de amarillo.
   - El carro 7 terminó dos metros delante del carro 1.
   - Los carros 2 y 3 terminaron en empate.
   - El carro 5 terminó segundo.

   ¿En qué orden terminaron los carros?

CREA TU PROPIO PROBLEMA

Llena los espacios en blanco con los datos correspondientes de la lista de la derecha. Después resuelve el problema.

Había ____ muchachas en una fiesta.
- Beverly llevaba un vestido ____.
- Elena llevaba un vestido blanco.
- Martina no llevaba amarillo.
- Sandra y la muchacha en ____ le ganaron a Bonnie y a la muchacha en amarillo en una carrera de 3 piernas.
- La muchacha con la falda ____ tuvo que irse temprano.

¿Qué color llevaba ____? ¿Qué muchacha tuvo que irse temprano?

INFORMACIÓN		
4	rojo	Joann
5	verde	Elena
6	rosado	amarillo

Dibujar polígonos semejantes

Luisa quería construir dos casas para pájaros de la misma forma y diferentes tamaños. Usó cuadrículas de diferentes tamaños para dibujar las dos casas. Los frentes eran polígonos semejantes.

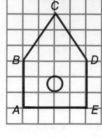

▶Dos polígonos son **semejantes** (~) si tienen la misma forma.

Una figura puede hacerse más pequeña o más grande dibujándola sobre una cuadrícula más pequeña o más grande.

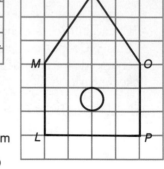

También puede dibujarse usando una regla y un transportador. Para hacer un polígono que sea el doble del *ABCDE*, dibuja cada segmento el doble del segmento correspondiente del *ABCDE*. Dibuja cada ángulo del mismo tamaño que el ángulo correspondiente del *ABCDE*.

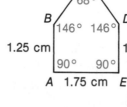

$\angle A \cong \angle F$ $\angle B \cong \angle G$ $\angle C \cong \angle H$
$\angle D \cong \angle I$ $\angle E \cong \angle J$

Los ángulos correspondientes son congruentes.

$$\frac{AB}{FG} = \frac{BC}{GH} = \frac{CD}{HI} = \frac{DE}{IJ} = \frac{EA}{JF}$$

Los lados correspondientes son proporcionales.

ABCDE ~ *FGHIJ*

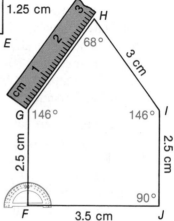

TRABAJO EN CLASE

1. **a.** ¿Qué polígonos son semejantes?
   b. Dibuja un polígono tres veces más grande que el *MNOP*.

2. Usa una cuadrícula más grande o más pequeña para dibujar una figura semejante.

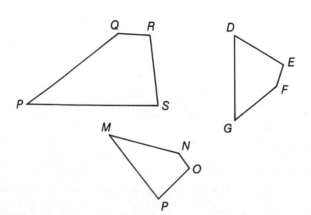

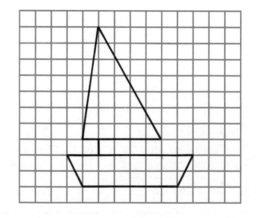

PRÁCTICA

¿Qué polígonos son semejantes?

1.

2.

3.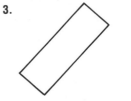

4.

5.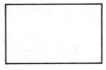

6.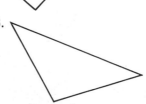

Para cada par de polígonos semejantes, completa la proporción. Después nombra los ángulos congruentes.

7. $\triangle ABC \sim \triangle ADE$

$\dfrac{AB}{AD} = \dfrac{\square}{\square} = \dfrac{\square}{\square}$

8. $WALK \sim JUMP$

$\dfrac{WA}{JU} = \dfrac{\square}{\square} = \dfrac{\square}{\square} = \dfrac{\square}{\square}$

9. $SMILE \sim GRAND$

$\dfrac{SM}{GR} = \dfrac{\square}{\square} = \dfrac{\square}{\square} = \dfrac{\square}{\square} = \dfrac{\square}{\square}$

Usa una regla y un transportador para dibujar cada polígono como se describe abajo.

10. el doble de grande que **1**

11. $\frac{3}{2}$ de grande que **3**

12. la mitad de grande que **6**

Usa una cuadrícula más grande o más pequeña para dibujar una figura semejante.

13.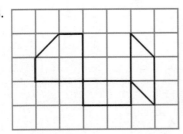

14.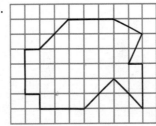

15.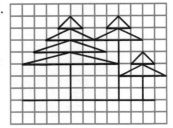

$ABCD \sim EFGH$. $AB = 2$ cm, $BC = 1.5$ cm, $CD = 3.5$ cm, $EF = 5$ cm, $FG = 3.75$ cm y $EH = 7.5$ cm. **Halla cada uno de los siguientes.**

★**16.** $\dfrac{AB}{EF}$

★**17.** $\dfrac{BC}{FG}$

★**18.** $\dfrac{CD}{GH}$

★**19.** $\dfrac{DA}{HE}$

APLICACIÓN

20. Se diseñan casas para pájaros para atraer a pájaros. El diseño de la derecha atrae a los azulejos. Usa una cuadrícula más grande para dibujar una casa semejante.

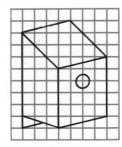

★**21.** Usa una regla y un transportador para dibujar una casa cinco veces más grande.

Triángulos semejantes

Los dinosauros son los animales terrestres más grandes de la historia. ¿Qué longitud tendría la sombra de este tiranosauro comparada a la del hombre moderno que se ilustra aquí?

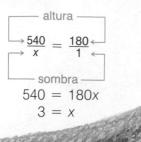

$$\underset{\text{sombra}}{\overset{\text{altura}}{\frac{540}{x}}} = \frac{180}{1}$$

$$540 = 180x$$
$$3 = x$$

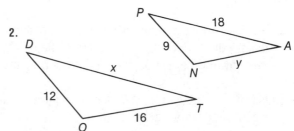

tiranosauro

540 cm

hombre típico

180 cm

x

1 m

El tiranosauro habría proyectado una sombra de 3 m.

▶ Si dos triángulos son semejantes, sus ángulos correspondientes son congruentes y sus lados correspondientes son proporcionales. Es decir, las razones de las medidas de los lados correspondientes son iguales.

Otro ejemplo

$\triangle TAP \sim \triangle RUN$. Halla x.

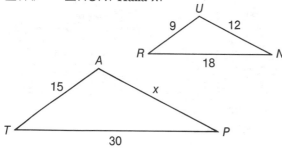

$$\frac{TA}{RU} = \frac{AP}{UN} = \frac{PT}{NR}$$

$$\frac{15}{9} = \frac{x}{12} = \frac{30}{18}$$

$$180 = 9x$$
$$20 = x$$

TRABAJO EN CLASE

Para cada par de triángulos semejantes, halla las medidas desconocidas.

1.

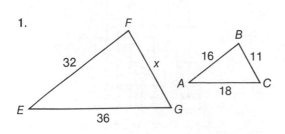

2.

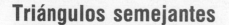

PRÁCTICA

$\triangle ABC \sim \triangle DEF$. **Completa el cuadro.**

1.	$\dfrac{BC}{AC} = \dfrac{4}{3}$	$\dfrac{EF}{DF} = \dfrac{8}{\square} = \dfrac{4}{\square}$
2.	$\dfrac{AC}{AB} = \dfrac{\square}{\square}$	$\dfrac{DF}{DE} = \dfrac{\square}{10} = \dfrac{\square}{\square}$
3.	$\dfrac{AB}{BC} = \dfrac{\square}{\square}$	$\dfrac{DE}{EF} = \dfrac{\square}{\square} = \dfrac{\square}{\square}$

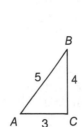

Para cada par de triángulos semejantes, halla las medidas desconocidas.

4.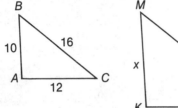

5.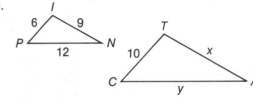

6.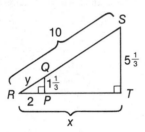

★7.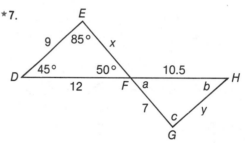

APLICACIÓN

Halla cada medida desconocida.

8. Hoy el animal terrestre más alto es la jirafa. Mide unos 576 cm de altura. ¿Qué longitud tendría su sombra comparada a la del tiranosauro de la página 228?

9.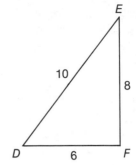

perezoso prehistórico

6.1 m

oso moderno

2.44 m

x

1.5 m

★ 10.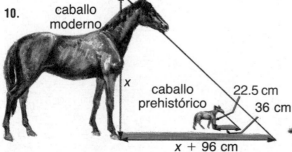

caballo moderno

x

caballo prehistórico

22.5 cm

36 cm

x + 96 cm

229

Razón tangente

Las pistas de salto de esquí se construyen igual a las pistas de esquí. El Centro de Esquí del Valle Nevado construye esta pista. ¿Qué altura tendrá el salto?

►En un triángulo rectángulo, la **tangente (tan)** de un ángulo agudo es la razón de la longitud del cateto opuesto a la longitud del cateto adyacente.

En el $\triangle ABC$, $\overline{AB}$ es **opuesto** al $\angle C$ y $\overline{BC}$ es **adyacente** al $\angle C$. El lado opuesto al ángulo recto, el $\angle B$, es la **hipotenusa**.

$$\tan 40° = \frac{x}{70}$$

Para hallar tan 40°, usa la tabla de la página 497. Halla 40 en la columna de los *Grados* y corre hacia la derecha hasta la columna *Tan*.

$$\tan 40° = 0.8391 = \frac{x}{70}$$
$$70\,(0.8391) = x$$
$$58.737 = x$$

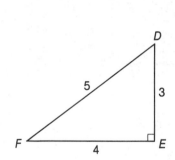

La pista de salto tendrá unos 58.7 m de altura.

Otro ejemplo

Halla la tangente del $\angle D$ a la milésima más cercana.

$$\tan m\angle D = \frac{4}{3} = 1.333$$

Trabajo en clase

Usa la tabla de la página 497 para hallar cada uno.

1. tan 30°
2. tan 10°
3. tan 45°
4. tan 70°

Halla la tangente de cada uno a la milésima más cercana.

5. $m\angle G$
6. $m\angle I$

Halla x redondeado a la décima más cercana.

7.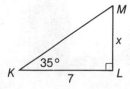

8.

PRÁCTICA

Usa la tabla de la página 497 para hallar la tangente o la medida del ∠A.

1. tan 9°   2. tan 20°   3. tan 42°   4. tan 50°   5. tan 67°

6. tan 74°   7. tan 80°   8. tan 88°   9. tan 89°   10. tan 90°

11. tan m∠A = 0.2126   12. tan m∠A = 0.4245   13. tan m∠A = 1.7321

14. tan m∠A = 1.0000   15. tan m∠A = 0.0875   16. tan m∠A = 11.4301

Halla la tangente de cada uno redondeada a la milésima más cercana.

17.
a. m∠A   b. m∠C

18.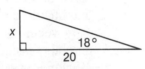
a. m∠D   b. m∠F

19.
a. m∠K   b. m∠M

Halla x redondeado a la décima más cercana.

20.
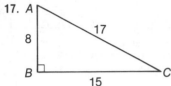

21.
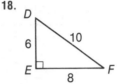

★22.
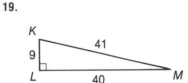

★23.

APLICACIÓN

24. Halla la altura de esta ladera de montaña redondeada a la décima más cercana.

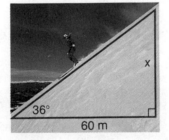

25. Andy, Beth, Cory y David fueron a esquiar. Fueron a las pistas de esquí en carro, autobús y tren. Andy viajó con Cory. Beth no fue en tren. Sólo una persona fue en carro. Sólo una persona fue en tren. ¿Cómo llegó cada persona a las pistas de esquí?

LA CALCULADORA

Una tabla de valores de la razón tangente de los ángulos agudos indica 4 ó 5 posiciones decimales. Una calculadora podría mostrar 7, 8 ó 9 posiciones. Para hallar tan 10°, haz lo siguiente.

Entra   **Aprieta**   **Pantalla**

10   tan   0.176327

Usa una calculadora para completar el cuadro de la derecha.

Grados	Pantalla
7	
20	
37	
45	
60	
75	
89	
90	

231

Problemas para resolver

REPASO DE DESTREZAS Y ESTRATEGIAS Transportes

¿Cuántos puede transportar cada vehículo?

1. autobús

2. Concorde

3. hovercraft

4. *QE 2*

CAPACIDADES DE VEHÍCULOS	
Autobús	🧍
Concorde	🧍 🧍
Boeing 747	🧍 🧍 🧍 🧍 🧍
Hovercraft	🧍 🧍 🧍 🧍 🧍
Queen Elizabeth 2 (QE2)	🧍 🧍

🧍 representa 100 pasajeros
(dato redondeado al 50 más cercano)

Usa la pictografía para resolver.

5. Un autobús Conover transporta 43 pasajeros. ¿Cuántos autobuses se necesitarían para transportar los pasajeros de un Boeing 747 lleno desde el aeropuerto hasta la ciudad?

6. El *Mayflower* podía transportar unas 130 personas. ¿Cuántas veces tendría que haber hecho el cruce entre Europa y Norteamérica para transportar tantos pasajeros como los que puede transportar el *QE 2* en un viaje?

7. El autobús más grande del mundo puede transportar 2.5 veces tantos pasajeros como un autobús de dos pisos. Un autobús de dos pisos puede transportar 1.44 veces tantos pasajeros como un autobús normal para 50 pasajeros. ¿Cuántos pasajeros puede transportar el autobús más largo?

Las proporciones de abajo son verdaderas para las capacidades de cada vehículo. Usa las proporciones para contestar 8–11.

a. $\dfrac{\text{taxi}}{\text{autobús}} = \dfrac{\text{Beechcraft}}{\text{Concorde}}$

b. $\dfrac{\text{Boeing 707}}{\text{Boeing 747}} = \dfrac{11}{25}$

8. Un taxi tiene capacidad para 4 personas. ¿Cuántas personas caben en un Beechcraft?

9. ¿Cuántos taxis se necesitarían para transportar los pasajeros del *QE 2* lleno?

10. ¿Cuántos pasajeros puede transportar un Boeing 707?

11. La aerolínea Iroquois estima que sólo 4 de cada 5 personas que reservan usan sus pasajes. El Vuelo 753 está lleno. Jim Chen tiene el pasaje de espera no. 28. El avión que se usa es un Boeing 707. ¿Será posible que Jim vuele en el Vuelo 753?

Lo alto y lo bajo

CLASES DE BACTERIA				
Coco	Bacilo	Espirilo	0 0.001 mm Escala	

Usa la figura de arriba para contestar 1–4.

1. Redondeado a la milésima de milímetro más cercana, ¿qué diámetro tiene un coco?

2. Redondeado a la milésima de milímetro más cercana, ¿qué longitud tiene un bacilo?

3. En el dibujo, 1 cm representa 0.001 mm. ¿Qué representaría 1 mm?

★ 4. ¿Cuántas veces se han ampliado las bacterias en el dibujo de arriba?

Normalmente las orquídeas, las malvarrosas, las dalias y los girasoles son mucho más pequeños que lo que indican los récords que se muestran a la derecha. Usa la figura para contestar 5–9.

5. La orquídea más alta del mundo fue cultivada en Malasia. ¿Qué altura tenía?

6. Un girasol que se cultivó en el Reino Unido rompió todos los récords. ¿Qué altura tenía?

7. ¿Cuál de las plantas ilustradas a la derecha creció más alto?

8. ¿Qué planta creció hasta ser casi el doble de alta que la dalia?

9. Aproximadamente, ¿cuántas veces más alta es la dalia que la orquídea?

10. Las plantas pueden crecer mucho más altas que la orquídea de Malasia. La secoya de California es la cosa viva más alta. La mata de alga más larga que se ha registrado es más corta que una secoya pero tiene casi 8 veces la altura de la orquídea. Un cactus saguaro puede crecer hasta el doble de la altura de la orquídea. El récord para el bambú es 120 pies. Ordénalos del más bajo al más alto.

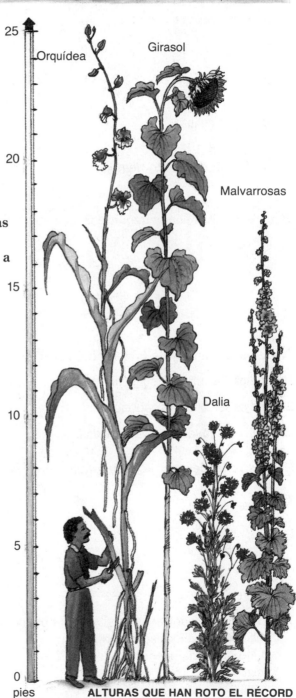

ALTURAS QUE HAN ROTO EL RÉCORD

233

REPASO DEL CAPÍTULO

Escribe tres razones iguales para cada uno. págs. 214–215

1. $\frac{2}{3}$ 2. $\frac{4}{5}$ 3. $\frac{72}{24}$ 4. $\frac{5}{6}$ 5. $\frac{180}{150}$

Substituye cada ⬤ con = ó ≠. págs. 214–215

6. $\frac{5}{12}$ ⬤ $\frac{20}{46}$ 7. $\frac{12}{18}$ ⬤ $\frac{28}{42}$ 8. $\frac{11}{8}$ ⬤ $\frac{33}{24}$ 9. $\frac{2.7}{3.9}$ ⬤ $\frac{3.5}{5}$ 10. $\frac{3}{2\frac{1}{4}}$ ⬤ $\frac{32}{24}$

Resuelve. págs. 216–217

11. $\frac{6}{8} = \frac{n}{12}$ 12. $\frac{7}{y} = \frac{2}{9}$ 13. $\frac{12}{15} = \frac{4}{x}$ 14. $\frac{n}{10} = \frac{3.5}{7}$ 15. $\frac{\frac{5}{12}}{15} = \frac{x}{9}$

Escribe una proporción para cada uno. Después resuelve. págs. 216–223

16. 3 por $1.17
    ¿18 por cuánto?

17. 12 m en 16 min
    ¿Qué distancia en 24 min?

18. 5 latas por $1.25
    ___ por lata

19. 70 km en 1 h
    ¿175 km en cuánto tiempo?

20. **escala**   1 cm:25 km
    dibujo   3.6 cm
    verdadero   ___

21. 0.25 kg por 59¢
    ___ por kg

¿Qué polígonos son semejantes? págs. 226–227

22.   23.   24.   25.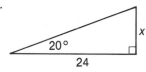

Para los triángulos de la derecha, △ABC ~ △DEF. págs. 228–229

26. Indica los ángulos congruentes.

27. Indica los lados proporcionales.

28. Halla las medidas desconocidas.

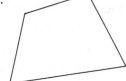

Halla x redondeado a la décima más cercana. págs. 230–231

29.   30.   31.

Resuelve. págs. 224–225, 232–233

32. El transbordador espacial *Columbia* puede volar a una velocidad de 16,600 mph. ¿Qué distancia puede recorrer en $3\frac{1}{2}$ horas?

33. En Wells Market los puestos de gerente, cajero y encargado de las existencias los tienen Brill, Kim y Ana. El encargado, un hijo único, gana lo menos. Ana, que está casada con el hermano de Brill, gana más que el cajero. ¿Quién tiene cada puesto?

PRUEBA DEL CAPÍTULO

Substituye cada ⬤ **con = ó ≠.**

1. $\frac{8}{9}$ ⬤ $\frac{96}{108}$

2. $\frac{7}{10}$ ⬤ $\frac{34}{50}$

3. $\frac{3.2}{7}$ ⬤ $\frac{16}{3.5}$

4. $\frac{12}{15}$ ⬤ $\frac{16}{20}$

Resuelve.

5. $\frac{10}{n} = \frac{15}{9}$

6. $\frac{n}{15} = \frac{3.2}{5}$

7. $\frac{2\frac{1}{3}}{5} = \frac{n}{12}$

8. $\frac{21}{57} = \frac{7}{n}$

Escribe una proporción para cada uno. Después resuelve.

9. 1.5 a 75
¿6 a cuánto?

10. 3 kg por $2.59
—— por kg

11. 80 km en 1 h
¿200 km en cuánto tiempo?

12. 900 km en 2 h
¿Qué distancia en 3 h?

13. **escala**   1 cm:50 km
dibujo   ——
verdadero   225 km

14. **escala**   1 cm:2 mm
dibujo   8.5 cm
verdadero   ——

¿Qué polígonos son semejantes?

15. a.   **b.**    **c.**

Los triángulos de cada par son semejantes. Halla las medidas desconocidas.

16.

17.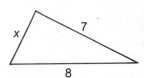

Resuelve.

18. Para el triángulo rectángulo *ABC*, halla x redondeado a la décima más cercana. Tan 35° = 0.7002.

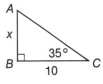

19. Una nave espacial que viaja desde la Tierra a 40,000 km por h puede llegar a Venus en 1,050 h. ¿A qué distancia está Venus de la Tierra?

20. Fran plantó rosas amarillas, blancas, rojas y rosadas. Las rosas rosadas no estaban junto a las amarillas. Las rosas amarillas estaban entre las rosas blancas y las rosas rojas. Las rosas rosadas estaban a la derecha de las rosas blancas. ¿En qué orden plantó Fran las rosas?

$\triangle ABC \sim \triangle DEF$. Halla *al* y después da las medidas de $\overline{ABC}$ y $\overline{BC}$.

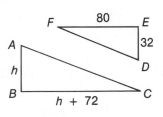

EL CUERPO HUMANO

Muchas razones de dimensiones del cuerpo humano ilustran una razón especial denominada la **proporción de oro.**

El rectángulo de abajo es un ejemplo de esta razón. Su longitud y ancho satisfacen la proporción $\frac{a+l}{l} = \frac{l}{a}$. La razón de su longitud a su ancho es aproximadamente 1.618 a 1. Ésta es la proporción de oro. Para los antiguos griegos, un rectángulo con esta razón tenía la mejor proporción y equilibrio.

1. Mide la distancia de tu cintura al piso. Halla la razón de tu altura a esta distancia. ¿Es una proporción de oro?

2. Mide la distancia de tu cintura a tus rodillas. Halla la razón de esta distancia a la distancia de tu cintura al piso. ¿Es una proporción de oro?

3. ¿Qué otras razones de dimensiones de tu cuerpo son ejemplos de la proporción de oro?

RAZONES DE SENO Y COSENO

▶ En un triángulo rectángulo el **seno (sen)** de un ángulo agudo es la razón de la longitud del cateto opuesto a la longitud de la hipotenusa.

$$\text{sen } m\angle A = \frac{\text{cateto opuesto}}{\text{hipotenusa}} = \frac{5}{13} \approx 0.3846.$$

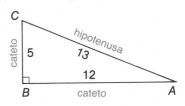

▶ En un triángulo rectángulo el **coseno (cos)** de un ángulo agudo es la razón de la longitud del cateto adyacente a la longitud de la hipotenusa.

$$\cos m\angle A = \frac{\text{cateto adyacente}}{\text{hipotenusa}} = \frac{12}{13} \approx 0.9231.$$

Halla el seno y el coseno de cada uno redondeado a la milésima más cercana.

1.

    a. $m\angle D$ **b.** $m\angle F$

2.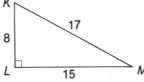

    a. $m\angle K$ **b.** $m\angle M$

3.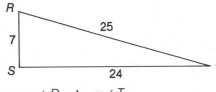

    a. $m\angle R$ **b.** $m\angle T$

Usa la tabla de la página 497 para hallar el seno o el coseno de cada medida de ángulo o la medida de cada ángulo.

4. sen $20°$ **5.** cos $45°$ **6.** sen $87°$ **7.** cos $10°$ **8.** sen $45°$

9. cos $70°$ **10.** sen $80°$ **11.** cos $65°$ **12.** sen $25°$ **13.** cos $1°$

14. sen $m\angle A = 0.5000$ **15.** cos $m\angle A = 0.5000$ **16.** sen $m\angle A = 0.9511$

17. cos $m\angle A = 0.0000$ **18.** sen $m\angle A = 1.0000$ **19.** cos $m\angle A = 0.1219$

Usa la razón del seno o del coseno para hallar x redondeado a la décima más cercana.

20.

21.

22.

23.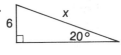

Halla cada uno redondeado a la diezmilésima más cercana.

24. a. $\dfrac{\text{sen } 30°}{\cos 30°}$

    b. tan $30°$

25. a. $\dfrac{\text{sen } 35°}{\cos 35°}$

    b. tan $35°$

26. a. $\dfrac{\text{sen } 45°}{\cos 45°}$

    b. tan $45°$

27. ¿Cuál es la relación entre el seno, el coseno y la tangente de un ángulo?

PERFECCIONAMIENTO DE DESTREZAS

Escoge las respuestas correctas. Escribe A, B, C o D.

1.
$$13.05$$
$$\times \ \ 0.39$$

    A 5,089.5   C 0.5365

    B 5.0895   D no se da

2. ¿Cuál es el MCM de 21 y 14?

    A 7   C 14

    B 42   D no se da

3. $16\frac{1}{5} - 9\frac{2}{15}$

    A $6\frac{4}{5}$ C $7\frac{14}{15}$

    B $7\frac{1}{15}$ D no se da

4. $3\frac{5}{6} \div 5\frac{3}{4}$

    A $\frac{2}{3}$ C $\frac{12}{23}$

    B $1\frac{1}{3}$ D no se da

5. Escribe 0.15 en su fracción mínima.

    A $\frac{15}{100}$ C $\frac{3}{20}$

    B $\frac{3}{25}$ D no se da

6. ¿Cómo se llama un ángulo de 102°?

    A obtuso   C agudo

    B recto   D no se da

7. ¿Cuánto mide el ángulo que falta?

    A 136°   C 126°

    B 36°   D no se da

8. ¿Cuál es el área?

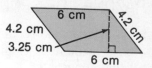

    A 19.5 cm^2 C 20.4 cm^2

    B 25.2 cm^2 D no se da

9. Completa. $\frac{3.5}{5} = \frac{\square}{10}$

    A 7   C 17.5

    B 6.5   D no se da

10. ¿Cuál es el precio por unidad si 4 cuestan $.95? Redondea al centavo más cercano.

    A $.25   C $.24

    B $.23   D no se da

11. Completa. 200 km en __ h si 40 km en 1 h.

    A 8,000   C 50

    B 5   D no se da

Usa la tabla para 12–13.

	1º hora	2º hora	3º hora
Carros	300	650	1,000
Camiones	120	195	270

12. La tabla muestra el número total de carros y camiones que entran a la ciudad durante cada una de 3 horas. Si el tráfico aumenta a la misma velocidad, ¿cuántos camiones podrían esperarse para la hora 4?

    A 345   C 1,350

    B 930   D no se da

13. ¿Cuál sería el número total de carros para las primeras 4 horas?

    A 660   C 1,950

    B 3,300   D no se da

Tema: La vida de la ciudad

Razones y por cientos

Aproximadamente 1 de cada 2 personas que viven en Los Angeles se han mudado ahí desde otras partes de Estados Unidos. ¿Qué por ciento es éste?

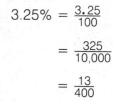

▶Un **por** ciento es una razón cuyo segundo término es 100. Se usa el símbolo % para expresar el por ciento.

Aquí hay dos maneras de escribir una razón como por ciento.

Usa una razón igual.

$$\frac{1}{2} \times \frac{50}{50} = \frac{50}{100}$$

Por lo tanto $\frac{1}{2} = \frac{50}{100}$, ó 50%.

Usa una proporción.

$$\frac{1}{2} = \frac{n}{100}$$
$$100 = 2n$$
$$50 = n$$

Por lo tanto $\frac{1}{2} = \frac{50}{100}$, ó 50%.

Aproximadamente un 50% de la población se ha mudado a Los Angeles.

Para escribir un por ciento como razón, divide entre 100 y simplifica si es posible.

Escribe 5% como razón. $5\% = \frac{5}{100} = \frac{1}{20}$

Más ejemplos

a. Escribe 19.20 como por ciento.

$$\frac{19}{20} \times \frac{5}{5} = \frac{95}{100}$$

Por lo tanto
$\frac{19}{20} = \frac{95}{100}$ ó 95%.

b. Escribe $\frac{7}{12}$ como por ciento.

$$\frac{7}{12} = \frac{n}{100}$$
$$700 = 12n$$
$$58.\overline{3} = n$$

Por lo tanto
$\frac{7}{12} = \frac{58.\overline{3}}{100}$
$= 58.\overline{3}\%$, ó $58\frac{1}{3}\%$.

c. Escribe 3.25% como razón.

$$3.25\% = \frac{3.25}{100}$$
$$= \frac{325}{10,000}$$
$$= \frac{13}{400}$$

TRABAJO EN CLASE

Escribe cada razón como por ciento y cada por ciento como razón. Escribe todas las razones en su expresión mínima.

1. $\frac{47}{100}$ 2. $\frac{3}{5}$ 3. $\frac{3}{4}$ 4. 23%   5. 16%   6. 2%

7. 25%   8. $\frac{1}{10}$ 9. 1%   10. $\frac{16.7}{100}$ 11. 87.5%   12. $\frac{7}{20}$

PRÁCTICA

Escribe cada por ciento como razón y cada razón como por ciento. Escribe todas las razones en su expresión mínima.

1. 39%
2. $\frac{3}{100}$
3. $\frac{9}{100}$
4. 20%
5. 51%
6. $\frac{5}{12}$

7. $\frac{3}{4}$
8. $33\frac{1}{3}\%$
9. 4.5%
10. $\frac{13}{25}$
11. $\frac{1}{20}$
12. $5\frac{1}{4}\%$

13. $\frac{3}{200}$
14. 47.5%
15. 12%
16. $\frac{3}{20}$
17. $\frac{2}{3}$
18. 12.5%

Estas son razones de uso frecuente cuyos por cientos deberías aprender. Escribe cada razón como por ciento.

19. $\frac{1}{2}$
20. $\frac{1}{4}$
21. $\frac{3}{4}$
22. $\frac{1}{8}$
23. $\frac{3}{8}$
24. $\frac{5}{8}$

25. $\frac{7}{8}$
26. $\frac{1}{5}$
27. $\frac{2}{5}$
28. $\frac{3}{5}$
29. $\frac{4}{5}$
30. $\frac{1}{10}$

31. $\frac{3}{10}$
32. $\frac{7}{10}$
33. $\frac{9}{10}$
34. $\frac{1}{3}$
35. $\frac{2}{3}$
36. $\frac{1}{6}$

37. $\frac{5}{6}$
38. $\frac{1}{20}$
39. $\frac{1}{50}$
★ 40. $\frac{1}{12}$
★ 41. $\frac{1}{9}$
★ 42. $\frac{1}{11}$

APLICACIÓN

43. La ciudad de Los Angeles tiene unos 3 millones de habitantes. California tiene alrededor de 24 millones. ¿Qué por ciento de la población del estado vive en Los Angeles?

44. Los Angeles tiene la mayor población en California. La población de San Francisco es más o menos un 23% de la de Los Angeles. La población de San Diego es más o menos un 30% de la de Los Angeles. Sacramento es la capital. Haz una lista de estas ciudades en orden de población.

RAZONAMIENTO LÓGICO

Hay 3 pelotas en cada lata y 20 latas en cada caja. ¿Qué por ciento de las pelotas de una caja hay en cada lata?

Decimales y por cientos

Varias ciudades patrocinan carreras de maratón. En el Maratón de New York de 1984, 0.79 de los participantes terminaron la carrera. ¿Qué por ciento terminó la carrera?

Para escribir un decimal como por ciento, mueve el punto decimal dos posiciones a la derecha y escribe el símbolo de por ciento.

$$0.79 = \frac{79}{100} = 79\%$$

Un 79% terminó la carrera.

Para escribir un por ciento como decimal, mueve el punto decimal dos posiciones a la izquierda. No escribas el símbolo de por ciento.

$$79\% = \frac{79}{100} = 0.79$$

FINISH NEW YORK CITY FINISH MARATHO
THE RUNNER · INNERCITY BROADCASTING · RUDIN FAMILY · PERRIER · KAPPA · HERTZ · MAN

Más ejemplos

a. Escribe 0.3 como por ciento.

$$0.3 = \frac{3}{10} = \frac{30}{100} = 30\%$$

b. Escribe 0.375 como por ciento.

$$0.375 = \frac{375}{1,000} = \frac{37.5}{100} = 37.5\%, \text{ ó } 37\tfrac{1}{2}\%$$

c. Escribe 0.666 como por ciento.

$$0.66 = \frac{66}{100} = 66\%$$

d. Escribe 0.05 como por ciento.

$$0.05 = \frac{5}{100} = 5\%$$

e. Escribe 30% como decimal.

$$30\% = \frac{30}{100} = 0.30 = 0.3$$

f. Escribe 37.5% como decimal.

$$37.5\% = \frac{37.5}{100} = \frac{375}{1,000} = 0.375$$

g. Escribe $66\tfrac{2}{3}\%$ como decimal.

$$66\tfrac{2}{3}\% = \frac{66\tfrac{2}{3}}{100} = 0.666\ldots = 0.\overline{6}$$

h. Escribe 5% como decimal.

$$5\% = \frac{5}{100} = 0.05$$

 TRABAJO EN CLASE

Escribe cada decimal como por ciento y cada por ciento como decimal.

1. 0.21	**2.** 0.9	**3.** 15%	**4.** 69%	**5.** 4%	**6.** 0.62
7. 0.33	**8.** 12.5%	**9.** 0.99	**10.** 60%	**11.** 0.01	**12.** $86\tfrac{1}{2}\%$

Escribe cada por ciento como decimal y cada decimal como por ciento.

1. 25%   **2.** 0.68   **3.** 0.05   **4.** 1%   **5.** 0.625   **6.** 0.875

7. 20%   **8.** 42%   **9.** 0.075   **10.** 75%   **11.** 10%   **12.** 0.0825

13. 0.33   **14.** 70%   **15.** 0.125   **16.** 0.015   **17.** 59%   **18.** 0.71

19. 0.065   **20.** $33\frac{1}{3}$%   **21.** 2%   **22.** 48.6%   **23.** 0.375   **24.** 0.055

25. $1\frac{1}{4}$%   **26.** 3.5%   **27.** $16\frac{2}{3}$%   **28.** 0.4   **29.** 0.08   **30.** $83\frac{1}{3}$%

APLICACIÓN

31. En el Maratón de New York de 1984, 84% de los participantes eran hombres. Convierte este por ciento en un decimal.

32. No todos los que se registran para el maratón corren la carrera. En el Maratón de New York de 1984, 0.89 de los participantes corrieron la carrera. ¿Qué por ciento corrió.

★ **33.** Uno de los corredores perdió 5% de su peso durante la carrera. ¿Qué parte decimal de su peso original pesaba después de la carrera?

★ **34.** Mientras se entrenaba para la carrera, Juana corrió durante 2 horas de cada 24. ¿Qué parte de su tiempo pasó entrenándose? Escribe la respuesta como decimal y como por ciento.

═══ RAZONAMIENTO VISUAL ═══

¿Cuál será el patrón de colores en la próxima fila de abajo?

1.   2.

Por cientos menores de 10 mayores de 100

Una asociación de una manzana de una ciudad obtuvo $10,000 para renovar un parque cercano. La clase de octavo grado de una escuela local donó $\frac{1}{2}$% del dinero que obtuvo la asociación. Expresa la donación de la clase como razón.

Al trabajar con por cientos menores de 1 o mayores de 100, sigue las reglas que se usan para por cientos entre 1 y 100.

$$\frac{1}{2}\% = \frac{\frac{1}{2}}{100} = \frac{1}{2} \times \frac{1}{100} = \frac{1}{200}$$ Para escribir un por ciento como razón, divide entre 100 y simplifica si es posible.

La clase donó $\frac{1}{200}$ del dinero.

Más ejemplos

a. Escribe 275% como razón. $275\% = \frac{275}{100} = \frac{11}{4}$

b. Escribe $\frac{1}{400}$ como por ciento. $\frac{1}{400} = \frac{n}{100}$

$$100 = 400n$$

$$\frac{1}{4} = n \quad \text{Por lo tanto } \frac{1}{400} = \frac{1}{4}\%, \text{ ó } 0.25\%.$$

c. Escribe $\frac{137}{100}$ como por ciento. $\frac{137}{100} = 137\%$

d. Escribe $\frac{3}{5}$% como decimal. $\frac{3}{5}\% = 0.6\%$ ⟵ Escribe como por ciento decimal.

$$= 0.006$$ ⟵ Mueve el punto decimal 2 posiciones a la izquierda.

e. Escribe 367% como decimal. $367\% = 3.67$ ⟵ Mueve el punto decimal 2 posiciones a la izquierda.

f. Escribe 3.07 como por ciento. $3.07 = 307\%$ ⟵ Mueve el punto decimal 2 posiciones a la derecha.

TRABAJO EN CLASE

Escribe cada por ciento como razón y como decimal.

1. $\frac{1}{4}$%   **2.** 159%   **3.** $\frac{1}{5}$%   **4.** 0.1%   **5.** 350%   **6.** 0.07%

Escribe cada razón como por ciento y como decimal.

7. $\frac{3}{2}$ **8.** $\frac{1}{200}$ **9.** $\frac{106}{100}$ **10.** $\frac{8}{1,000}$ **11.** $\frac{2}{500}$ **12.** $\frac{5}{4}$

Escribe cada decimal como por ciento y como razón.

13. 4.5   **14.** 0.004   **15.** 4.85   **16.** 0.002   **17.** 41   **18.** 25.4

Escribe como decimal o como por ciento.

1. 407%	**2.** 0.1%	**3.** 2.00	**4.** 0.002
5. 0.0025	**6.** 1.05	**7.** 0.5%	**8.** 0.008
9. $\frac{3}{4}$%	**10.** 1.35	**11.** 105%	**12.** 0.35%

Escribe cada uno como razón o como por ciento.

13. $\frac{3}{2}$	**14.** 315%	**15.** $\frac{3}{500}$	**16.** $\frac{407}{100}$
17. $\frac{1}{500}$	**18.** 200%	**19.** $\frac{1}{125}$	**20.** $\frac{3}{4}$%
21. $\frac{1}{1,000}$	**22.** $\frac{1}{400}$	★**23.** $\frac{17}{8}$	★**24.** 1,000%

Copia y completa cada cuadro. Escribe todas las razones en su expresión mínima.

	Razón	Por ciento	Decimal
25.			1.75
26.	$\frac{7}{1}$	700%	
27.	$\frac{7}{6}$		

	Razón	Por ciento	Decimal
28.			0.003
29.			0.006
30.	$\frac{1}{800}$		

APLICACIÓN

31. Esta gráfica circular muestra la cantidad de dinero que varios grupos donaron al parque de la ciudad. Expresa como razón el por ciento que donó cada grupo.

32. ¿Cuánto dio cada grupo?

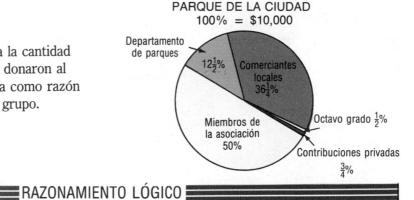

DONACIONES PARA EL PARQUE DE LA CIUDAD
100% = $10,000

Departamento de parques $12\frac{1}{2}$%

Comerciantes locales $36\frac{1}{4}$%

Miembros de la asociación 50%

Octavo grado $\frac{1}{2}$%

Contribuciones privadas $\frac{3}{4}$%

RAZONAMIENTO LÓGICO

Cada cubo tiene el mismo peso. Cada pirámide tiene el mismo peso. ¿Qué por ciento del peso de cada pirámide es el peso de cada cubo?

Hallar el por ciento de un número

Bruno compró una camisa por $15, con un impuesto de 5%. ¿Cuál fue el impuesto que pagó?

Aquí hay dos maneras de resolver un problema de por ciento.

- Usa una proporción.

$$\frac{n}{15} = \frac{5}{100}$$

$$n \times 100 = 15 \times 5$$

$$100n = 75$$

$$n = 0.75$$

- Usa un decimal. Halla el 5% de $15.

$$0.05 \times 15 = n$$

$$0.75 = n$$

Bruno pagó un impuesto de $.75.

A veces es más fácil usar una razón que un decimal.

Halla el 25% de 160.

$$\frac{1}{4} \times 160 = 40$$

Más ejemplos

a. Halla el 35% de 40.

$$\frac{35}{100} = \frac{n}{40}$$

$$35 \times 40 = 100 \times n$$

$$\frac{1,400}{100} = n$$

$$14 = n$$

b. Halla $\frac{1}{10}$% de 98.

Piensa $\frac{\frac{1}{10}}{100} = \frac{1}{1,000} = 0.001$

$$0.001 \times 98 = n$$

$$0.098 = n$$

c. Halla el 125% de 80.

Piensa $\frac{125}{100} = \frac{5}{4}$

$$\frac{5}{4} \times 80 = n$$

$$100 = n$$

TRABAJO EN CLASE

Halla el por ciento de cada número.

1. 60% de 40

2. 25% de 24

3. 2.2% de 65

4. 10% de 98

5. $33\frac{1}{3}$% de 126

6. 130% de 90

7. 10.5% de 15

8. $\frac{1}{4}$% de 100

PRÁCTICA

Escribe cada uno como una ecuación, usando una proporción; usando un decimal.

1. El 5% de 26 es *n*.

2. El 12% de 3,200 es *n*.

3. El 35% de 240 es *n*.

4. El 150% de 46 es *n*.

5. El 75% de 36 es *n*.

6. El 62.5% de 3.6 es *n*.

7. El $12\frac{1}{2}$% de $2\frac{2}{3}$ es *n*.

8. El 80% de 64.5 es *n*.

9. El 0.6% de 280 es *n*.

Halla el por ciento de cada número.

10. 40% de 200

11. 30% de 20

12. 125% de 80

13. 60% de 1,570

14. 45% de 460

15. $16\frac{2}{3}$% de 42

16. 12.5% de 96

17. 28.4% de 350

18. $5\frac{1}{4}$% de 2,500

19. 1,340% de 25

★20. $36\frac{1}{2}$% de 78

★21. $33\frac{1}{3}$% de $18\frac{1}{2}$

Escoge la ecuación apropiada.

22. Para los días de la venta de primavera, una tienda rebajó el precio de algunas camisas en un 20%. Si las camisas costaban inicialmente $17.50, ¿en cuánto se rebajó el precio?

a. 0.8 × $17.50 = *x*

b. $\frac{\$17.50}{20}$ = *x*

c. $\frac{1}{5}$ × $17.50 = *x*

d. $17.50 − (0.2 × $17.50) = *x*

APLICACIÓN

23. Bruno compró una chaqueta acolchada por $65 en un plan de plazos. Dio un depósito del 15%. ¿Cuánto dio de depósito?

24. Nora ha ahorrado el 75% del costo de su abrigo de invierno. Si el abrigo cuesta $75, ¿cuánto ha ahorrado?

★25. Bruno tuvo que pagar 5% de impuesto a las ventas por su chaqueta de $65. ¿Cuánto pagó por la chaqueta en total?

★26. Cristina ahorró el 70% de su salario semanal de $120. Gastó el resto en un par de zapatos. ¿Cuánto costaron los zapatos?

HAZLO MENTALMENTE

Usa una razón para hallar el por ciento de cada número.

1. 50% de 64

2. 10% de 160

3. $33\frac{1}{3}$% de 90

4. 25% de 200

5. 75% de 80

6. $66\frac{2}{3}$% de 150

7. 60% de 35

8. 20% de 45

9. 80% de 55

10. $8\frac{2}{3}$% de 50

11. 200% de 22

12. $8\frac{5}{3}$% de 80

Hallar el por ciento

Jaime sigue un presupuesto semanal. A menudo ahorra su dinero para recreación hasta que tiene suficiente para comprar una entrada para ver a su equipo local, los Philadelphia 76ers, en un partido de baloncesto. ¿Qué por ciento de su dinero emplea Jaime para la recreación?

¿Qué por ciento de 20 es 5?

Para hallar el por ciento, usa una proporción de un decimal.

a.
$$\frac{n}{100} = \frac{5}{20}$$

$$n \times 20 = 100 \times 5$$

$$20n = 500$$

$$n = 25$$

$$\frac{25}{100} = 25\%$$

b. $n \times 20 = 5$

$$n = \frac{5}{20}$$

$$n = 0.25$$

$$0.25 = 25\%$$

Jaime usa el 25% de su dinero para la recreación.

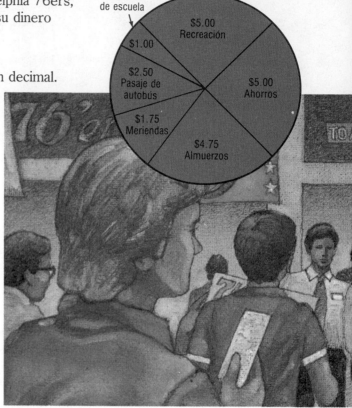

Materiales de escuela
$1.00
$5.00 Recreación
$2.50 Pasaje de autobús
$5.00 Ahorros
$1.75 Meriendas
$4.75 Almuerzos

Más ejemplos

a. ¿Qué por ciento de 48 es 80?

$$\frac{n}{100} = \frac{80}{48}$$

$$48n = 8,000$$

$$n = 166\frac{2}{3}$$

$$\frac{166\frac{2}{3}}{100} = 166\frac{2}{3}\%$$

b. ¿Qué por ciento de 20 es 4.75?

$$4.75 = n \times 20$$

$$\frac{4.75}{20} = n$$

$$0.2375 = n$$

$$0.2375 = 23.75\%$$

TRABAJO EN CLASE

Halla cada por ciento.

1. ¿Qué por ciento de 25 es 11?

2. ¿Qué por ciento de 35 es 28?

Halla cada factor que falta y escríbelo como por ciento.

3. $n \times 16 = 6$

4. $n \times 15 = 20$

5. $n \times 28 = 35$

6. $n \times 125 = 5$

248

PRÁCTICA

Escribe una ecuación para hallar cada por ciento, usando una proporción; usando un decimal.

1. ¿Qué por ciento de 26 es 13?
2. ¿Qué por ciento de 15 es 25?
3. ¿Qué por ciento de 8 es 7?
4. ¿Qué por ciento de 300 es 7?
5. ¿Qué por ciento de 15 es 45?
6. ¿Qué por ciento es 27 de 9?
7. ¿Qué por ciento de 36 es 2.4?
8. ¿Qué por ciento de 6.4 es 0.32?
9. ¿Qué por ciento de 250 es 25?

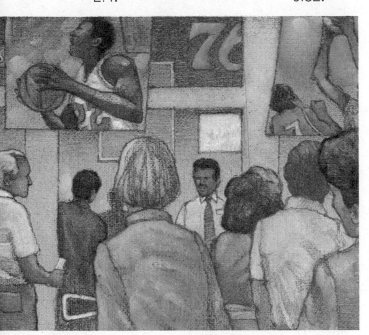

Halla cada por ciento.

10. ¿Qué por ciento de 20 es 13?
11. ¿Qué por ciento de 28 es 14?
12. ¿Qué por ciento de 20 es 6?
13. ¿Qué por ciento de 30 es 27?
14. ¿Qué por ciento es 10 de 5?
15. ¿Qué por ciento de 32 es 4?
16. ¿Qué por ciento de 72 es 54?
17. ¿Qué por ciento es 31 de 20?
18. ¿Qué por ciento de 75 es 15?
19. ¿Qué por ciento de 15 es 75?
20. ¿Qué por ciento es 3 de 150?
21. ¿Qué por ciento de 18 es 4.5?

Halla cada factor que falta y escríbelo como por ciento.

22. $n \times 200 = 65.2$
23. $n \times 15 = 7\frac{1}{2}$
24. $n \times 245 = 73.5$
25. $n \times 150 = 1.2$
26. $n \times 225 = 0.9$
27. $n \times 1.8 = 0.6$
28. $n \times 124 = 161.2$
★29. $n \times 8 = 15$
★30. $n \times 2 = 9\frac{1}{2}$

APLICACIÓN

Usa la gráfica circular de la página 248 para 31–34.

31. Jaime toma un autobús para la escuela, vuelve a casa en automóvil. ¿Qué por ciento de su dinero usa para el pasaje de autobús cada día?

32. Jaime compró una entrada de $15 para ver un partido de baloncesto. ¿Qué por ciento de sus ahorros para la recreación semanal es el costo de la entrada?

33. ¿Qué por ciento del dinero de Jaime reserva él para cada artículo que no sea la recreación?

★34. Como promedio, ¿qué por ciento del dinero para gastos semanales de Jaime usa él para el almuerzo cada día?

249

Hallar el número cuando se conoce un por ciento del mismo

Los estudiantes de un sistema escolar obtienen un descuento del 25% para entrar a un acuario. Sara, una estudiante de octavo grado, obtiene un descuento de $.50 sobre el precio de su entrada. ¿Cuál es el precio de entrada normal?

¿De qué número es $.50 el 25%?

Escribe una ecuación usando un decimal para resolver.

El 25% de n es 0.50.

$$0.25 \times n = 0.50$$

$$n = \frac{0.50}{0.25} = 2$$

El precio normal de entrada es $2.

A veces usar una razón es más fácil que usar un decimal.

¿De qué número es 42 el $33\frac{1}{3}$%?

$$\frac{1}{3} \times n = 42$$

$$n = 42 \times 3 = 126$$

Más ejemplos

a. El 75% de n es 9.

$$\frac{3}{4} \times n = 9$$

$$n = 9 \times \frac{4}{3} = 12$$

b. El 20% de n es 2.5.

$$0.2 \times n = 2.5$$

$$n = \frac{2.5}{0.2} = 12.5$$

TRABAJO EN CLASE

Escribe cada uno como una ecuación, usando decimales.

1. El 5% de n es 56.5.

2. El $66\frac{2}{3}$% de n es 37.

3. El 0.5% de n es 10.

4. El 120% de n es 1.

Halla n.

5. El 10% de n es 4.

6. El 15% de n es 9.

7. El $12\frac{1}{2}$% de n es 6.

8. El 150% de n es 19.5.

PRÁCTICA

Escribe cada uno como una ecuación, usando decimales.

1. El 16% de *n* es 8.
2. El 25% de *n* es 14.
3. El $33\frac{1}{3}$% de *n* es 22.
4. El 37% de *n* es 37.
5. El $37\frac{1}{2}$% de *n* es 12.
6. El 250% de *n* es 6.5.
7. El 0.8% de *n* es 20.
8. El $16\frac{2}{3}$% de *n* es 6.

Halla *n*.

9. El 30% de *n* es 21.
10. El 5% de *n* es 10.
11. El 25% de *n* es 10.
12. El 50% de *n* es 27.
13. El 56% de *n* es 112.
14. El 72% de *n* es 108.
15. El 184% de *n* es 414.
16. El 95% de *n* es 285.
17. El $33\frac{1}{3}$% de *n* es 30.
18. El 2% de *n* es 6.82.
19. El 7.5% de *n* es 24.
20. El 225% de *n* es 81.
21. El $66\frac{2}{3}$% de *n* es 28.
22. El 75% de *n* es 159.
23. El 40% de *n* es 32.2.
24. El 30% de *n* es 7.5.
25. El 80% de *n* es 20.
26. El 12.8% de *n* es 32.
★27. El $83\frac{1}{3}$% de *n* es $22\frac{1}{2}$.
★28. El $\frac{1}{2}$% de *n* es 8.
★29. El $62\frac{1}{2}$% de *n* es 22.5.
★30. El 0.3% de *n* es 3.

APLICACIÓN

31. Los estudiantes obtienen un descuento del 50% en los autobuses y trenes de la ciudad. Sara usa el tren para ir al acuario. Obtiene un descuento de $.45. ¿Cuál es el precio del pasaje?

32. Los jubilados obtienen un descuento del 20% en el cine. La abuela de Sara, que es jubilada, obtiene un descuento de $1. ¿Cuál es el precio normal de la entrada?

★33. Los carteles del acuario se venden con un descuento del 10% por compras de 3 ó más. Judith compra 3 y ahorra $.90. ¿Cuánto costaba cada uno?

★34. La librería da un descuento del $33\frac{1}{3}$% a los jubilados y 15% a los estudiantes. Sara obtiene un descuento de $.75 sobre su compra y su abuela $3.60. ¿Cuánto gastó cada una?

Problemas para resolver

HACER UNA LISTA

A veces hacer una lista organizada de todas las posibilidades es la mejor manera de resolver un problema. La entrada correcta puede seleccionarse de acuerdo con las condiciones del problema. La respuesta al problema puede ser toda la lista.

1. Una propiedad fue dividida en lotes más pequeños para construir casas nuevas. Los lotes se numeraron como se ve a la derecha, usando los dígitos 1, 2, 3 y 7. En cada lote se colocó un cartel con el número del lote. El viento hizo volar tres de los carteles. ¿Que números tenían?

7231	2317	1273	1723
2731	7321	3721	3271
1372	3127		1237
2713	1732	7123	3217
7213			2173
1327	7312	2371	7132

Haz una lista organizada de todas las combinaciones posibles de 4 dígitos de 1, 2, 3 y 7. Después compara tu lista con los números de los lotes de arriba para hallar los números que faltan.

1237	2137	3127	7123
1273	2173	3172	7132
1327	2317	3217	7213
1372	2371	3271	7231
1723	2713	3712	7312
1732	2731	3721	7321

La lista muestra que los números que faltan son 2137, 3172 y 3712.

2. La valla alrededor de un jardín rectangular tendrá 20 m de largo. ¿Cuáles deberían ser las dimensiones para que el jardín tenga el área más grande?

Enumera algunas de las posibilidades para ver si se desarrolla un patrón.

Dimensiones (perímetro de 20 m)	Área
1 m por 9 m	9 m^2
2 m por 8 m	16 m^2
3 m por 7 m	21 m^2
4 m por 6 m	24 m^2
5 m por 5 m	25 m^2

A medida que la figura se acerca a un cuadrado, el área se hace más grande.

Un jardín de 5 m por 5 m tendría el área más grande.

Resuelve.

1. Earl necesita una moneda de 25¢ para un parquímetro. Le pide cambio a Sue para una moneda de 50¢. Enumera las maneras en que Sue podría darle cambio a Earl sin usar monedas de 1¢.

2. El peaje para el puente Watertown es 50¢. No pueden usarse monedas de 1¢ en la cabina de cambio exacto. ¿En cuántas maneras puede pagarse el cambio exacto?

3. El custodio del municipio tiene un día libre en su trabajo cada cuatro días de un mes, comenzando por el día 4. El operador del ascensor tiene un día libre cada seis días de un mes, comenzando con el día 6. ¿En qué días del mes pueden ir a pescar juntos?

4. Cuatro estudiantes están limpiando el parque de su ciudad. Hasta ahora han recogido 10 botellas. Cada uno ha recogido un número impar de botellas. Enumera las maneras posibles en que podrían haberse dividido las botellas entre los estudiantes.

5. Había 15 triciclos y bicicletas en el parque. Había 36 ruedas. ¿Cuántos triciclos y cuántas bicicletas había?

6. El perímetro de un parque es 100 m. El parque cubre el área más grande posible. ¿Qué dimensiones tiene el parque?

7. Enumera los números de 3 dígitos que pueden escribirse usando los dígitos 3, 4 y 5.

★8. Usa cada uno de los dígitos del 1 al 8 sólo una vez. Forma dos números de 4 dígitos cuya suma sea 5,896.

★9. Guilford está a 99 km de Stirling. Hay 98 postes indicadores entre las dos ciudades, uno en cada kilómetro. ¿Cuántos de estos postes usan sólo dos dígitos diferentes? El de la derecha utiliza sólo los dígitos 1 y 8.

CREA TU PROPIO PROBLEMA

Camión de basura

Camión de descarga

Tractor y semiacoplado

3 ejes

4 ejes

5 ejes

Usa la información de las ilustraciones de arriba para crear un problema. El problema debería ser uno que puedas resolver usando una lista.

Estimar por ciento

Jaime y Eduardo almorzaron en El Cateador. Ésta es una copia de su cuenta. ¿Cuánto dinero deberían dejar de propina?

Los camareros y camareras reciben habitualmente un 15% de propina. Pero la propina no se calcula exactamente. Estima para hallar la cantidad.

Piensa $9.65 es casi $10.   ¿Cuál es el 15% de $10?

$$\frac{15}{100} \times 10 = 1.50$$

Jaime y Eduardo deberían dejar $1.50 de propina.

Más ejemplos

Estima.

a. ¿Qué número es el 65.7% de 24?

Piensa 65.7% es más o menos $66\frac{2}{3}$%,
y $66\frac{2}{3}$% = $\frac{2}{3}$.

Estima, usando $\frac{2}{3}$. $\frac{2}{3} \times 24 = 16 = n$.

El 65.7% de 24 es aproximadamente 16.

b. ¿Qué por ciento de 40 es 19?

Piensa   19 es aproximadamente 20.

Estima, usando 20. $n \times 40 = 20$

$$n = \frac{1}{2} = 0.50$$

0.50 = 50%   19 es aproximadamente
el 50% de 40.

c. ¿De qué número es 29 el 62%?

Piensa   29 es aproximadamente 30. 62% es aproximadamente $62\frac{1}{2}$%, y $62\frac{1}{2}$% = $\frac{5}{8}$.

Estima, usando 30 y $\frac{5}{8}$. $\frac{5}{8} \times n = 30$

$$n = 30 \times \frac{8}{5} = 48$$ 29 es el 62% de aproximadamente 48.

el Cateador Denver, Colorado	
2 Sopas de tomate	$1.50
1 bocadillo de guajolote	$2.75
1 hamburguesa con queso	$2.00
1 leche	.75
1 limonada	.75
1 pastel de manzanas	.95
1 pastel de cerezas	.95
Subtotal	$9.65
Impuesto	
Total	

Trabajo en clase

Estima para hallar n.

1. El 18% de 25 es n.

2. El 34% de 33 es n.

3. El 12% de 48 es n.

4. El 52% de n es 12.

5. El 75% de n es $31.40.

6. El 59% de n es 16.

Estima para hallar cada por ciento.

7. ¿Qué por ciento de 91 es 30?

8. ¿Qué por ciento de $28 es $13?

9. ¿Qué por ciento de 51 es 29?

Estima para hallar *n* o el por ciento.

1. El 24% de 80 es *n*.

2. El 49% de 244 es *n*.

3. El 34% de $123 es *n*.

4. El 63% de *n* es 10.

5. El 147% de *n* es 20.

6. El $66\frac{2}{3}$% de *n* es 17.7

7. El $37\frac{1}{2}$% de 156 es *n*.

8. El 15% de $19.35 es *n*.

9. El 88% de *n* es 35.

10. El 71% de *n* es 42.

11. El 90% de *n* es $82.30.

12. El 12.8% de *n* es 39.

13. El 67.1% de 36 es *n*.

14. El 307% de 79 es *n*.

15. El 5% de $29.50 es *n*.

16. ¿Qué por ciento de 59 es 20?

17. ¿Qué por ciento de 92 es 60?

18. ¿Qué por ciento de 20 es 78?

19. ¿Qué por ciento de 197 es 80?

20. ¿Qué por ciento de 39 es 31?

21. ¿Qué por ciento de 81 es 7.7?

Escoge el mejor estimado para *n*.

22. El 36.8% de 394 es *n*.
   a. 50
   b. 100
   c. 150

23. *n*=19.2% de 3,196
   a. 400
   b. 600
   c. 800

24. El 26.4% de *n* es 398.
   a. 1,600
   b. 1,800
   c. 2,000

★ 25. $\frac{58}{179} = n$
   a. 25%
   b. $33\frac{1}{3}$%
   c. 40%

★ 26. El $256\frac{1}{2}$% de 78 es *n*.
   a. 100
   b. 150
   c. 200

★ 27. $\frac{917}{456} = n$
   a. 100%
   b. 150%
   c. 200%

APLICACIÓN

28. El impuesto a las ventas en Colorado es 3%. Estima el monto del impuesto a las ventas que Jaime y Eduardo tuvieron que pagar sobre su almuerzo.

29. Jaime y Eduardo tomaron un taxi para ir al teatro. El viaje costó $4.85. ¿Cuánto deberían dejar de propina? (Usa 15%.)

30. Jaime y Eduardo compraron entradas para el teatro. Cada uno tenía un cupón de descuento especial del 30%. Cada uno ahorró $1.43. Estima el costo total de ambas entradas sin el descuento.

Por ciento de aumento o disminución

Sue gana dinero llevando a caminar los perros de personas que viven en su manzana. Aumentó su tarifa diaria de $.50 a $.60. ¿Qué por ciento de aumento fue ése?

La tarifa aumentó de $.50 a $.60.

aumento = $.60 − $.50 = $.10

▶por ciento de aumento = $\dfrac{\text{aumento}}{\text{cantidad original}}$

$$= \frac{\$.10}{\$.50} = 0.20 = 20\%$$

Su tarifa aumentó en un 20%.

Sue cuida niños. Los jueves por la noche rebaja su tarifa por hora de $2.50 a $2.25. ¿Qué por ciento de disminución es ése?

La tarifa disminuye de $2.50 a $2.25.

disminución = $2.50 − $2.25 = $.25

▶por ciento de disminución = $\dfrac{\text{disminución}}{\text{cantidad original}}$

$$= \frac{\$.25}{\$2.50} = 0.10 = 10\%$$

Su tarifa disminuye en un 10%.

TRABAJO EN CLASE

Escribe *aumento* o *disminución* para cada uno y halla el por ciento.

	Original	Nuevo
1.	800	880
2.	60	30

	Original	Nuevo
3.	30	60
4.	120	200

	Original	Nuevo
5.	200	120
6.	40	38

Halla el por ciento de aumento o disminución.

7. carros vendidos el mes pasado = 100
carros vendidos este mes = 120

8. libros leídos la semana pasada = 2
libros leídos esta semana = 3

9. paquetes enviados hoy = 5
paquetes enviados ayer = 6

10. millas recorridas el domingo = 200
millas recorridas el lunes = 250

PRÁCTICA

Escribe *aumento* o *disminución* y halla el por ciento.

	Original	Nuevo
1.	40	36
2.	28	35
3.	200	100
4.	36	24
5.	72	18
6.	40	58
7.	2,400	300
8.	50	175

	Original	Nuevo
9.	90	108
10.	160	320
11.	45	81
12.	150	375
13.	120	138
14.	250	255
15.	5,400	2,025
16.	420	140

Halla el por ciento de aumento o disminución.

17. juegos esta semana = 10; juegos la semana pasada = 16

18. entradas vendidas el martes = 500; entradas vendidas el miércoles = 615

19. comidas servidas ayer = 400; comidas servidas hoy = 450

20. hits en la primera entrada = 3; hits en la última entrada = 4

21. Pájaros marcados el lunes = 12; pájaros marcados el viernes = 14

22. bulbos plantados el viernes = 20; bulbos plantados el domingo = 25

APLICACIÓN

23. Un periódico con una circulación de 300,000 aumentó su circulación en un 4%. ¿Cuál es la nueva circulación?

24. Jerry, el hermano de Sue, gana dinero repartiendo el periódico del domingo en su edificio. El año pasado repartió 70 periódicos por semana. Ahora reparte 60. ¿Cuál es el por ciento de disminución?

25. Jerry también gana dinero repartiendo paquetes para la tienda de comestibles del barrio. En su primer mes su propina promedio aumentó de $.25 por bolsa a $.40. ¿Cuál fue el por ciento de aumento?

★26. La semana pasada, Jerry ganó $20. Durante las dos siguientes, sus ganancias disminuyen en un 4% y después aumentan en un 3%. Redondeado al centavo más cercano, ¿cuánto gana por semana al fin de las dos semanas?

Práctica mixta

1.
$$\begin{array}{r} 4,765 \\ 8,901 \\ + 7,784 \\ \hline \end{array}$$

2. $15.543 + 7.4$

3. $475.1 + 1.12$

4.
$$\begin{array}{r} 6.54 \\ - 4.09 \\ \hline \end{array}$$

5. 0.7×6.501

6. 14.1×0.5

7. $\$46.19 \div 6.2$

8. $154.3\overline{)\$35.489}$

9.
$$\begin{array}{r} 4\frac{2}{5} \\ + 7\frac{3}{8} \\ \hline \end{array}$$

10. $7\frac{6}{9} - 5\frac{1}{3}$

11. $5\frac{1}{3} \times 4\frac{1}{8}$

12. $6\frac{3}{7} \times 9\frac{4}{5}$

13. $5\frac{7}{9} \div 7\frac{1}{5}$

Completa.

14. ___ m = 4 km

15. ___ cm = 1 m

16. 4 L = ___ kL

17. ___ g = 0.075 kg

Descuento y precio de venta rebajado

Ramón compró 10 macetas de barro para poner plantas en el balcón de su apartamento. ¿Cuánto pagó en total?

El **descuento** es la cantidad en que se reduce el precio original.

La **tasa de descuento** es el por ciento en que se reduce el precio original.

▶**descuento = precio × tasa de descuento** ▶**precio rebajado = precio − descuento**

$$\begin{aligned} &= \$5 \quad \times \quad 0.25 \\ &= \$1.25 \end{aligned}$$

$$\begin{aligned} &= \$5 \quad - \quad \$1.25 \\ &= \$3.75 \end{aligned}$$

$\$3.75 \times 10 = \$37.50$ ← costo de 10 macetas

Ramón pagó $37.50 en total.

Otro ejemplo

Halla el precio de venta rebajado.

precio original = $10   tasa de descuento = 20%

descuento = precio original × tasa de descuento

$$\begin{aligned} &= \quad \$10 \quad \times \quad \tfrac{1}{5} \\ &= \quad \$2 \end{aligned}$$

precio rebajado = precio original − descuento

$$\begin{aligned} &= \quad \$10 \quad - \quad \$2 \\ &= \quad \$8 \end{aligned}$$

TRABAJO EN CLASE

Copia y completa el cuadro.

	Precio original	Tasa de descuento	Descuento	Precio rebajado
1.	$270	30%		
2.	$150	40%		
3.	$78	10%		
4.	$120	25%		

PRÁCTICA

Halla el descuento y el precio de venta rebajado de cada uno.

1. precio original = $90
   tasa de descuento = 10%

2. precio original = $150
   tasa de descuento = 20%

3. precio original = $80
   tasa de descuento = 25%

4. precio original = $250
   tasa de descuento = 30%

5. precio original = $75
   tasa de descuento = 50%

6. precio original = $265
   tasa de descuento = 25%

7. precio original = $234.36
   tasa de descuento = $33\frac{1}{3}$%

8. precio original = $14.50
   tasa de descuento = 15%

9. precio original = $8.95
   tasa de descuento = 5%

Copia y completa el cuadro.

	Precio original	Tasa de descuento	Descuento	Precio de venta rebajado
★ **10.**	$160			$128
★ **11.**	$21			$15.75
★ **12.**		50%		$35
★ **13.**		30%		$83.93

APLICACIÓN

14. Ramón compró 10 plantas, cuyo precio era $.25 cada una, con un descuento del 10%. ¿Cuánto pagó en total?

15. Ramón compró tierra con un descuento de $33\frac{1}{2}$%. Obtuvo un descuento de $.53. ¿Cuánto pagó?

★ 16. Jenny cultivaba semillas de tomate bajo techo. Vendió cada bandeja a $1.60 y ofreció un descuento de $\frac{1}{4}$ por 4 bandejas. Judy compró 4 bandejas. ¿Cuánto pagó?

★ 17. Los cebollinos se venden en macetas. Cindy compró unas con un descuento de $\frac{1}{3}$ por $.90. ¿Cuánto costaban los cebollinos inicialmente?

RAZONAMIENTO LÓGICO

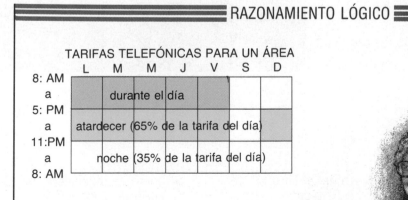

TARIFAS TELEFÓNICAS PARA UN ÁREA

	L	M	M	J	V	S	D
8: AM a 5: PM		durante el día					
5: PM a 11:PM	atardecer (65% de la tarifa del día)						
11:PM a 8: AM	noche (35% de la tarifa del día)						

¿Cuánto ahorrarás si haces una llamada un sábado a mediodía en vez de un viernes a mediodía?

Recargo y precio de venta

Un comprador para una gran tienda por departamentos paga $20 por cada par de jeans que la tienda va a vender. La tienda vende los jeans con un recargo del 50%. ¿Cuál es el monto del recargo? ¿Cuál es el precio de venta de cada par de jeans?

El **costo** es la cantidad original pagada.

El **monto del recargo** es el aumento.

El **recargo,** que se escribe como por ciento, es el por ciento de aumento.

El **precio de venta** es el costo más el monto del recargo.

▶**monto del recargo = costo × recargo**

$$= \$20 \times 0.50$$

$$= \$10$$

El monto del recargo es $10.

▶**precio = costo + monto del recargo**

$$= \$20 + \$10 = \$30$$

El precio de venta es $30.

Otro ejemplo

Halla el precio de venta.

costo = $32   recargo = 25%

monto del recargo = costo × recargo

$$\$32 \times \tfrac{1}{4} = \$8$$

precio de venta = costo + monto del recargo

$$= \$32 + \$8 = \$40$$

Trabajo en clase

Halla cada precio de venta.

1. costo de botas = $36
monto del recargo = $18

2. costo de un libro = $2
recargo = 75%

3. costo de muebles = $570
recargo = 60%

4. costo de flores = $8.25
monto del recargo = $2.75

5. costo de traje para correr = $25
recargo = 50%

6. costo de cronómetro = $20
monto del recargo = $15

PRÁCTICA

Halla el monto del recargo y el precio de venta para cada uno.

1. costo = $90
   recargo = 50%

2. costo = $120
   recargo = 40%

3. costo = $30
   recargo = 30%

4. costo = $150
   recargo = $66\frac{2}{3}$%

5. costo = $4.50
   recargo = $33\frac{1}{3}$%

6. costo = $58
   recargo = 60%

7. costo = $72
   recargo = 75%

8. costo = $10.50
   recargo = 40%

9. costo = $36
   recargo = 50%

10. costo = $75
    recargo = 17%

11. costo = $70
    recargo = 35%

12. costo $5.
    recargo = 100%

Copia y completa el cuadro.

	Costo	Recargo	Monto del recargo	Precio de venta
★ 13.	$8.95			$13.43
★ 14.		$33\frac{1}{3}$%	$23.33	
★ 15.	$21			$35
★ 16.		250%		$419.65

APLICACIÓN

17. Laura compró una chaqueta de $50 en una tienda de fábrica. La misma chaqueta se vende con un recargo del 40% en una tienda por departamentos. ¿Cuánto ahorró Laura?

18. José encargó una cena para llevar en un restaurante chino. Los alimentos le costaron al restaurante $6. El recargo en el precio de la cena fue del 30%. ¿Cuánto pagó José?

19. Terry tuvo que aumentar el precio de su maíz en un 5% este año. Ahora cobra $2.00 por docena. Si aumenta su precio en un 5% cada año, ¿cuánto costará el maíz en 5 años? Prepara una lista para resolver. Redondea al centavo más cercano.

★ 20. Una tienda por departamentos de una ciudad paga $30 por suéteres de diseñadores. La tienda los vende con un recargo del 45%. Durante el mes de septiembre, la tienda pone los suéteres en venta con un descuento del 30%. ¿Cuál es el precio de venta rebajado?

LA CALCULADORA

Usa la tecla % de la calculadora para hallar cada precio de venta.

$90 recargado hasta 140%   **Aprieta** ⑨ ⓪ ＋ ① ④ ⓪ ％ **Pantalla** [2 1 6.]

1. $40 reducido en un 20%

2. $10.50 reducido en un 40%

3. $4.99 recargado en un 165%

4. $7.50 recargado en un 175%

Interés simple

Los González compraron un centro de ejercicios por $425. Lo están pagando a plazos mensuales durante un período de 1 año. La tasa de interés del plan a plazos es del 18%. ¿Cuánto interés pagarán los González? ¿Cuánto costará el centro de ejercicios en total?

Pagar con un **plan** a plazos normalmente requiere pagar más que el precio de compra. El cargo extra, el **interés,** se paga por tomar el dinero prestado. El dinero también gana interés cuando se deposita en un banco.

El **capital (p)** es el dinero prestado o depositado en un banco. La **tasa de interés (r)** es el por ciento que se gana. La tasa de interés en general se basa en 1 año (12 meses).

▶Interés = capital × tasa de interés × tiempo (en años).

$$I = p \times r \times t$$
$$= \$425 \times 0.18 \times 1$$
$$= \$76.50$$

Los González pagarán $76.50 de interés.

$$\$425 + \$76.50 = \$501.50$$

En total, pagarán $501.50 por el centro de ejercicios.

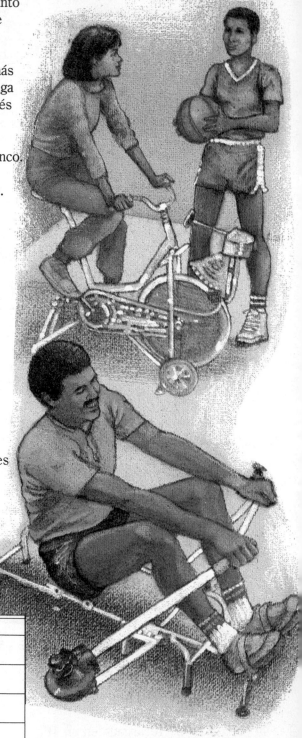

Otro ejemplo

Halla el interés.

capital = $480   tasa de interés = 8%   tiempo = 6 meses

$$I = p \times r \times t$$
$$= \$480 \times 0.08 \times \frac{1}{2}$$ **Piensa**   6 meses = $\frac{1}{2}$ año
$$= \$19.20$$

TRABAJO EN CLASE

Copia y completa el cuadro.

	Capital	Tasa de interés	Tiempo	Interés
1.	$1,500	6%	1 año	
2.	$2,000	7%	3 años	
3.	$300	$4\frac{1}{2}$%	2 años	
4.	$500	8%	3 meses	

PRÁCTICA

Halla el interés para cada uno.

1. $1,600 en préstamo
   tasa de interés = 6%
   tiempo = 1 año

2. $580 pagado por un sofá
   tasa de interés = 15%
   tiempo = 1 año

3. $680 en préstamo
   tasa de interés = $6\frac{1}{2}$%
   tiempo = 1 año

4. $420 depositado en un banco
   tasa de interés = 8%
   tiempo = 2 años

5. capital = $900
   tasa de interés = 12%
   tiempo = 2 años

6. capital = $570
   tasa de interés = 9%
   tiempo = 3 años

7. capital = $1,200
   tasa de interés = 5.5%
   tiempo = 4 años

8. capital = $1,450
   tasa de interés = 5%
   tiempo = $1\frac{1}{2}$ años

9. capital = $775
   tasa de interés = 6%
   tiempo = $3\frac{1}{2}$ años

10. capital = $2,400
    tasa de interés = $8\frac{1}{2}$%
    tiempo = $2\frac{1}{2}$ años

11. capital = $2,640
    tasa de interés = 10%
    tiempo = 6 meses

12. capital = $1,800
    tasa de interés = $7\frac{1}{2}$%
    tiempo = 6 meses

Copia y completa el cuadro.

	Capital	Tasa de interés	Tiempo	Interés
★ 13.	$750		9 meses	$67.50
★ 14.	$1,140	$4\frac{1}{4}$%		$60.56
★ 15.		11%	15 meses	$192.50

APLICACIÓN

16. Con el plan a plazos los González pagaron su centro de ejercicios en 12 pagos mensuales iguales. ¿Cuánto pagaron por mes?

17. Eric tomó un préstamo de $3,000 para su enseñanza universitaria. El interés era del 7%. Eric devolvió el préstamo después de 4 años. ¿Cuánto pagó en total?

18. La familia Pérez compró una alberca de $2,500 con un plan a plazos por un período de 2 años. La tasa de interés del plan es del $17\frac{1}{2}$% por año. ¿Cuánto pagarán por la alberca, incluyendo el interés?

19. Julie puso $700 en una cuenta de ahorros. El interés anual es del $5\frac{1}{2}$%. ¿Cuánto interés recibe por el primer trimestre?

★20. Jaime compró un equipo estereofónico de $450 a plazos. Dió un depósito de $100 y pagó 18% de interés sobre el resto. El resto más el interés se pagó en 12 plazos mensuales. ¿De cuánto fue cada pago?

Problemas para resolver

REPASO DE DESTREZAS Y ESTRATEGIAS

Resuelve.

1. Los 12 koalas del Zoológico Wilson comen 36 lb de hojas de eucalipto por día. La semana próxima el zoológico recibirá 3 koalas más. ¿Cuántas libras de hojas de eucalipto necesitará el zoológico por día?

2. La Constructora ABC construye la municipalidad de Mandigo de ladrillos. La mezcla para colocar los ladrillos se prepara con 1 parte de cal, 2 partes de cemento y 7 partes de arena con agua. Se usaron 140 libras de cemento para hacer la mezcla. ¿Cuánta arena y cal se usó?

3. Nancy camina 22 cuadras hasta la escuela a una velocidad de 1 cuadra cada 2 minutos. Un día salió de su casa a las 8:00 A.M. Había caminado la mitad del camino cuando se dio cuenta que se olvidó del almuerzo. Regresó y volvió a iniciar la marcha. ¿A qué hora llegó a la escuela?

La tabla de abajo muestra las tarifas mensuales por usar el teléfono local en Boonton.

4. La familia Rodríguez hizo 68 llamadas en mayo. ¿Cuál fue su cuenta total?

5. Su cuenta de junio fue $9.70. ¿Cuántas llamadas hicieron?

6. Una compañía telefónica está ofreciendo llamadas locales ilimitadas por $10 por mes. ¿Cuántas llamadas deben hacerse por mes para que el nuevo servicio resulte más económico que el servicio actual?

TARIFAS POR USAR EL TELÉFONO

Servicio	$8.50
Primeras 50 llamadas	gratis
Más de 50 llamadas	$.12 cada una

La tabla de abajo muestra el costo y el precio de venta de varios artículos en la tienda de deportes de Juan. La tienda usa el mismo por ciento de recargo para los cinco artículos.

Artículo	Costo	Precio de venta
Camisa	$ 8.00	$14.00
Corbata	$ 4.80	$ 8.40
Medias	$ 1.60	$ 2.80
Chaqueta	$32.00	
Pantalones	$20.00	

7. ¿A cuánto se vende una chaqueta?

8. ¿A cuánto se vende un pantalón?

9. El Sr. García compró una camisa, una corbata y un pantalón. ¿Cuánta ganancia sacó la tienda con esta venta?

10. El Sr. Ramírez compró tres artículos diferentes. Su cuenta fue de $67.20. ¿Qué artículos compró?

Los miembros de la Cámara de Comercio de Altona están plantando un jardín de tulipanes—rojos, blancos, amarillos y negros—en la plaza de la ciudad.

11. Están haciendo un jardín rectangular. Tienen 40 pies de material de valla. ¿Cuáles deberían ser las dimensiones para que el jardín tuviera el área más grande?

12. Plantarán los tulipanes en 4 filas, una de cada color. Los tulipanes rojos estarán a la izquierda cuando uno mira hacia el norte. Los tulipanes amarillos estarán entre los blancos y los negros. Los blancos no estarán junto a los rojos. ¿Qué color estará a la derecha?

Resuelva.

13. Supón que una mosca está sobre el borde de una rueda a medida que gira. ¿Cuánto más recorrería la mosca sobre una rueda con un diámetro de 14 pulgadas que en una con un diámetro de 12 pulgadas?

★14. Éste es un plano de las calles entre la casa de Betty y la casa de Bill. Betty viaja sólo en la dirección de las flechas. ¿Cuántas rutas diferentes puede tomar para llegar a la casa de Bill?

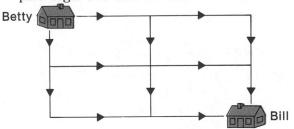

★15. Cuesta 75¢ cruzar el puente Cimarrón. Los viajeros pueden comprar un pase para 30 días por $10. Así pagan sólo 25¢ por viaje. ¿Cuántas veces debe cruzar el puente un viajero para que le resulte económico comprar el pase?

Escribe cada razón o decimal como por ciento. páginas 240–245

1. $\frac{3}{4}$　　　　**2.** 0.3　　　　**3.** 0.875　　　　**4.** $\frac{145}{100}$　　　　**5.** $\frac{1}{5}$

Escribe cada por ciento como decimal y como razón. páginas 240–245

6. 25%　　　　**7.** $\frac{1}{2}$%　　　　**8.** 280%　　　　**9.** 0.4%　　　　**10.** $66\frac{2}{3}$%

Halla n o el por ciento que falta. páginas 246–251

11. El 60% de 75 es n.

12. El $33\frac{1}{3}$% de 48 es n.

13. ¿Qué por ciento de 50 es 12?

14. ¿Qué por ciento de 76 es 57?

15. ¿Qué por ciento de 48 es 72?

16. El $62\frac{1}{2}$% de n es 25.

17. El $66\frac{2}{3}$% de n es 30.

18. El 250% de n es 36.

19. El 400% de 3.6 es n.

20. El 15% de $2.00 es n.

21. ¿Qué por ciento de 44 es 16.5?

22. El $33\frac{1}{3}$% de n es 17.

23. ¿Qué por ciento de 2 es 20?

24. El 500% de 30 es n.

25. ¿Qué por ciento de 42 es 35?

26. ¿Qué por ciento de 4.5 es 4.5?

27. El $5\frac{1}{2}$% de $350 es n.

28. El 80% de n es 64.

Estima para hallar n o el por ciento que falta. páginas 254–255

29. El 23% de 84 es n.

30. El 86% de 320 es n.

31. El 75% de 395 es n.

32. ¿Qué por ciento de 88 es 30?

33. ¿Qué por ciento de 45 es 10?

34. El $66\frac{2}{3}$% de n es 19.

35. El 48% de n es 22.

36. El 195% de 61 es n.

37. ¿Qué por ciento de 148 es 73?

Halla cada número que falta. páginas 256–263

38. precio original = $64
tasa de descuento = 15%
precio de venta = _____

39. precio original = $75
tasa de descuento = 25%
precio de venta = _____

40. original = 115
nuevo = 138
por ciento de aumento = _____

41. capital = $1,200
tasa de interés = $10\frac{1}{2}$%
tiempo = 6 meses
interés = _____

42. capital = $700
tasa de interés = 8%
tiempo = 2 años
interés = _____

43. original = 120
nuevo = 105
por ciento de disminución = _____

44. costo = $414
recargo = $16\frac{2}{3}$%
monto del recargo = _____
precio de venta = _____

45. costo = $570
recargo = 60%
monto del recargo = _____
precio de venta = _____

46. costo = $7.50
recargo = $33\frac{1}{3}$%
monto del recargo = _____
precio del venta = _____

Resuelve. páginas 252–253, 264–265

47. La tienda de descuentos de Taro vende un suéter de $25 con un descuento del 10%. ¿Cuál es su precio de venta?

48. Una camisa de $50 fue rebajada en un 10% cada mes durante 4 meses. ¿Cuál era su precio después de 4 meses? Prepara una lista para resolver. Redondea al centavo más cercano.

Escribe cada por ciento como decimal y como razón.

1. 75%

2. 150%

3. 0.5%

4. $87\frac{1}{2}\%$

Escribe cada razón o decimal como por ciento.

5. $\frac{2}{5}$

6. 0.047

7. 2.275

8. $\frac{5}{8}$

Halla n o el por ciento que falta.

9. El 15% de 300 es n.

10. ¿Qué por ciento de 15 es 12?

11. El 40% de n es 6.

12. El 225% de 32 es n.

Estima.

13. 42% de 61

14. ¿Qué porciento de 49 es 12?

Halla cada número que falta.

15. original = $75
nuevo = $90
por ciento de aumento =
____

16. precio original = $45.00
tasa de descuento = 25%
descuento = ____
precio de venta = ____

17. costo = $72
recargo = 40%
monto del recargo = ____
precio de venta = ____

18. capital = $2,500
tasa de interés = 7.5%
tiempo = 2 años
interés = ____

Resuelve.

19. María tomó un préstamo de $165 de sus padres para comprar una nueva bicicleta. Les está pagando un interés del 8%. Espera devolver el préstamo en 6 meses. ¿Cuánto tendrá que pagar en total por su bicicleta?

20. ¿Cuántas veces aparece el dígito 4 en los números de las páginas del 1 al 99? Prepara una lista.

La segunda vez que el precio de este suéter fue rebajado, se rebajó en un 20%. ¿Cuál fue la tasa de descuento la primera vez?

$25.00
$?
$15.00

JUEGO DE POR CIENTOS

Los por cientos más comunes y sus razones
equivalentes se convierten en una nueva
versión de un antiguo juego para 2 jugadores.

**Primero escribe la razón equivalenta para cada por
ciento de abajo.**

2%	$33\frac{1}{3}$%	10%
25%	$66\frac{2}{3}$%	30%
50%	$16\frac{2}{3}$%	70%
75%	$83\frac{1}{3}$%	90%
20%	12.5%	$11\frac{1}{9}$%
40%	37.5%	$9\frac{1}{11}$%
60%	62.5%	$8\frac{1}{3}$%
80%	87.5%	5%

Haz un mazo de 49 cartas: una carta para
cada por ciento, una para la razón
equivalente y una para el símbolo %.

Reparte el mazo entre los jugadores. Los
dos colocan sus cartas de por ciento y razón
boca arriba, en pares, sobre la mesa. Las
restantes quedan en manos de los jugadores y
el juego comienza. Un jugador escoge una
carta de las cartas del otro. Si esta carta puede
equiparse con una carta que el jugador
ya tiene, ambas se colocan en la mesa. Si no
hay correspondencia, la carta se agrega a la
mano del jugador. Los jugadores se turnan para
escoger las cartas hasta que se hayan reunido
todos los pares. Pierde el que tiene la carta de por ciento.

INTERÉS COMPUESTO

En una cuenta de ahorros de un banco, se recibe interés compuesto sobre el dinero en la cuenta. El **interés compuesto** se suma al capital al fin de cada período de interés, de modo que el capital se hace cada vez más grande. El interés se compone a intervalos regulares, como diariamente, mensualmente o trimestralmente (cada 3 meses).

Supongamos que se colocaron $100 en una cuenta de ahorros que ganaba 6% de interés compuesto anualmente. Esta tabla muestra cuánto dinero habría en la cuenta después de 3 años.

Trimestre	Capital	Interés ganado	Balance al fin del trimestre
1	$100	$100 × 0.06 = $6.00	$100 + $6 = $106
2	$106	$106 × 0.06 = $6.36	$106 + $6.36 = $112.36
3	$112.36	$112.36 × 0.06 = $6.74	$112.36 + $6.74 = $119.10

Al final de 3 años, habría $119.10 en la cuenta.
$119.10 − $100 = $19.10
El interés ganado sería $19.10. ¿Cuánto se hubiera ganado si la tasa fuera del 6% de interés simple?

Esta tabla muestra cuánto dinero habría en una cuenta después de 1 año si se colocaran $100, ganando un interés compuesto del 6% trimestralmente.

Año	Capital	Interés ganado	Balance a fin de año
1°	$100.00	$100 × 0.06 × $\frac{1}{4}$ = $1.50	$100 + $1.50 = $101.50
2°	$101.50	$101.50 × 0.06 × $\frac{1}{4}$ = $1.52	$101.50 + $1.52 = $103.02
3°	$103.02	$103.02 × 0.06 × $\frac{1}{4}$ = $1.55	$103.02 + $1.55 = $104.57
4°	$104.57	$104.57 × 0.06 × $\frac{1}{4}$ = $1.57	$104.57 + $1.57 = $106.14

1. ¿Habría más o menos al final de un año si el dinero era compuesto trimestralmente en vez de anualmente? ¿cuánto?

2. ¿Cuánto habría en la cuenta después de 3 años a 6% compuesto trimestralmente?

Usa una calculadora para hallar el monto en cada cuenta.

3. $500 a 8% compuesto anualmente por 5 años

4. $500 a 8% compuesto semianualmente por 5 años

5. $100 a $5\frac{1}{2}$% compuesto trimestralmente por 2 años

6. $100 a $5\frac{1}{2}$% compuesto mensualmente por 1 año

CALCULAR INTERÉS

El interés se compone sumándole al capital los
intereses ganados durante el período de
interés *antes* de calcular los intereses del
período siguiente.

El programa de abajo usa enunciados FOR y
NEXT para repetir el proceso de calcular y
sumar el interés muchas veces.

Los enunciados FOR y NEXT se emplean
siempre juntos para crear un lazo o secuencia
de órdenes que se repiten.

Ejemplo
```
10 FOR X = 1 10 10 STEP 2
20 PRINT X , X , *X
30 NEXT X
```

A la X se le da el valor 1.
X se aumenta en 2 y el lazo se repite,
hasta que el valor de X se hace *mayor* que
10.

Salida

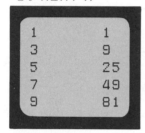

1	1
3	9
5	25
7	49
9	81

La coma en la línea 20 hace que la salida se imprima en
columnas.

Este programa halla el interés sobre $1,000 a una tasa del 8%
compuesto trimestralmente durante 3 años.

PROGRAMA

```
10 REM INTERÉS COMPUESTO
```

Capital: $1,000	⟶ `20 LET P = 1000`
Tasa de interés: 8%	⟶ `30 LET R = 0.08`
Número de años: 3	⟶ `40 LET Y = 3`
Compuesto 4 veces al año.	⟶ `50 LET N = 4`
Interés compuesto cada $\frac{1}{4}$ de año.	⟶ `60 FOR T = 1 Y STEP 1/N`
Interés anual dividido por 4.	⟶ `70 LET I = P * R/N`
Sumar interés al capital.	⟶ `80 LET P = P + 1`
Representar los resultados.	⟶ `90 PRINT "AÑOS:" T , "CAPITAL: $"; P`
Repetir el lazo.	⟶ `100 NEXT T`
	`110 END`

Escribe la salida para cada programa.

1.
```
10 FOR A = 1 A 10 STEP 2
20 PRINT A
30 NEXT A
40 END
```

2.
```
10 FOR D = 1 A 20 STEP 4
20 PRINT D
30 NEXT D
40 END
```

3.
```
10 FOR C = 17 A 30 STEP 3
20 PRINT C
30 NEXT C
40 END
```

4.
```
10 FOR D = A 10 STEP 1
20 PRINT 11 - D
30 NEXT D
40 END
```

★5.
```
10 FOR I = 0 A 5 STEP 0.5
20 PRINT I
30 IF I > 3 THEN GO TO 80
40 NEXT I
50 PRINT "EL FIN"
60 END
```

★6.
```
10 LET S = 0
20 FOR I = 1 A 10 STEP 1
30 LET B = S + 1
40 NEXT I
50 PRINT "SUMA ="; S
60 END
```

Escribe un programa usando enunciados FOR y NEXT para imprimir cada uno de los siguientes.

7. Tu nombre 100 veces.

8. Los números pares del 6 al 28.

9. Los números impares del 49 al 89.

10. Cada cuatro números del 5 al 85.

★11. Los múltiplos del 3 al 99.

★12. Los números enteros del 1 al 100 que *no* sean múltiplos de 3.

═══ CON LA COMPUTADORA ═══

Ejecuta el programa de interés compuesto de la pág. 270, componiendo el interés N veces al año. Compara el capital al término de 3 años para cada uno.

1. $N = 4$ **2.** $N = 2$ **3.** $N = 1$ **4.** $N = 12$ **5.** $N = 360$ **★6.** $N = 6$

Para redondear un número N a la centésima más cercana, usa el enunciado **BASIC** `LET R = INT (N * 100 + 0.5)/100.`

6. Escribe un programa que permita al usuario entrar un número decimal e imprima ese número redondeado a la centésima más cercana.

★7. Vuelve a escribir el programa de interés compuesto de la página 270 para que todas las salidas queden redondeadas al centavo más cercano.

PERFECCIONAMIENTO DE DESTREZAS

Escoge las respuestas correctas. Escribe A, B, C o D.

1. ¿Cuál es el MCM de 18 y 24?

A 3   C 48
B 72   D no se da

2. $8\frac{3}{4} + 6\frac{2}{3}$

A $14\frac{5}{12}$ C $15\frac{5}{12}$
B $14\frac{1}{12}$ D no se da

3. $3\frac{3}{4} \div 3\frac{3}{8}$

A $\frac{9}{10}$ C $1\frac{1}{9}$
B $22\frac{1}{2}$ D no se da

4. ¿Qué nombre tiene un ángulo de 13°?

A agudo   C llano
B obtuso   D no se da

5. ¿Qué clase de ángulos son el $\angle AEB$ y el $\angle CED$?

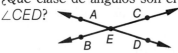

A adyacentes   C suplementarios
B opuestos por el   D no se da
   vértice

6. ¿Qué área tiene?

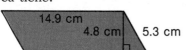

14.9 cm
4.8 cm   5.3 cm

A 25.44 cm²   C 78.97 cm²
B 40.4 cm²   D no se da

7. $\frac{3}{14} = \frac{n}{32.2}$

A $n = 96.6$ C $n = 6.9$
B $n = 450$ D no se da

8. ¿Cuál es el precio por unidad si 7 latas cuestan $2.31?

A $.33   C $2.31
B $16.17   D no se da

9. ¿Cuál es la razón tangente de $\angle B$?

A $\frac{n}{9}$ C $\frac{n}{7}$
B $\frac{9}{n}$ D no se da

10. ¿Cuál es el por ciento de disminución? nuevo monto = 60; monto original = 96

A 37.5%   C 30%
B 62.5%   D no se da

11. ¿Qué por ciento es $\frac{1}{6}$?

A 16%   C 6%
B 60%   D no se da

12. ¿Qué decimal es 0.4%?

A 0.40   C 0.4
B 0.0004   D no se da

13. ¿Cuál es el $33\frac{1}{3}$% de 171?

A 57   C 513
B 114   D no se da

Resuelve.

14. Había tres muchachos parados en una fila.
- El muchacho con el sombrero gris estaba detrás de Marc.
- Dan estaba en frente de León.
- El sombrero de Dan no era azul.
- El muchacho con el sombrero marrón era el último.

¿En qué orden estaban parados los muchachos?

A León, Dan, Marc   C Marc, Dan, León
B Dan, Marc, León   D no se da

Tema: Las montañas

Escribir y comparar enteros

Los enteros pueden emplearse para expresar medidas sobre y bajo el nivel del mar. La base del Mauna Kea está a 6 km por debajo del nivel del mar. El Monte Everest se eleva a unos 9 km por sobre el nivel del mar. Escribe estas medidas como enteros.

6 km bajo el nivel del mar puede representarse por ⁻6 (6 negativo).

9 km por sobre el nivel del mar puede representarse por ⁺9 (9 positivo).

▶Los números . . ., ⁻2, ⁻1, 0, ⁺1, ⁺2, . . . son **enteros**. Se pueden mostrar sobre la recta numérica.

El cero no es ni positivo ni negativo.

enteros negativos   cero   enteros positivos

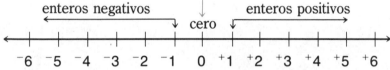

⁻6 ⁻5 ⁻4 ⁻3 ⁻2 ⁻1   0 ⁺1 ⁺2 ⁺3 ⁺4 ⁺5 ⁺6

▶El **valor absoluto** de un entero indica a qué distancia está el entero del 0 en la recta numérica.

|⁺2| = 2   El valor absoluto de 2 positivo equivale a 2.

|⁻2| = 2   El valor absoluto de 2 negativo equivale a 2.

La recta numérica puede emplearse para comparar enteros. Dados dos enteros, el que se encuentra más a la derecha sobre la recta numérica es el entero mayor.

⌐⁻2 < ⁺1⌐

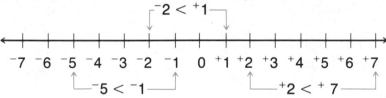

⁻7 ⁻6 ⁻5 ⁻4 ⁻3 ⁻2 ⁻1   0 ⁺1 ⁺2 ⁺3 ⁺4 ⁺5 ⁺6 ⁺7

└⁻5 < ⁻1┘   └⁺2 < ⁺7┘

TRABAJO EN CLASE

Escribe el entero para cada uno.

1. dieciséis positivo   **2.** 20°F bajo cero   **3.** 7 unidades a la izquierda de 0

Escribe el valor absoluto de cada uno.

4. |⁻15| **5.** |⁺20| **6.** |⁺1| **7.** |⁻16| **8.** |0|

Compara. Usa < ó > para cada ⬤.

9. ⁻3 ⬤ ⁺5   **10.** ⁺9 ⬤ ⁺12   **11.** 0 ⬤ ⁻7   **12.** ⁻14 ⬤ ⁻8

MONTAÑAS DEL MUNDO

10 km

8

6

4

2

nivel del mar 0

⁻2

⁻4

⁻6

MAUNA KEA   MT. EVEREST   MT. McKINLEY   MT. BLANC   MT. FUJI

PRÁCTICA

Escribe el entero para cada uno.

1. 14°C sobre cero

2. una pérdida de 12 puntos

3. 30 m bajo el nivel del mar

4. diecinueve positivo

5. ocho negativo

6. cincuenta y uno positivo

7. 6 unidades a la derecha del 0

8. 10 unidades a la izquierda del 0

9. 26 unidades a la izquierda del 0

10. 17 unidades a la derecha del 0

★ 11. 5 unidades a la derecha de $^-2$

★ 12. 6 unidades a la izquierda de $^+3$

Escribe el valor absoluto de cada entero.

13. $|^+2|$

14. $|^+10|$

15. $|^-36|$

16. $|^-1|$

17. $|^-41|$

18. $|^+19|$

19. $|^+25|$

20. $|^+20|$

21. $|^-52|$

22. $|^+64|$

23. $|^-108|$

24. $|^+112|$

Compara. Usa <, >, ó = para cada ●.

25. $^+6$ ● $^+4$

26. $^-6$ ● 0

27. $^+9$ ● $^-10$

28. $^-7$ ● $^-11$

29. $^-15$ ● $^+1$

30. $^+15$ ● $^-1$

31. $^-10$ ● $^+10$

32. $^+8$ ● $^-8$

33. $^-27$ ● $^-35$

34. $^-19$ ● $^-12$

35. $^-38$ ● $^-45$

36. $^-54$ ● $^-55$

37. $^-36$ ● $^+49$

38. $^+78$ ● $^+86$

39. $^+104$ ● $^-104$

40. $|^+98|$ ● $|^-98|$

Escribe los enteros en orden de menor a mayor.

41. $^-8, ^-10, ^+4, 0$

42. $^+2, ^-3, ^-14, ^+16$

43. $^+4, ^-7, ^+7, 0, ^-1$

★ 44. $^-28, ^-14, ^+15, ^-63, ^+219, ^-217, ^+21$

★ 45. $^-42, 0, ^+26, ^+42, ^-200, ^-20, ^+12, ^+3, ^-2$

APLICACIÓN

Usa la gráfica de la página 274 para hallar cada uno redondeado al kilómetro más cercano.

46. la altura de la montaña más alta sobre el nivel del mar

47. la altura del Monte Blanco

48. el nombre de la montaña más baja sobre el nivel del mar

★ 49. la altura de cada montaña medida desde su base en orden de más baja a más alta

Mt. Fuji, Japón

Sumar enteros

A comienzos de febrero la base de nieve del área de esquí medía 55 pulgadas. Durante una ola de calor se derritieron 7 pulgadas de nieve el primer día y 4 pulgadas el día siguiente. ¿Cuánto cambió la base en los dos días?

Halla $^-7 + {}^-4$.

Usa la recta numérica. Comienza en el 0. Mueve 7 unidades hacia la izquierda ($^-7$) y 4 unidades hacia la izquierda ($^-4$).

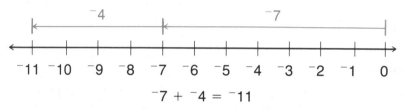

$$^-7 + {}^-4 = {}^-11$$

▶La suma de dos enteros negativos es negativa.

La base de nieve disminuyó 11 pulgadas.

Halla $^+6 + {}^+3$.

Comienza en el 0 de la recta numérica. Mueve 6 unidades hacia la derecha ($^+6$) y después mueve 3 unidades hacia la derecha ($^+3$).

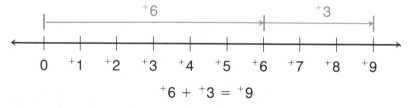

$$^+6 + {}^+3 = {}^+9$$

▶La suma de dos enteros positivos es positiva.

Más ejemplos

a. $^-12 + {}^-15 = {}^-27$ **b.** $^-6 + {}^-3 = {}^-9$ **c.** $^+8 + {}^+14 = {}^+22$

TRABAJO EN CLASE

Suma.

1. $^+7 + {}^+4$ 2. $^-8 + {}^-3$ 3. $^-15 + {}^-2$ 4. $^+13 + {}^+7$

5. $^-21 + {}^-9$ 6. $^-18 + {}^-7$ 7. $^+35 + {}^+21$ 8. $^-32 + {}^-10$

9. $^+4 + {}^+5$ 10. $^-6 + {}^-4$ 11. $^-10 + {}^-30$ 12. $^+35 + {}^+3$

PRÁCTICA

Usa una recta numérica para completar este cuadro.

		Comienza en	Mueve		Para en
			Dirección	Unidades totales	
1.	$^+6 + {}^+7$	0	derecha		
2.	$^-9 + {}^-10$				
3.	$^+13 + {}^+25$				
4.	$^-26 + {}^-11$				
5.	$^-42 + {}^-15$				

Suma.

6. $^+10 + {}^+8$ **7.** $^+8 + {}^+4$ **8.** $^-7 + {}^-5$ **9.** $^-6 + {}^-8$

10. $^+17 + {}^+8$ **11.** $^+4 + {}^+21$ **12.** $^-11 + {}^-15$ **13.** $^-34 + {}^-7$

14. $^+9 + {}^+25$ **15.** $^+27 + {}^+18$ **16.** $^-17 + {}^-35$ **17.** $^-47 + {}^-18$

18. $^+32 + {}^+78$ **19.** $^+55 + {}^+48$ **20.** $^-34 + {}^-43$ **21.** $^-74 + {}^-29$

22. $^-8 + {}^-6 + {}^-9$ **23.** $^+24 + {}^+59 + {}^+84$ **24.** $^-209 + {}^-18 + {}^-84$

25. $^+6 + {}^+1 + {}^+12$ **26.** $^-10 + {}^-14 + {}^-12$ **27.** $^-43 + {}^-4 + {}^-13$

28. $|^+4 + {}^+5|$ **29.** $|^-4 + {}^-5|$ **30.** $|^-5 + {}^-3 + {}^-2|$ 10 **31.** $|^-2 + {}^-5|$

Compara. Usa >, <, ó = para cada ⬭.

32. $^+4 + {}^+4$ ⬭ $^-4 + {}^-4$ **33.** $^+6 + {}^+2$ ⬭ $^+4 + {}^+4$ **34.** $^-5 + {}^-4$ ⬭ $^-4 + {}^-5$

Resuelve.

★ **35.** Copia la figura de la derecha. Escribe $^-1$, $^-2$, $^-3$, $^-4$, $^-5$, $^-6$, $^-7$, $^-8$ ó $^-9$ en cada círculo para que la suma a lo largo de cada lado del triángulo sea $^-20$. Usa cada número una vez.

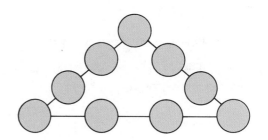

APLICACIÓN

36. El lunes la base de nieve medía 41 pulgadas. Por la noche cayeron siete pulgadas de nieve y 5 pulgadas cayeron el martes. ¿Qué cambio hubo en la base de nieve?

37. Doris, Eddie, Fran, Gary e Hilda quieren subir en una telesilla para 3 personas. ¿Cuáles son las combinaciones posibles para que 3 personas vayan en la misma telesilla?

★ **38.** La temperatura de la base de la montaña era 15°F. Durante una tormenta bajó cada hora desde las 3 P.M. hasta las 8 P.M. Usa la tabla para hallar cuántos grados cambió en total la temperatura desde las 3 P.M. hasta las 8 P.M.

Hora	Grados de descenso
3 P.M. a 4 P.M.	1
4 P.M. a 5 P.M.	2
5 P.M. a 6 P.M.	2
6 P.M. a 7 P.M.	3
7 P.M. a 8 P.M.	2

Sumar enteros positivos y negativos

Los exploradores de carretas buscaban un paso en la montaña. Uno cabalgó 3 millas hacia el este y 2 millas hacia el oeste. ¿A cuántas millas se encontraba de las carretas?

Halla $^+3 + {}^-2$.

La suma puede mostrarse sobre la recta numérica. Comienza en el 0. Mueve 3 unidades hacia la derecha ($^+3$) y 2 hacia la izquierda ($^-2$).

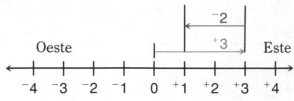

Para sumar un entero positivo más uno negativo, halla el valor absoluto de cada uno. Después *resta* el menor del mayor. El signo del entero con mayor valor absoluto es el signo de la respuesta.

$$|^+3| - |^-2| = 3 - 2 = 1 \qquad {}^+3 + {}^-2 = {}^+1$$

$^+3$ tiene el mayor valor absoluto. La respuesta es positiva.

El explorador estaba a 1 milla al este de las carretas.

Halla $^+3 + {}^-3$.

$$^+3 + {}^-3 = 0$$

The Rocky Mountains—Emigrants Crossing the Plains por Currier and Ives

$^+3$ es el opuesto, o **inverso aditivo** de $^-3$.

▶La suma de un entero más su opuesto o inverso aditivo es 0.

La propiedad inversa de la suma

Más ejemplos

a. $^-9 + {}^+3$
$9 - 3 = 6$ — $|^-9| = 9$ $|^+3| = 3$
$^-9 + {}^+3 = {}^-6$

b. $^+12 + {}^-12$ — $^+12$ es el inverso aditivo de $^-12$.
$^+12 + {}^-12 = 0$

c. $^-15 + {}^+18$
$18 - 15 = 3$ — $|^-15| = 15$ $|^+18| = 18$
$^-15 + {}^+18 = {}^+3$

TRABAJO EN CLASE

Escribe el inverso aditivo de cada entero.

1. $^-9$ 2. $^+8$ 3. $^-1$ 4. 0 5. $^-25$

Suma.

6. $^-4 + {}^+4$ 7. $^-17 + {}^+8$ 8. $^+26 + {}^-39$ 9. $^+24 + {}^-24$

PRÁCTICA

Usa una recta numérica para completar este cuadro.

		Comienza en	Mueve		Mueve		Para en
			Dirección	Unidades	Dirección	Unidades	
1.	$^-7 + {}^+9$	0	izquierda	7	derecha	9	
2.	$^+8 + {}^-4$						
3.	$^+12 + {}^-12$						
4.	$^-10 + {}^+7$						
5.	$^+9 + {}^-19$						

Suma.

6. $^+3 + {}^-6$ **7.** $^+9 + {}^-5$ **8.** $^-9 + {}^+9$ **9.** $^+5 + {}^-7$

10. $^-10 + {}^+10$ **11.** $^-8 + {}^+19$ **12.** $^-12 + {}^+9$ **13.** $^+11 + {}^-10$

14. $^+11 + {}^-12$ **15.** $^+8 + {}^-15$ **16.** $^+17 + {}^-17$ **17.** $^-16 + {}^+32$

18. $^+75 + {}^-19$ **19.** $^-87 + {}^+85$ **20.** $^-124 + {}^+96$ **21.** $^-147 + {}^+191$

Suma. Completa los pasos.

22. COMIENZA $^+9$ $+$ $^-6$ $+$ $^-7$ PARA

★23. COMIENZA $^-42$ $+$ $^+26$ $+$ $^-35$ $+$ $^-10$ $+$ $^+61$ PARA

APLICACIÓN

24. Dos exploradores dejaron las carretas para buscar un lugar para acampar. Uno recorrió 1 milla hacia el este y 3 millas hacia el oeste. El otro recorrió 3 millas hacia el oeste y 1 milla hacia el este. ¿Dónde se encontraron los exploradores?

25. Un explorador recorrió 19 millas hacia el oeste desde la caravana del vagón. El segundo día recorrió otras 16 millas hacia el oeste antes de comenzar a regresar. Recorrió 8 millas hacia el este y acampó. ¿A qué distancia está de la caravana?

HAZLO MENTALMENTE

Emplea la propiedad inversa de la suma para hallar cada una.

1. $^-5 + {}^-6 + {}^+5 + {}^+7 + {}^+6$

2. $^-8 + {}^-10 + {}^+8 + {}^-9 + {}^+10$

3. $^-3 + {}^-2 + {}^-6 + {}^+5$

4. $^-4 + {}^-3 + {}^+20 + {}^-7 + {}^-6$

5. $^-9 + {}^-8 + {}^+1 + {}^+17$

6. $^+18 + {}^+10 + {}^-10 + {}^-19 + {}^-18$

7. $^+5 + {}^+11 + {}^-8 + {}^-16 + {}^+8$

8. $^+101 + {}^+20 + {}^-90 + {}^-11$

9. $^-1,000 + {}^+80 + {}^-1 + {}^+1 + {}^-80 + {}^+1,001$

10. $^-89 + {}^-101 + {}^+10 + {}^+100 + {}^+79$

Restar enteros

El 5 de diciembre la familia Martínez salió a esquiar en las Green Mountains de Vermont. ¿Qué diferencia había ese día entre la temperatura verdadera y la temperatura con el factor del viento? (El factor del viento es un estimado de cómo el viento afecta lo que siente una persona.)

HORA **10 AM**
TEMPERATURA **15°F**
FACTOR DEL VIENTO **-3°F**

Halla $^+15 - {}^-3$.

Para restar un entero, *suma* su opuesto o inverso aditivo.

El opuesto de $^-3$ es $^+3$.

$^+15 - {}^-3 = {}^+15 + {}^+3 = {}^+18$.

Comprueba $^+18 + {}^-3 = {}^+15$

La diferencia era 18 grados.

Más ejemplos

a. $^+8 - {}^+12 = {}^+8 + {}^-12 = {}^-4$

El opuesto de $^+12$ es $^-12$.

b. $^+9 - {}^-6 = {}^+9 + {}^+6 = {}^+15$

El opuesto de $^-6$ es $^+6$.

c. $^-10 - {}^-14 = {}^-10 + {}^+14 = {}^+4$

d. $^-15 - {}^-15 = {}^-15 + {}^+15 = 0$

e. $^-16 - {}^+10 = {}^-16 + {}^-10 = {}^-26$

f. $^-20 - {}^-12 = {}^-20 + {}^+12 = {}^-8$

TRABAJO EN CLASE

Resta.

1. $^+9 - {}^-4$

2. $^-9 - {}^+4$

3. $^-9 - {}^-4$

4. $^+9 - {}^+4$

5. $^+15 - {}^+8$

6. $^+13 - {}^-13$

7. $^-6 - {}^-27$

8. $^+12 - {}^+20$

9. $^-10 - {}^+6$

10. $^+12 - {}^+12$

11. $^-42 - {}^-42$

12. $^+59 - {}^+49$

Escribe una expresión equivalente usando el inverso aditivo.

1. $^+10 - {}^-6$
2. $^-8 - {}^+9$
3. $^-16 - {}^-20$
4. $^+13 - {}^+21$

5. $^+25 - {}^+14$
6. $^-17 - {}^-11$
7. $^-20 - {}^+9$
8. $^+25 - {}^-10$

Halla cada diferencia.

9. $^+10 - {}^+6$
10. $^-8 - {}^+6$
11. $^-16 - {}^+12$
12. $^-10 - {}^-10$

13. $^-8 - {}^+16$
14. $^+14 - {}^+18$
15. $^-21 - {}^-17$
16. $^-13 - {}^-18$

17. $^+8 - {}^+18$
18. $^+8 - {}^-18$
19. $^+7 - {}^+19$
20. $^+16 - {}^-8$

21. $^-15 - {}^-35$
22. $^-20 - {}^+17$
23. $^-21 - {}^+11$
24. $^+21 - {}^+11$

Resuelve.

★ **25.** Halla los números que faltan para completar cada oración matemática horizontal y verticalmente.

⁻2	+	⁺5	−		=	⁺9
−		+		−		+
⁻4	−		−	⁻7	=	⁺8
+		−		+		+
⁻3	+	⁻7	+		=	
=		=		=		=
	+		+	⁺4	=	

APLICACIÓN

¿Cuál es la temperatura con el factor del viento? ¿Cuál es la diferencia entre la temperatura verdadera y la temperatura con el factor del viento?

26. $^+10°F$ con un viento de 10 mph

27. $^-10°F$ con un viento de 15 mph

28. $^+5°F$ con un viento de 20 mph

TEMPERATURAS CON EL FACTOR DEL VIENTO (°F)							
Velocidad del viento (mph)	**Temperatura verdadera (°F)**						
Calmo	⁺15	⁺10	⁺5	0	⁻5	⁻10	⁻15
5	⁺12	⁺7	0	⁻5	⁻10	⁻15	⁻21
10	⁻3	⁻9	⁻15	⁻22	⁻27	⁻34	⁻40
15	⁻11	⁻18	⁻25	⁻31	⁻38	⁻45	⁻51
20	⁻17	⁻24	⁻31	⁻39	⁻46	⁻53	⁻60
25	⁻22	⁻29	⁻36	⁻44	⁻51	⁻59	⁻66

LA CALCULADORA

Algunas calculadoras tienen una tecla de cambio de signo $\boxed{^+/_-}$. Úsala para sumar o restar enteros.

Halla $^-7 - {}^+5$. **Aprieta** $\boxed{7}$ $\boxed{^+/_-}$ $\boxed{-}$ $\boxed{5}$ $\boxed{=}$ **Pantalla**

En algunas calculadoras el signo negativo aparece a la derecha del número.

Calcula.

1. $^-6 + {}^+4$
2. $^+5 - {}^-4$
3. $^-4 + {}^+7$
4. $^-2 - {}^-1$

5. $^-7 + {}^-6$
6. $^+4 + {}^-3$
7. $^-16 + {}^-15$
8. $^-4 - 0$

Problemas para resolver

TRABAJAR HACIA ATRÁS

A veces se te da el resultado de una acción. Después se te pide que halles información sobre el comienzo de la acción. Para estos problemas, deberías trabajar hacia atrás desde la respuesta dada.

1. El Sr. Adams alquiló una tienda de campaña para el viaje de campamento de la familia en las montañas. Pagó $45. El alquiler es $5 por el primer día, $7 por el segundo día y así sucesivamente. El costo por cada día es $2 más que el día anterior. ¿Por cuántos días alquiló la tienda de campaña?

¿Por cuántos días alquiló la tienda de campaña?

tarifa—$5 por el primer día
La tarifa aumenta en $2 por cada día adicional.
costo total—$45

Trabaja hacia atrás para hallar el número de días.

primer día	segundo día	tercer día	cuarto día	quinto día
$45	$40	$33	$24	$13
− 5	− 7	− 9	− 11	− 13
$40	$33	$24	$13	$ 0

El Sr. Adams alquiló la tienda de campaña por 5 días.

Comprueba sumando el total de los 5 días.

$13 + $11 + $9 + $7 + $5 = $45

2. Wanda Evans dirige un programa en la televisión local. Debe planear exactamente 1 hora completa de tiempo. Los anuncios llevarán 21.5 minutos. Una entrevista con un huésped especial, un alpinista famoso, llevará 17.5 minutos. El resto del tiempo se pasará tomando preguntas del público presente en el estudio. Si deja 3 minutos para cada pregunta, ¿cuántas preguntas podrá tomar?

Trabaja hacia atrás. Comienza por 60 minutos. Halla la solución.

Resuelve trabajando hacia atrás.

1. Lutero trabaja en un puesto cerca del campamento. Durante la mañana recibe $3.50, $7.50, $2.85, $4.15 y $6.05. Devuelve 50¢, 80¢, 15¢ y 85¢ de cambio. A las 12:00 del mediodía su caja contiene $53.75 en efectivo. ¿Cuánto había en la caja al comienzo del día?

2. El propietario del puesto sumó $18 al costo de una radio de onda corta para un estuche portátil. Aumentó el total en un 150% para el recargo. Después sumó el impuesto a las ventas de $7. El precio de venta resultante fue $112. ¿Cuál fue el costo original de la radio para el propietario?

3. Edith compró 50 m de cuerda para escalar montañas. También compró una mochila por $29.95 y una cantimplora por $11. Su cuenta total fue $113.45. ¿Cuánto costó el metro de cuerda?

4. Susana tenía una colección de rocas. Dio 9 al museo de la escuela y compartió el resto equitativamente con 7 de sus amigas. Le quedan 5 rocas. ¿Cuántas rocas tenía en su colección original?

5. Elena quiere encontrarse con Ron en el campamento a las 3:00 P.M. Ahora son las 10:00 A.M. y ella está en el lago a 5 km del campamento. Elena tarda 15 minutos en caminar 1 km. Planea pasar 20 minutos buscando la fauna local para 6 fotografías que sacará. Pasará 5 minutos para cada fotografía. ¿A qué hora es lo más tarde que puede irse del lago para encontrarse a tiempo con Ron?

6. Un avión está buscando unas personas. El avión consume 1,800 L de combustible en 4 horas. Hacia el fin de la tercera hora, había consumido 1,400 L. Durante la tercera hora, consumió $\frac{3}{4}$ del combustible que había consumido durante la cuarta hora. Consumió la misma cantidad de combustible durante cada una de las primeras dos horas. ¿Cuánto combustible consumió el avión durante la primera hora?

7. Pedro Santos está inspeccionando los miradores de la montaña. Sube 100 m hasta el mirador 1. Después baja 50 m hasta el mirador 2. Después sube 250 m hasta el mirador 3 que queda a 280 m más arriba del mirador 4. ¿A qué altura está cada mirador?

★8. El puesto del guardabosques da equipos de primeros auxilios a las escuelas visitantes. Le dan $\frac{1}{4}$ de los equipos a la Escuela Woods. Luego le dan $\frac{1}{3}$ de los que quedan a la Escuela Barker. Después dan $\frac{1}{2}$ del resto de los equipos a la Escuela Logan y 16 equipos a la Escuela Rogers. ¿Cuántos equipos han entregado?

CREA TU PROPIO PROBLEMA

Los científicos que miden el movimiento de un glaciar usaron electrodos congelados en diferentes niveles. Perforaron 52 m para llegar al fondo del glaciar. Se hizo descender por el agujero una hilera de electrodos espaciados 4 m entre sí. Crea un problema que pueda resolverse trabajando hacia atrás.

Multiplicar enteros

La temperatura de una montaña baja 3 grados por cada 1,000 pies de altura. ¿Cuánto más baja es la temperatura en el punto al que ha llegado el primer alpinista que la temperatura en la base de la montaña?

Halla $^-3 \cdot {}^+3$.

↑
significa *por*

▶ El producto de un entero positivo por uno negativo es negativo.

$^-3 \cdot 3 = {}^-9$ ⟵ $(-) \cdot (+) = (-)$

↑
Los enteros positivos generalmente se escriben sin el $^+$.

La temperatura es 9 grados más baja.

▶ El producto de dos enteros positivos o de dos enteros negativos es positivo.

$(+) \cdot (+) = (+)$ $(-) \cdot (-) = (+)$

$5 \cdot 5 = 25$ $^-3 \cdot {}^-5 = 15$

3,000 pies

nivel del mar

Más ejemplos

a. $7 \cdot {}^-7 = {}^-49$

b. $6 \cdot 3 = 18$

c. $^-8 \cdot {}^-3 = 24$

TRABAJO EN CLASE

Multiplica.

1. $^-7 \cdot 4$ 2. $^-7 \cdot {}^-3$ 3. $6 \cdot {}^-4$ 4. $6 \cdot 4$

5. $^-6 \cdot {}^-4$ 6. $5 \cdot {}^-15$ 7. $^-3 \cdot {}^-6$ 8. $^-12 \cdot 7$

9. $^-10 \cdot {}^-10$ 10. $8 \cdot {}^-12$ 11. $^-15 \cdot {}^-3$ 12. $10 \cdot {}^-4$

Multiplica.

1. $6 \cdot 9$	**2.** $6 \cdot {}^-9$	**3.** ${}^-6 \cdot 9$
4. ${}^-6 \cdot {}^-9$	**5.** ${}^-8 \cdot 4$	**6.** $8 \cdot 4$
7. ${}^-7 \cdot {}^-5$	**8.** $7 \cdot {}^-5$	**9.** $3 \cdot {}^-10$
10. ${}^-4 \cdot {}^-9$	**11.** $7 \cdot 8$	**12.** ${}^-8 \cdot 8$
13. ${}^-11 \cdot {}^-8$	**14.** $15 \cdot 0$	**15.** $4 \cdot {}^-15$
16. ${}^-10 \cdot 7$	**17.** ${}^-13 \cdot 5$	**18.** $5 \cdot 13$
19. ${}^-5 \cdot {}^-12$	**20.** $20 \cdot {}^-6$	**21.** ${}^-12 \cdot {}^-9$
22. $4 \cdot 1 \cdot {}^-2$	**23.** ${}^-7 \cdot 2 \cdot 4$	**24.** ${}^-4 \cdot {}^-6 \cdot 3$
25. ${}^-3 \cdot {}^-7 \cdot {}^-7$	**26.** $6 \cdot 3 \cdot {}^-10$	**27.** $8 \cdot {}^-1 \cdot {}^-5$
28. ${}^-6 \cdot {}^-8 \cdot 10$	**29.** ${}^-5 \cdot {}^-2 \cdot 4$	**30.** ${}^-15 \cdot {}^-2 \cdot 5$

★ **31.** $({}^-8 + {}^-4) \cdot 7$ ★ **32.** $({}^-3 + 4) \cdot ({}^-5 - 7)$

★ **33.** $({}^-2 + {}^-3) \cdot ({}^-5^3)$ ★ **34.** $({}^-3 - 7) \cdot (16 - {}^-6)$

APLICACIÓN

35. Las montañas de Noruega y Suecia se están elevando a razón de unos 2 pies por siglo. ¿Cuánto más bajo habría estado un alpinista que subiera a la cumbre hace 500 años?

36. En el *Manual práctico de Montañismo* de Ed Peters se describen las expediciones en las montañas. Los alpinistas que cruzan glaciares descubren que el hielo se mueve a velocidades diferentes en las cuestas. En las cuestas escarpadas puede moverse a 100 pies por día. ¿Qué distancia recorrería en una semana?

HISTORIA DE LAS MATEMÁTICAS

Cuando el matemático Carl Friedrich Gauss era un joven estudiante, su profesor pidió a la clase que sumara todos los números del 1 al 100. Ésta es la manera en que Gauss lo hizo.

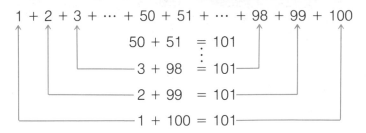

$$1 + 2 + 3 + \cdots + 50 + 51 + \cdots + 98 + 99 + 100$$

$$50 + 51 = 101$$
$$\vdots$$
$$3 + 98 = 101$$
$$2 + 99 = 101$$
$$1 + 100 = 101$$

Hay 50 pares de números, cada uno con una suma de 101. Por lo tanto la suma de los números es 50×101 ó $5{,}050$.

Usa el método de Gauss para hallar la suma de los enteros.

1. del 1 al 50   **2.** del ${}^-50$ al ${}^-1$ **3.** del ${}^-20$ al 20   ★ **4.** del ${}^-35$ al 10

Dividir enteros

Un equipo de alpinistas pudo bajar solamente 78 metros en 3 horas. ¿Cuál fue el promedio de metros que bajaron por hora?

Halla $^-78 \div 3$.

▶ El cociente de un entero positivo y uno negativo es negativo.

$$(-) \div (+) = (-) \qquad (+) \div (-) = (-)$$
$$^-78 \div 3 = {}^-26$$

Bajaron 26 metros por hora.

▶ El cociente de dos enteros positivos o dos enteros negativos es positivo.

$$(-) \div (-) = (+) \qquad (+) \div (+) = (+)$$
$$^-20 \div {}^-5 = 4 \qquad 30 \div 6 = 5$$

Más ejemplos

a. $18 \div {}^-3 = {}^-6$

b. $^-8 \div {}^-2 = 4$

c. $25 \div 5 = 5$

TRABAJO EN CLASE

Divide.

1. $36 \div {}^-9$

2. $^-36 \div {}^-9$

3. $81 \div 9$

4. $^-81 \div {}^-9$

5. $^-72 \div 8$

6. $^-75 \div {}^-25$

7. $64 \div {}^-4$

8. $108 \div 12$

9. $^-8 \div {}^-4$

10. $^-60 \div 5$

11. $^-14 \div 7$

12. $^-9 \div 3$

13. $54 \div {}^-6$

14. $77 \div {}^-1$

15. $121 \div 11$

16. $^-100 \div 4$

Divide.

1. $36 \div 4$
2. $36 \div {}^-4$
3. ${}^-36 \div {}^-4$
4. ${}^-36 \div 4$

5. ${}^-56 \div {}^-7$
6. $56 \div {}^-7$
7. ${}^-42 \div 7$
8. ${}^-63 \div 9$

9. $35 \div {}^-5$
10. $36 \div 12$
11. ${}^-64 \div 8$
12. ${}^-49 \div {}^-7$

13. $54 \div {}^-9$
14. ${}^-48 \div 8$
15. ${}^-42 \div {}^-6$
16. ${}^-24 \div 3$

17. $34 \div {}^-2$
18. ${}^-34 \div {}^-17$
19. ${}^-72 \div {}^-9$
20. $90 \div {}^-5$

21. $0 \div {}^-16$
22. $80 \div {}^-5$
23. ${}^-80 \div {}^-4$
24. $144 \div 12$

25. ${}^-75 \div {}^-5$
26. $115 \div {}^-5$
27. ${}^-63 \div {}^-9$
28. ${}^-132 \div 11$

Sigue las reglas para el orden de las operaciones.

29. ${}^-32 \div {}^-8 \div {}^-2$
30. $6 \cdot {}^-5 \div 10$
31. $63 \div 7 \div {}^-3$

32. $16 \div 4 \div {}^-4$
33. ${}^-12 \div 4 \div {}^-1$
34. $72 \div {}^-8 \div 3$

★35. $({}^-1 + {}^-5) \div 2$
★36. $({}^-2 - 6) \div {}^-4$
★37. $({}^-9 - {}^-1) \div ({}^-2 + 4)$

Completa.

★38. Escribe ${}^-36$, ${}^-15$, ${}^-8$, ${}^-2$, 4, 18 ó 72 en cada círculo para que el producto de los tres números a lo largo de cada línea sea 2,160. Usa cada número sólo una vez.

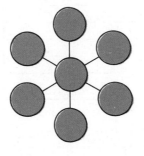

APLICACIÓN

39. Una expedición baja 49 m en 2 horas y 17 m en la próxima hora. Como promedio, ¿cuánto bajaron durante cada hora?

40. El martes cayeron 10 cm de nieve en la montaña. Al día siguiente cayeron 5 cm de nieve. Eso aumentó la base de nieve hasta 90 cm. ¿Cuál era la base el martes antes de la nevada?

RAZONAMIENTO LÓGICO

Tres mujeres compartieron una habitación durante una competencia de canto. Pagaron $90 al registrarse. La empleada debía haberles cobrado $85, por lo tanto envió al botones con un reembolso de $5. Como los $5 no se podían dividir equitativamente entre las tres mujeres, tomaron $3 y dieron una propina de $2. Cada persona pagó $29 por un total de $87. El botones recibió $2 por un total de $89. ¿Qué pasó con el $1 extra?

El plano de coordenadas

La familia Martín hizo una lista de lo que querían visitar en el parque. Uno era el Parque Unicorn. Para localizarlo usaron un plano de coordenadas dibujado sobre el mapa.

Los puntos de un **plano de coordenadas** se localizan usando dos rectas numéricas perpendiculares. La horizontal se llama **eje de la x** y la vertical se llama **eje de la y**.

La posición de cualquier punto de un plano de coordenadas se da por el **par ordenado (x, y)**.

El Parque Unicorn puede localizarse por el par ordenado (3, ⁻5).

El par ordenado (0, 0) localiza el **origen,** la intersección de los ejes.

El eje de la x y el eje de la y dividen el plano en cuatro **cuadrantes.**

Punto	Par ordenado	Cuadrante
A	(1, 2)	I
B	(⁻1, 2)	II
C	(⁻1, ⁻2)	III
D	(1, ⁻2)	IV

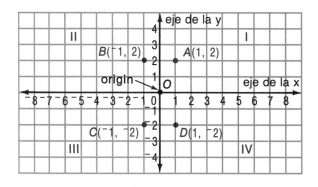

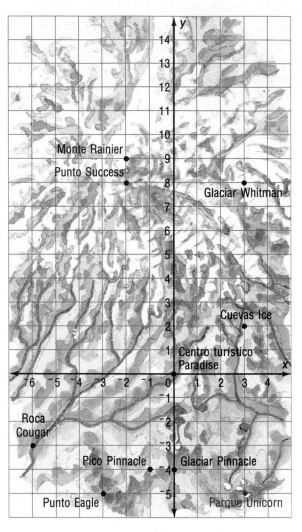

TRABAJO EN CLASE

Escribe el par ordenado que localiza cada punto.

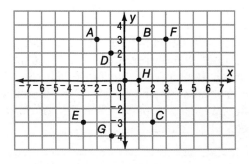

1. A
2. B
3. C

4. D
5. E
6. F

7. G
8. H
9. origen

10. Nombra el cuadrante para cada punto en **1–7.**

PRÁCTICA

Escribe el par ordenado que localiza cada punto.

1. A
2. B
3. C
4. D
5. E
6. F
7. G
8. H
9. I
10. J
11. K
12. L

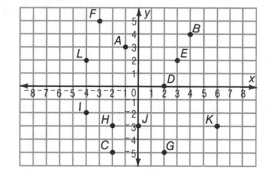

Copia el cuadro. Nombra el punto localizado por cada par ordenado. Da el cuadrante para cada punto.

	Punto	Par ordenado	Cuadrante
13.		(5, 4)	
14.		(⁻4, ⁻4)	
15.		(4, ⁻2)	
16.		(3, 1)	
17.		(⁻3, 3)	
18.		(⁻2, ⁻1)	
★ **19.**		(⁻4, 0)	
★ **20.**		(0, 5)	

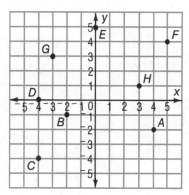

Resuelve.

★ **21.** ¿Cuál es el par ordenado para *cualquier* punto localizado sobre el eje de la x?

★ **22.** ¿Cuál es el par ordenado para *cualquier* punto localizado sobre el eje de la y?

APLICACIÓN

El mapa de la página 288 muestra los lugares que planea visitar la familia Martín. Da el par ordenado para cada uno.

23. Monte Rainier
24. Punto Success
25. Punto Eagle
26. Cuevas Ice
27. Roca Cougar
28. Pico Pinnacle
29. Glaciar Whitman
30. Glaciar Pinnacle

Práctica mixta

1. $\begin{array}{r} 137.5 \\ -2.05 \\ \hline \end{array}$

2. $\begin{array}{r} 4{,}368 \\ \times\ 0.47 \\ \hline \end{array}$

3. $34.4 \div 4.3$

4. $0.004 \div 0.02$

5. $\begin{array}{r} 76.32 \\ \times\ 2.7 \\ \hline \end{array}$

6. $\frac{1}{2} + \frac{3}{8}$

7. $\frac{3}{4} - \frac{2}{5}$

8. $7\frac{1}{2} + 6\frac{3}{8}$

9. $74 + 12\frac{1}{8} - 51\frac{1}{2}$

10. $15 \div \frac{3}{5}$

Resuelve.

11. $\frac{5}{10} = \frac{n}{5}$

12. $\frac{3}{8} = \frac{n}{12}$

13. $\frac{10}{5} = \frac{n}{3}$

14. $\frac{n}{14} = \frac{28}{7}$

15. $\frac{n}{12} = \frac{15}{2}$

Gráficas de pares ordenados

Partes de la superficie lunar son ásperas y montañosas. Los científicos la estudiaron para determinar dónde deberían hacerse los alunizajes. El Apollo 15 alunizó cerca de los Apeninos, una cadena de montañas.

En un plano de coordenadas, a cada punto se le da un par ordenado. Cada par localiza un punto.

En un par ordenado (x, y), la x indica cuántas unidades se mueven hacia la izquierda o la derecha. La y indica cuántas unidades se mueven hacia arriba o abajo.

Para representar gráficamente el punto $A(1, 6)$, donde alunizó el Apollo 15, mueve hacia la derecha del origen al 1 y después sube al 6.

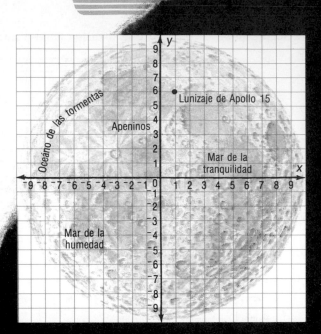

Más ejemplos

a. Para representar gráficamente el punto $B(^-2, 3)$, mueve a la izquierda desde el origen al $^-2$ y sube al 3.

b. Para representar gráficamente el punto $C(^-4, ^-1)$, mueve hacia la izquierda desde el origen hasta el $^-4$ y baja al $^-1$.

c. Para representar gráficamente el punto $D(3, ^-4)$, mueve hacia la derecha desde el origen hasta el 3 y baja al $^-4$.

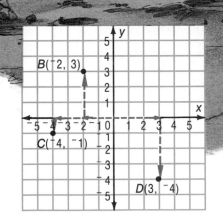

Trabajo en clase

Dibuja el eje de la x y el eje de la y en papel cuadriculado y representa estos puntos gráficamente.

1. $A(^-5, 2)$
2. $B(^-3, ^-1)$
3. $C(4, ^-4)$
4. $D(0, ^-3)$

5. $E(3, 2)$
6. $F(4, ^-3)$
7. $G(4, 0)$
8. $H(^-3, 4)$

9. $I(5, ^-2)$
10. $J(^-2, 0)$
11. $K(^-6, ^-4)$
12. $L(0, 4)$

Dibuja el eje de la x y el de la y en papel cuadriculado y represéntalos gráficamente.

1. $A(2, 1)$ **2.** $B(^-2, ^-3)$ **3.** $C(^-4, ^-3)$ **4.** $D(^-4, 3)$

5. $E(3, ^-4)$ **6.** $F(1, ^-6)$ **7.** $G(^-3, 2)$ **8.** $H(^-5, ^-5)$

9. $I(^-1, 3)$ **10.** $J(^-2, ^-2)$ **11.** $K(5, 0)$ **12.** $L(0, ^-1)$

Dibuja el eje de la x y el eje de la y en papel cuadriculado.
Representa gráficamente cada grupo de pares ordenados.

13. $(^-3, 3), (3, 3), (3, ^-3), (^-3, ^-3) (^-3, 3)$
Conecta los puntos en orden.
¿Qué figura se formó?

14. $(^-3, ^-4), (^-1, ^-2), (3, 2)$
Conecta los puntos. Da las coordenadas
de otro punto en la misma recta.

¿Sobre qué eje está cada punto?

15. $A(5, 0)$ **16.** $B(0, 2)$ **17.** $C(^-7, 0)$ **18.** $D(0, ^-8)$

¿En qué cuadrante está cada punto (x, y)?

★ **19.** $x > 0$ e $y > 0$

★ **20.** $x < 0$ e $y < 0$

★ **21.** $x < 0$ e $y > 0$

★ **22.** $x > 0$ e $y < 0$

APLICACIÓN

RAZONAMIENTO VISUAL

Crea una pieza de arte de hilo conectando los clavos en
estos ejes con hilos de colores de esta manera. Conecta
el clavo más alejado del origen en un eje con el clavo
más cercano al origen en el otro eje. Conecta el segundo
clavo más alejado del origen en un eje con el segundo
clavo más cercano al origen en el otro eje. Continúa
hasta que cada clavo esté conectado con su clavo
correspondiente en el otro eje. ¿Cuántos segmentos
de hilo hay? ¿Cuántas intersecciones hay?

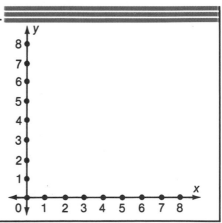

Problemas para resolver

REPASO DE DESTREZAS Y ESTRATEGIAS

Resuelve. Usa la tabla para 1–2.

Esta tabla indica las cuatro montañas más altas del continente de África.

1. ¿Cuál es la altura promedio de las cuatro montañas?

2. Enumera las montañas en orden de más alta a más baja.

3. Una cabra baja una cuesta casi vertical dando brincos. ¿Cuántos brincos necesita para bajar 24 m?

4. El maíz que crece en ciertas regiones montañosas tarda unos 10 meses en madurar. Lleva una semana preparar el suelo para plantarlo. Si se cosecha durante la primera semana de septiembre, ¿cuándo se preparó el suelo?

Un equipo de estudio geológico está escalando el Monte McKinley de Alaska. Cuando salieron de la base de la montaña, la temperatura era 11°C. La temperatura bajó 0.75 grado por cada 100 m que escalaron.

5. Después de escalar 1,000 m, ¿qué temperatura había?

6. ¿A qué altura habían escalado cuando la temperatura llegó a 5°C?

7. ¿A qué altura habían escalado cuando la temperatura bajó por debajo del punto de congelación?

8. El factor del viento a 2,000 m hizo que se sintiera 25 grados más frío que la temperatura verdadera. ¿Qué frío se sentía?

Montañas más altas de África	
Margherita, Zaire	5,127 m
Kenia, Kenia	5,194 m
Toubkal, Marruecos	4,164 m
Kilimanjaro, Tanzania	5,895 m

Problemas para resolver

¿QUÉ HARÍAS TÚ . . . ?

Planea unas vacaciones de 7 días en uno de tres centros turísticos de montañas en el Noreste. Has recibido un folleto de cada centro.

	Berkshires	Catskills	Poconos
Tarifas diarias	$58	$45	$52
Comidas incluídas	3	desayuno solamente	desayuno y cena
Instalaciones	Club $5 por día	Alberca iterior, canchas de tenis	Alberca, canchas de tenis, establo - gratis

Necesitas evaluar esta información para hacer una selección. Contesta cada pregunta.

1. ¿Te interesarías principalmente en las instalaciones disponibles?

2. ¿Tendrías en cuenta la distancia que deberías recorrer para llegar al centro turístico?

3. ¿Sería el costo del centro turístico un factor importante para tomar tu decisión?

4. ¿Hay otros factores que tendrías en cuenta?

Estima el costo de cada centro turístico de esta manera.

Berkshires:
$58 × 7 días = $406 (tarifa semanal)
comidas incluídas
Uso del club 5 días → $5 × 5 = $25
} $406 + $25 = $431

Catskills:
$45 × 7 días = $315 (tarifa semanal)
Costo semanal aproximado de 2 comidas
   por día → $30 × 7 días = $210
} $315 + $210 = $525

Poconos:
$52 × 7 días = $364 (tarifa semanal)
Costo semanal aproximado del almuerzo
   cada día → $10 × 7 días = $70
} $364 + $70 = $434

¿Qué harías tú? ¿Qué centro turístico elegirías? ¿Por qué?

5. ¿Vives dentro de 250 millas de uno de estos centros turísticos? Si no, ¿sería diferente tu selección?

REPASO DEL CAPÍTULO

Escribe un entero para cada uno. págs 274–275

1. un aumento de 20 lb

2. 4 pies bajo el nivel del mar

3. 11 grados bajo cero

4. cincuenta positivo

5. treinta y uno negativo

6. cuarenta y seis positivo

Halla cada valor absoluto. págs 274–275

7. $|^-6|$ **8.** $|8|$ **9.** $|^-18|$ **10.** $|^-12|$ **11.** $|6|$ **12.** $|18|$

Compara. Usa > ó < para cada . págs 274–275

13. $^-11$ 14 **14.** 10 $^-4$ **15.** $^-8$ $^-10$ **16.** 0 $^-5$

Escribe el opuesto de cada entero. págs 278–279

17. 10 **18.** $^-15$ **19.** 37 **20.** $^-6$ **21.** $^-80$ **22.** 125

Suma, resta, multiplica o divide. págs 276–281, 284–287

23. $18 + {}^-9$ **24.** $^-4 - {}^-7$ **25.** $19 - {}^-3$ **26.** $^-20 + 20$

27. $9 + {}^-15$ **28.** $12 - {}^-12$ **29.** $15 - {}^-6$ **30.** $^-15 + {}^-6$

31. $^-8 \cdot {}^-6$ **32.** $11 \cdot {}^-9$ **33.** $72 \div {}^-8$ **34.** $^-18 \div {}^-3$

Escribe el par ordenado que localiza cada punto. págs 288–289

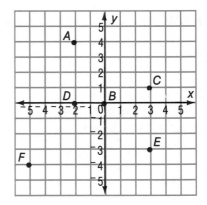

35. A **36.** B

37. C **38.** D

39. E **40.** F

En papel cuadriculado, dibuja los ejes de las _x_ y de las _y_. Representa gráficamente estos puntos. Da la posición del cuadrante o del eje de cada punto. págs 288–291

41. $A(1, 1)$ **42.** $B(^-2, 3)$

43. $C(0, {}^-3)$ **44.** $D(^-4, {}^-2)$

Resuelve. págs 282–283, 292–293

45. Desde las 6 P.M. hasta las 11 P.M., el cambio de temperatura en la montaña fue $^-15$ grados. ¿Cuál fue el promedio de cambio de temperatura por hora?

46. Antes del fin de semana, cayeron 12 pulgadas de nieve en el área de esquí. El sábado cayeron 5 pulgadas y el domingo 6 pulgadas, con lo que la base de nieve llegó a 48 pulgadas. ¿Cuál era la base el sábado antes de la nevada?

Escribe un entero para cada uno.

1. una ganancia de 10 yardas   **2.** cuarenta negativo   **3.** el opuesto de $^-6$

Substituye cada ⬤ por > ó <.

4. $^-91$ ⬤ $^-9$ **5.** 26 ⬤ $^-32$ **6.** $^-48$ ⬤ $^-27$

Halla cada valor absoluto.

7. $|21|$ **8.** $|^-17|$ **9.** $|0|$

Suma, resta, multiplica o divide.

10. $^-15 + ^-8$ **11.** $^-20 - 14$ **12.** $^-11 + 11$ **13.** $6 \cdot ^-9$

14. $^-7 \cdot ^-9$ **15.** $^-45 \div 5$ **16.** $^-9 - ^-3$ **17.** $^-32 \div ^-4$

Escribe el par ordenado que localiza cada punto.

18. A **19.** B **20.** C

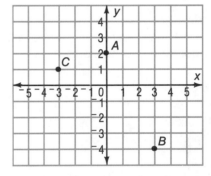

Da la posición del cuadrante para cada punto.

21. $Q(^-6, 4)$ **22.** $R(^-1, ^-4)$ **23.** $S(3, 1)$

Resuelve.

24. Durante cinco días en enero, la temperatura del área de esquí de la Montaña Pino cambió como sigue: subió 3 grados, bajó 1 grado, bajó 1 grado, subió 2 grados, subió 2 grados. ¿Cuál fue el cambio total?

25. El 1° de febrero la temperatura del área de esquí bajó 8 grados entre mediodía y medianoche. Para el mediodía del 2 de febrero había subido 6 grados. A mediodía del 3 de febrero había subido 4 grados hasta 3°C. ¿Cuál había sido la temperatura a mediodía el 1° de febrero?

Resuelve.

$^-7(3 + ^-6 - ^-9) - ^-50 \div ^-5 + 13 \cdot 4$

EXPLORA

CAZA DEL TESORO

Probablemente has estado en una caza del tesoro alguna vez. Ésta es una versión diferente de un juego para 2 jugadores que juegan usando papel cuadriculado.

Dibuja 2 cuadrículas como las que se muestran abajo para cada jugador.

Reglas del juego

1. Cada jugador tiene 3 tesoros: un cofre con monedas, una bola de cristal, y una capa mágica. Cada jugador marca un lugar secreto en la primera cuadrícula para cada tesoro. El cofre cubre una fila de 3 puntos en la cuadrícula, la bola cubre una fila de 2 y la capa cubre una fila de 5. Los tesoros pueden ponerse solamente horizontal o verticalmente.

2. Un par ordenado como (3, 5) designa cada punto. Cada jugador por turnos, indica un punto en la cuadrícula para tratar de hallar un tesoro.

3. La segunda cuadrícula se usa para registrar puntos a medida que se reclaman. *E* marca un punto encontrado y *N* marca un punto donde no se encontró nada.

4. Si un jugador reclama un punto que es parte de una posición del tesoro, el otro jugador debe nombrar ese tesoro. Hay que reclamar cada uno de los puntos de posición del tesoro antes de poder encontrarlo.

5. Los jugadores siguen turnándose. El ganador es el primer jugador que encuentre todos los tesoros de su oponente.

SITIO DEL TESORO

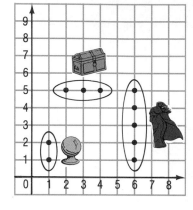

RECLAMOS

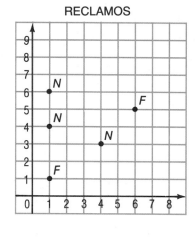

VIDA EN DOS DIMENSIONES

¿Puedes imaginarte la vida en un mundo de 2 dimensiones? ¡Todo sería plano! Hasta el planeta sería plano.

¿Cómo parecerían los habitantes? Tal vez parecerían como Ard. Sin tercera dimensión sus brazos y piernas nunca podrían cruzarse. Como no podrían darse la vuelta para ir en la dirección opuesta, sus rodillas tendrían que doblarse en ambos sentidos.

¿Cómo verían?

¿Cómo comerían?

¿Qué pasaría si Ard se encontrara con alguien yendo en la dirección opuesta? No podrían dar la vuelta para cruzarse. ¿Cómo pasarían?

Las casas probablemente se construirían subterráneamente. ¿Por qué?

Las habitaciones podrían estar en diferentes niveles conectadas por escaleras o ascensores. Las puertas de las habitaciones tendrían que abrirse hacia arriba. Los muebles serían un estorbo a menos que se diseñaran correctamente.

Diseña una casa de dos cuartos de dormir para una familia de tres. Incluye tantas habitaciones como desees (sala de estar, comedor, cocina y así sucesivamente). Muestra algunos muebles para cada cuarto. Describe la manera en que Ard viviría en esta casa.

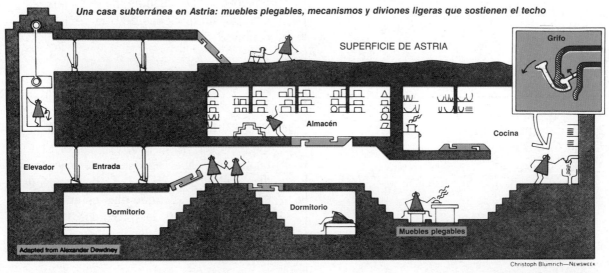

Una casa subterránea en Astria: muebles plegables, mecanismos y diviones ligeras que sostienen el techo

Christoph Blumrich—NEWSWEEK

NEWSWEEK/JANUARY 18, 1982

PERFECTIONAMIENTO DE DESTREZAS

Escoge las respuestas correctas. Escribe A, B, C o D.

1. $24\frac{1}{6} - 9\frac{3}{8}$

A $14\frac{19}{24}$ C $15\frac{5}{24}$

B $15\frac{19}{24}$ D no se da

9. ¿Cuál es el precio si el precio original es $348 y la tasa de descuento es $33\frac{1}{3}$%?

A $1,044   C $232

B $116   D no se da

2. Completa. $6\frac{2}{3}$ pies = ____ plg

A 20   C 60

B 80   D no se da

10. ¿Qué por ciento de 710 es 305.3?

A 21%   C 43%

B 50%   D no se da

3. ¿Cuál es el área?

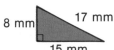

8 mm   17 mm   15 mm

A 135.72 mm²   C 41 mm²

B 60 mm²   D no se da

11. $15 + {}^-24$

A ⁻9   C 9

B ⁻39   D no se da

4. ¿Cuál es la circunferencia redondeada a la décima más cercana? Sea $\pi = 3.14$.

3.25 m

A 10.2 m   C 20.4 m

B 33.2 m   D no se da

12. $^-30 - 14$

A ⁻16   C 44

B ⁻44   D no se da

5. Resuelve. $\frac{3}{15} = \frac{n}{36}$

A $n = 180$ C $n = 1.25$

B $n = 7.2$ D no se da

Haz una lista para ayudar a resolver 13 y 14.

13. Necesitas cambio para un teléfono que funciona con monedas. Le dio 1 dólar al empleado. ¿De cuántas maneras puedes cambiar sin monedas de 5 ni de 1 centavo?

6. ¿Cuál es el precio por unidad si 7 cuestan $8.05?

A $1.15   C $1.34

B $56.35   D no se da

A 6   C 10

B 8   D no se da

7. Completa.

escala   1 cm to 3 m
dibujo   15.8 cm
verdadero ____

A 18.8 m   C 47.4 m

B 5.26 m   D no se da

14. Felipe y Peg son tripulantes de 2 buques que navegan desde San Francisco. El buque de Felipe regresa a puerto cada 5 días y el de Peg cada 7. Los dos navegan el mismo día. ¿En qué días estarán ambos en puerto durante los próximos 100 días?

A días 25, 50, 75 y 100   C días 35 y 70

B días 12, 24 y 48   D no se da

8. ¿Qué por ciento es $\frac{105}{100}$?

A 105%   C 1.05%

B 1.5%   D no se da

Estadística • Probabilidad 11

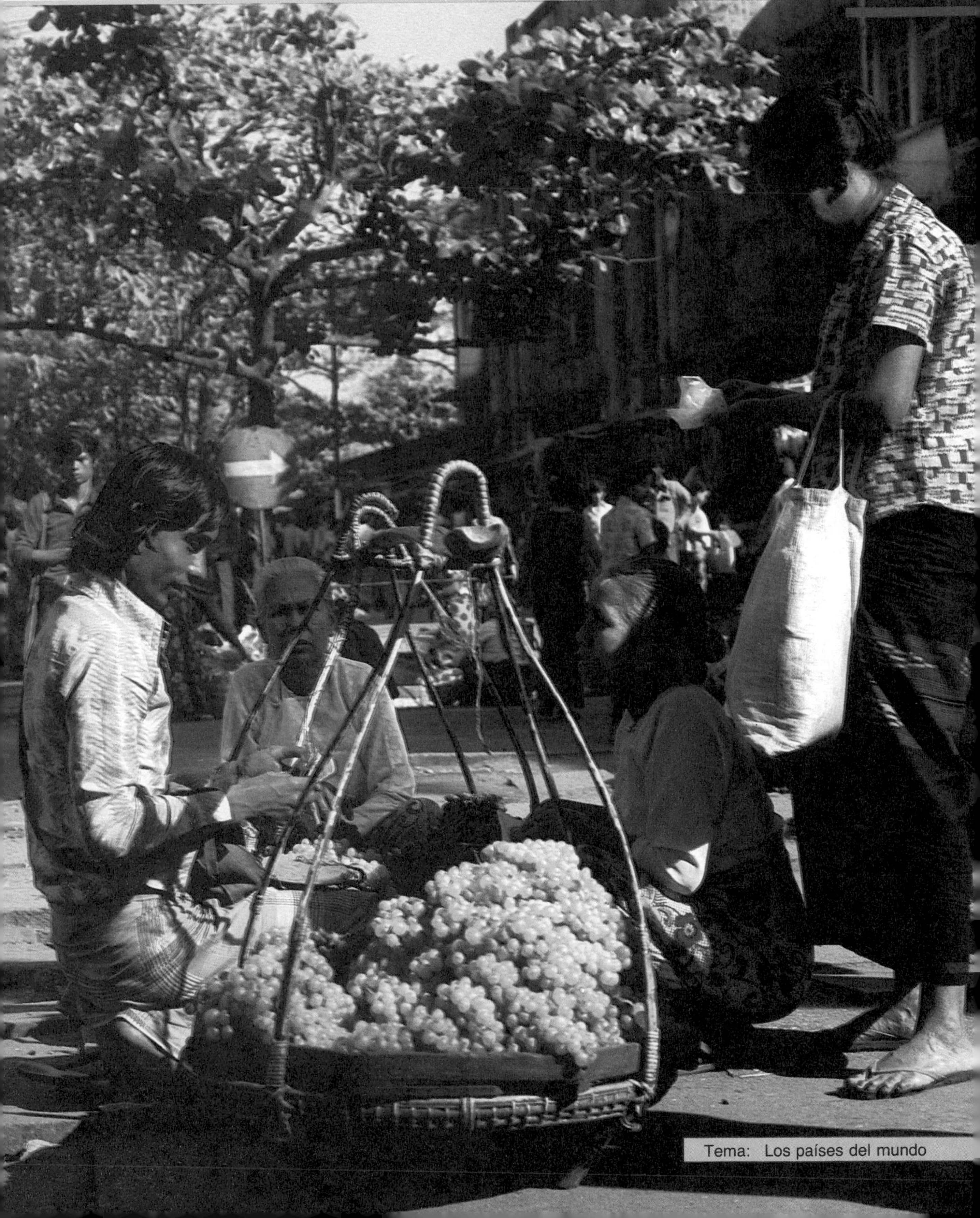

Tema: Los países del mundo

Tablas de frecuencias e histogramas

▶La **estadística** es la ciencia de recoger, organizar y analizar **datos**.

Abajo se ilustran los años en que las naciones de la Organización de las Naciones Unidas (O.N.U.) se hicieron miembros y los números de naciones que se integraron. Los datos están organizados en una **tabla de frecuencias** y en un **histograma.** Los datos están agrupados en intervalos iguales de 10 años y para cada intervalo se da la frecuencia de los datos. El histograma muestra los mismos datos pero en forma de gráfica.

tabla de frecuencias

NACIONES QUE SE INTEGRARON A LA O.N.U.	
Años	Frecuencia
1945–1954	60
1955–1964	55
1965–1974	23
1975–1984	21

En una tabla de frecuencias puede hallarse fácilmente la escala de un conjunto de datos.

▶La **escala** es la diferencia entre los elementos de datos mayores y menores.

La escala de los años en que las naciones se integraron a la O.N.U. es 1984−1945, ó 39.

NACIONES QUE SE INTEGRAN A LA ONU

Trabajo en clase

Usa la tabla de frecuencias y el histograma de arriba para contestar 1–6.

1. ¿En qué intervalo de diez años se integró a la O.N.U. la mayoría de las naciones?

2. ¿En qué intervalo de diez años se integró un total de 23 miembros?

3. ¿Cuántas naciones se integraron entre 1955 y 1964?

4. ¿Cuántas naciones se integraron en 1945?

5. ¿Cuándo se integró la primera nación?

6. ¿Cuántos son los miembros de la O.N.U.?

Usa los datos de la tabla de abajo para contestar 7–8.

EDADES DE LOS PRESIDENTES DE EE.UU. CUANDO SE INAUGURARON POR PRIMERA VEZ																			
57	61	57	57	58	57	61	54	68	51	49	64	50	48	65	52	56	46	54	49
50	47	55	55	54	42	51	56	55	51	54	51	60	62	43	55	56	61	52	69

7. Haz una tabla de frecuencias y un histograma para los datos. Usa los intervalos 40–44, 45–49, 50–54, 55–59, 60–64, 65–69.

8. ¿Cuál es la escala de las edades?

PRÁCTICA

Usa estos dos histogramas para contestar 1–7.

1. El estadio más pequeño tiene capacidad para 40,605 y el más grande para 106,721. ¿Cuál es la escala de las capacidades de los estadios?

2. ¿Qué tamaño de estadio es el más común?

3. ¿Cuántos estadios de fútbol americano hay?

4. ¿Cuál era el horario más popular para ir de compras a Shopbest? ¿el menos popular?

5. Redondeado a la centena más cercana, ¿cuántos clientes fueron de compras durante las 2 primeras horas?

★ 6. ¿Qué período de 2 horas sería el mejor para que Shopbest ofreciera ventas especiales?

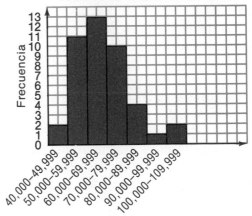

CAPACIDAD DE ASIENTOS DEL LOS
ESTADIOS DE FÚTBOL DE LOS EE.UU.

Capacidad de asientos

Usa los datos de abajo para contestar 8–10.

VELOCIDADES DE VEHÍCULOS REGISTRADOS EN UNA ZONA DE 35 MPH									
25	27	30	30	31	23	45	33	38	36
37	35	47	35	32	33	35	37	37	40
25	30	35	40	34	42	38	37	36	29
30	27	30	45	40	37	35	40	37	32

7. Haz una tabla de frecuencias y un histograma. Usa los intervalos 21–25, 26–30, 31–35, 36–40, 41–45, 46–50.

8. ¿Cuál es la escala de las velocidades?

9. ¿Cuántos vehículos exceden el límite de velocidad?

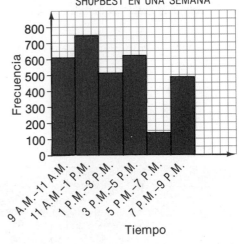

CLIENTES DEL SUPERMERCADO
SHOPBEST EN UNA SEMANA

Tiempo

APLICACIÓN

FRECUENCIA RELATIVA

Una manera de comparar frecuencias es hallar la frecuencia relativa de un elemento de datos.

$$\text{frecuencia relativa} = \frac{\text{frecuencia del elemento}}{\text{total de frecuencias}}$$

La frecuencia relativa de las naciones que se integraron a la O.N.U. entre 1945 y 1954 es $\frac{60}{159} \approx 38\%$. Aproximadamente un 38% de las naciones se integraron entre 1945 y 1954.

Halla la frecuencia relativa de cada uno. Redondea al por ciento más cercano.

1. 1955–1964

2. 1965–1974

3. 1975–1984

Medidas de tendencia central

¿Cuál es el promedio de la población de las ciudades más grandes del mundo?

Cada una de las tres medidas de tendencia central—media, mediana y moda—es un tipo de promedio.

▶ La **media** es la suma de todos los datos dividida entre el número de datos.

▶ La **mediana** es el número del medio o la media de los dos números del medio cuando los datos están arreglados en orden.

▶ La **moda** es el número que ocurre más a menudo. Puede haber más de una moda.

La media de la población es

$$\frac{11 + 9 + 7 + 8 + 8 + 9 + 8 + 8 + 7 + 9}{10} = 8.4.$$

La mediana y la moda de las poblaciones son las siguientes.

		POBLACIÓN DE LAS CIUDADES MÁS GRANDES DEL MUNDO	
Ciudad	**Población (en millones)**
Shanghai, China	11
Beijing, China	9
Tianjin, China	7
Seúl, Corea del Sur	8
Tokio, Japón	8
Calcuta, India	9
Bombay, India	8
Moscú, U.R.S.S.	8
Nueva York, EE.UU.	7
México D.F., México	9

moda

11   9   9   9   8   8   8   8   7   7

mediana ⟶ 8

TRABAJO EN CLASE

Halla la media, la mediana y la moda de cada uno.

1. 4, 3, 5, 0, 4, 3, 4, 4, 1, 2

2. 35, 30, 16, 23, 16, 24, 14, 24, 16

3. 189, 80, 83, 133, 83, 133, 94, 89

4. 560, 900, 900, 840, 775

Halla la media, la mediana y la moda de cada uno.

1. 5, 7, 6, 10, 6, 9, 8, 9, 10, 6

2. 27, 69, 60, 32, 61, 69, 41, 69, 58, 54

3. 23, 23, 8, 11, 23, 10, 19, 11

4. 26, 37, 38, 14, 37, 26, 26, 37, 38

5. 600, 240, 860, 600, 200, 500

6. 320, 340, 334, 340, 350, 344

7. 91, 100, 90, 95, 92, 95, 102

8. 108, 106, 112, 94, 88, 94, 112

9. 405, 407, 397, 375, 393, 405

10. 613, 704, 454, 809, 908, 454

La media de cada grupo de tres números es 29. ¿Cuál es el tercer número?

11. 28, 29, □

12. 16, 35, □

13. 21, 29, □

14. 15, 16, □

Halla la media, la mediana, la moda y la escala de estos datos: 1, 3, 5, 4, 2, 4, 3, 2. Si 5 se transformara en 10, ¿cambiaría cada una de estas medidas?

15. media

16. mediana

17. moda

18. escala

Haz un conjunto de datos para que cada uno sea verdadero.

★ 19. Hay una moda.

★ 20. Hay más de una moda.

★ 21. La media, la mediana y la moda son todas iguales.

APLICACIÓN

Halla cada uno para los datos de la derecha.

22. media

23. mediana

24. moda

25. escala

Compara las medidas de arriba con las de los datos de la página 302.

26. ¿Es la media del mundo mayor que la media de las Américas?

27. ¿Es la media del mundo mayor que la de las Américas?

★ 28. ¿Qué relación existe entre la población de las Américas y la del mundo?

POBLACIÓN DE LAS CIUDADES MÁS GRANDES DE LAS AMÉRICAS	
Ciudad	Población (en millones)
Chicago, EE.UU.	3
Nueva York, EE.UU.	7
Los Angeles, EE.UU.	3
México D.F., México	9
Rio de Janeiro, Brasil	5
San Pablo, Brasil	7
Lima, Perú	3
Bogotá, Colombia	4
Santiago, Chile	4
Buenos Aires, Argentina	3

Usar medidas de datos

Los datos pueden analizarse de muchas maneras, dependiendo de si se usa la media, la mediana, la moda o la escala.

NACIONALIDAD DE LOS GRANDES COMPOSITORES DEL MUNDO OCCIDENTAL	
País	**Número de compositores**
Alemania	17
Austria	7
Bélgica	1
Brasil	1
Checoslovaquia	2
Dinamarca	1
España	1
Estados Unidos	15
Finlandia	1
Francia	17
Gran Bretaña	6
Hungría	3
Italia	17
Noruega	1
Polonia	2
Suiza	2
Unión Soviética	12

Usar la media El número promedio de compositores de cualquier país es aproximadamente 6.

Usar la mediana La mitad de los países han contribuído 3 o más compositores cada uno.

Usar la moda La mayoría de los países han contribuído 1 compositor.

Usar la escala Francia ha dado dieciséis compositores más que España.

TRABAJO EN CLASE

Indica si se usó la media, la mediana, moda o la escala para analizar los datos.

1. La edad promedio de un presidente de Estados Unidos cuando se inaugura por primera vez es alrededor de 55 años.

2. En una encuesta, a más personas les gustó el béisbol que cualquier otro deporte.

3. La mitad de los estudiantes de la clase de la Srta. Dupree no mide más de 160 cm.

4. En un año 17.7 millones más de personas vieron la serie de TV mejor clasificada que la serie con la clasificación más baja.

5. La mitad de los países enumerados en la tabla de arriba contribuyó más del 90% de los grandes compositores del mundo occidental.

PRÁCTICA

Indica si se usó la media, la mediana, la moda o la escala para analizar los datos.

1. El promedio de temperatura del mes de julio en Bombay, India es 80°.

2. La nota más baja de la prueba fue 40 puntos por debajo de la nota más alta.

3. Más estudiantes seleccionaron anillos con piedras rojas que con cualquier otro color.

4. La mitad de los continentes del mundo tiene un área menor que la de Sudamérica.

5. Entre 1901 y 1914 se otorgaron más premios Nobel de la paz a ciudadanos de Suiza que a los de cualquier otro país.

6. La mitad de los espectáculos más exitosos de Broadway tuvo más representaciones que las 1,775 representaciones de la obra *Harvey*.

7. El promedio de tiempo en el evento de estilo libre de 400 m fue 4 min 17 s.

8. El promedio de edad de los que asistieron al concierto era 19.

9. En la clase del Sr. Gómez el pasatiempo favorito fue coleccionar monedas.

APLICACIÓN

Haz un enunciado sobre los datos de esta tabla usando cada medida en 11–14.

GRANDES COMPOSITORES AUSTRÍACOS	
Compositor	Número de grandes obras
Alban Berg	28
Anton Bruckner	37
Joseph Haydn	829
Gustav Mahler	61
Wolfgang Mozart	723
Arnold Schoenberg	179
Franz Schubert	1,147

10. media

11. mediana

12. moda

13. escala

Haz una encuesta de 20 compañeros de clase para hallar a cuántos de los grandes compositores austríacos reconoce cada persona. Después analiza tus datos usando cada medida.

★ 14. media

★ 15. mediana

★ 16. moda

★ 17. escala

Representar datos en una gráfica

Las gráficas se usan para organizar datos y son una ilustración que muestra las relaciones entre los elementos de los datos. Hay diferentes clases de gráficas para fines diferentes.

▶Una **gráfica de barras** se usa para mostrar comparaciones.

Esta gráfica de barras doble compara las poblaciones de Suecia y del Alto Volta.

Para hacer una gráfica de barras, haz lo siguiente.

● Usa papel cuadriculado. Escoge una escala para cada eje. Dibuja los ejes.

● Dibuja una barra para cada elemento de datos. La longitud de cada barra corresponde a un elemento de datos. A veces te ayuda redondear los datos.

● Titula la gráfica.

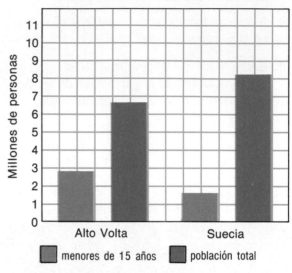

POBLACIÓN TOTAL Y PERSONAS MENORES DE 15 AÑOS EN EL VOLTA SUPERIOR Y EN SUECIA

■ menores de 15 años ■ población total

▶Una **gráfica lineal** se usa para mostrar tendencias o cambios en el tiempo.

Esta **gráfica lineal** muestra el cambio en temperatura durante un año en Moscú y en Copenhague.

Para hacer una gráfica lineal, haz lo siguiente.

● Usa papel cuadriculado. Escoge una escala para cada eje. Dibuja los ejes y rotúlalos.

● Localiza el punto sobre la gráfica para cada par de datos. Después conecta los puntos.

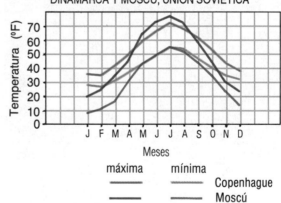

TEMPERATURAS MÁXIMAS Y MÍNIMAS NORMALES EN DOS CIUDADES COPENHAGUE, DINAMARCA Y MOSCÚ, UNIÓN SOVIÉTICA

máxima   mínima —— Copenhague —— Moscú

TRABAJO EN CLASE

Decide si sería mejor usar una gráfica de barras o una gráfica lineal para presentar cada conjunto de datos. Después construye la gráfica.

1.

IMPORTACIONES DE PETRÓLEO EN EE.UU. (en miles de barriles por día)				
	Irán	Arabia Saudita	México	Canadá
1973	223	486	16	1,325
1983	48	337	826	547

2.

CARROS REGISTRADOS EN EE.UU (en millones)					
Año	1940	1950	1960	1970	1980
Número	27	40	62	89	122

Escoge una gráfica de barras o una gráfica lineal para presentar cada conjunto de datos. Después construye la gráfica.

1.

PRINCIPALES PAÍSES PRODUCTORES DE VERDURAS	
País	Producción (en millones de toneladas)
China	266
Unión Soviética	117
Estados Unidos	107
India	76
Brasil	55

2.

PERROS REGISTRADOS EN EL CLUB CANINO AMERICANO		
	Número registrado	
Tipo de perro	1975	1980
perro cocker	39,064	76,113
doberman	57,336	79,908
pastor alemán	76,235	58,865
perdiguero irlandés	58,622	14,938
caniche	139,750	95,250

3.

DEUDA NACIONAL DE EE.UU	
Año	Dólares (en millares de millón)
1930	16
1940	43
1950	256
1960	284
1970	370
1980	907

4.

DISTRIBUCIÓN DE LA POBLACIÓN DE EE.UU.						
		Año de Censo				
		1790	1800	1810	1820	1830
Por ciento de la poblacion	Urbana	5	6	7	7	9
	Rural	95	94	93	93	91

		Año de Censo				
		1840	1850	1860	1870	1880
Por ciento de la población	Urbana	11	15	20	26	28
	Rural	89	85	80	74	72

Usa los datos de las gráficas para contestar **5–12**.

5. Ordena los perros registrados en 1975.

6. Ordena los perros registrados en 1980.

7. De 1790 a 1880, ¿aumentó o disminuyó el por ciento de la población urbana? ¿y la población rural?

8. ¿Cuál fue la tendencia de la población en Estados Unidos de 1790 a 1880?

9. ¿Cuánto aumentó la deuda nacional de Estados Unidos entre 1960 y 1980?

10. ¿Durante qué década aumentó más la deuda nacional de Estados Unidos?

11. ¿Qué país produce más verduras que cualquier otro país en el mundo?

12. ¿Cuántas más toneladas de verduras produce la China que la India?

APLICACIÓN

Las gráficas lineales se emplean para predecir el futuro. Usando esta gráfica, estima cada una de las siguientes.

13. la población de menores de 15 años en 1990

14. la población de mayores de 15 años en 1990

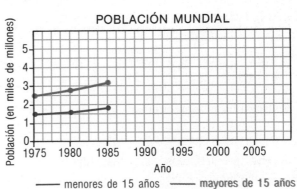

POBLACIÓN MUNDIAL
Población (en miles de millones)
Año
—— menores de 15 años   —— mayores de 15 años

Gráficas circulares

Las gráficas circulares se usan mejor para comparar las partes de un todo. Esta gráfica muestra la población del mundo por continente.

Para hacer una gráfica circular, haz lo siguiente.

- Si no está dado, halla el por ciento del círculo que representa cada elemento de los datos.

- Halla el número de grados que representa cada por ciento.

Asia
↓
58.3% de 360° = 0.583 × 360° ≈ 210°
↑
número de grados alrededor del centro de un círculo

- Usa un compás y dibuja un círculo. Después dibuja el ángulo central que representa cada por ciento. Nombra cada parte.

- Titula la gráfica.

DONDE VIVE LA GENTE DEL MUNDO

Sudamérica 5.5%
Australia y Oceanía 0.5%
Norteamérica 8.3%
África 10.9%
Europa 16.5%
Asia 58.3%

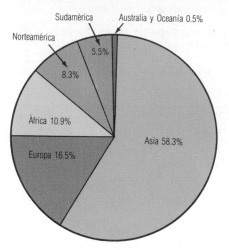

TRABAJO EN CLASE

Halla la medida de cada ángulo central en la gráfica de arriba. Redondea al grado más cercano.

1. Europa
2. Norteamérica

3. África
4. Sudamérica

5. Australia y Oceanía

Usa los datos de abajo para contestar 6–9.

PRESUPUESTO SEMANAL DE ALANO					
Gasto	Comida	Suministros escolares	Transporte	Ahorro	Recreación
Cantidad	$6	$1	$3	$5	$5

6. Haz una gráfica circular.

7. ¿Qué por ciento de su presupuesto semanal gasta Alano en recreación?

8. ¿En qué artículos gasta más Alano? ¿menos?

9. ¿En qué artículo gasta tanto como en los suministros escolares y el ahorro?

PRÁCTICA

Halla la medida del ángulo central representado por cada por ciento de una gráfica circular. Redondea al grado más cercano.

1. 50%	**2.** 75%	**3.** 40%	**4.** 55%	**5.** 25%
6. 36%	**7.** 37.5%	**8.** 88%	**9.** 94%	**10.** 12%

Construye una gráfica circular para cada conjunto de datos. Redondea al por ciento más cercano.

11.

GASES EN EL AIRE

Gas	Por ciento
Nitrógeno	78
Oxígeno	21
Otros gases	1

12.

CARROS FABRICADOS EN UN AÑO EN EE.UU.

Fabricante	Número de carros (redondeado al 50,000 más cercano)
American Motors	200,000
Chrysler	900,000
Ford	1,550,000
General Motors	4,000,000
Otros	150,000

★ 13.

MEDALLAS GANADAS EN LAS OLIMPIADAS DE INVIERNO DE 1984

País	Número de medallas
Alemania Occidental	4
Alemania Oriental	24
Canadá	4
Checoslovaquia	6
Estados Unidos	8
Finlandia	13
Noruega	9
Suecia	8
Suiza	5
Unión Soviética	25

Usa los datos de las gráficas para contestar 14–19.

14. ¿Qué por ciento del aire es nitrógeno y oxígeno combinado?

15. ¿Qué por ciento del aire es hidrógeno?

16. ¿Qué por ciento de los carros fabricados en Estados Unidos fueron hechos por Ford?

17. ¿Qué por ciento de los carros fueron hechos por Ford y General Motors combinados?

★ 18. A la decena más cercana, ¿qué por ciento de las medallas ganadas en las Olimpíadas de Invierno de 1984 ganaron la Unión Soviética y Alemania Oriental?

★ 19. ¿En qué continente están los países que ganaron más del 80% de las medallas de las Olimpíadas de Invierno en 1984?

APLICACIÓN

=== ESTIMAR ===

Estima el por ciento de la población mundial que vivía en cada continente en 1900.

1. Europa

2. Sudamérica

3. África

4. Norteamérica

5. Asia

6. Australia y Oceanía

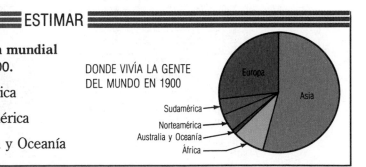

DONDE VIVÍA LA GENTE DEL MUNDO EN 1900

Explorar diagramas de dispersión

¿Está relacionada tu estatura con el largo de tu zapato?

¿Está relacionada tu estatura con el número de letras de tu nombre?

Pulgarcito   Larry Bird   Kareem Abdul-Jabar

TRABAJAR JUNTOS

Trabaja en un grupo de cuatro.

1. Haz una encuesta de 20 estudiantes de tu clase para hallar sus estaturas, el largo de sus zapatos y el número total de letras de sus nombres y apellidos.

   Haz una tabla para anotar tus datos.

Estudiante	Estatura (en centímetros)	Largo del zapato (en centímetros)	Número de letras en el nombre
Marcia Fairfax	160	24	13
Josh Martin	177		

2. Haz dos gráficas. Usa primero los datos en las columnas para la estatura y el largo del zapato. Marca los pares de números como se muestran.

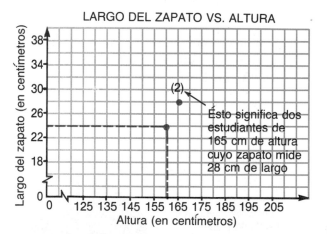

LARGO DEL ZAPATO VS. ALTURA

Ésto significa dos estudiantes de 165 cm de altura cuyo zapato mide 28 cm de largo

Haz una segunda gráfica para los datos en las columnas para la estatura y el número de letras. Decide qué escala usarás por cada eje.

310

Las gráficas que has hecho se llaman **diagramas de dispersión.**

Comparte tus gráficas con otro grupo. Estudia la tabla de datos y los diagramas de dispersión que has dibujado.

1. ¿Parecen indicar los datos de la tabla que el largo del zapato está relacionado con la estatura?

2. ¿Muestra la tabla una relación entre la estatura y el número de letras en el nombre de una persona? Explica.

3. ¿Ayudan los diagramas de dispersión a mostrar si existe una relación? ¿Cómo?

4. ¿Hicieron ambos grupos una encuesta a los mismos estudiantes? ¿Afecta esto a los diagramas de dispersión? ¿De qué manera?

RAZONAR A FONDO

1. Por cada diagrama de dispersión, usa una regla para hallar una recta que sea lo más aproximada posible al máximo número de puntos. Después dibuja la recta en tu gráfica. Esta recta se llama *recta de regresión*. Fíjate en las gráficas de la derecha. ¿Tiene tu recta una inclinación positiva o negativa?

2. Compara tu gráfica con la de otro grupo. Compara la forma en que los puntos se distribuyen alrededor de la recta. ¿En qué gráfica están la mayoría de los puntos cerca de la recta?

3. Compara tus rectas de regresión con las de los otros grupos. ¿Qué observas? Comenta con los otros grupos las maneras en que las rectas de regresión se parecen o se diferencian?

4. Si la inclinación de una recta de regresión es positiva, ¿qué crees que indica eso acerca de la relación entre dos conjuntos de datos?

5. Si la inclinación de la recta es negativa, ¿qué te indica?

6. Escribe un resumen de tus descubrimientos.

inclinación positiva

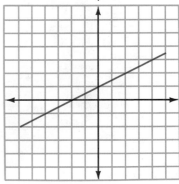

inclinación negativa

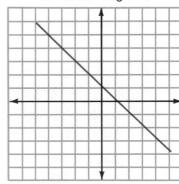

Diagramas de dispersión

Para un proyecto de ciencias sociales Patty buscó datos sobre sus compañeros y las relaciones entre los datos. Hizo una encuesta de 12 niñas. Aquí está su tabla de datos.

Estudiante	Altura (pulgadas)	Talla de Zapato	Horas de TV diarias
Amy	62	6	3
Barbara	66	8	1
Carla	60	5	2
Delia	68	9	3
Erin	69	9	6
Eva	57	5	7
Laura	58	6	0
María	70	10	2
Nora	61	5	1
Terry	66	8	3
Willie	64	7	4
Yuma	63	6	0

Estudiante	Nota en el último examen de Matemáticas	Número de hermanos y hermanas	Número de animales domésticos
Amy	80	0	3
Barbara	95	3	1
Carla	100	0	0
Delia	68	3	3
Erin	60	4	0
Eva	56	4	4
Laura	80	1	1
María	76	1	3
Nora	88	0	5
Terry	90	7	1
Willie	82	2	4
Yuma	100	2	0

TRABAJAR JUNTOS

Trabaja en grupo.

1. Dibuja tres diagramas de dispersión.

   • Uno debe comparar la estatura con el tamaño del zapato.

   • El segundo debe comparar las horas de TV diarias con las notas del último examen de matemáticas.

   • El tercero debe comparar el número de hermanos y hermanas con el número de animales domésticos.

2. Por cada diagrama de dispersión, dibuja la recta que creas que se adapta mejor a los datos.

1. Fíjate en los tres diagramas de dispersión dibujados. ¿En cuál de los tres está la mayoría de los puntos cerca de la recta de regresión? ¿En cuál no lo está? ¿Qué crees que significa el que la mayoría de los puntos esté cerca de tu recta?

2. Por cada uno de los tres diagramas de dispersión, comenta si hay una relación entre los grupos de datos que se están estudiando. Describe las relaciones que halles. ¿Qué pasa con el tamaño del zapato al aumentar la estatura? ¿Qué pasa con las notas al aumentar las horas de TV?

3. ¿Se te ocurren otros datos que podrían estar relacionados de la misma manera que la estatura y el tamaño del zapato? ¿las notas y las horas de TV?

4. ¿Hay otras dos columnas de los datos de Patty que podrían mostrar una relación interesante? Indica por qué sí o no.

RAZONAR A FONDO

1. ¿Cuando dos eventos están relacionados, uno siempre es la *causa* del otro? Explica.

2. Imagínate que un diagrama de dispersión muestra la siguiente relación entre los números del lóquer y las notas de los exámenes. ¿Significa la relación que las notas están afectadas por la asignación de los loquers? Explica por qué sí o no.

3. Comenta si el precio de un carro usado está relacionado con los años que tiene. ¿Qué datos podrías usar para apoyar tu opinión? Indica cómo organizarías los datos. ¿Sería importante considerar marcas de carros por separado? ¿Cuáles son otras cosas que tendrías que considerar?

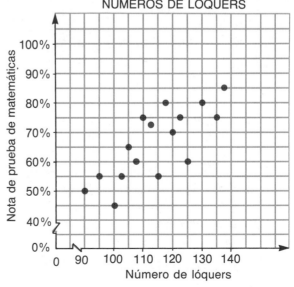

NOTAS DE PRUEBAS DE MATEMÁTICAS VS. NÚMEROS DE LÓQUERS

Problemas para resolver

LÓGICA

La capacidad de pensar lógicamente es una destreza importante para resolver problemas. Puede implicar sacar conclusiones correctas de los datos o decidir si dos o más enunciados pueden ser verdaderos al mismo tiempo.

1. ¿Pueden los siguientes enunciados ser todos verdaderos al mismo tiempo?

   Un hombre salió de su casa a las 10:00 A.M. Llegó a su destino a 100 millas de distancia a las 12:00 del mediodía.
   Nunca manejó más rápido que 55 mph.

   Examina cada enunciado. Decide qué significa la información que contiene cada enunciado.

   Los dos primeros enunciados dicen que el hombre viajó durante 2 horas 100 millas. El promedio de su velocidad fue de 50 mph.

   El tercer enunciado concuerda con este resultado. Por lo tanto, se deduce que los tres enunciados podrían ser verdaderos al mismo tiempo.

   Comprueba para asegurarte de que empleaste correctamente la información contenida en cada enunciado.

2. ¿Qué conclusión puede extraerse de los siguientes enunciados?

   Babe Ruth tuvo el récord de 714 jonrones en una carrera de la liga mayor. Hank Aaron bateó su 715° jonrón el 8 de abril de 1974.

   El primer enunciado establece que 714 jonrones fue un récord de la liga mayor.

   El segundo enunciado establece que Hank Aaron bateó 715 jonrones.

   ¿Qué conclusión puede extraerse?

Dallas, Texas

PRÁCTICA

¿Pueden los enunciados ser verdaderos al mismo tiempo?

1. La temperatura afuera es 82°F.
   Está nevando.

2. Un tubo de pasta dentífrica de 7 onzas cuesta $1.69. El precio por onza es 26¢.

3. Está lloviendo muy fuerte afuera. Miguel estaba mojado cuando llegó a la oficina.

4. Dallas está al sudoeste de Memphis. Memphis está al sudoeste de Louisville. Louisville está al noreste de Dallas.

5. Los canguros rojos pueden saltar una distancia de hasta 42 pies por salto. Uno rojo saltó 307 pies en 5 saltos.

6. La distancia entre Polk y Lehigh es 250 mi. Luis viajó a un promedio de 55 mph. Terminó entre Polk y Lehigh en 3 horas.

Determina si puede sacarse la conclusión de los enunciados dados.

7. Todos los gatos son animales.
   Todos los perros son animales.
   Conclusión: Todos los gatos son perros.

8. Walton queda entre Rose City y Ashley. Milville queda entre Walton y Ashley. Conclusión: Milville queda entre Rose City y Ashley.

9. El perímetro de un cuadrado es $4s$.
   El área de un cuadrado es s^2.
   Conclusión: El área de un cuadrado es siempre mayor que su perímetro.

10. El edifico más alto del mundo está en Chicago.
    El World Trade Center está en New York.
    Conclusión: El World Trade Center no es el edificio más alto del mundo.

Saca una conclusión de los dos enunciados.

11. El puntaje más alto de la liga por tres juegos consecutivos de bolos es 886. Miguel boleó 250, 280 y 266 en tres juegos consecutivos.

12. Normalmente se tarda 2 horas en volar las 985 millas desde Canton hasta Elton. El avión de la Srta. Velardi voló a un promedio de 400 mph en este vuelo.

13. Todos los cuadrados son rectángulos.
    $ABCD$ es un cuadrado.

14. Los leones son de la familia de los gatos. Los gatos son mamíferos.

CREA TU PROPIO PROBLEMA

Usa dos enunciados de **A** para crear un problema. Haz lo mismo con **B**. Después saca una conclusión de cada par de enunciados.

A $ABCD$ es un paralelogramo.
$PQRS$ es un rombo.
$WXYZ$ no es un rombo.
Todos los rombos son paralelogramos.

B El Lago Superior, un lago natural, tiene un área de 31,820 millas cuadradas.
El Lago Victoria es aproximadamente un quinto del tamaño del Mar Caspio.
El Mar Caspio es más grande que cualquier otro lago natural del mundo.
Groenlandia es la isla más grande del mundo.

Explorar combinaciones

Todos los años, escuelas del estado envían un equipo de sus mejores estudiantes de matemáticas a una competencia estatal.

TRABAJAR JUNTOS

Trabaja en un grupo de 5. Imagínate que los miembros de tu grupo son los mejores estudiantes de matemáticas de la escuela. Explora cuántos equipos diferentes podrías enviar a la competencia de matemáticas del estado. Haz una lista por cada equipo que envíes.

1. Escoge 2 personas de tu grupo que puedan ir a la competencia. Usa sus nombres para hacer listas por cada equipo de 1 miembro que puedas enviar. Haz listas por cada equipo de 2 miembros. ¿Cuántos equipos de 1 miembro son posibles? ¿Cuántos equipos de 2 miembros son posibles?

2. Escoge ahora 3 personas de tu grupo que puedan ir a competir. Usa sus nombres para hacer una lista por cada equipo de 1 miembro. ¿Cuántos equipos de 1 miembro son posibles? ¿cuántos de 2 miembros? ¿de 3 miembros?

3. Haz una lista de tu grupo por cada equipo posible de 4 que puedan competir.

4. Si pueden ir todos los miembros de tu grupo, ¿cuántos equipos de 1 miembro son posibles? ¿cuántos de 5 miembros? Haz una lista por cada equipo posible.

5. ¿Qué pasaría si ningún miembro de tu grupo pudiera ir a las finales de la competencia? ¿Cómo sería tu lista? Para cualquier número de estudiantes elegibles, hay sólo *una* manera de tener una lista para un equipo sin miembros.

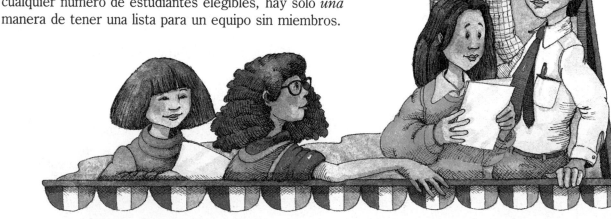

Trabajen juntos. Anoten los resultados de cada grupo en la
fila adecuada de un arreglo como éste.

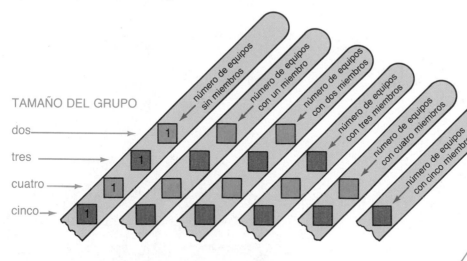

1. Para grupos de distintos tamaños, ¿qué observas del número
   de equipos que incluyen todos los miembros del grupo?

2. ¿Qué relación ves entre el número de miembros de un grupo
   y el número de equipos de 1 miembro que se pueden formar?

3. ¿Qué relación ves entre el número de un grupo y el número
   de equipos que tienen 1 miembro menos que el número del
   grupo? Por ejemplo, ¿cuántos equipos de 3 miembros son
   posibles en un grupo de 4?

4. ¿Qué otras relacions ves en el arreglo? Haz una lista.

≡RAZONAR A FONDO≡

Trabaja en un grupo pequeño.

1. Los 6 miembros de la liga de matemáticas pueden ir a
   la competencia. Se va a enviar un equipo de 2 miembros.
   ¿Cuántos equipos de 2 miembros son posibles?

2. De los 6 miembros que pueden ir, ¿cuántos equipos de 5
   miembros son posibles?

3. Inventa un problema usando la información del arreglo. Reta
   a otros grupos que lo resuelvan.

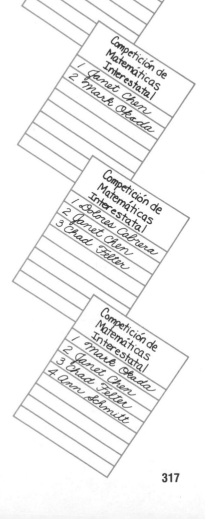

Patrones en el triángulo de Pascal

El triángulo de Pascal es un arreglo de números que obedecen a un conjunto de reglas sencillas. A pesar de su simplicidad, se usa para resolver muchos problemas complicados de matemáticas. Las primeras filas del triángulo se muestran abajo.

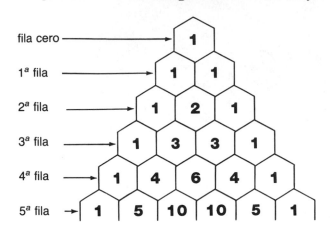

fila cero → 1

1ª fila → 1 1

2ª fila → 1 2 1

3ª fila → 1 3 3 1

4ª fila → 1 4 6 4 1

5ª fila → 1 5 10 10 5 1

TRABAJAR JUNTOS

Trabaja en un grupo pequeño.

1. Haz una copia del triángulo de Pascal, como se muestra, por cada miembro de tu grupo. Asegúrate de dejar espacio en tu página para al menos ocho filas más.

2. Describe un patrón que te ayude a hallar los números en la siguiente fila.

3. Completa las seis filas siguientes del triángulo de Pascal.

COMPARTIR IDEAS

1. Halla la suma de cada una de las cinco primeras filas. ¿Cuál es el patrón?

2. Usa la relación que hallaste en 1. ¿Cuál es la suma de los números de la 10ª fila?, ¿de la 100ª fila? ¿de la n^a fila?

3. En la 5ª fila, todos los elementos son divisibles entre 5 excepto el 1. Esto no sucede con el 6 de la 6ª fila. ¿En qué filas de tu triángulo son los elementos distintos de 1 divisibles entre el número de la fila? Haz una suposición sobre las filas en que esto sucede. Prueba tu suposición completando algunas filas más de tu triángulo.

4. Estudia los patrones entre el segundo y el tercer número de cada fila. Predí el segundo y el tercer número de la fila siguiente basándote en la relación que ves. Comprueba tu predicción completando la fila siguiente.

5. ¿Dónde aparecen los números primos en el triángulo de Pascal? Haz un círculo alrededor de los números primos que halles en tu triángulo. ¿Qué patrón puedes ver?

6. ¿Qué otros patrones numéricos puedes hallar? Comenta.

$$2 \longrightarrow 1$$
$$3 \longrightarrow 3$$
$$4 \longrightarrow 6$$
$$5 \longrightarrow 10$$

RAZONAR A FONDO

1. Relaciona el triángulo de Pascal con los equipos de la lección anterior. ¿A qué corresponde el tercer elemento de la 5ª fila del triángulo de Pascal?

2. ¿Cómo puedes usar el triángulo de Pascal para hallar el número de equipos de cuatro miembros que se pueden formar de un grupo de siete personas?, ¿para hallar el número de equipos de siete miembros que se pueden formar con un grupo de 10 personas?

Rutas posibles y el triángulo de Pascal

Una hormiga, que vive en el punto *A* en una cuadrícula de 5 × 5, trabaja en el punto *B*. La hormiga no pierde tiempo en ir al trabajo. por lo tanto siempre sigue una ruta hacia abajo. —He ido al trabajo caminando todas las mañanas durante dos meses, —dijo la hormiga— y aún no he ido por la misma ruta dos veces.

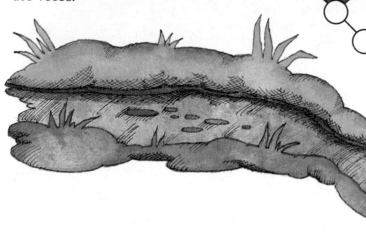

TRABAJAR JUNTOS

Trabaja con un grupo pequeño. Halla cuántas rutas diferentes puede seguir la hormiga al trabajo.

1. Copia el diagrama de arriba. Dibuja cada punto como un círculo suficientemente grande para poder escribir dentro de él.

2. Comenta cómo podrías hallar el número de rutas que puede seguir la hormiga al trabajo. Prueba una de ellas.

3. Un método consiste en ir hacia abajo desde *A*. Primero halla el número de rutas para ir de *A* a cada uno de los puntos de la fila de abajo. Mira el diagrama de la derecha.

    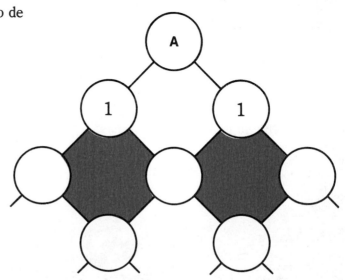

    - ¿Qué números debes escribir en la tercera fila.

    - Prueba este método.

    - ¿En qué se parecen tus resultados a los del 2?

Comenta con tus compañeros de clase.

1. Explica cómo está relacionado el problema de la hormiga con el triángulo de Pascal.

2. Para que la hormiga llegue al punto *E*, debe pasar por el punto *F* o *G*. ¿Qué relación ves entre esta observación y la regla por la que se forma el triángulo de Pascal?

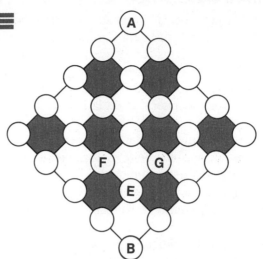

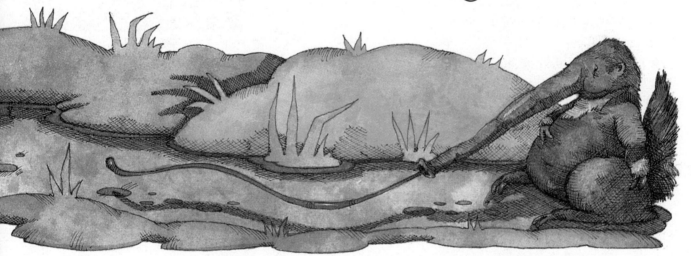

RAZONAR A FONDO

1. La tía de la hormiga vive en una cuadrícula de 8 × 8. ¿Cuántos días puede ir al trabajo sin pasar dos veces por la misma ruta?

2. Un día, un oso hormiguero se fue a vivir al cuadrado del centro de la cuadrícula de 5 × 5. Impasible, la hormiga dijo, —Aún hay muchas maneras de ir al trabajo.

   • Comenta cómo hallar el número de rutas seguras que quedan sin hacer una lista.

   • ¿Cuántas hay?

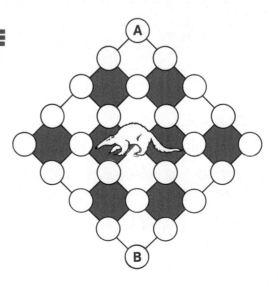

Espacios modelos

La teoría de la probabilidad empezó en Italia y en Francia.
El matemático italiano Girolamo Cardano (1501–1576)
escribió *El Libro sobre los Juegos de Azar*, uno de los primeros
libros sobre la probabilidad. Pero los matemáticos franceses
Pierre de Fermat (1601–1665) y Blaise Pascal (1623–1662)
son los fundadores reconocidos de la teoría.

Blaise Pascal

▶Un **espacio modelo** para un experimento constituye todos
los **resultados** posibles del experimento. Un **evento** es
cualquier parte del espacio modelo. Puede consistir en
ningún resultado, uno o más de un resultado. Los
resultados de un evento se llaman los *resultados favorables*.

Si se tira un cubo de números, puede caer de seis maneras
posibles—con 1, 2, 3, 4, 5 ó 6 hacia arriba. Todos los
resultados son *igualmente posibles*.

▶La **probabilidad** de que ocurra un evento
es la razón del número de resultados
favorables al número de resultados posibles
en el espacio modelo.

$$P(E) = \frac{\text{número de resultados favorables}}{\text{número de resultados posibles}}$$

probabilidad del evento E

▶La probabilidad de un evento que es seguro que ocurrirá es 1.
La probabilidad de un evento que es imposible es 0.
La suma de las probabilidades de todos los resultados en un espacio modelo es siempre 1.

Experimento: Tirar un cubo de números.   Número de resultados en el espacio modelo:

Evento	Resultados favorables	Número de resultados favorables	Probabilidad
Caer en 2.	2	1	$\frac{1}{6}$
Caer en número par.	2, 4, 6	3	$\frac{3}{6}$, ó $\frac{1}{2}$
Caer en 8.	imposible	0	$\frac{0}{6}$, ó 0
Caer en número menor de 7.	1, 2, 3, 4, 5, 6	6	$\frac{6}{6}$, ó 1

TRABAJO EN CLASE

Enumera los resultados posibles para cada experimento.

1. Saca un cubo de una bolsa que contiene uno
   rojo, uno azul, uno amarillo y uno blanco.

2. Haz girar la flecha.

**Da los resultados favorables y la probabilidad de cada
evento. Usa la bolsa de cubos del 1 y la flecha del 2.**

3. Saca un cubo rojo. 4. Saca un cubo verde. 5. Sale un número < 6. 6. Sale un número impar.

PRÁCTICA

Enumera los resultados posibles para cada experimento.

1. Lanza un cubo con las letras A a F.

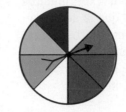

2. Haz girar la flecha.

3. Escoge un número del 1 al 10.

★ 4. Escoge una letra de tu nombre.

Da los resultados favorables y la probabilidad de cada evento.

5. Cae en una A en el cubo del **1**.

Andrei Kolmogora (1903–   )

6. Cae en una consonante en el cubo del **1**.

7. Escoge un número par en el **3**.

8. Escoge un número menor que 4 en el **3**.

9. Escoge un número primo en el **3**.

★ 10. Sale violeta con la flecha del **2**.

★ 11. Sale un color primario con la flecha del **2**.

APLICACIÓN

HISTORIA DE LAS MATEMÁTICAS

Los matemáticos alemanes, suizos y franceses de los siglos XVIII y XIX—como Bernoulli, Laplace, DeMoivre y Gauss—contribuyeron al estudio de la teoría de la probabilidad. Laplace fue de los primeros en aplicarla a temas diferentes de los juegos de azar. En el siglo XX las principales contribuciones vinieron de los matemáticos rusos como Markov y Kolmogorov. Los usos de la probabilidad se extienden mucho más allá del estudio de los juegos de azar. Se emplea en la medicina, la biología, la meteorología y la industria. ¿Puedes nombrar algunas maneras en que se usa?

Práctica mixta

1. $^-17 + {}^-8$

2. $^-9 \cdot 12$

3. $^-13 + 25$

4. $^-9 + 24 + {}^-6$

5. $^-81 \div 9$

6. $^-36 - {}^-42$

7. $^-324 \div {}^-9$

8. $^-7 \cdot {}^-5$

9. $20 \cdot {}^-7$

10. $36 - 54$

11. $^-57 - 44 + 97$

12. $^-25 \cdot 8$

13. $125 \div {}^-5$

14. $^-11 \cdot {}^-11$

15. $^-24 - 18$

Resuelve.

16. $8n = 56$

17. $x + 27 = 38$

18. $y - 51 = 14$

19. $\frac{n}{5} = 16$

20. $n - 38 = 104$

Eventos mutuamente excluyentes

La genética comenzó en Austria con experimentos del botánico Gregorio Mendel. Sus experimentos condujeron al descubrimiento de que la segunda generación de los dondiegos de noche rosados, un tipo de flor, producía flores en esta razón: 1 roja, 2 rosada, 1 blanca. ¿Qué probabilidad existe de que una flor sea roja o blanca?

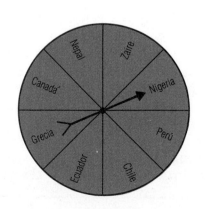

Una flor no puede ser roja y blanca al mismo tiempo. Estos dos eventos son **mutuamente excluyentes.**

▶Si If *A* y *B* son eventos mutuamente excluyentes, entonces

$$P(A \text{ o } B) = P(A) + P(B).$$

Como hay cuatro opciones, 1 roja, 2 rosadas y 1 blanca,

$$P(\text{roja o blanca}) = P(\text{roja}) + P(\text{blanca}) = \tfrac{1}{4} + \tfrac{1}{4} = \tfrac{1}{2}.$$

La probabilidad de que una flor sea roja o blanca es $\frac{1}{2}$.

Otro ejemplo

Experimento: Hacer girar la flecha.

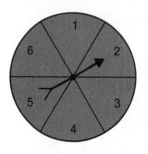

Evento	Resultados favorables	Probabilidad
A: Sale un número primo.	2, 3, 5	$\frac{3}{6}$, ó $\frac{1}{2}$
B: Sale un número > 5.	6	$\frac{1}{6}$
A ó *B*	2, 3, 5, 6	$\frac{1}{2} + \frac{1}{6} = \frac{4}{6}$, ó $\frac{2}{3}$

Trabajo en clase

Halla la probabilidad de que salga cada uno.

1. *P*(CANADÁ o PERÚ)

2. *P*(un país en Asia en África)

3. *P*(un país en Norteamérica o en Sudamérica)

4. *P*(un país en las Américas o en Europa)

5. *P*(un país en Europa o en Asia)

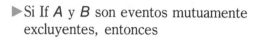

PRÁCTICA

Se extrae una carta de un mazo de 26 cartas, cada una impresa con una letra diferente del alfabeto. Halla cada probabilidad.

1. $P(A \text{ o } B)$

2. $P(A \text{ o } E \text{ o } I)$

3. $P(M \text{ o } A \text{ o } T \text{ o } H)$

4. $P(\text{consonante o } A)$

5. $P(\text{consonante o vocal})$

6. $P(Z \text{ o cualquier letra } A–L)$

7. $P(\text{cualquier letra en } COMPUTADORA \text{ o cualquier letra en } DISCO)$

Se selecciona una canica de esta jarra. Halla cada probabilidad.

8. $P(\text{roja o blanca})$

9. $P(\text{verde o roja o blanca})$

10. $P(\text{roja o violeta})$

11. $P(\text{negra o violeta})$

Se lanza un cubo de números. Halla cada probabilidad.

12. $P(1 \text{ ó } 2)$

13. $P(1 \text{ ó } 2 \text{ ó } 3)$

14. $P(3 \text{ ó } 7)$

15. $P(\text{par ó } 5)$

16. $P(\text{impar ó par})$

17. $P(1 \text{ ó primo})$

18. $P(\text{número} \leq 2 \text{ ó número} \geq 5)$

19. $P(\text{número} \leq 1 \text{ ó número} \geq 7)$

Se hace girar la flecha. Halla cada probabilidad.

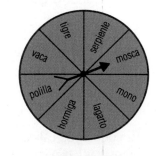

20. $P(\text{TIGRE o LAGARTO})$

21. $P(\text{SERPIENTE u HORMIGA o VACA})$

22. $P(\text{mamífero})$

★23. $P(\text{mamífero o insecto})$

★24. $P(\text{reptil o insecto})$

★25. $P(\text{insecto o pájaro})$

★26. $P(\text{pájaro o anfibio})$

★27. $P(\text{reptil o mamífero o insecto})$

APLICACIÓN

La gente hereda uno de cuatro tipos sanguíneos: A, B, AB, u O. Las características como el tipo sanguíneo se pasan de una generación a otra por medio de los genes. Cada persona porta dos genes para el tipo sanguíneo. Esta tabla muestra los tipos sanguíneos igualmente posibles para un niño cuya madre porta genes para los tipos A y O y cuyo padre porta genes para los tipos B y O. A y B son *dominantes* sobre O. Por lo tanto el niño podría tener el tipo AB, el tipo B (BO), el tipo A (AO) o el tipo O (OO).

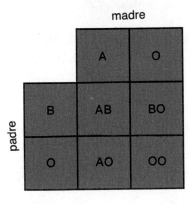

Usa la tabla para hallar cada uno.

28. $P(\text{tipo A o B})$

29. $P(\text{tipo AB u O})$

★30. $P(\text{tipo A o B u O})$

Hacer predicciones

En la Universidad Duke de Estados Unidos se utilizó un mazo de 25 cartas para una prueba de percepción extrasensorial (PES). El mazo contiene 5 de cada una de las cartas que se muestran abajo.

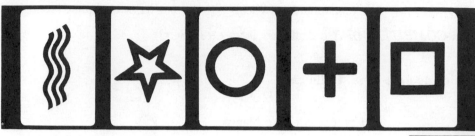

Una persona debe adivinar el símbolo de cada carta antes de que se vire boca arriba. Juana acertó 7 en sus 25 primeras pruebas. ¿Cuántas cartas puede predecir que adivinará correctamente en 1,000 pruebas?

$$P(\text{correcto}) = \frac{7}{25}$$

En 1,000 pruebas, Juana puede predecir que adivinará

$\frac{7}{25} \times$ **1,000**, o **280** cartas correctamente.

Doscientas ochenta cartas es una aproximación. Para obtener un estimado más cercano, Juana debería tomar una muestra más grande. Es decir que debería hacer más pruebas.

TRABAJO EN CLASE

1. El control de calidad encontró defectos en 3 de cada 100 bombillas. ¿Cuántas bombillas defectuosas esperaría encontrar el control de calidad en 500 bombillas?

2. Un servicio de clasificación de programas de TV informó que 375 de los 500 televidentes miraron la película del miércoles pasado por la noche. En una ciudad de 100,000 personas, ¿cuántas personas miraron la película?

3. En una bolsa de 100 canicas azules y rojas, cinco estudiantes sacaron un total de 8 canicas azules y 17 canicas rojas. Predí el número de canicas azules y el número de canicas rojas que hay en la bolsa.

4. Lanza una tachuela 25 veces y anota los resultados (punta arriba o punta abajo) en una tabla de frecuencias. Predí las veces que ocurrirá cada evento en 1,000 lanzamientos.

PRÁCTICA

La tabla de la derecha muestra algunas estadísticas de bateo para el equipo de béisbol Los Pumas. Usa la tabla para 1–3.

| Jugador | Año hasta la fecha | |
	«Hits»	Al bate
Jeff	5	20
Gayle	4	15
Wanda	9	25
Assad	6	16

1. ¿Cuántos «hits» espera que logre Jeff durante las 12 veces que batee?

2. ¿Cuántos «hits» espera que logre cada jugador en 1,000 veces al bate?

3. El promedio de bateo de un jugador de béisbol se halla dividiendo el número de «hits» entre el número de veces que batea. Esto se registra redondeando a la milésima más cercana. Calcula el promedio de cada uno hasta el presente.

4. El promedio de bateo de Harmon es 0.318. Redondeado a la unidad más cercana, ¿cuántos «hits» esperas que logre en 20 veces al bate?

Predí el número para cada uno.

5. En una bolsa de 20 manzanas, 3 estaban machucadas. ¿Cuántas machucadas esperas encontrar en un cajón de 100?

6. Predí el número de manzanas que estarían machucadas en un cajón de 1,500.

7. En dos cajones de 1,500 manzanas cada uno, ¿cuántas manzanas no machucadas esperas encontrar?

8. De un cajón con 40 calcetines, 5 personas sacaron un total de 4 blancos y 6 azules. Predí el número de cada color que hay.

9. De una jarra con 50 canicas, diez personas sacaron un total de 16 canicas de arcilla, 25 de ágata y 9 de sulfuro. Predí el número de cada tipo que hay en la jarra.

★ 10. En una muestra, un ornitólogo contó 10 estorninos ,8 chochines, 8 petirrojos, 5 arrendajos, 2 cardenales, 4 pinzones y 3 oropéndolas. En 1,000 pájaros, ¿cuántos de cada clase podría encontrar?

APLICACIÓN

La probabilidad de que una persona adivine correctamente el símbolo en una carta del mazo que se describe en la página 320 es $\frac{1}{5}$. Los científicos que investigan la PES creen que si un sujeto de prueba adivina correctamente más de $\frac{1}{5}$ de por lo menos 100 cartas, esa persona podría tener PES.

A la derecha se enumeran las predicciones correctas de seis personas. Predí el número de predicciones correctas en 500 pruebas para cada uno. ¿Qué personas podrían tener PES?

PREDICCIONES CORRECTAS EN 100 PRUEBAS	
Persona	Número correcto
Tomás	28
Greg	17
María	12
Gail	8
Dom	7
Sadie	32

11. Tomás

12. Greg

13. María

14. Gail

15. Dom

16. Sadie

327

Eventos independientes y dependientes

Estas seis tarjetas están en una caja. Se saca una tarjeta y se vuelve a poner. Se saca una segunda tarjeta. La segunda vez no se afecta por la primera.

Cuando dos eventos no se afectan entre sí, se llaman **eventos independientes.** Un **evento compuesto** consiste en dos o más eventos independientes.

¿Cuál es la probabilidad de sacar de la caja el nombre de un niño, seguido de un nombre de una niña?

Usa esta regla para hallar la probabilidad de dos o más eventos independientes.

$$P(A,B) = P(A) \cdot P(B)$$

P(nombre de niño, nombre de niña) $= \frac{2}{3} \cdot \frac{1}{3} = \frac{2}{9}$

Supón que no se vuelve a poner la primera tarjeta sacada. La segunda tarjeta que se saque será afectada por la primera.

Cuando un segundo evento es afectado por el primero, los eventos se llaman **eventos dependientes.**

¿Cuál es la probabilidad de sacar un nombre de un niño seguido del de una niña si la primera tarjeta no se vuelve a poner?

La primera vez, P(nombre de niño) $= \frac{2}{3}$. Si se saca el nombre de un niño y no se vuelve a poner, hay 5 tarjetas en total. De las 5, 2 son nombres de niñas. Entonces P(nombre niña) $= \frac{2}{5}$.

Multiplica para hallar la probabilidad de que sucedan ambos.

P(nombre de niño, nombre de niña) $= \frac{2}{3} \cdot \frac{2}{5} = \frac{4}{15}$

TRABAJO EN CLASE

Lanza dos dados.

1. ¿Son eventos independientes o dependientes los lanzamientos? Explica.

2. ¿Cuál es P(número par, 5)

Saca 2 de 5 tarjetas, cada una con una letra de la palabra *habla.* **La primera tarjeta no se vuelve a poner.**

3. ¿Son eventos independientes o dependientes? Explica.

4. ¿Cuál es la P(vocal, consonante)?

Determina primero si los eventos son independientes o dependientes. Después halla P(A,B).

Se lanzan un dado y una moneda al aire.

1. *A*: Sale un 6.
   B: Sale cara.

2. *A*: Sale un 3.
   B: Sale cruz.

3. *A*: Sale un número primo.
   B: Sale cara.

4. *A*: Sale un número < 3.
   B: Sale cara.

5. *A*: Sale un 7.
   B: Sale cruz.

6. *A*: Sale un número < 7.
   B: Sale cara o cruz.

Se sacan dos tarjetas al azar sin volverlas a poner.

7. *A*: Sale un 5.
   B: Sale un 1.

8. *A*: Sale número par.
   B: Sale un 3.

9. *A*: Sale un 5.
   B: Sale un 10.

10. *A*: Sale un número impar.
    B: Sale un número par.

Se toman dos canicas sin volverlas a poner.

11. *A*: Se toma una roja.
    B: Se toma una azul.

12. *A*: Se toma una roja o azul.
    B: Se toma una amarilla.

13. *A*: Se toma una verde.
    B: Se toma una negra o blanca.

14. *A*: Se toma una violeta.
    B: Se toma una negra.

Saca un naipe al azar de una baraja de 26 naipes con 13 naipes rojos numerados del 1 al 13 y 13 negros numerados del 1 al 13. Vuelve a poner el naipe, baraja y saca otro.

15. *A*: Se saca un 8.
    B: Se saca un 2.

16. *A*: Se saca uno rojo.
    B: Se saca uno negro.

17. *A*: Se saca uno negro.
    B: Se saca un 10.

★18. *A*: Se saca un 2 ó un 4.
    B: Se saca uno rojo.

★19. *A*: Se saca un número > 9.
    B: Se saca un 3 negro.

★20. *A*: Se saca un 3 negro.
    B: Se saca un 14 rojo.

APLICACIÓN

Los diagramas en árbol son útiles para anotar los resultados de un evento compuesto. A la derecha hay un diagrama en árbol que muestra los resultados de dos nacimientos consecutivos.

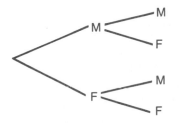

21. Haz una lista de los resultados. ¿Cuál es la probabilidad de tener dos niñas consecutivas?

22. Usa un diagrama en árbol para mostrar los resultados al lanzar un dado seguido del giro de una flecha. ¿Cuál es la *P*(número primo, I)?

Principio del contar

Si 3 aerolíneas vuelan desde Auckland, Nueva
Zelanda, hasta Sydney, Australia y 4
aerolíneas vuelan desde Sydney hasta Manila,
Filipinas, ¿cuántas maneras habría de volar
desde Auckland hasta Manila?

▶**Principio del contar**   Si hay m opciones
para una primera decisión y n opciones para
una segunda decisión, entonces hay $m \times n$
opciones para la primera decisión seguida
por la segunda.

Por lo tanto habría 3×4 ó 12 maneras de
volar desde Auckland hasta Manila.

Puede usarse el principio del contar para
hallar probabilidades de eventos compuestos.

Evento compuesto (Eventos *A* y *B*)	Número de resultados		$P(A$ y $B)$
	Evento	Espacio modelo	
A: Sale cara.	*A*: 1	*A*: 2	$\dfrac{1 \times 1}{2 \times 2} = \dfrac{1}{4}$
B: Sale cara.	*B*: 1	*B*: 2	
A: Cae en número impar.	*A*: 3	*A*: 6	$\dfrac{3 \times 1}{6 \times 2} = \dfrac{3}{12} = \dfrac{1}{4}$
B: Sale cruz.	*B*: 1	*B*: 2	
A: Escoge el dígito de las decenas > 5.	*A*: 4	*A*: 9	$\dfrac{4 \times 3}{9 \times 10} = \dfrac{12}{90} = \dfrac{2}{15}$
B: Escoge el dígito de las unidades < 3.	*B*: 3	*B*: 10	

TRABAJO EN CLASE

Usa el principio del contar para contestar 1–2.

1. Hay 5 caminos desde Wayne hasta Flint y 4 caminos desde
   Flint hasta Hope. ¿Cuántas maneras tienes para ir desde
   Wayne hasta Hope?

2. Bess tiene 3 faldas, 4 blusas y 2 chalecos que hacen juego.
   ¿Cuántos conjuntos puede ponerse?

**Halla la probabilidad de cada evento compuesto, $P(A$ and $B)$.
Usa la flecha giratoria X de la derecha, una moneda y un
cubo de números.**

3. *A*: Sale rojo o azul.
   B: Sale cara.

4. *A*: Sale rojo, anaranjado o amarillo.
   B: Cae en un número primo.

5. *A*: Escoge una vocal de la palabra *PARTE*.
   B: Cae en un múltiplo de 3.

6. *A*: Escoge el dígito de las decenas < 4.
   B: Escoge el dígito de las unidades > 6.

Usa el principio del contar para contestar cada uno.

1. Guillermo tiene 6 camisas y 8 corbatas que hacen juego. ¿Cuántas combinaciones de camisa y corbata son posibles?

2. Celia hizo un código que consiste en una letra seguida por un número de 1 dígito. ¿Cuántas combinaciones son posibles?

3. Si Celia usa también un número de 1 dígito seguido por una letra, ¿cuántas combinaciones son posibles en total

4. Gabriel tiene 7 camisas, 5 pantalones, 3 chaquetas deportivas y 3 corbatas. ¿Cuántos conjuntos puede ponerse?

En la fiambrería de Sally se ofrecen los siguientes artículos para un sándwich.

Panes	Carnes o pescado	Quesos	Vegetales	Condimentos
centeno	guajolote	provolone	tomate	mostaza
trigo integral	rosbif	suizo	lechuga	aceite y vinagre
avena	atún	muenster	cebolla	
pita			brotes	

5. Se hace una selección de cada columna. ¿Cuántos sándwiches posibles pueden hacerse en la fiambrería de Sally?

6. Se hace una selección de cada columna. ¿Cuántos sándwiches sin carne pueden hacerse en la fiambrería de Sally?

7. Se hace una selección de cada columna. ¿Cuántos sándwiches posibles pueden hacerse usando pan de centeno?

★ 8. Se hace un sándwich super con un tipo de queso, un condimento, todos los vegetales y las dos clases de carne. ¿Cuántos sándwiches super pueden hacerse?

Usa la flecha giratoria X de la página 324, 10 cartas, cada una impresa con un número del 0 al 9 y una moneda. Halla la probabilidad del evento compuesto, $P(A$ y $B)$.

9. A: Sale rojo o blanco.
   B: Saca un número par.

10. A: Saca un número primo.
    B: Sale verde o azul.

11. A: Saca un número < 2.
    B: Sale cruz.

12. A: Escoge el dígito de las decenas < 5.
    B: Escoge el dígito de las unidades ≤ 9.

★ 13. A: Saca un número primo
    B: Sale cruz.
    C: Sale rojo o azul.

★ 14. A: Sale violeta.
    B: Saca un número > 7.
    C: Sale blanco o verde.

APLICACIÓN

=== LA CALCULADORA ===

Una licencia de matrícula de New Jersey puede tener 3 letras y dígitos o 3 dígitos y 3 letras. Puede usarse el cero en cualquier posición en un número. Cada símbolo puede usarse más de una vez.

NEW JERSEY
527·WTJ
GARDEN STATE

1. ¿Cuántas licencias de matrícula diferentes son posibles?

2. ¿Cuántas licencias de matrícula que comiencen con A o B son posibles?

REPASO DEL CAPÍTULO

Usa el histograma de la derecha. págs. 300–301

1. ¿Cuántos estudiantes recibieron una *A*?

2. ¿Cuál fue la nota más común?

3. Ocho estudiantes recibieron la misma nota. ¿Qué nota fue ésta?

4. La nota más alta fue 98. La más baja fue 62. ¿Cuál es la escala de los datos?

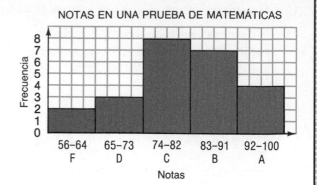

NOTAS EN UNA PRUEBA DE MATEMÁTICAS

Usa los datos de la derecha. págs. 302–307

5. Halla la media, la mediana y la moda.

6. Haz una gráfica lineal de estos datos.

7. Durante más de la mitad de la semana la temperatura estaba a más de 89°F. ¿Se usó la media, la mediana, la moda o la escala para hacer este enunciado?

TEMPERATURAS MÁXIMAS DIARIAS EN UNA SEMANA						
L	M	M	J	V	S	D
82	90	87	87	89	93	95

Usa las gráficas de la derecha. págs. 308–313

8. ¿Cuántas pulgadas de nieve cayeron en la ciudad con la temperatura más baja?

9. ¿Parece haber una correlación entre la temperatura y la cantidad de nevada? Si es así, ¿de qué tipo?

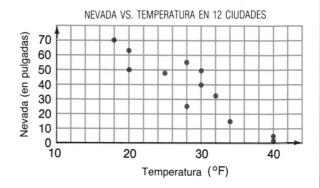

NEVADA VS. TEMPERATURA EN 12 CIUDADES

10. Según la información de las gráficas circulares, ¿hay más gente en las áreas urbanas de Arabia Saudita o de Turquía?

11. La población de Arabia Saudita es de 10,400,000. La población de Turquía es de 49,200,000. ¿En qué país hay en realidad más gente en las áreas urbanas?

DONDE VIVE LA GENTE

Arabia Saudita — Turquía

■ urbano □ no urbano

Usa la flecha giratoria y el mazo de cartas para hallar cada uno. Las probabilidades en 13, 19 y 20 son sin reemplazo. págs. 324–325, 328–329

12. *P*(par)

13. *P*(vocal, T)

14. *P*(par u 11)

15. *P*(M or N)

16. *P*(par, vocal)

17. *P*(8, E)

18. *P*(vocal)

19. *P*(consonante, vocal)

20. *P*(M, N)

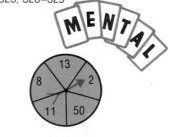

Resuelve. págs. 314–315, 330–331

21. ¿Cuántos conjuntos diferentes se pueden hacer con 3 faldas y 5 blusas?

22. ¿Qué conclusión puedes extraer de estos enunciados? El río más largo del mundo está en África. El Río Amazonas está en Sudamérica.

PRUEBA DEL CAPÍTULO

Usa la gráfica de barras y la gráfica circular para contestar 1–9.

1. Redondeado a los 235 millones de toneladas más cercanos, ¿cuánto arroz produce la China?

2. ¿Qué países producen menos de 25 millones de toneladas?

3. ¿Qué país produce más arroz, la India o Indonesia? Redondeado a los 25 millones de toneladas más cercanos, ¿cuánto más?

4. El promedio de arroz producido por país es de unos 60 millones de toneladas. ¿Se usó la media, la mediana, la moda o la escala para hacer este enunciado?

5. ¿Qué artículo representa el por ciento más grande de las importaciones que Japón recibe de Estados Unidos? Explica por qué podría ser así.

6. ¿Qué artículo representa el por ciento más pequeño de las importaciones que Japón recibe de Estados Unidos?

7. ¿Qué por ciento de las importaciones japonesas constituyen los alimentos y la maquinaria?

8. Redondeado al grado más cercano, ¿cuántos grados se dejaron para *alimentos* en esta gráfica circular?

Halla cada uno para este conjunto de datos: 9, 12, 4, 8, 19, 9, 16.

9. media   10. mediana   11. moda   12. escala

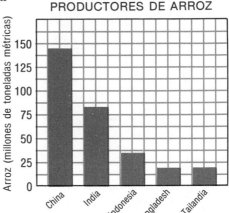

PRINCIPALES PAÍSES PRODUCTORES DE ARROZ

País

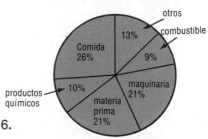

IMPORTACIONES JAPONESAS EN ESTADOS UNIDOS

otros 13%, combustible 9%, Comida 26%, maquinaria 21%, productos químicos 10%, materia prima 21%

Usa el mazo de cartas y la flecha giratoria para hallar cada uno. Las probabilidades en 21–22 son sin reemplazo.

13. $P(S)$ 14. $P(\text{vocal, impar})$ 15. $P(6)$

16. $P(\text{impar o 2})$ 17. $P(\text{consonante o vocal})$ 18. $P(\text{primo, G})$

19. $P(\text{consonante})$ 20. $P(S, \text{vocal})$ 21. $P(\text{vocal, P})$

Resuelve.

22. Dave quiere comprar una camiseta. Puede escoger de 8 colores y 7 diseños. ¿De cuántas camisetas diferentes puede escoger Dave?

23. ¿Qué conclusión puedes extraer de estos enunciados? Todos los rectángulos son paralelogramos. *ABCD* es un rectángulo.

24. ¿Cuántos conjuntos puede ponerse Silvia con 3 faldas, 5 blusas y 2 chaquetas?

¿Cuál es la suma de los números en la fila 25° del triángulo de Pascal?

UN CÓDIGO SECRETO

¿Puedes descifrar este mensaje secreto?

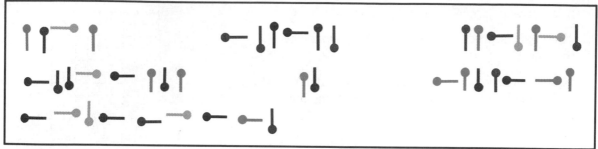

La gráfica de barras de abajo muestra el número promedio de veces que
verás cada letra del alfabeto en un grupo de 100 letras del inglés
hablado. Cada símbolo del mensaje secreto representa una letra.
Como estás aprendiendo inglés, fíjate en las letras que se usan más.

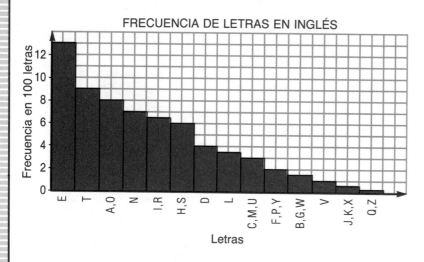

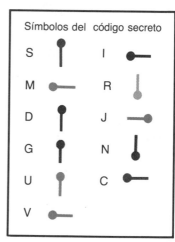

Usa la gráfica de barras para contestar las preguntas de abajo.

1. ¿Cuál es la letra usada con más frecuencia en el idioma inglés? Escribe esta letra debajo del
   símbolo que aparece con más frecuencia en el mensaje.

2. ¿Cuál es la segunda letra de uso más frecuente? Escribe esta letra debajo del símbolo que
   aparece con más frecuencia en segundo lugar en el mensaje.

3. Ahora usa la lista de los símbolos del código secreto para llenar más letras.

4. ¿Cuál es la tercera letra de uso más frecuente? ¿Puedes adivinar cuál de estas letras se usa
   con más frecuencia en tercer lugar en el mensaje.

5. ¿Cuál es el mensaje?

POSIBILIDADES

Las **posibilidades** en favor de un evento son la relación entre el número de maneras en que puede ocurrir el evento y el número de maneras en que no puede ocurrir.

Selecciona una canica.

Las posibilidades en favor de seleccionar una canica roja son 3 a 2 ó $\frac{3}{2}$.

Las posibilidades en contra de seleccionar una canica roja son 2 a 3 ó $\frac{2}{3}$.

Haz girar la flecha.

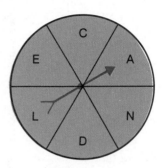

¿Cuáles son las posibilidades

1. en contra de que caiga en C?

2. en favor de que caiga en A, B, C, ó D?

3. en favor de que caiga en una vocal?

4. en favor de que caiga en una consonante?

Saca una tarjeta.

¿Cuáles son las posibilidades

5. en contra de sacar amarillo?

6. en favor de sacar un cuadrado?

7. en contra de sacar un círculo

8. en favor de sacar un triángulo rojo?

Saca una tarjeta.

¿Cuáles son las posibilidades

9. en favor de sacar un número impar?

10. en contra de sacar un número primo?

11. en favor de sacar un múltiplo de 3?

12. en contra de sacar un número que sea un cuadrado perfecto?

LA COMPUTADORA

SIMULACIONES

Un **generador de número al azar** hace que la computadora vuelva a un número decimal *entre* 0 y 1. Cada número tiene la misma probabilidad de ser seleccionado.

La función de número al azar **RND** muestra un número al azar estrictamente entre 0 y 1. Algunas computadoras emplean el enunciado LET R = RND mientras que otras computadoras emplean LET R = RND(1).

La función RND se emplea a menudo con la función INT para generar enteros dentro de una escala dada.

Enunciado	Resultado
`LET R = RND o LET R = RND(1)`	R será un número decimal entre 0 y 1.
`LET R = 8 * RND ó` `LET R = 8 * RND(1)`	R será un número decimal entre 0 y 8.
`LET R = INT(8 * RND) ó` `LET R = INT(8 * RND(1))`	R será un entero en la escala del 0 al 7.
`LET R = INT(8 * RND) + 1 ó` `LET R = INT(8 * RND(1)) + 1`	R será un entero en la escala del 1 al 8.

Este programa usa las funciones RND e INT para *simular* que gire una flecha que tiene 5 resultados igualmente posibles.

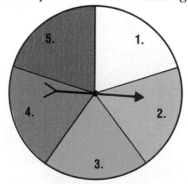

PROGRAMA

```
10 LET S = INT(5 * RND (1)) + 1
20 PRINT «ES LO QUE SALE»;S
30 PRINT
40 PRINT «¿GIRA OTRA VEZ?»
50 PRINT «1 = SI, 0 = NO»
60 ENTRA A
70 PRINT
80 IF A = 1 THEN GOTO 10
90 END
```

Describe la escala de números que generará cada programa.

1. ```
10 FOR I = 1 TO 10
20 PRINT INT(20 * RND(1))
30 NEXT I
40 END
```

2. ```
10 FOR J = 1 TO 10
20 PRINT INT(50 * RND(1))
30 NEXT J
40 END
```

3. ```
10 FOR A = 1 TO 10
20 PRINT INT(30 * RND(1)) + 1
30 NEXT A
40 END
```

4. ```
10 FOR B = 1 TO 10
20 PRINT INT(34 * RND(1)) + 1
30 NEXT B
40 END
```

★5. ```
10 FOR X = 1 TO 10
20 PRINT INT(9 * RND(1)) + 6
30 NEXT X
40 END
```

★6. ```
10 FOR Y = 1 TO 10
20 PRINT INT(11 * RND(1)) - 5
30 NEXT Y
40 END
```

Escribe un enunciado para imprimir un entero al azar en cada escala.

7. del 0 al 9

8. del 1 al 15

9. del 0 al 99

10. del 1 al 2

★11. del 8 al 16

★12. del $^-9$ al $^+9$

=== CON LA COMPUTADORA ===

Escribe un programa para simular cada experimento. Haz cada programa varias veces y registra los resultados.

1. Tira el cubo de números de la derecha sesenta veces. Cada lado tiene uno de los dígitos 1, 2, 3, 4, 5 ó 6. ¿Cuántas veces cayó en el número 2?

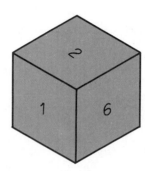

★2. Haz girar la flecha de la página 336 cien veces. Cuenta el número de veces que sale un número par.

★3. Haz un experimento y simula los resultados.

REPASO ACUMULATIVO

Escoge las respuestas correctas. Escribe A, B, C o D.

1. Estima. $3,207 - 742$

    A 3,000   **C** 8,000

    B 2,000   **D** no se da

2. 0.03×5.06

    A 0.1518   **C** 8.06

    B 15.18   **D** no se da

3. $2.2032 \div 0.72$

    A 3.06   **C** 0.36

    B 3.60   **D** no se da

4. Completa. $5.08 \text{ cm} = \underline{\quad} \text{ mm}$

    A 0.508   **C** 50.8

    B 508   **D** no se da

5. ¿Qué propiedad se empleó?
$(3 \times 2) + (6 \times 2) = (3 + 6)2$

    A identidad   **C** asociativa

    B conmutativa   **D** no se da

6. $24 \div (12 \div 2)$

    A 1   **C** 12

    B 4   **D** no se da

7. Halla los factores primos de 48

    A $2^4 \times 3$ **C** $2^3 \times 3^2$

    B $2^3 \times 6$ **D** no se da

8. ¿Cuál es el MCM de 8 y 12?

    A 4   **C** 12

    B 96   **D** no se da

9. $8\frac{1}{6} - 2\frac{2}{3}$

    A $5\frac{1}{2}$ **C** $10\frac{5}{6}$

    B $6\frac{1}{2}$ **D** no se da

10. $\frac{8}{9} \times 8\frac{1}{4}$

    A 16   **C** $14\frac{2}{3}$

    B $8\frac{7}{36}$ **D** no se da

11. ¿Cuál es el nombre de un ángulo de 23°?

    A obtuso   **C** agudo

    B escaleno   **D** no se da

12. ¿Qué triángulo tiene los lados iguales?

    A equilátero   **C** pentágono

    B isósceles   **D** no se da

13. Resuelve. $\frac{n}{8} = \frac{27}{36}$

    A $n = 6.75$ **C** $n = 8$

    B $n = 6$ **D** no se da

14. Da el precio por unidad si 8 cuestan $2.16

    A $.27   **C** $.26

    B $.20   **D** no se da

15. ¿Qué razón es igual a $\frac{1 \cdot 2}{3 \cdot 2}$?

    A $\frac{2 \cdot 4}{4 \cdot 4}$ **C** $\frac{3 \cdot 6}{9 \cdot 6}$

    B $\frac{1}{3}$ **D** no se da

16. Completa. 440 m en 8 h
                $\underline{\quad}$ m en 1 h

    A 55 m   **C** 45 m

    B 40 m   **D** no se da

REPASO ACUMULATIVO

Escoge las respuestas correctas. Escribe A, B, C, o D.

17. ¿Cuál es la tan $(m\angle B)$?

A $\frac{6}{8}$ C $\frac{10}{8}$

B $\frac{8}{10}$ D no se da

25. $^-4 - 6$

A $^-4$ C 10

B 2 D no se da

18. ¿Cuál es la razón para 37.5%?

A $\frac{32}{100}$ C $\frac{325}{100}$

B $\frac{3}{8}$ D no se da

26. $^-10 \cdot {}^-6$

A 60 C $^-16$

B $^-60$ D no se da

19. ¿Cuál es el decimal para 0.2%?

A 0.2 C 0.04

B 0.002 D no se da

27. $54 \div {}^-6$

A 9 C $^-9$

B $^-8$ D no se da

20. ¿Cuál es el 15% de 230?

A 34.5 C 1,533.3

B 2,300 D no se da

28. ¿Cuál es la moda de 8, 16, 8, 5, 9, 10 y 19?

A 10.1 C 19

B 9 D no se da

21. ¿Qué por ciento de 33 es 22?

A 33% C 66%

B $66\frac{2}{3}$% D no se da

29. ¿Cuántos números de tres dígitos se pueden formar de los dígitos 3, 4 y 5?

A 27 C 9

B 333 D no se da

22. ¿El 120% de qué número es 54?

A 648 C 45

B 6.48 D no se da

30. ¿Cuál no es una medida de tendencia central?

A media C mediana

B escala D no se da

23. Compara. $^-23$ ⬭ $^-6$

A > C =

B < D no se da

31. ¿Cuál es P(número impar en un dado?)

A 1 C $\frac{1}{2}$

B $\frac{1}{6}$ D no se da

24. $^-48 + {}^-19$

A 67 C 29

B $^-29$ D no se da

32. ¿Cuál es la probabilidad de que salga uno par?

A $\frac{1}{3}$ C $\frac{1}{2}$

B $\frac{2}{8}$ D no se da

REPASO ACUMULATIVO

Escoge las respuestas correctas. Escribe A, B, C o D.

Usa la simulación para resolver.

33. Cuatro personas entran en una habitación. Cada persona le da la mano a cada una de las demás. ¿Cuántos apretones de manos se dan?

    A 12   C 2
    B 16   D no se da

Halla el patrón y completa.

34. 10, 15, 21, 28, 36, ___

    A 46   C 44
    B 45   D no se da

35. 19.2, 9.6, ___, 2.4, 1.2

    A 6.4   C 4.8
    B 3.2   D no se da

Resuelve.

36. Misako reparte flores para una florería local. Cobra $1.25 por pedidos repartidos dentro de 1 milla y $1.75 por pedidos repartidos más lejos de 1 milla. En 1 semana repartió 17 pedidos dentro de 1 milla y 23 más lejos. ¿Cuánto ganó?

    A $58.00   C $56.00
    B $40.00   D no se da

37. Si Guillermo hubiera ayudado a Misako a repartir sólo los pedidos que se tenían que repartir más lejos de una milla, por $.90 cada uno, ¿cuánto habría ganado Misako?

    A $21.25   C $40.80
    B $41.95   D no se da

Haz un dibujo para ayudarte a resolver.

38. Sara quiere apilar bloques para el escenario en forma de pirámide. Si tiene 28 bloques, ¿cuántos niveles de altura puede tener su pirámide?

    A 27   C 7
    B 17   D no se da

Haz una lista para ayudarte a resolver 39 y 40.

39. Se imprime una serie de licencias de matrícula con 5 caracteres. Los primeros 2 caracteres deben ser las letras *AD*, en ese orden. Los próximos 3 caracteres pueden ser dígitos pares. Cada dígito puede usarse más de una vez. ¿Cuántas licencias de matrícula pueden hacerse?

    A 12   C 4
    B 25   D no se da

40. Todas las oficinas de un piso de un edificio de oficinas están numeradas con 3 dígitos, usando sólo 1, 2 y 3. ¿Cuántas oficinas pueden tener dos unos en el número?

    A 18   C 7
    B 10   D no se da

Resuelve.

41. El 1° de mayo Nora abrió una cuenta de ahorro. Para el fin de mayo había doblado sus ahorros. El 5 de junio retiró $58, pero para el fin de junio había triplicado su balance. El 10 de julio, cuando retiró $98, había $106 en la cuenta. ¿Cuánto había depositado Nora el 1° de mayo?

    A $45   C $162
    B $63   D no se da

Dibujo de relaciones geométricas

Nikola Tesla, famoso inventor, tenía una gran habilidad para visualizar las cosas. Poder visualizar significa tener una imagen clara de algo en la mente. Tesla podía imaginar sus inventos con todo detalle y además podía visualizar los lugares de desgaste de algunas máquinas.

TRABAJAR JUNTOS

Visualizar relaciones geométricas ayuda a entender y resolver problemas. A menudo, ayuda a dibujar relaciones geométricas. Trabaja en pareja. Copia las figuras geométricas mostradas abajo y dibuja cada una de las relaciones descritas. Compara los dibujos con los de tu compañero al irlos haciendo.

1. Dibuja la trayectoria más corta del punto *A* al punto *B*.

   • *B*

• *A*

2. Dibuja la trayectoria más corta del punto *D* a la recta *BC*.

   D •

  • *B*   • *C*

3. Dibuja todos los puntos a 1 cm del punto *E*.

• *E*

4. Dibuja todos los puntos a 1 cm del círculo *L*.

5. Dibuja todos los puntos a 1 cm del segmento de recta *LM*.

6. Dibuja todos los puntos que están a 2 cm del punto *N* y a 3 cm del punto *P*.

1. Compara tus dibujos con los del resto de la clase. ¿Dibujaron todos las mismas figuras? Si no es así, comenta y determina cuáles son los dibujos correctos.

2. ¿Cómo crees que sería el dibujo de la cuarta figura si el círculo L tuviera un radio de menos de 1 cm? Haz un dibujo y comenta.

3. ¿Cómo crees que sería el dibujo de la sexta figura si la distancia entre los puntos N y P fuera menos de 2 cm? Haz un dibujo y comenta.

RAZONAR A FONDO

Hiciste tus dibujos en un plano. Ahora piensa en tres dimensiones.

1. Vuelve a pensar en los cuatro últimos dibujos que hiciste. Ahora imagina cada relación geométrica en el espacio. Comenta con tu compañero cómo sería cada nuevo conjunto de puntos. Trata de dibujar la figura que describa cada relación.

2. Comenta y compara los métodos que usaste con los métodos que usó el resto de la clase. Decide en grupo cuáles son las figuras correctas. Haz un dibujo de la clase en el pizarrón para cada relación.

3. Compara los resultados de los cuatro dibujos en el espacio con los correspondientes dibujos en el plano. ¿En qué se diferencian? ¿En qué se parecen? Comenta.

Construcciones geométricas

Las grandes compañías contratan a profesionales para que diseñen logotipos. Los usan en edificios, publicidad y productos. La mayoría son diseños geométricos como los de esta página.

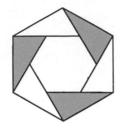
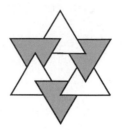
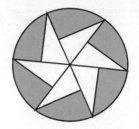

TRABAJAR JUNTOS

A. Cada miembro de tu grupo necesita un compás, una regla recta y papel. Crea los diseños mostrados abajo. Tendrás que hacer experimentos. Visualiza dónde estarán los centros de los arcos.

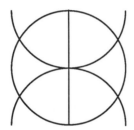

Figura 1

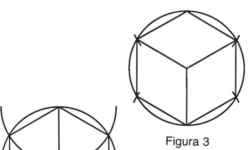

Figura 3

Figura 4

Figura 2

Figura 5

B. Hay tres construcciones geométricas básicas. Visualiza dónde estarán los centros de los arcos. Comenta con tu grupo cómo se realiza cada construcción.

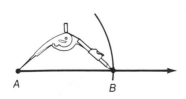

Copia un
segmento de recta

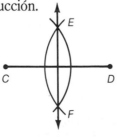

Bisectriz perpendicular
de un segmento

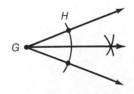

Bisectriz de
un ángulo

Usa las construcciones de la página 344 para poder crear dos de los diseños mostrados abajo. Comprueba con los miembros del grupo para ver si usaron el mismo método.

Figura 6

Figura 7

Figura 8

COMPARTIR IDEAS

1. En la figura 1, ¿dónde colocaste la aguja del compás para cada arco?

2. ¿Por qué son congruentes los lados del hexágono en las figuras 2 y 3?

3. Al crear estos diseños, ¿usaste cada vez un diámetro de un círculo? Si es así, ¿cómo lo hiciste?

4. Explica a los miembros de tu grupo cómo construirías la figura 7. ¿Hay alguien del grupo que sugiera otra cosa? Si es así, descríbelo.

5. Describe una buena forma de empezar el diseño de la figura 8.

6. Comenta cualquier problema que hayas tenido al crear estos diseños.

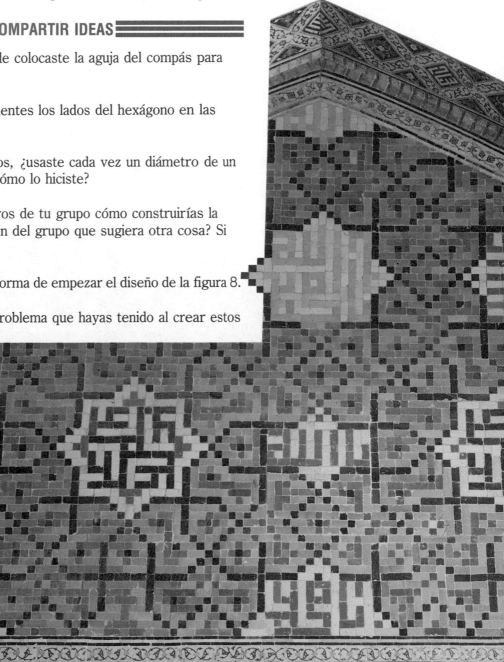

Más construcciones geométricas

A. El diseño del logotipo de la derecha consta de un triángulo cuyos tres ángulos están bisecados. La construcción puede hacerse de más de una manera.

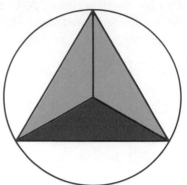

1. Construye el diseño.

2. Usa una regla recta para dibujar un triángulo grande de cualquier forma. Intercambia los triángulos con tu compañero. Construye la bisectriz de cada ángulo.

B. Abajo se muestran dos construcciones geométricas básicas.

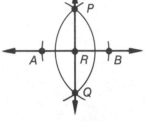

Perpendicular a una recta desde un punto en la recta

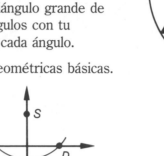

Perpendicular a una recta desde un punto que no está en la recta

Dibuja otro triángulo. Vuelve a intercambiar triángulos con tu compañero. Construye la altura de cada lado (o lado prolongado) del triángulo.

c. Los dibujos de abajo muestran relaciones de rectas, bisectrices y arcos que están ocultos en cada diseño final. Escoge uno de ellos. Estudia cada etapa con cuidado. Procura visualizar un plan de construcción. Trata de construir el diseño final con un compás y una regla recta.

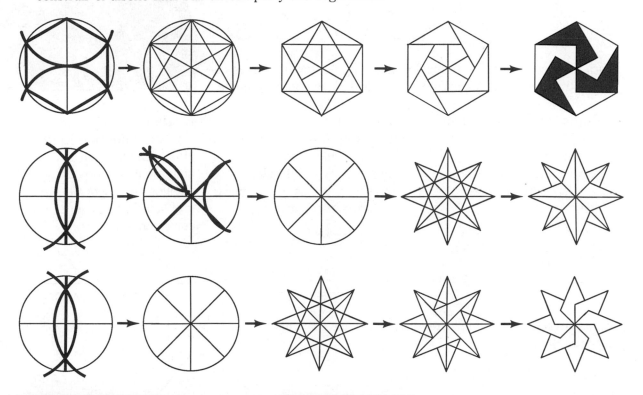

COMPARTIR IDEAS

1. Compara los métodos usados por los estudiantes de tu grupo para construir bisectrices de ángulos. ¿Cuál es el método más fácil?

2. ¿A qué conclusión llegó tu grupo, si llegó a alguna, sobre las bisectrices de los tres ángulos de un triángulo?

3. ¿Qué parece ser verdadero sobre las alturas de un triángulo?

RAZONAR A FONDO

1. ¿Cómo te puede ayudar a comprender y crear figuras geométricas la visualización de rectas y círculos ocultos?

2. ¿Dónde crees que puedes encontrar diseños geométricos fuera de la escuela?

3. Crea tu propio logotipo.

Triángulos congruentes

Los dos tejados de esta casa forman un par de triángulos congruentes.

Dos triángulos son **congruentes** si sus lados y ángulos correspondientes son congruentes.

$\overline{KM} \cong \overline{NP}$ $\angle K \cong \angle N$
$\overline{KL} \cong \overline{NO}$ $\angle L \cong \angle O$
$\overline{LM} \cong \overline{OP}$ $\angle M \cong \angle P$

Para demostrar que dos triángulos son congruentes, no tienes que demostrar que todas las partes correspondientes son congruentes.

▶**Regla de lado-lado-lado (LLL)**
Dos triángulos son congruentes si sus lados correspondientes son congruentes.

$\triangle FGH \cong \triangle XYZ$

▶**Regla de lado-ángulo-lado (LAL)**
Dos triángulos son congruentes si dos lados correspondientes y el ángulo incluido son congruentes.

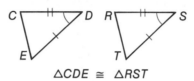

$\triangle CDE \cong \triangle RST$

▶**Regla de ángulo-lado-ángulo (ALA)**
Dos triángulos son congruentes si dos ángulos correspondientes y el lado incluido son congruentes.

$\triangle MNO \cong \triangle ABC$

Estas reglas pueden emplearse para construir triángulos, congruentes.

Construye un triángulo congruente con respecto al $\triangle JKL$, empleando ALA.

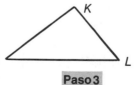

Paso 1

Dibuja $\overrightarrow{DP}$. Construye $\angle D$ congruente con respecto a $\angle J$.

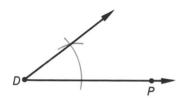

Paso 2

Sobre $\overrightarrow{DP}$ construye $\overline{DF}$ congruente con respecto a $\overline{JL}$.

Paso 3

Construye $\angle F$ congruente con respecto a $\angle L$. Marca E.
$\triangle JKL \cong \triangle DEF$

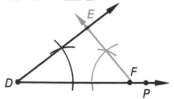

TRABAJO EN CLASE

¿Qué triángulos son congruentes con respecto al $\triangle ABC$? Indica qué regla se aplica.

348

PRÁCTICA

¿Qué triángulos son congruentes con respecto al △XYZ? Indica qué regla se aplica.

1.
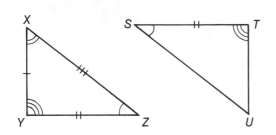
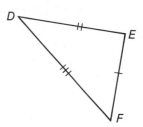

2.
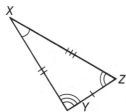
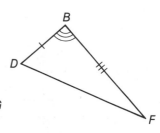

Cada par de triángulos es congruente. Indica por qué. $\overline{GH} \parallel \overline{KJ}$.

3.
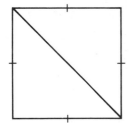

4.
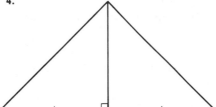

★5.
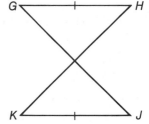

Construye.

6. Escribe los pasos seguidos para construir △MOT congruente con respecto a △JSL por la regla LAL. Construye el triángulo.

APLICACIÓN

RAZONAMIENTO LÓGICO

Dos personas compran un terreno que tiene la forma que se muestra a la derecha. Desean dividir la tierra en dos partes de igual área trazando una línea recta por la propiedad. ¿Cómo pueden hacerlo?

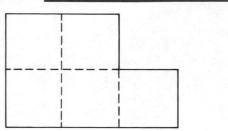

Problemas para resolver

ADIVINA Y COMPRUEBA

Adivinar la respuesta a un problema es una buena manera de tratar de resolver el problema. Sin embargo, lo adivinado debe ponerse a prueba para ver si satisface las condiciones del problema. Si no las satisface, es necesario volver a adivinar y luego comprobar. Como lo adivinado se va refinando por las pruebas, generalmente se halla la respuesta correcta.

Hay un total de 500 oficinas en las tres torres de un complejo de edificios. El edificio B tiene 20 oficinas más que el edificio A. El edificio C tiene 32 oficinas menos que el edificio B. ¿Cuántas oficinas hay en cada edificio?

NÚMERO DE OFICINAS EN TRES EDIFICIOS					
Adivinado	**Edificio A**	**Edificio B**	**Edificio C**	**Total**	
1	100	120	88	308	← demasiado poco
2	200	220	188	608	← demasiado
3	180	200	168	548	← demasiado
4	160	180	148	488	← demasiado poco
5	164	184	152	500	← correcto

Hay 164 oficinas en el edificio A, 184 oficinas en el edificio B y 152 oficinas en el edificio C.

Comprueba tu respuesta con los datos dados en el problema.

¿Tiene el edificio B 20 oficinas más que el edificio A? ¿Tiene el edificio C 32 oficinas menos que el edificio B? ¿Es 500 el número total de oficinas en los tres edificios?

PRÁCTICA

Resuelve.

1. La playa de estacionamiento para el complejo de edificios tiene 210 lugares para estacionar. Hay el doble de espacios para carros compactos que para carros grandes. ¿Cuántos espacios de cada tamaño hay?

2. Las 500 oficinas están siendo repintadas, algunas beige, algunas azules y el resto amarillo. Habrá el doble de beige que de azules y 20 más amarillas que azules. ¿Cuántas de cada color habrá?

3. El área de un patio rectangular es 760 pies^2. El perímetro es 116 pies. ¿Qué dimensiones tiene el patio?

4. Un libro de texto se abre al azar. ¿En qué páginas se abrió si el producto de los números de las páginas opuestas es 2,970?

5. Abajo se muestran nueve senderos que conectan cuatro fuentes de agua. ¿Puedes visitar cada fuente, caminando por cada sendero exactamente una vez, y regresar a la fuente de donde saliste? Si fuera así, ¿cómo?

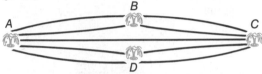

6. Copia la cuadrícula de abajo. Colorea tres cuadrados de rojo, tres cuadrados de negro, y tres cuadrados de amarillo. No es posible que dos cuadrados de la misma fila o columna tengan el mismo color.

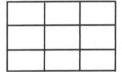

7. Coloca los números 1, 2, 3, 4, 5 y 6 en los círculos para que la suma a lo largo de cada lado del triángulo sea 10.

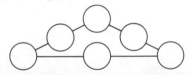

★ 8. El cartón de abajo contiene 24 latas. Pon 18 latas en el cartón para que cada fila y cada columna tenga un número par de latas.

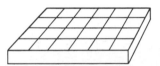

CREA TU PROPIO PROBLEMA

Los edificios A, B y C del complejo de edificios tienen cada uno una altura diferente. Escribe un problema sobre el número de pisos en cada edificio. Pide a un compañero que resuelva el problema por medio de adivina y comprueba.

Área de superficie de prismas

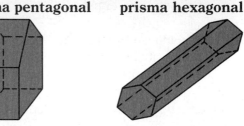

Los puntos de una **figura del espacio** yacen en más de un plano. Un **poliedro** es una figura del espacio cuyas **caras,** son planas.

Un **prisma** es un poliedro con dos caras paralelas y congruentes llamadas bases. Las otras caras, llamadas **caras laterales,** son paralelogramos.

La forma de sus bases nombra un prisma.

prisma rectangular   **prisma triangular**   **prisma pentagonal**   **prisma hexagonal**

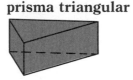

Un prisma rectangular cuyas caras son todas cuadrados congruentes es un **cubo.**

►El **área de superficie** de una figura del espacio es la suma de las áreas de sus caras. El área de superficie de un cubo con lado $l = 6l^2$.

Para hallar el área de superficie de un prisma, haz un modelo para mostrar las caras. Halla la suma de sus áreas.

Halla el área de superficie de este prisma rectangular.

Área A = Área C = 3 × 7 = 21   **Piensa** Las caras congruentes tienen áreas iguales.
Área B = Área D = 5 × 7 = 35
Área E = Área F = 3 × 5 = 15

La suma de todas las áreas = 2(21) + 2(35) + 2(15) = 142   El área de superficie es 142 m².

Otro ejemplo

Halla el área de superficie del prisma triangular.

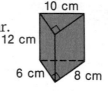

Área A = 6 × 12 = 72
Área B = 10 × 12 = 120
Área C = 8 × 12 = 96
Área D = Área E = $\frac{1}{2}$ × 6 × 8 = 24

La suma de las áreas = 336   El área de superficie es 336 cm².

TRABAJO EN CLASE

Halla el área de superficie de cada prisma.

1.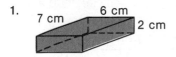

2.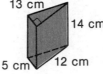

3.

Halla el área de superficie de cada prisma.

1.
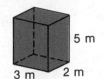
5 m
3 m   2 m

2.
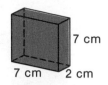
7 cm
7 cm   2 cm

3.
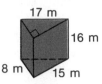
17 m
16 m
8 m   15 m

4.
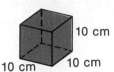
10 cm
10 cm   10 cm

5.

9 m
5 m   3 m

6.
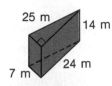
25 m   14 m
7 m   24 m

7.
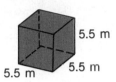
5.5 m
5.5 m   5.5 m

8.
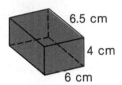
6.5 cm
4 cm
6 cm

9.
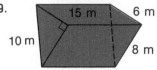
15 m   6 m
10 m
8 m

Resuelve.

10. El área de superficie de un cubo es 96 m².
    a. ¿Cuál es el área de cada cara del cubo?
    b. ¿Cuál es el largo de cada lado del cubo?

★ 11. El área de cada base de un prisma rectangular es 35 cm². Dos de las caras laterales tienen un área de 15 cm². Las dos caras restantes tienen un área de 21 cm². Halla la longitud, el ancho y la altura del prisma.

APLICACIÓN

En un edificio en forma de A los dos lados del techo son congruentes. Usa la figura para resolver 12-14.

12. ¿Cuál es el área de superficie exterior? (No incluyas el piso.)

13. León planea pintar la fachada del edificio y Ana pintará la parte de atrás. Halla el área total que pintarán.

14. Una lata de 4 litros de pintura cubre unos 30 metros cuadrados. ¿Cuántas latas necesitarán León y Ana?

15. Un cartel que indica el número de una casa tiene 5 dígitos diferentes. Instalado invertido muestra un número 63, 783 más que el número correcto. ¿Cuál es el número correcto? Emplea adivina y comprueba para resolver.

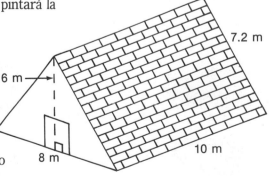
7.2 m
6 m
8 m
10 m

Volumen de prismas

El edificio de la Secretaría de las Naciones Unidas en New York es un prisma rectangular. ¿Cuánto espacio tiene el edificio?

El **volumen** de una figura es el número de unidades cúbicas necesario para llenarla.

Los centímetros cúbicos (cm^3), decímetros cúbicos (dm^3) y metros cúbicos (m^3) son medidas de volumen.

▶El volumen de un prisma es el área de la base (B) multiplicada por la altura (al) del prisma.

$V = Bal$ $B = 88 \times 22 = 1,936$
            $al = 154$
            $V = 1,936 \times 154 = 298,144$

Piensa El área de la base rectangular equivale a la longitud por el ancho.

El edificio contiene $298,144 \ m^3$ de espacio.

▶El volumen de un cubo con lado l es l^3.

Otro ejemplo

Halla el volumen de este prisma triangular.

$V = Bal$ $B = \frac{1}{2} \times 60 \times 80 = 2,400$

            $al = 90$
            $V = 2,400 \times 90 = 216,000$

El volumen es $216,000 \ cm^3$.

TRABAJO EN CLASE

Halla el volumen de cada prisma.

1.
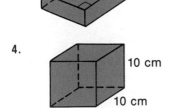
7 cm   6 cm   2 cm

2.
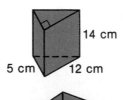
14 cm   5 cm   12 cm

3.
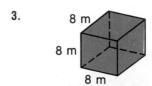
8 m   8 m   8 m

4.
10 cm   10 cm   10 cm

5.
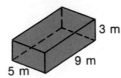
3 m   9 m   5 m

6.
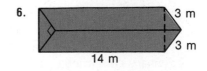
3 m   3 m   14 m

Halla el volumen de cada prisma.

1.
5 m
3 m
2 m

2.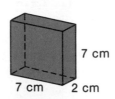
7 cm
7 cm
2 cm

3.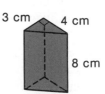
3 cm
4 cm
8 cm

4.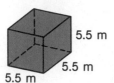
5.5 m
5.5 m
5.5 m

5.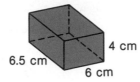
4 cm
6.5 cm
6 cm

*6.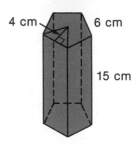
4 cm
6 cm
15 cm

Escoge la ecuación apropiada.

7. Un prisma rectangular tiene 4 m de ancho y 7 m de largo. Su volumen es 252 m³. ¿Cuál es su altura?

   a. $al = 252 \div (4 \times 7)$

   b. $al = (4 + 7) \times 252$

   c. $al = 252 \div \frac{1}{2}(4 \times 7)$

Resuelve.

8. El área de la base de un prisma triangular es 15 cm². El volumen del prisma es 180 cm³. ¿Cuál es su altura?

★ 9. El volumen de un cubo es 343 m³. ¿Cuáles son sus dimensiones?

APLICACIÓN

10. Un sistema de enfriamiento hace recircular el aire. ¿Qué volumen de aire se hace recircular en un edificio con forma de prisma triangular de 350 m de altura con un área de base de 4,000 m²?

11. Cada torre del Centro del Comercio Mundial en New York es un prisma rectangular. El volumen es 2,317,500 m³. La altura de una torre es 412 m. Halla el área de su base.

★ 12. Un edificio tiene un volumen de 5,625 m³ y una altura de 9 m. Si la base es cuadrada, ¿qué longitud tiene cada lado?

═ HAZLO MENTALMENTE ═

Cuatro prismas pentagonales congruentes se apilan uno encima del otro. Cada prisma tiene una altura de 2.5 cm y un área de base de 7.3 cm². Sin usar ni papel ni calculadora, halla el volumen de toda la figura apilada. (Piensa en la altura de la figura apilada.)

Área de superficie de cilindros

Daniel está haciendo un modelo de cartón de un castillo medieval. ¿Cuánto cartón necesita para hacer una torre cilíndrica que mide 6 cm de ancho y 9 cm de alto?

Un **cilindro** es una figura del espacio con dos bases paralelas que son círculos congruentes. El cilindro tiene también una superficie curva llamada **superficie lateral.**

Para hallar el área de superficie de un cilindro, haz primero un patrón. La superficie lateral se muestra como un rectángulo.

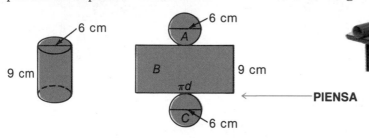

PIENSA ← La longitud de la superficie lateral equivale a la circunferencia de la base, πd.

▶El área de superficie de un cilindro es la suma de las áreas de ambos círculos más el área del rectángulo.

$$\text{Área } A = \text{Área } C = \pi r^2 \qquad \text{Área } B = \pi dal$$
$$\approx 3.14 \times 3^2 \qquad\qquad \approx 3.14 \times 6 \times 9$$
$$\approx 28.26 \qquad\qquad\quad \approx 169.56$$

La suma de las áreas es $2(28.26) + 169.56 = 226.08$.
Daniel necesita 226 cm^2 de cartón para hacer una torre.

Otro ejemplo

Halla el área de superficie del cilindro a la unidad más cercana.

Área de superficie $= 2\pi^2 + \pi dal$
$$2 \times 3.14 \times 2.25 + 3.14 \times 3 \times 1.5$$
$$14.13 + 14.13$$
$$26.26$$

El área de superficie es 28 m^2.

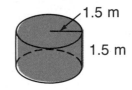

TRABAJO EN CLASE

Halla el área de superficie. Usa 3.14 para π. Redondea a la unidad más cercana.

1.

2.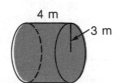

3.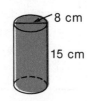

PRÁCTICA

**Halla el área de superficie de cada cilindro. Usa 3.14 para π.
Redondea a la unidad más cercana.**

1.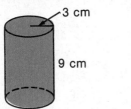
3 cm
9 cm

2.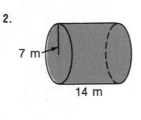
7 m
14 m

3.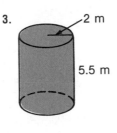
2 m
5.5 m

4.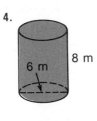
6 m
8 m

5. $r = 3$ m
$al = 17$ m

6. $r = 5$ cm
$al = 5$ cm

7. $r = 2$ dm
$al = 9$ dm

8. $r = 10$ m
$al = 30$ m

Usa la figura de abajo para contestar 9-11. Usa 3.14 para π.

9. Halla el área combinada de las dos bases.

10. Halla el área de la superficie lateral.

11. ¿Qué es verdadero sobre las respuestas a **9** y **10**? ¿Crees que esto es siempre verdadero sobre un cilindro con una altura igual a su radio? Explica.

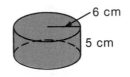
3 cm
3 cm

APLICACIÓN

El Centro Renaissance está en Detroit, Michigan. El Hotel Westin, que está localizado allí, tiene forma de cilindro. Mide unos 35 m de diámetro y unos 230 m de altura.

12. La superficie lateral del hotel es de vidrio. ¿Cuánto vidrio se empleó para hacer la superficie lateral?

13. Supón que el vidrio empleado para hacer la superficie lateral del Hotel Westin vino en planchas con un área de 16 m². ¿Cuántas planchas se necesitarían?

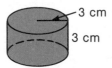

Volumen de cilindros

El trigo se almacena en graneros cilíndricos terminales de granos. Más tarde se vende a las compañías harineras. La mayoría de los graneros terminales pueden contener más de 40,000 m³ de trigo.

▶El volumen de un cilindro es el área de la base (B) multiplicada por la altura (al) del cilindro.

Halla el volumen del cilindro redondeado a la unidad más cercana.

$$V = Bal$$

Piensa El área de un círculo es πr^2.

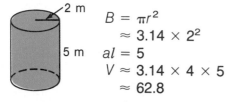

$$B = \pi r^2$$
$$\approx 3.14 \times 2^2$$
$$al = 5$$
$$V \approx 3.14 \times 4 \times 5$$
$$\approx 62.8$$

El volumen es de unos 63 m³.

Más ejemplos

Halla el volumen. Redondea a la unidad más cercana.

a.

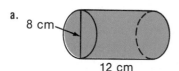

$$V = Bal = \pi r^2 al$$
$$\approx 3.14 \times 4^2 \times 12$$
$$\approx 3.14 \times 16 \times 12$$
$$\approx 602.88 \text{ cm}^3$$

El volumen es 603 cm³.

b.

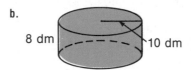

$$V = Bal = \pi r^2 al$$
$$\approx 3.14 \times 10^2 \times 8$$
$$\approx 3.14 \times 100 \times 8$$
$$\approx 2{,}512 \text{ dm}^3$$

El volumen es 2,512 dm³.

TRABAJO EN CLASE

Halla el volumen. Usa 3.14 para π. Redondea a la unidad más cercana.

1.

2.

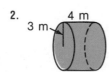

3.

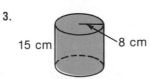

4.

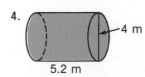

PRÁCTICA

Halla el volumen. Usa 3.14 para π. Redondea a la unidad más cercana.

1.

9 cm   3 cm

2.
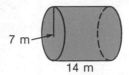
7 m   14 m

3.
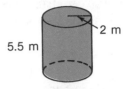
2 m   5.5 m

4.
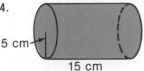
5 cm   15 cm

5.
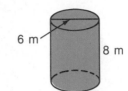
6 m   8 m

6.
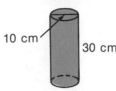
10 cm   30 cm

7.
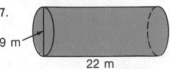
9 m   22 m

8.
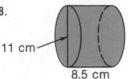
11 cm   8.5 cm

9.
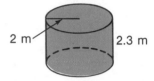
2 m   2.3 m

Resuelve. Usa 3.14 para π.

10. El volumen de un cilindro es 936 m³. El área de su base es 78 m². ¿Cuál es su altura?

11. El volumen de un cilindro es 165 cm³. La altura del cilindro es 15 cm. Halla el área de su base.

★ 12. El volumen de un cilindro es 2,512 cm³. La altura del cilindro es 8 cm. ¿Cuál es el radio de la base redondeado a la unidad más cercana?

★ 13. El volumen de un cilindro es 25,120 m³. El radio de la base equivale a la altura del cilindro. Halla el radio de la base redondeado a la unidad más cercana.

Halla el volumen de la parte sombreada de cada figura. Usa 3.14 para π. Redondea a la unidad más cercana.

★14.
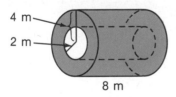
4 m   2 m   8 m

★15.
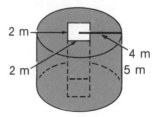
2 m   2 m   4 m   5 m

APLICACIÓN

16. El estadio Busch Memorial de St. Louis tiene forma de cilindro. Tiene 40 m de altura y 240 m de diámetro. ¿Cuánto espacio ocupa?

★ 17. El Astródomo de Houston, Texas, ocupa unos 2,279,640 m³ de espacio. Es un cilindro de 220 m de diámetro. ¿Qué altura tiene?

Volumen de pirámides y conos

La pirámide más grande de Egipto es la Gran Pirámide construida para el faraón Kufu. Es una pirámide rectangular.

Una **pirámide** es un poliedro con una base. Todas las caras laterales son triángulos. La forma de la base designa la pirámide.

pirámide
cuadrada

pirámide
pentagonal

Un **cono** es una figura del espacio con una base circular y un vértice.

►El volumen de una pirámide es un tercio del volumen de un prisma con la misma base y altura.

$V = \frac{1}{3} Bal$

Halla el volumen de la pirámide.

4 m
5 m
3 m

$V = \frac{1}{3} Bal$ **Piensa** $B = la$

$= \frac{1}{3} \times 3 \times 5 \times 4$

$= 20$

El volumen es 20 m³.

►El volumen de un cono es un tercio del volumen de un cilindro con la misma base y altura.

$V = \frac{1}{3} Bal$

Halla el volumen del cono. Usa 3.14 para π. Redondea a la unidad más cercana.

6 cm
3 cm

$V = \frac{1}{3} Bal$ **Piensa** $B = \pi r^2$

$\approx \frac{1}{3} \times 3.14 \times 3^2 \times 6$

≈ 56.52

El volumen es 57 cm³.

Trabajo en clase

Halla el volumen. Usa 3.14 para π. Redondea a la unidad más cercana.

1.
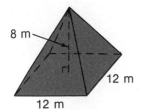
8 m
12 m
12 m

2.
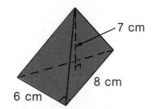
7 cm
8 cm
6 cm

3.
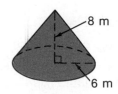
8 m
6 m

PRÁCTICA

Halla el volumen. Usa 3.14 para π. Redondea a la unidad mas cercana.

1.
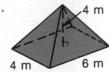
4 m   4 m   6 m   h

2.
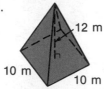
12 m   10 m   10 m   h

3.
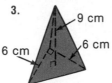
9 cm   6 cm   6 cm

4.
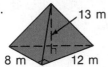
13 m   8 m   12 m   h

5.

5 cm   3 cm

6.

15 m   6 m

7.
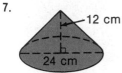
12 cm   24 cm

8.
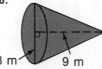
8 m   9 m

9.
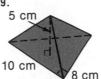
5 cm   10 cm   8 cm

10.
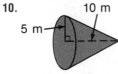
10 m   5 m

11.
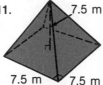
7.5 m   7.5 m   7.5 m

12.

5 cm   13 cm

Resuelve. Usa 3.14 para π. Redondea a la unidad más cercana.

★ **13.** Halla el volumen de esta figura.

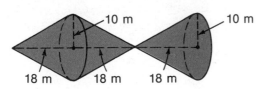
10 m   10 m   18 m   18 m   18 m

APLICACIÓN

14. La base de la Gran Pirámide de Kufu es un cuadrado con lados de unos 230 m de largo. Su altura es de unos 150 m. ¿Cuál es su volumen?

★ **15.** El área de la base de una pirámide es 111 m². El volumen de la pirámide es 555 m³. ¿Cuál es su altura?

Práctica mixta

1. $\frac{3}{5} + \frac{5}{8}$

2. $\frac{1}{3} + \frac{17}{18}$

3. $1\frac{1}{4} + 2\frac{3}{8}$

4. $7\frac{5}{4} - 6\frac{1}{4}$

5. $\frac{16}{11} - \frac{7}{11}$

6. $\frac{1}{2} \times 3\frac{1}{3}$

7. $2 \div 4\frac{1}{8}$

8. $\frac{7}{3} \times \frac{1}{3}$

9. $7\frac{1}{2} \div 5$

10. $\frac{5}{2\frac{1}{2}}$

11. $\frac{7\frac{1}{3}}{6}$

12. $12 \times \frac{3}{4} \times 6$

13. $4\frac{3}{4} \times 7\frac{1}{2} \div 19$

Escribe como decimal.

14. 10%

15. $3\frac{1}{2}$%

16. 4%

17. 225%

18. $66\frac{2}{3}$%

361

Relacionar longitud, masa y capacidad

La botella contiene 1 L de agua. Se llenará con 1 decímetro cúbico. El agua pesa 1 kg.

El cubo tiene un volumen de 1 centímetro cúbico. Contiene 1 mL de agua. 1 mL de agua pesa 1 gramo.

Volumen	Masa	Capacidad
1 cm³	1 g	1 mL
1 dm³	1 kg	1 L

Halla el peso del agua que contiene el tanque.

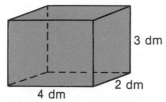

Primero halla el volumen del tanque.

$V = Bal$
$= 4 \times 2 \times 3$
$= 24 \ dm^3$

1 dm³ pesa 1 kg. Por lo tanto, 24 dm³ pesan 24 kg.

El tanque puede contener 24 kg de agua.

Otro ejemplo

Halla la capacidad de esta taza. Redondea a la unidad más cercana. Usa 3.14 para π.

$V = \frac{1}{3} Bal$
$= \frac{1}{3} \pi r^2 al = \frac{1}{3} \times 3.14 \times (2.4)^2 \times 5 \approx 30.144$

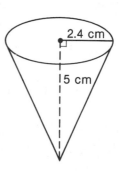

El volumen de la taza es de unos 30 cm³.
La capacidad de la taza es de 30 mL.

TRABAJO EN CLASE

Completa.

1. 5 L = ___ dm³

2. 8 dm³ de agua pesan ___ kg.

3. ___ mL = 7 cm³

Halla la capacidad de cada uno. Usa 3.14 para π. Redondea a la unidad más cercana.

4.
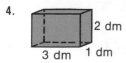

5.
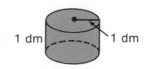

6.

Completa.

1. $36 \text{ mL} = \underline{\hspace{1em}} \text{ cm}^3$

2. $15 \text{ L} = \underline{\hspace{1em}} \text{ dm}^3$

3. $3.9 \text{ dm}^3 = \underline{\hspace{1em}} \text{ L}$

4. $\underline{\hspace{1em}} \text{ mL} = 16 \text{ cm}^3$

5. $\underline{\hspace{1em}} \text{ dm}^3 = 5.4 \text{ L}$

6. $\underline{\hspace{1em}} \text{ mL} = 4 \text{ cm}^3$

7. 5 L de agua pesan ___ kg.

8. 16 mL de agua pesan ___ g.

9. 25 cm^3 de agua pesan ___ g.

10. 36.2 dm^3 de agua pesan ___ kg.

★11. $3{,}500 \text{ mm}^3$ de agua pesan ___ g.

★12. 1 m^3 de agua pesa ___ T.

Completa el cuadro.

	Volumen	Masa	Capacidad
13.			5 mL
14.	3 dm³		
15.	7 cm³		

	Volumen	Masa	Capacidad
16.			43 L
17.	1.5 cm³		
18.			10 L

Halla la capacidad de cada recipiente y el peso del agua que contiene. Usa 3.14 para π. Redondea a la unidad más cercana.

19.

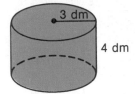

20.

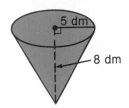

21.

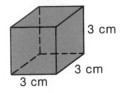

Da el volumen y la capacidad de cada uno.

22. un cubo que mide 4 cm de lado

23. un cubo que mide 15 dm de lado

Halla la medida de un lado.

★24. un cubo con una capacidad de 1,728 L

APLICACIÓN

Una alberca contiene 1,000,000 L de agua.

25. ¿Cuántos metros cúbicos de agua contiene la alberca?

★26. ¿Cuántas toneladas métricas pesa el agua?

Problemas para resolver

DESTREZAS Y ESTRATEGIAS   Estructuras asombrosas

En la Irlanda medieval se construían torres en forma de lápiz para refugiarse de los vikingos invasores. La gente de la ciudad llevaba lo más que podía a la torre local cuando sonaban las alarmas anunciando que se acercaban los vikingos. La escala para entrar era levantada por la última persona que entraba.

Usa el diagrama de la torre para contestar 1–6.

1. ¿Cuántos pisos tenía la torre?

2. ¿A qué altura sobre el suelo estaba la entrada?

3. ¿Qué espesor tenían los muros de la entrada?

4. ¿Qué altura tenía la torre?

5. ¿Cuál era la circunferencia de la torre en la entrada? Redondea a la décima más cercana.

★6. ¿Cuántos pies cúbicos de espacio tenía la torre?

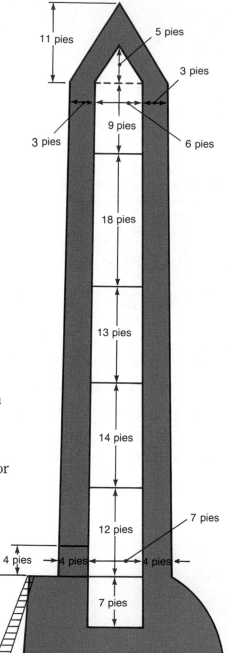

En el siglo I a.C., el emperador chino Wu Ti hizo construir un castillo que flotaba sobre el agua. Más de 2,000 personas se alojaban en él.

7. El flotador cuadrado sobre el que estaba el castillo medía 600 pies de lado. ¿Cuántos pies cuadrados ocupaba el flotador?

8. Una casa de Manhattan puede medir 25 pies de ancho por 30 pies de largo. ¿Cuántos pies cuadrados ocuparía una casa con estas dimensiones?

9. ¿Cuántas casas, cada una de 25 pies de ancho por 30 pies de largo, cabrían sobre la fortaleza flotante del emperador Wu Ti?

10. Dibuja un diagrama que indique cómo cabrían, lado a lado, las casas sobre la fortaleza flotante.

La Gran Muralla china fue construida alrededor del año 200 a.C. por el emperador Ch'in Shih Huang Ti. Se estima que la construyeron 1,500,000 trabajadores. Cuando fue terminada, medía 2,500 millas. Tenía unos 20 pies de ancho y 20 pies de alto.

11. ¿Cúantos pies cuadrados de piedra revestían la superficie de la Gran Muralla?

12. A la décima más cercana, ¿cuántas millas cuadradas de piedra revestían la superficie de la Gran Muralla? (1 milla = 5,280 pies)

13. ¿Cuántos pies cúbicos de piedra se emplearon para construir la Gran Muralla?

14. Como promedio había una torre cada 250 yardas a lo largo de la muralla. Como promedio, ¿cuántas torres había por cada milla?

15. ¿Aproximadamente, cuántas torres había?

JUEGO DE ESTRATEGIA

Éste es un juego para dos personas—El Ta-te-tí circular. Para jugar, copia el tablero de la derecha. Sigue estas reglas.

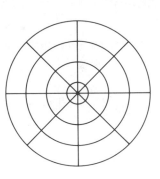

1. El primer jugador pone una X en cualquier espacio.

2. El segundo jugador pone una O en cualquier espacio vacío.

3. Los jugadores se turnan hasta que uno obtenga cuatro marcas en un sendero. Abajo se ilustran los senderos. Un sendero no puede cruzar el centro del tablero.

sendero recto   sendero curvo   sendero en espiral

4. Si nadie obtiene cuatro marcas en un sendero ganador, el juego es un empate.

REPASO DEL CAPÍTULO

Construye figuras congruentes. páginas 344–345

1. Usa una regla para dibujar un segmento con 4.5 cm de largo. Usa la regla y un compás para construir un segmento congruente.

2. Usa un transportador para dibujar un ángulo con una medida de 85°. Usa una regla y un compás para construir un ángulo congruente.

Calca cada figura. Usa una regla y un compás para bisecarla. páginas 344–345

3.

4.
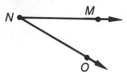

5.
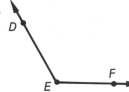

Construye lo siguiente. páginas 346–347

6. Calca la figura de la derecha. Traza una recta perpendicular a $\overleftrightarrow{JK}$ que pase por K. Después traza una recta paralela a $\overleftrightarrow{JK}$ que pase por B.

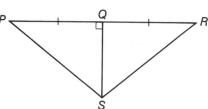

Explica por qué los triángulos son congruentes. Escribe _lado-lado-lado_, _lado-ángulo-lado_ o _ángulo-lado-ángulo_. páginas 348–349

7.
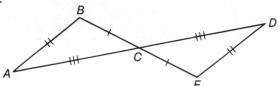

8.
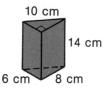

Halla el área de superficie y el volumen. Usa 3.14 para π. Redondea a la unidad más cercana. páginas 352–361

9.
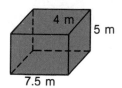

10.

11.

Completa. páginas 362–363

12. $143 \text{ cm}^3 =$ ____ mL

13. $6.42 \text{ L} =$ ____ dm^3

14. $59 \text{ mL} =$ ____ cm^3

Resuelve. páginas 350–351, 364–365

15. Los costos de viaje por milla son 7¢ por carro, 3¢ por autobús y 40¢ por avión. La misma distancia es recorrida por cada vehículo por un costo total de $25. ¿Cuánto se gasta por cada clase de transporte? Adivina y comprueba para resolver.

PRUEBA DEL CAPÍTULO

Construye figuras congruentes.

1. Usa una regla para dibujar un segmento con una longitud de 60 mm. Después usa una regla recta y un compás para construir un segmento congruente.

2. Usa un transportador para dibujar un ángulo con una medida de 110°. Después usa una regla recta y un compás para construir un ángulo congruente.

Calca cada figura. Usa una regla recta y un compás para bisecarla.

3.

4.

5.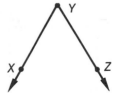

Construye lo siguiente.

6. Calca la figura de la derecha. Traza una recta perpendicular a $\overleftrightarrow{DE}$ que pase por F. Después traza una recta paralela a $\overleftrightarrow{DE}$ que pase por G.

Explica por qué los triángulos de cada par son congruentes. Escribe *lado-lado-lado*, *lado-ángulo-lado* o *ángulo-lado-ángulo*.

7.

8.

Halla el área de superficie en 9–11 y el volumen en 12–14. Usa 3.14 para π. Redondea a la unidad más cercana.

9.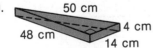
50 cm
4 cm
48 cm
14 cm

10.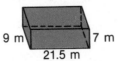
9 m
7 m
21.5 m

11.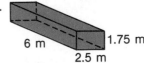
20 cm
18 cm

12.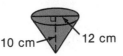
10 cm
12 cm

13.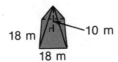
18 m
10 m
18 m

14.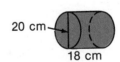
6 m
1.75 m
2.5 m

Completa.

15. $11.2 \text{ mL} = \underline{\quad} \text{ cm}^3$

16. $700 \text{ dm}^3 = \underline{\quad} \text{ L}$

17. $400 \text{ cm}^3 = \underline{\quad} \text{ mL}$

18. 12 L de agua pesan ___ kg.

19. 6 cm^3 de agua pesan ___ g.

Resuelve.

20. Un jardinero tiene 10 tableros de igual tamaño para usar. ¿Cómo puede cercar 5 jardines del mismo tamaño?

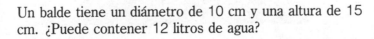

Un balde tiene un diámetro de 10 cm y una altura de 15 cm. ¿Puede contener 12 litros de agua?

DOBLAR PATRONES

Copia cada patrón de abajo. Recorta tu copia. Dobla a lo largo de las líneas de rayas y pega con cinta para formar una figura del espacio tridimensional.

1.

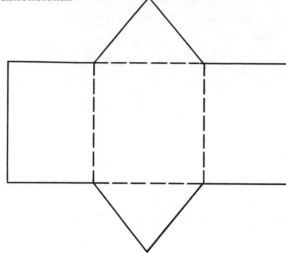

2.

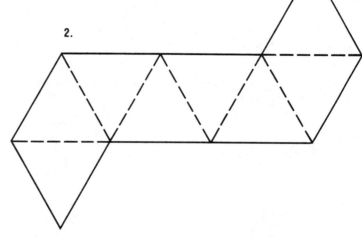

3. Dibuja un patrón para este satélite. Recórtalo, dóblalo y pégalo.

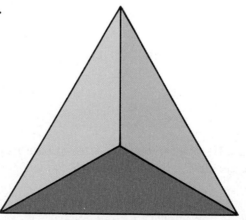

ESFERAS

Una **esfera** es una figura del espacio con todos los puntos a la misma distancia de un punto llamado **centro**. La distancia desde el centro a un punto de la esfera es el **radio.**

▶El área de superficie de una esfera con radio r es $4\pi r^2$.

▶El volumen de una esfera con radio r es $\frac{4}{3}\pi r^3$.

Piensa en un plano que pasa por el centro de una esfera. La intersección de la esfera y el plano es un **gran círculo** de la esfera. El radio de un gran círculo es el mismo que el radio de la esfera.

1. La Unisfera simbolizó el tema de la Feria Mundial de New York (1964–1965), "Paz por medio del entendimiento." La Unisfera tiene 40 m de diámetro. ¿Cuánto espacio ocupa? Redondea al metro cúbico más cercano.

2. Halla la circunferencia de un gran círculo de la Unisfera. Redondea al metro más cercano.

3. El Atomium simbolizó el tema de la Feria Mundial de Bruselas (1958), "Energía nuclear para la paz." Sus nueve esferas de aluminio miden 18 m de diámetro cada una. Halla el área de superficie total de las nueve esferas. Redondea al metro cuadrado más cercano.

Atomium

Unisphere

PERFECCIONAMIENTO DE DESTREZAS

Escoge las respuestas correctas. Escribe A, B, C, o D.

1. ¿Qué razón es igual a $\frac{7}{10}$?

   A $\frac{14}{15}$ **C** $\frac{35}{40}$

   B $\frac{21}{30}$ **D** no se da

2. Resuelve. $\frac{14}{21} = \frac{24}{n}$

   A $n = 36$ **C** $n = 16$

   B $n = 3$ **D** no se da

3. ¿Cuál es el 125% de 56?

   A 14   **C** 70

   B 67.2   **D** no se da

4. ¿De qué número es 42 el $66\frac{2}{3}$%?

   A 28   **C** 126

   B 63   **D** no se da

5. $^-17 + {}^-21$

   A $^-4$ **C** 38

   B 4   **D** no se da

6. $^-48 - 12$

   A $^-60$ **C** $^-7$

   B $^-36$ **D** no se da

7. $^-49 \div 7$

   A $^-343$ **C** 36

   B 7   **D** no se da

8. El promedio de bateo de Rosa es de 0.295. A la unidad más cercana, ¿cuántos hits esperarías que bateara en 25 veces al bate?

   A 20   **C** 10

   B 7   **D** no se da

9. ¿Cuál es la escala de los datos 7; 3.04; 16.4; y 5.2?

   A 7.91   **C** 13.36

   B 6.1   **D** no se da

10. ¿Cuántas opciones de un sombrero y una bufanda hay con 5 sombreros y 3 bufandas?

   A 8   **C** 30

   B 15   **D** no se da

11. ¿Cuál es el área de superficie de un cubo de 2.2 m de lado?

   A 19.36 m^2 **C** 14.52 m^2

   B 29.04 m^2 **D** no se da

12. Completa. 7 cm^3 = ___ mL

   A 70,000   **C** 700

   B 7   **D** no se da

13. ¿Qué regla de congruencia se aplica?

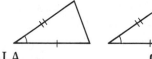

   A ALA   **C** LAL

   B LLL   **D** no se da

Resuelve.

14. ¿Qué enunciados no pueden ser verdaderos?
Norma conduce para ir al trabajo.
Norma toma algunas clases.
A Norma le gusta el tenis.
Norma ___

   A está en la escuela   **C** tiene 13 años

   B está en el equipo   **D** no se da
     de natación

15. *ABCD* es un cuadrilátero. m∠*ABC* es 90°. $\overline{AB}$ no es paralelo a $\overline{CD}$. ¿Cuál es el único enunciado que podría ser verdadero? *ABCD* es un ___.

   A rectángulo   **C** trapecio

   B paralelogramo **D** no se da

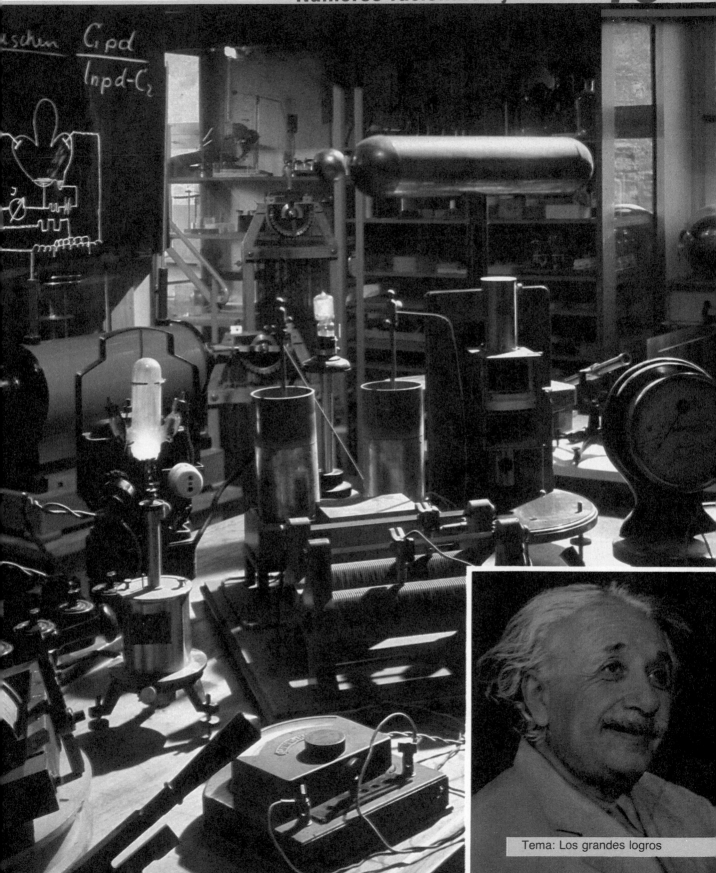

Tema: Los grandes logros

Escribir y comparar números racionales

Chuck Yeager fue la primera persona que voló más rápido que la velocidad del sonido (Mach 1). En 1947 Yeager voló un avión impulsado por cohetes Bell XS-1 a una velocidad de Mach 1.02. En un vuelo anterior había alcanzado la velocidad de Mach 0.94.

1.02 y 0.94 son números racionales.

▶Un **número racional** es cualquier número que puede expresarse como el cociente de dos enteros donde el divisor no es 0.

$$1.02 = \frac{102}{100} \qquad 0.94 = \frac{94}{100}$$

Otra manera de pensar en los números racionales es pensar en todas las fracciones positivas, sus opuestas y el cero.

Los números racionales pueden mostrarse sobre una recta numérica.

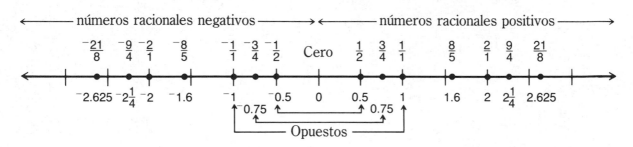

El valor de los números racionales en una recta numérica aumenta de izquierda a derecha.

$$\frac{^-9}{4} < \frac{^-3}{4} \qquad \frac{^-3}{4} < \frac{3}{4} \qquad \frac{3}{4} < \frac{9}{4} \qquad {}^-1.6 < 0 \qquad 0 < 1.6 \qquad 1.6 < 2$$

TRABAJO EN CLASE

Escribe cada uno como el cociente de dos enteros en su expresión mínima.

1. 7
2. ⁻1.2
3. $2\frac{3}{5}$
4. $^-1\frac{1}{3}$
5. 6.25
6. ⁻0.12

Escribe el opuesto de cada uno.

7. $\frac{^-1}{4}$
8. 0.875
9. $\frac{^-6}{5}$
10. $3\frac{1}{4}$
11. ⁻8.7
12. 17.32

Compara. Usa <, > ó = para cada ⬤.

13. $\frac{1}{4}$ ⬤ $\frac{^-5}{4}$
14. $\frac{^-4}{10}$ ⬤ $\frac{^-2}{5}$
15. ⁻1.2 ⬤ 2.7
16. ⁻0.5 ⬤ ⁻0.2

Escribe cada uno como el cociente de dos enteros en su expresión mínima.

1. 3

2. $^-5$

3. $^-1$

4. $1\frac{1}{4}$

5. $^-2\frac{1}{2}$

6. $^-0.3$

7. 1.5

8. $^-5\frac{3}{8}$

9. $^-0.27$

10. $^-0.6$

Escribe el opuesto de cada uno.

11. $\frac{1}{5}$

12. $\frac{^-1}{3}$

13. $\frac{^-7}{3}$

14. 0.25

15. $^-5.8$

Compara. Usa $<$, $>$ ó $=$ para cada .

16. $\frac{^-3}{8}$ ● $\frac{^-5}{8}$

17. $\frac{^-1}{4}$ ● $\frac{3}{4}$

18. $^-1\frac{1}{5}$ ● $^-1\frac{2}{5}$

19. $3\frac{1}{8}$ ● $4\frac{1}{2}$

20. $^-0.4$ ● $^-0.1$

21. $^-0.3$ ● $^-0.7$

22. $^-7.2$ ● 6.5

23. 0.5 ● 0.50

24. $^-6\frac{3}{8}$ ● $^-6\frac{6}{16}$

25. $^-0.25$ ● $^-0.6$

26. $^-5.75$ ● $^-5.4$

27. $\frac{^-1}{2}$ ● $^-0.5$

Escribe en su expresión mínima. Escribe _positivo, negativo_ o _ninguno._

28. $\frac{^-3}{15}$

29. $-\frac{100}{24}$

30. $\frac{^-4}{-8}$

31. $-\frac{0}{5}$

32. $\frac{^-64}{-16}$

Escribe en orden de menor a mayor.

★ 33. $\frac{1}{2}$, $^-1\frac{3}{5}$, $^-1\frac{1}{2}$, $\frac{3}{5}$

★ 34. 0.5; $^-0.55$; 0.55; $^-0.05$

APLICACIÓN

35. El récord oficial de velocidad aérea es 1.5 veces más rápido que la velocidad de crucero del Concorde. Escribe 1.5 como el cociente de dos enteros en su expresión mínima.

36. El récord oficial de velocidad aérea es 2,193.17 mph. Escribe el récord de la velocidad aérea como fracción impropia.

RAZONAMIENTO VISUAL

Empareja cada forma codificada en fracción con su forma idéntica codificada en número decimal.

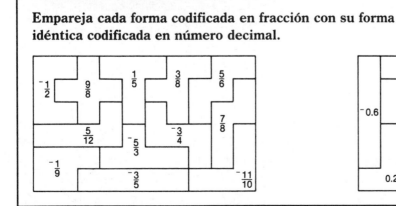

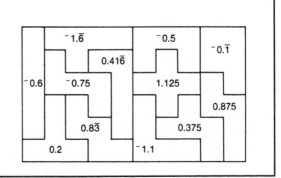

Sumar y restar números racionales

Cuando se anuncia un gran logro en un campo, como en el espacio aéreo, las acciones de las compañías de dicho campo aumentan. Una acción de General Aerospace bajó $\frac{1}{2}$ en la mañana pero subió $\frac{7}{8}$ en la tarde. ¿Cuál fue el cambio total en todo el día?

Suma para hallar el total. $\frac{-1}{2} + \frac{7}{8}$

Para sumar o restar números racionales, sigue las reglas para sumar y restar enteros.

Primero escribe fracciones equivalentes usando el mcd.

$$\frac{-1}{2} + \frac{7}{8} = \frac{-4}{8} + \frac{7}{8}$$

Piensa Para sumar un número racional positivo y uno negativo, resta el valor absoluto menor del mayor. Usa el signo del número con el mayor valor absoluto.

$$\left|\frac{7}{8}\right| - \left|\frac{-4}{8}\right| = \frac{3}{8}$$

$$\frac{-4}{8} + \frac{7}{8} = \frac{3}{8}$$

El cambio total en el día fue un aumento de $\frac{3}{8}$.

Más ejemplos

a. $^-8.4 + {}^-10.3 = {}^-18.7 \longleftarrow (-) + (-) = (-)$

b. $3 - \frac{-5}{8} = 3 + \frac{5}{8} = 3\frac{5}{8} \longleftarrow (+) - (-) = (+) + (+) = (+)$ **Piensa** Para restar un número racional, súmale su opuesto.

c. $^-0.45 - 0.73 = {}^-0.45 + {}^-0.73 = {}^-1.18 \longleftarrow (-) - (+) = (-) + (-) = (-)$

TRABAJO EN CLASE

Suma o resta.

1. $\frac{4}{5} + \frac{-2}{5}$

2. $\frac{-2}{3} + \frac{-2}{3}$

3. $^-1\frac{3}{4} - \frac{1}{4}$

4. $\frac{3}{2} - \frac{-3}{4}$

5. $^-1.2 + 1.2$

6. $^-3.7 + {}^-5.4$

7. $^-3.7 - 8.2$

8. $8.9 - 10.1$

Suma o resta.

1. $1\frac{3}{5} + \frac{4}{5}$

2. $^-\frac{5}{6} + ^-\frac{1}{6}$

3. $\frac{7}{4} - \frac{9}{4}$

4. $\frac{5}{8} - ^-\frac{9}{8}$

5. $^-\frac{1}{3} + \frac{2}{3}$

6. $\frac{5}{8} + ^-\frac{7}{8}$

7. $^-1\frac{1}{3} - \frac{2}{3}$

8. $^-\frac{3}{4} + \frac{3}{4}$

9. $\frac{3}{8} - ^-\frac{1}{2}$

10. $^-\frac{1}{2} - ^-\frac{1}{4}$

11. $^-1\frac{1}{2} + ^-\frac{1}{4}$

12. $2 - 2\frac{1}{4}$

13. $^-0.6 + ^-3.1$

14. $^-1.7 + 1.9$

15. $^-0.1 - 2.4$

16. $^-1.8 - ^-3.9$

17. $6.4 + ^-6.4$

18. $4.5 + ^-2.9$

19. $0 - 1.8$

20. $^-2.7 + 1.6$

21. $^-0.9 + ^-0.8$

22. $^-6.7 + ^-2.5$

23. $^-3.4 - ^-0.7$

24. $22.8 - 36.1$

25. $^-5.23 + 5.23$

26. $\frac{1}{4} + ^-\frac{4}{16}$

27. $^-0.3 + ^-0.5$

28. $^-0.8 + ^-2.4$

★ **29.** $^-2\frac{1}{3} + \left(1\frac{2}{3} - ^-\frac{2}{3}\right)$

★ **30.** $^-\frac{3}{4} - \left(^-\frac{5}{4} - ^-\frac{7}{2}\right)$

★ **31.** $3.4 - ^-2.3 + ^-7.8$

★ **32.** $8.19 - ^-3.07 + ^-6.41$

★ **33.** COMIENZA

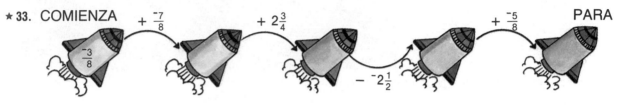

33. COMIENZA $+ \frac{^-7}{8}$ $+ 2\frac{3}{4}$ $- ^-2\frac{1}{2}$ $+ \frac{^-5}{8}$ PARA

APLICACIÓN

34. Las acciones de Unitech comenzaron a $37\frac{3}{8}$. Al final del día, las acciones habían bajado $2\frac{3}{4}$. ¿Cuál fue el precio final de venta?

★ **35.** Las acciones de Space Industries comenzaron a $43\frac{1}{2}$ el miércoles por la mañana. Cerraron con una baja de $7\frac{1}{8}$. El jueves las acciones subieron $2\frac{3}{4}$ y el viernes subieron $1\frac{3}{8}$. ¿Cuál fue el precio final?

LA CALCULADORA

Si tu calculadora tiene una tecla de cambio de signo, $\boxed{+/_-}$, úsala para entrar números racionales negativos.

Aprieta $\boxed{0}\boxed{\cdot}\boxed{7}\boxed{+/_-}$

Pantalla $\boxed{^-\qquad 0.7}$

Suma. $^-0.7 + 1.5$ **Aprieta** $\boxed{0}\boxed{\cdot}\boxed{7}\boxed{+/_-}\boxed{+}\boxed{1}\boxed{\cdot}\boxed{5}\boxed{=}$ **Pantalla** $\boxed{\qquad 0.8}$

Resta. $^-2.1 - ^-4.3$ **Aprieta** $\boxed{2}\boxed{\cdot}\boxed{1}\boxed{+/_-}\boxed{-}\boxed{4}\boxed{\cdot}\boxed{3}\boxed{+/_-}\boxed{=}$ **Pantalla** $\boxed{\qquad 2.2}$

Calcula.

1. $^-1.6 + 4.2$

2. $3.1 + ^-2.8$

3. $^-3.9 + 2.6$

4. $7.3 + ^-10.6$

5. $^-5 - 1.3$

6. $7.8 - 3.9$

7. $^-1.2 - 6.6$

8. $^-68.3 - ^-31.92$

Multiplicar y dividir números racionales

En 1953 el batíscafo *Trieste,* un buque empleado para explorar las profundidades del mar, descendió a una profundidad de unos 10,240 pies. En 1960, el *Trieste* se sumergió a una profundidad 3.5 veces mayor en el Océano Pacífico. ¿A qué profundidad descendió en 1960?

Multiplica para hallar la profundidad.

$^-10{,}240 \cdot 3.5$

Para multiplicar o dividir números racionales, sigue las reglas para multiplicar y dividir enteros.

$^-10{,}240 \cdot 3.5 = {}^-35{,}840$

$(-) \cdot (+) = (-)$

El *Trieste* descendió a una profundidad de unos 35,840 pies.

Más ejemplos

a. $\dfrac{^-2}{5} \cdot \dfrac{^-3}{7} = \dfrac{6}{35} \leftarrow (-) \cdot (-) = (+)$

b. $2.6 \cdot 6.7 = 17.42 \leftarrow (+) \cdot (+) = (+)$

c. $\dfrac{^-1}{2} \div ^-1\dfrac{2}{3} \leftarrow (-) \div (-) = (+)$

$= \dfrac{^-1}{2} \div \dfrac{^-5}{3}$

$= \dfrac{^-1}{2} \cdot \dfrac{^-3}{5} = \dfrac{3}{10}$

└─ **Piensa** Multiplica por el recíproco de $-\dfrac{5}{3}$.

d.
$$
\begin{array}{r}
^-9.4 \leftarrow (+) \div (-) = (-) \\
^-2.3\,\overline{)21.6\,2} \\
20\ 7 \\
\hline
9\ 2 \\
9\ 2 \\
\hline
0
\end{array}
$$

TRABAJO EN CLASE

Multiplica o divide.

1. $\dfrac{^-4}{5} \cdot \dfrac{1}{4}$

2. $^-2 \cdot \dfrac{^-3}{4}$

3. $9 \div \dfrac{^-3}{4}$

4. $\dfrac{^-1}{6} \div \dfrac{^-1}{4}$

5. $0.7 \cdot ^-1.5$

6. $^-1.7 \cdot ^-20$

7. $^-1.2 \div 1.2$

8. $^-7.2 \div ^-1.5$

9. $0 \div \dfrac{^-3}{8}$

10. $^-4.8\overline{)^-0.6}$

11. $^-1\dfrac{3}{5} \div ^-3\dfrac{1}{5}$

12. $^-6 \cdot 3\dfrac{1}{2}$

Multiplica o divide.

1. $^-\frac{1}{3} \cdot \frac{1}{5}$

2. $\frac{1}{4} \cdot {}^-\frac{1}{2}$

3. $2\frac{2}{3} \cdot {}^-1\frac{1}{2}$

4. $^-\frac{1}{5} \cdot {}^-5$

5. $\frac{4}{5} \div {}^-\frac{4}{3}$

6. $\frac{3}{4} \div 9$

7. $^-\frac{1}{2} \div {}^-2$

8. $0 \div {}^-\frac{5}{8}$

9. $^-\frac{7}{8} \cdot {}^-\frac{8}{7}$

10. $4\frac{1}{2} \cdot {}^-2$

11. $^-5 \div 1\frac{2}{3}$

12. $^-\frac{3}{5} \div {}^-1\frac{1}{2}$

13. $^-0.5 \cdot 1.2$

14. $^-0.8 \cdot {}^-0.9$

15. $7.6 \cdot {}^-0.7$

16. $^-3.4 \cdot 0$

17. $^-21.7 \div 7$

18. $^{--}18.9 \div {}^-9$

19. $^-225 \div 1.5$

20. $^-0.72 \div {}^-0.8$

21. $0.5 \cdot {}^-0.5$

22. $^-1.2 \div 0.6$

23. $^-200 \cdot 3.2$

24. $^-7.5 \cdot {}^-0.8$ 6

★ 25. $\frac{1}{2} \cdot \left({}^-6 \div \frac{1}{3}\right)$

★ 26. $^-3.4 \cdot {}^-0.1 \cdot {}^-20$

★ 27. $\left({}^-\frac{1}{2} + {}^-\frac{1}{2}\right) \cdot \left(\frac{3}{4} - {}^-\frac{1}{4}\right)$

Sigue la regla si está dada, para hallar cada número que falta.

Regla: Multiplica por $^-\frac{1}{2}$.

	Entrada	Salida
28.	$\frac{1}{2}$	
29.		0
30.	$^-\frac{1}{2}$	
31.		$^-2$

Regla: Divide entre $^-0.2$

	Entrada	Salida
32.	0.2	
33.	0	
34.	$^-1$	
35.		4

Halla la regla.

	Entrada	Salida
★ 36.	$^-0.2$	0.1
	$\frac{1}{6}$	$\frac{1}{12}$
	2.6	1.3
	$^-7$	$\frac{7}{2}$

APLICACIÓN

37. La cueva más profunda en Estados Unidos es la cueva del Cañón Neffs en Utah. Su punto más profundo está a 1,170 pies por debajo de la entrada. Una de las cuevas más profundas del mundo es la cueva Pierre Saint-Martin en la frontera de Francia y España. Es aproximadamente 3.7 veces más profunda que la cueva del Cañón Neffs. ¿Qué profundidad tiene la cueva Pierre Saint-Martin?

38. Un libro de texto es abierto al azar. ¿En qué páginas se abrió si el producto de los números de sus páginas opuestas es 3,192?

ESTIMAR

Estima cada respuesta. Después usa una calculadora para hallar la respuesta exacta. Usa el estimado para comprobar.

1. $25.638 + {}^-37.542$

2. $131.649 \div {}^-21$

3. $^-16.258 \cdot {}^-3.2$

4. $^-7.9 \cdot {}^-6.384 + 2.987$

5. $(10.981 - 16.3) \div {}^-4.5$

6. $^-12.1 \div 3.9 \cdot {}^-2.1$

Problemas para resolver

HACER Y USAR GRÁFICAS

Las gráficas pueden usarse para organizar los datos de un problema. Una gráfica da una imagen de lo que tiene lugar.

El Servicio Postal de Estados Unidos representa un gran logro en el campo de las comunicaciones. Es una de las organizaciones más grandes del mundo. El costo de la correspondencia de primera clase está directamente relacionada con su peso. En 1986 el costo de una carta que pesa hasta e inclusive una onza es 22¢. Cada onza adicional o menos hasta 12 onzas cuesta 17¢. La Sra. Russel tiene una carta que pesa $4\frac{1}{2}$ onzas. ¿Cuánto franqueo necesita?

El franqueo es 22¢ por la primera onza y 17¢ por cada onza adicional o menos.

Construye una gráfica del franqueo de las cartas de primera clase.
Muestra el peso sobre el eje horizontal y el costo sobre el eje vertical.

La gráfica constituye una serie de "pasos" como se indica. Observa que no puedes tener una carta que pese 0 onzas. Sobre la gráfica el círculo no es parte del paso. El círculo rellenado es parte del paso.

Halla $4\frac{1}{2}$ onzas sobre el eje horizontal. Halla el paso para $4\frac{1}{2}$ onzas sobre la gráfica. El eje vertical muestra que el costo es 90¢.

Comprueba y asegúrate de que la gráfica fue dibujada y leída correctamente.

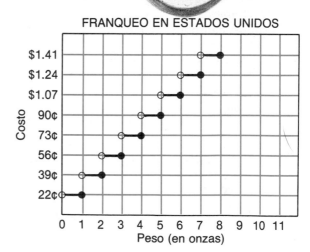

FRANQUEO EN ESTADOS UNIDOS

Costo: $1.41, $1.24, $1.07, 90¢, 73¢, 56¢, 39¢, 22¢

Peso (en onzas): 0 1 2 3 4 5 6 7 8 9 10 11

PRÁCTICA

Resuelve. Usa la gráfica de la página 378 para 1–4.

1. ¿Cuánto costaría enviar por correo una carta que pesa $3\frac{2}{3}$ onzas?

2. ¿Cuánto costaría enviar por correo una carta que pesa exactamente 5 oz?

3. ¿Cuál es el peso de una carta que cuesta 56¢ para enviar por correo?

4. ¿Cuál es el peso de una carta que cuesta $1.58 para enviar por correo?

El invento del vaso de cartón fue un gran logro para la salud pública. Anteriormente la gente compartía un vaso de metal en las fuentes públicas para beber. La gráfica muestra el costo de un vaso de cartón a lo largo de los años.

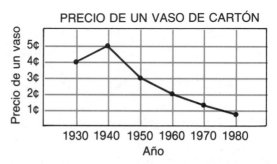

5. ¿En qué año comienza la gráfica?

6. ¿En qué año costaba 5¢ un vaso de cartón?

7. ¿Cuánto costaba un vaso de cartón en 1960?

8. ¿Durante qué período de 10 años cambió más el costo de vaso de cartón?

El invento del carro fue un gran logro en el campo del transporte. Algunos carros se utilizan como taxis. En Nova City, las tarifas de taxis son $1.20 por el primer $\frac{1}{5}$ de milla y 20¢ por cada $\frac{1}{5}$ de milla adicional o menos.

9. Construye una gráfica como la de la página 378 para indicar tarifas de hasta $2\frac{1}{5}$ millas.

10. El Sr. Torres tomó un taxi por $\frac{4}{5}$ de milla. ¿Cuánto pagó?

11. Lisa tomó un taxi por $2\frac{1}{5}$ millas. ¿Cuánto pagó?

12. Miguel y su padre pagaron $2.60 por la tarifa del taxi. ¿Qué distancia recorrieron?

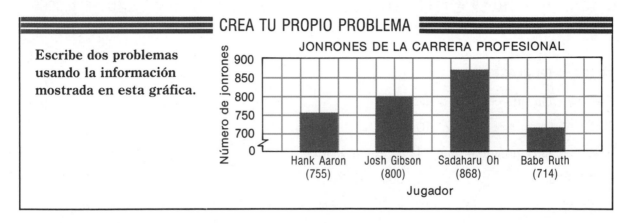

CREA TU PROPIO PROBLEMA

Escribe dos problemas usando la información mostrada en esta gráfica.

379

Potencias de 10

Muchos científicos contribuyeron al desarrollo del microscopio electrónico. Los microscopios electrónicos permiten que los científicos vean especímenes diminutos como los virus. Algunos virus miden sólo 0.000001 ó 10^{-6} centímetro de tamaño.

▶ Los exponentes enteros negativos expresan números menores que 1 pero mayores que 0.

Estudia este patrón.

$10^2 = \frac{10^3}{10^1} = 100$ A medida que disminuye el exponente, el número disminuye dividiéndose por 10.

$10^1 = \frac{10^2}{10^1} = 10$

$10^0 = \frac{10^1}{10^1} = 1$ Para cualquier número n excepto 0, $n^0 = 1$.

$10^{-1} = \frac{10^0}{10^1} = \frac{1}{10^1} = 0.1$

$10^{-2} = \frac{10^{-1}}{10^1} = \frac{1}{10^2} = 0.01$

Para escribir una potencia negativa de 10 como decimal, fíjate en el exponente. El exponente indica cuántas posiciones decimales hay.

$10^{-2} = 0.01$

▶ Para cualquier entero n, $10^{-n} = \frac{1}{10^n}$. $10^{-3} = \frac{1}{10^3}$ $10^{-8} = \frac{1}{10^8}$

Para multiplicar potencias de 10, suma los exponentes.

a. $10^1 \cdot 10^2 = 10^{1+2} = 10^3 = 1{,}000$ **b.** $10^{-1} \cdot 10^3 = 10^{-1+3} = 10^2 = 100$

Para dividir potencias de 10, resta los exponentes.

c. $10^5 \div 10^3 = 10^{5-3} = 10^2 = 100$ **d.** $10^{-2} \div 10^3 = 10^{-2-3} = 10^{-5} = 0.00001$

TRABAJO EN CLASE

Escribe cada uno como decimal.

1. 10^{-3} **2.** 10^{-5} **3.** $\frac{1}{10^2}$ **4.** $\frac{1}{10^4}$

Escribe cada uno como una sola potencia de 10.

5. 0.0001   **6.** 100,000,000   **7.** 0.1   **8.** 10,000

9. $10^4 \div 10^5$ **10.** $10^4 \div 10^{-5}$ **11.** $10^5 \cdot 10^1$ **12.** $10^{-7} \div 10^{-1}$

Escribe cada uno en su forma usual.

1. 10^{-2} 2. $\frac{1}{10}$ 3. 10^{-4} 4. $\frac{1}{10^3}$

5. $\frac{1}{10^6}$ 6. 10^{-1} 7. $\frac{1}{10^2}$ 8. 10^{-7}

9. 10^0 10. 10^4 11. $\frac{1}{10^4}$ 12. 10^{-8}

Escribe cada uno como una sola potencia de 10.

13. $1,000$ 14. $1,000,000,000$ 15. $100,000$

16. 0.001 17. 0.00001 18. 0.01

19. $10^3 \div 10^{-4}$ 20. $10^{-7} \div 10^2$ 21. $10^5 \cdot 10^{-8}$

22. $10^7 \cdot 10^{-4}$ 23. $10^6 \cdot 10^{-6}$ 24. $10^{-6} \cdot 10$

25. $\frac{10^{11}}{10^6}$ 26. $\frac{10^{-4}}{10^{-1}}$ 27. $\frac{10^{-2}}{10^{-3}}$

28. $\frac{10^{12}}{10^{-6}}$ 29. $\frac{10^{-4}}{10^4}$ 30. $1,000 \cdot 10$

31. $1,000,000 \div 10^{-1}$ 32. $10^{-4} \div 10,000$

33. $\frac{10^4 \cdot 10^{-5}}{10^{-4}}$ ★34. $10^{-2} \cdot 10^3 \div 10^{-1}$

35. $10^{-2} \div 10 \div 10^{-6}$ ★36. $10^0 \cdot 10^0 \div 10^0$

37. $\frac{10^{12} \cdot 10^{-6} \cdot 10^2}{10^9}$ ★38. $\frac{10^7 \cdot 10^3 \cdot 10^{-6}}{10^9 \div 10^{-3}}$

APLICACIÓN

39. El diámetro de un virus de influenza mide unos 0.00001 mm. Escribe el diámetro en centímetros usando una potencia de 10.

40. Una célula tiene un diámetro de 0.0025 centímetro. Si 1,000 de estas células se alinearan una junto a la otra sobre un portaobjetos, ¿cuál sería la longitud total?

★41. ¿Cuál sería la longitud total si se alinearan 600 células de 0.0025 cm cada una?

★42. Un grupo de científicos compró equipo por valor de $70,000. Cuando llegó la cuenta, era de $70. ¿En qué potencia de 10 se equivocó la cuenta?

Notación científica

Un químico escocés, Sir William Ramsay, descubrió el elemento químico helio en 1895. Por su trabajo sobre los gases, Ramsay recibió el Premio Nobel de química en 1904. Se estima que el helio constituye solamente unos 0.00000005 ó 5×10^{-8} de la atmósfera de la tierra.

Un número entre 0 y 1 puede escribirse en **notación científica** como el producto de dos factores. El primer factor es un número del 1 al 10. El segundo factor es una potencia negativa de 10 en forma exponencial.

Escribe 0.00000005 en notación científica.

- Halla el primer factor moviendo el punto decimal a la derecha del primer dígito diferente del 0.

0.00000005

8 lugares

- Escribe el segundo factor como una potencia negativa de 10. Como exponente, usa el número de posiciones en que se movió el punto decimal.

10^{-8}

- Escribe el número como el producto de estos dos factores.

$0.00000005 = 5 \times 10^{-8}$

Para convertir un número escrito en notación científica a su forma usual, multiplica los factores.

$7.3 \times 10^{-4} = 7.3 \times 0.0001$
$= 0.00073$

Piensa El punto decimal se mueve 4 posiciones a la izquierda.

Más ejemplos

a. $0.0000017 = 1.7 \times 10^{-6}$ **b.** $3.6 \times 10^{-3} = 0.0036$ **c.** $1.02 \times 10^{-2} = 0.0102$

TRABAJO EN CLASE

Escribe cada uno en notación científica.

1. 0.007   **2.** 0.0064   **3.** 0.000009   **4.** 0.00813

5. 0.000000202   **6.** 0.000000055   **7.** 0.0001   **8.** 0.00000101

Escribe en su forma usual.

9. 2×10^{-2} **10.** 4.7×10^{-5} **11.** 3.98×10^{-6} **12.** 1.05×10^{-5}

13. 1.1×10^{-6} **14.** 2.01×10^{-3} **15.** 6.66×10^{-5} **16.** 4.003×10^{-2}

PRÁCTICA

Halla cada exponente que falta.

1. $0.05 = 5 \times 10^{\square}$

2. $0.00008 = 8 \times 10^{\square}$

3. $0.00061 = 6.1 \times 10^{\square}$

4. $0.0000077 = 7.7 \times 10^{\square}$

5. $0.00429 = 4.29 \times 10^{\square}$

6. $0.00000123 = 1.23 \times 10^{\square}$

Halla cada factor que falta.

7. $0.02 = \square \times 10^{-2}$

8. $0.00009 = \square \times 10^{-5}$

9. $0.000753 = \square \times 10^{-4}$

10. $0.00404 = \square \times 10^{-3}$

11. $0.8642 = \square \times 10^{-1}$

12. $0.000000333 = \square \times 10^{-7}$

Escribe cada uno en notación científica.

13. 0.07

14. 0.0009

15. 0.0000004

16. 0.00063

17. 0.000051

18. 0.0000028

19. 0.00987

20. 0.000113

21. 0.00000006037

22. 5 diezmilésimas

23. 8 millonésimas

★24. 211 diezmillonésimas

Escribe en su forma usual.

25. 6×10^{-3}

26. 7×10^{-7}

27. 8.5×10^{-5}

28. 4.73×10^{-6}

29. 5.062×10^{-4}

30. 9.9909×10^{-8}

APLICACIÓN

31. Un químico inglés, Henry Cavendish, descubrió el hidrógeno en 1766. La masa atómica del hidrógeno es 0.00000000000000000000001675. Escribe este número en notación científica.

32. El diámetro de un átomo de hidrógeno mide 6.4×10^{-7} centímetros. Escribe el número en su forma usual.

33. El diámetro de un átomo de oxígeno mide 1.4×10^{-7} centímetros. Escribe el número en su forma usual.

Práctica mixta

1. $^-6 + 8$

2. $^-6 + \,^-7$

3. $17 + \,^-12$

4. $41 - 13$

5. $79 - \,^-16$

6. $^-51 - 40$

7. $5 \cdot 5$

8. $^-7 \cdot \,^-15$

9. $^-3 \cdot 12$

10. $12 \div 3$

11. $^-12 \div 3$

12. $^-16 \div \,^-4$

Escribe como por ciento o en forma decimal.

13. $\frac{1}{4}$

14. $\frac{3}{5}$

15. $\frac{5}{2}$

16. $\frac{1}{50}$

17. 35%

18. 135%

19. 54%

20. 4%

Números reales

Uno de los logros más grandes de la civilización fue el invento
sumario de la rueda hace unos 5,000 años. La circunferencia
de cualquier rueda es igual al producto de su diámetro y el
número π.

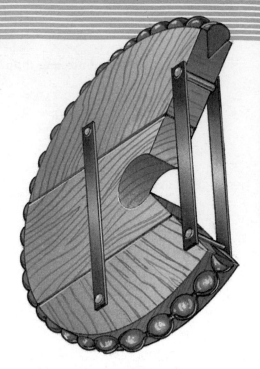

π es un número irracional. π = 3.14159. . . . En forma
decimal un **número irracional** es ni finito ni periódico.

Números racionales
Forma decimal ⟶ finito o periódico
Ejemplos ⟶ 1   5.$\overline{3}$ 7.6   3   0

Números irracionales
Forma decimal ⟶ no finito, no periódico
Ejemplos ⟶ 1.4142...   6.1123...

▶ Los números racionales y los números irracionales juntos
  constituyen los **números reales.**

Todo número de la recta numérica es racional o irracional.

```
                    ⁻1.4142...                                          3.14159...
◀──────┼────●──┼───────┼────●───┼────●────┼────●────┼──────┼───────●──┼──▶
      ⁻3  ⁻²¹⁄₈ ⁻2     ⁻1  ⁻½   0  ⅓=0.3̄  1   3⁄2   2      3
```

Los números reales llenan completamente la recta numérica,
es decir que los números reales son **completos.**

▶ Entre dos números reales cualquiera, hay siempre otro
  número real. Ésta es la **propiedad de la densidad.**

Halla un número real entre 1.2 y 1.3.

$$\frac{1.2 + 1.3}{2} = \frac{2.5}{2} = 1.25$$

1.25 es un número real entre 1.2 y 1.3.
Otros números reales entre 1.2 y 1.3 son 1.$\overline{2}$, 1.27 y 1.289.

TRABAJO EN CLASE

Clasifica cada uno. Escribe los términos que correspondan:
entero, racional, irracional **y** *real.*

1. ⁻1   **2.** $\frac{1}{4}$ **3.** 4   **4.** 1.14...   **5.** 1.21

Halla un número real entre cada dos números.

6. 2.5 y 2.6   **7.** 0.4 y 0.5   **8.** ⁻1.1 y ⁻1.2   **9.** ⁻0.65 y ⁻0.66

PRÁCTICA

Copia los cuadros. Clasifica cada número.

		Entero	Racional	Irracional	Real
1.	⁻26				
2.	1.7320508…				
3.	2.2360679…				
4.	2,011				

		Entero	Racional	Irracional	Real
5.	$\frac{3}{4}$				
6.	$⁻1\frac{1}{2}$				
7.	0				
8.	$\frac{9}{2}$				

Escribe *verdadero* o *falso* para cada uno.

9. Todos los enteros son números racionales.

10. Todos los números racionales son enteros.

11. Ningún decimal no finito es un número racional.

12. Todos los decimales periódicos son números racionales.

13. Todos los enteros son números reales.

14. Todos los números irracionales son números reales.

15. Todos los números reales son números racionales.

16. Todos los números racionales son números reales.

Halla un número real entre cada dos números.

17. 3.8 y 3.9

18. 0.7 y 0.8

19. ⁻2.3 y ⁻2.4

20. ⁻0.35 y ⁻0.36

21. 10.1 y 10.2

22. ⁻5.2 y ⁻5.3

23. 0.456 y 0.457

24. ⁻0.088 y 0.089

25. ¿Puede encontrarse otro entero entre 3 y 4? ¿entre ⁻7 y ⁻8? ¿entre 155 y 156? ¿Los números enteros tienen la propiedad de densidad?

★ **26.** Usa *números reales, números racionales* y *enteros* para rotular correctamente el diagrama de los sistemas de números. Da una definición para cada término.

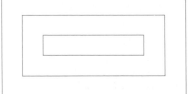

APLICACIÓN

RAZONAMIENTO LOGICO

Los dígitos en un decimal no finito a veces siguen un patrón. Por ejemplo, en 2.757755777555 . . ., cada vez se agrega un 7 más y un 5 más.

Estudia el patrón de estos números irracionales. Escribe los próximos diez dígitos de cada uno.

1. 0.101001000100001…

2. 0.12113111411115…

3. 2.05010015020025…

4. 1.248163264128…

5. 0.1121231234…

6. 10.109910981097…

Cuadrados y raíces cuadradas

Como el cuadrado de 8 es 64 ($8^2 = 64$), 8 es la **raíz cuadrada** de 64. Para un cuadrado con un área de 64 m², un lado del cuadrado mide 8 m.

¿Cómo puedes hallar el largo de un lado del trozo cuadrado de tela mostrado? Su área es de 887 cm².

TRABAJAR JUNTOS

Trabaja en un grupo pequeño. Usa una calculadora. Suponte que la tecla $\sqrt{}$ de tu calculadora no funciona. Prepara un método para hallar la raíz cuadrada de un número.

1. Escribe los pasos que seguirías.

2. Usa el método para hallar $\sqrt{887}$.

3. Prueba el método multiplicando la respuesta por sí misma.

4. Anota en el pizarrón la raíz cuadrada hallada y el cuadrado de la raíz cuadrada. ¿Cómo es de aproximado a 887 el cuadrado?

5. Usa tu método para hallar las siguientes raíces cuadradas.

   a. $\sqrt{95}$ b. $\sqrt{350}$

Anota los resultados en el pizarrón.

COMPARTIR IDEAS

1. Muestra a los otros grupos tu método para hallar la raíz cuadrada de un número.

2. Escoge una de las raíces cuadradas de arriba. Trata de usar uno de los otros métodos.

3. Compara y contrasta cada método con los otros. ¿Es más rápido uno de los métodos? ¿Es uno más exacto?

4. Estudia los datos en el pizarrón. ¿Qué método dio el mejor estimado?

5. Isaac Newton usó un método llamado método de dividir y promediar. Estudia el siguiente ejemplo.

Halla $\sqrt{44}$.

a. Estima: $\sqrt{44}$ se aproxima a 7.

b. Divide: $\frac{44}{7} \approx 6.29$

c. Promedio: $\frac{7 + 6.29}{2} = 6.645$

d. Nuevo estimado: $\sqrt{44}$ se aproxima a 6.645.

e. Divide: $\frac{44}{6.645} \approx 6.622$

f. Promedio: $\frac{6.645 + 6.622}{2} = 6.6335$

¿Qué aproximación necesitas en la respuesta? Decide cuántas veces necesitas repetir este proceso.

6. Dibuja un _flujograma_ para el método de Newton. Úsalo para hallar $\sqrt{207}$, con 5 decimales exactos. ¿Cómo sabrás cuándo dejar de dividir y promediar?

7. ¿Preparó tu grupo un método similar al de Newton? ¿En qué se parece el método de Newton a los métodos que preparaste? ¿Es más rápido? ¿Parece dar mejores estimados?

RAZONAR A FONDO

1. Haz una lista de algunos números que tengan raíces cuadradas enteras. ¿Por qué se llaman cuadrados perfectos?

2. Explica por qué las operaciones $\sqrt{x}$ y x^2 se llaman operaciones inversas.

3. ¿Qué quieren decir las tercera y cuarta raíces de un número? ¿Por qué crees que las terceras raíces se llaman raíces cúbicas? ¿Cómo podrías usar la tecla $\sqrt{}$ para hallar raíces cuartas? Comenta.

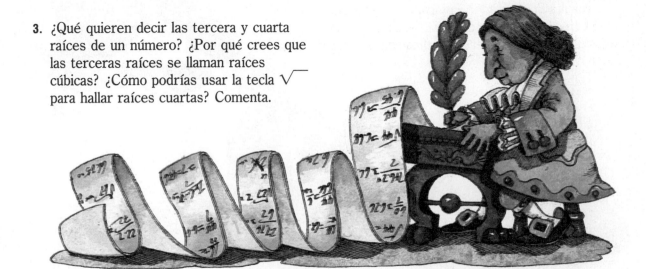

Usar calculadoras para investigar las raíces cuadradas

TRABAJAR JUNTOS

Trabaja en grupo para investigar cada problema.

1. ¿Cuál es la raíz cuadrada de 9? Halla dos números diferentes cuyo cuadrado sea 9. ¿Hay dos raíces cuadradas de 9? Comenta.

2. Usa una calculadora con la tecla de raíz cuadrada. Halla la raíz cuadrada de 20. ¿Es exacta la respuesta? Comenta.

3. Haz una tabla. Pon varios valores para n en la primera columna. Usa una calculadora para hallar las raíces cuadradas. Ponlas en la segunda columna. Usa números enteros y decimales para n. Haz una gráfica con los datos de la tabla.

4. Investiga usando $\boxed{\sqrt{}}$ repetidamente.

   • Pon un número mayor que 1 en la calculadora. Aprieta $\boxed{\sqrt{}}$ 15 veces. Anota el resultado.

   • Ahora pon un número mayor que 10,000. Aprieta $\boxed{\sqrt{}}$ 15 veces y anota el resultado. Compara las dos respuestas.

   • Pon un número entre 0 y 1. Aprieta $\boxed{\sqrt{}}$ de nuevo 15 veces. Compara el resultado con las otras dos respuestas. Comenta.

5. Aprieta $\boxed{0}$ $\boxed{-}$ $\boxed{9}$ $\boxed{=}$ $\boxed{\sqrt{}}$. ¿Qué muestra la pantalla? Trata de hallar un número que, elevado al cuadrado, dé -9. Comenta.

6. ¿Qué resultado esperas si multiplicas $\sqrt{2} \times \sqrt{2}$? Multiplica en tu calculadora. ¿Qué teclas apretaste en orden? ¿Obtuviste el resultado esperado? Compara tus resultados con los de otros. ¿Obtuviste distintas respuestas con distintas calculadoras? ¿Requerían distintas sucesiones de teclas?

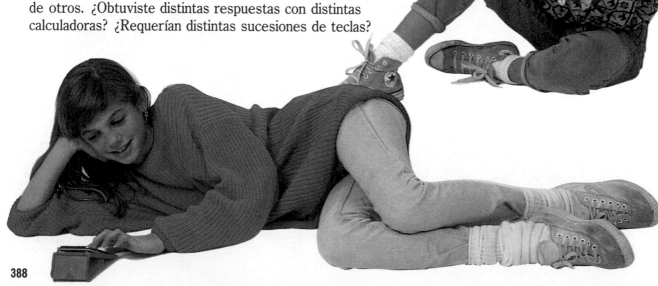

COMPARTIR IDEAS

1. Compara las gráficas hechas para el **3** en la página 388 con las de tus compañeros. ¿Qué muestran las gráficas acerca de las raíces cuadradas?

2. Explica lo que ocurre cuando pones un número y después aprietas $\boxed{\sqrt{}}$ una y otra vez.

3. Explica lo que ocurre cuando pones un número negativo y aprietas $\boxed{\sqrt{}}$.

4. ¿Muestran todas las calculadoras de tu grupo las raíces cuadradas exactamente de la misma forma?

RAZONAR A FONDO

1. Compara tus respuestas del **1** al **6** con las de otros grupos. ¿Qué conclusiones puedes sacar sobre las raíces cuadradas?

2. ¿Qué número es más grande, n o $\sqrt{n}$? Comenta.

3. Halla algunos números que tengan raíces cuadradas enteras. Halla un número que tenga una raíz cúbica (tercera) entera. Halla un número que tenga una raíz sexta entera y uno que tenga una raíz séptima entera. Pide a otro grupo que halle las raíces de estos números.

Regla pitagórica

Este mural muestra algunos de los instrumentos que usaban los antiguos egipcios. Para delimitar una parcela de tierra, podía usarse una soga con 12 nudos equidistantes. La soga podía disponerse en forma de triángulo rectángulo cuyos lados medían 3, 4 y 5 unidades de largo.

Egyptian Expedition del Metropolitan Museum of Art, Rogers Fund, 1930. (30.4.44)

En un triángulo rectángulo, el lado opuesto al ángulo recto se llama hipotenusa. Los otros lados se llaman catetos. La figura de abajo muestra la relación entre la hipotenusa y los catetos de un triángulo rectángulo.

$$(3 \text{ cm})^2 + (4 \text{ cm})^2 = (5 \text{ cm})^2$$

►Para cada triángulo rectángulo la suma de las áreas de los cuadrados de los catetos equivale al área del cuadrado de la hipotenusa. *A* y *b* son las longitudes de los catetos y *c* es la longitud de la hipotenusa.

$$a^2 + b^2 = c^2$$

A ésta se le llama la **regla pitagórica.**

►Si los lados de un triángulo satisfacen la Regla pitagórica, entonces el triángulo es un triángulo rectángulo.

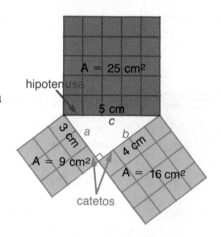

Usa la regla pitagórica para hallar si cada triángulo es rectángulo.

a.

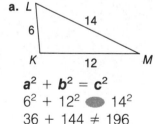

$a^2 + b^2 = c^2$
$6^2 + 12^2 \; \bullet \; 14^2$
$36 + 144 \neq 196$

$\triangle KLM$ no es un triángulo rectángulo.

b.

$a^2 + b^2 = c^2$
$9^2 + 12^2 \; \bullet \; 15^2$
$81 + 144 = 225$

$\triangle PQR$ es un triángulo rectángulo.

TRABAJO EN CLASE

Indica si cada uno es un triángulo rectángulo.

1.

2.
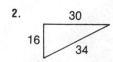

3.
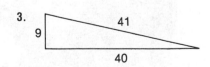

PRÁCTICA

Nombra la hipotenusa y los catetos de cada triángulo rectángulo.

1.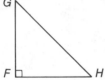

2.

3.

Usa la figura de la derecha para hallar el valor de cada uno.

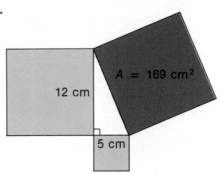

4. la longitud del cateto más largo

5. la longitud del cateto más corto

6. la longitud de la hipotenusa

7. el área del cuadrado del cateto más corto

8. el área del cuadrado del cateto más largo

9. la suma de las áreas de los cuadrados de los catetos

Indica si cada uno es un triángulo rectángulo.

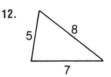

11.

12.

Indica si un triángulo cuyos lados tienen las siguientes medidas es un triángulo rectángulo.

13. 6 m, 11 m, 12 m

14. 9 cm, 14 cm, 10 cm

15. 12 m, 16 m, 20 m

16. 4 km, 7 km, 8 km

17. 6 mm, 8 mm, 10 mm

18. 7 m, 13 m, 15 m

APLICACIÓN

TRIPLE PITAGÓRICO

Las tres medidas de números enteros de un triángulo rectángulo se llaman un **triple pitagórico.** Para cualquier número entero m, los números $2m$, $m^2 - 1$ y $m^2 + 1$ constituyen un triple pitagórico.

El valor $m = 7$ da el triple 14, 48, 50.
Es decir, $14^2 + 48^2 = 50^2$.

Halla el triple pitagórico para cada valor de _m_.

1. $m = 11$ **2.** $m = 19$ **3.** $m = 40$ **4.** $m = 99$ **5.** $m = 1,000$

Lados que faltan en triángulos rectángulos

El telescopio solar McMath, el más grande del mundo, se emplea para estudiar el sol. El edificio que aloja el telescopio tiene la forma de un triángulo rectángulo.

Usa la regla pitagórica para hallar la longitud de un lado de un triángulo rectángulo cuando se conocen las longitudes de los otros lados.

- Halla la longitud de la hipotenusa.

$$a^2 + b^2 = c^2$$
$$5^2 + 12^2 = c^2$$
$$25 + 144 = c^2$$
$$169 = c^2$$
$$\sqrt{169} = c$$
$$13 = c$$

La longitud de la hipotenusa es 13 cm.

- Halla la longitud del cateto a.

$$a^2 + b^2 = c^2$$
$$a^2 + 8^2 = 10^2$$
$$a^2 + 64 = 100$$
$$a^2 = 36$$
$$a = \sqrt{36}$$
$$a = 6$$

La longitud del cateto es 6 cm.

Más ejemplos

a. Halla c.

$$a^2 + b^2 = c^2$$
$$1^2 + 1^2 = c^2$$
$$1 + 1 = c^2$$
$$2 = c^2$$
$$\sqrt{2} = c$$
$$1.4 \text{ m} = c \longleftarrow \text{redondeado a la décima más cercana} \longrightarrow a = 1.7 \text{ cm}$$

b. Halla a.

$$a^2 + b^2 = c^2$$
$$a^2 + 1^2 = 2^2$$
$$a^2 + 1 = 4$$
$$a^2 = 3$$
$$a = \sqrt{3}$$

TRABAJO EN CLASE

Para cada triángulo rectángulo, halla la medida que falta redondeada a la décima más cercana.

1.
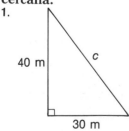

2.   3.
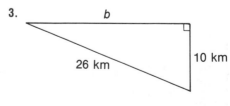

PRÁCTICA

Halla el largo de cada hipotenusa a la décima más cercana.

1.
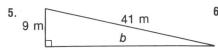
12 cm
c
16 cm

2.
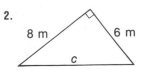
8 m
6 m
c

3.
8 m
c
15 m

4.
c
3 m
1 m

Halla cada medida que falta a la décima más cercana.

5.
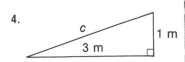
9 m
41 m
b

6.
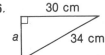
30 cm
a
34 cm

7. $a = $ ___
$b = 24$ m
$c = 25$ m

8. $a = 5$ km
$b = $ ___
$c = 13$ km

9. $a = 2$ m
$b = 5$ m
$c = $ ___

10. $a = 9$ m
$b = $ ___
$c = 15$ m

11. $a = 2$ km
$b = 2$ km
$c = $ ___

★12. $a = 2$ cm
$b = \sqrt{5}$ cm
$c = $ ___

★13. $a = $ ___
$b = 3$ m
$c = 3\sqrt{3}$ m

★14. $a = \frac{1}{4}$ m
$b = $ ___
$c = \frac{\sqrt{5}}{4}$ m

Telescopio espacial Hubble
Astronauta Kathy Sullivan

APLICACIÓN

15. El telescopio se apoya en una torre cuya sombra mide 40 m. La distancia desde la parte superior de la torre hasta el fin de la sombra es 50 m. ¿Qué altura tiene la torre?

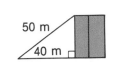
50 m
40 m

16. Una rampa de acceso al edificio se eleva 1 metro y tiene 3 metros de largo. A la décima más cercana, ¿cuánto mide del fondo de la rampa a la base del edificio?

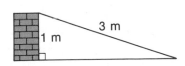
3 m
1 m

17. Un astrónomo cruza un campo desde el telescopio (*T*) hasta un laboratorio (*L*). Al metro más cercano, ¿qué longitud tiene el camino más corto que puede tomar?

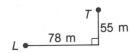
T
55 m
L
78 m

Gráficas de pares ordenados

El matemático francés René Descartes (1596–1650) desarrolló el sistema de gráficas que lleva su nombre. Se llama el sistema de coordenadas cartesianas. Cualquier par ordenado de números reales puede ser representado gráficamente usando este sistema.

Los números reales pueden localizarse como puntos sobre una recta numérica verdadera. Los pares de números reales pueden localizarse como puntos sobre un **plano de números reales.**

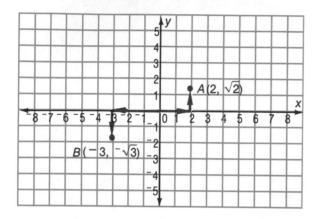

Representa gráficamente el par ordenado $A(2, \sqrt{2})$. Desde el origen, mueve 2 unidades hacia la derecha y hacia arriba hasta el $\sqrt{2}$.

Piensa $\sqrt{2} \approx 1.41$

Marca el punto A.

Otro ejemplo

Representa gráficamente el par ordenado $B(^-3, ^-\sqrt{3})$. Desde el origen, mueve 3 unidades hacia la izquierda y abajo $^-\sqrt{3}$.

Piensa $^-\sqrt{3} \approx ^-1.73$

Marca el punto B.

TRABAJO EN CLASE

Usa el plano de números reales de abajo. Nombra el punto localizado por cada par ordenado.

1. $\left(^-2, \frac{1}{2}\right)$ 2. $(1, \sqrt{2})$ 3. $\left(\frac{1}{2}, ^-1\right)$

4. $(2, ^-\sqrt{3})$ 5. $(3.5, \sqrt{4})$ 6. $(\sqrt{3}, ^-\sqrt{16})$

Escribe el par ordenado para cada punto.

7. G 8. H 9. J

10. K 11. L 12. M

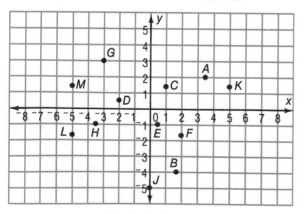

PRÁCTICA

Usa el plano de números reales. Nombra el punto localizado por cada par ordenado.

1. $(^-2, 1)$ **2.** $\left(1, \frac{1}{3}\right)$ **3.** $(0, \sqrt{3})$

4. $(^-1.5, 3)$ **5.** $\left(\frac{^-1}{2}, \frac{1}{4}\right)$ **6.** $(\sqrt{2}, ^-2)$

7. $\left(^-2, \frac{^-1}{2}\right)$ **8.** $\left(3, \frac{^-1}{2}\right)$ **9.** $\left(\frac{^-3}{4}, 2\right)$

10. $(^-\sqrt{2}, 0)$ **11.** $\left(^-2.5, \frac{^-3}{4}\right)$ **12.** $(\sqrt{5}, 1)$

Escribe el par ordenado para cada punto.

13. O **14.** N **15.** P

16. R **17.** B **18.** Q

Dibuja los ejes de coordenadas. Representa gráficamente y marca estos puntos.

19. $A(1, 3)$ **20.** $B\left(^-2, \frac{1}{2}\right)$

21. $C(0, ^-\sqrt{3})$ **22.** $D(^-0.5, ^-1)$

23. $E(\sqrt{2}, 0)$ **24.** $G(2, \sqrt{3})$

★ **25.** $F(\sqrt{5}, ^-1)$ ★ **26.** $H(^-\sqrt{5}, ^-\sqrt{3})$

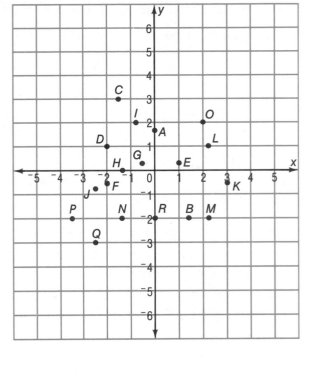

Usa el diagrama de la derecha. Escribe el cuadrante en que se encuentra cada punto.

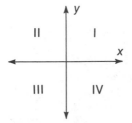

27. $(1, 1)$ **28.** $(^-1, ^-1)$

29. $(1, ^-1)$ **30.** $(^-1, 1)$

Escribe el signo para cada coordenada de los pares ordenados de cada cuadrante.

★ **31.** III   ★ **32.** I   ★ **33.** IV   ★ **34.** II

APLICACIÓN

★ **35.** Halla un mapa del estado que muestre la ciudad o pueblo en donde vives. Dibuja un sistema de coordenadas sobre el mapa con el origen en el punto en donde tú vives. Usando tu sistema de coordenadas, da la posición de otros lugares de interés como ciudades, pueblos, parques, lagos y montañas. Asegúrate de incluir puntos en cada cuadrante.

Problemas para resolver

REPASO DE DESTREZAS Y ESTRATEGIAS

Desde el primer vuelo de los hermanos Wright en 1903 se han logrado muchos adelantos en el transporte aéreo. Hoy es común ver un Boeing 747 en cualquier aeropuerto principal.

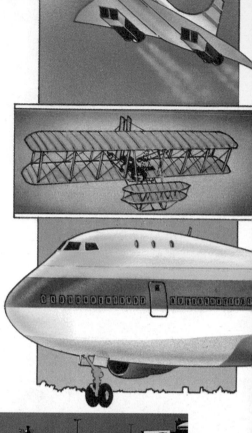

1. El punto más alto del fuselaje de un Boeing 747 está a 37 pies sobre el piso. ¿A qué altura está la cabina del piloto del avión si está a 7 pies más bajo que el punto más alto?

2. El tren de aterrizaje principal del Boeing 747 tiene 4 patas separadas con 4 ruedas montadas en cada una. ¿Cuánto peso soporta cada rueda?

3. Un avión de reacción vuela a 600 millas por hora. Sale del aeropuerto y viaja hacia el oeste durante $\frac{1}{2}$ hora. Después viaja hacia el norte durante 45 minutos. Vira hacia el oeste y viaja otra $\frac{1}{2}$ hora. Finalmente, viaja hacia el norte durante 35 minutos. ¿A qué distancia del aeropuerto está el avión?

4. El Concorde puede cruzar el Atlántico en 3 horas. Cuando son las 8 P.M. en Londres, son las 3 P.M. en New York. Si el Concorde sale de Londres con rumbo a New York a las 12 P.M., ¿qué hora es en New York cuando llega?

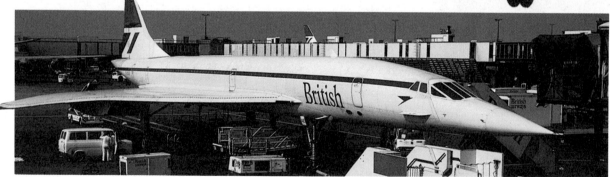

El campo de la aviación es uno de muchos campos que aprovecha los adelantos recientes en computadoras.

5. Los aviones que se acercan al Aeropuerto Heathrow de Londres son supervisados por un sistema de computadoras llamado Mediator. En una hora se sigue la pista de 15 aviones, 14 en la siguiente hora y 30 en la tercera hora. ¿Cuántos aviones se sigue en la cuarta hora si el promedio de las 4 horas es 20 aviones?

★ 6. El lunes, una computadora registró 6,000 reservaciones; el martes se registraron 1,400 más que el lunes. El miércoles se registraron 500 menos que el lunes; el viernes se registraron 200 más que el total del martes y el jueves. ¿Cuántas se registraron el jueves si el viernes se registraron 10,000?

Problemas para resolver

¿QUÉ HARÍAS TÚ . . . ?

Las firmas de alquiler de carros ofrecen diferentes planes para atraer a los clientes. Necesitas alquilar un carro por 2 días. No planeas manejar más de 100 millas. Has encontrado los tres anuncios que se muestran abajo.

ALQUILE EL MEJOR	**ALQUILE UNO VIEJO**	**ALQUILE UNO FORMIDABLE**
Alquileres de carros nuevos	Carros usados pero usables	Alquile un carro nuevo
$39.95 por día	$17 por día	por sólo $22 por día
Primeras 100 millas gratis	13¢ por milla	22¢ por milla
12¢ cada milla adicional		

Evalúa esta información para hacer una selección. Contesta cada pregunta.

1. ¿Influiría tu decisión el sitio de la firma?

2. ¿Tendrías en cuenta el estado del carro—viejo o nuevo?

3. ¿Sería el costo del alquiler tu preocupación principal?

4. ¿Existen otros factores que tendrías en cuenta?

5. Estima el costo de alquilar un carro de cada firma por 2 días. Usa una distancia de 100 millas.

¿Qué harías tú? ¿Qué carro alquilarías? ¿Por qué?

6. Supón que ALQUILE EL MEJOR está a 2 millas de tu casa y ALQUILE UNO FORMIDABLE está a 10 millas de tu casa. ¿Cambiarás tu selección?

7. Planeas alquilar un carro para unas vacaciones de un fin de semana de 3 días. Manejarás en total unas 300 millas. ¿Qué carro alquilarías? ¿Por qué?

REPASO DEL CAPÍTULO

Escribe el opuesto de cada uno. págs 372–373

1. $\frac{1}{4}$ **2.** $^-5$ **3.** $^-1.7$ **4.** $4\frac{1}{6}$ **5.** $\frac{^-10}{7}$

Compara. Usa <, > ó = para cada ⬤. págs 372–373

6. $\frac{2}{3}$ ⬤ $^-2\frac{1}{3}$ **7.** $^-4$ ⬤ $^-8$ **8.** $\frac{^-1}{5}$ ⬤ 0 **9.** -0.5 ⬤ -0.10 **10.** 2.1 ⬤ $^-11.5$

Suma, resta, multiplica o divide. págs 374–377

11. $\frac{3}{8} + \frac{^-1}{4}$ **12.** $3 - {}^-8$ **13.** $81 \div 0.9$ **14.** $^-0.4 \cdot 6.3$

Escribe como una sola potencia de 10. págs 380–381

15. $10^4 \cdot 10^{-6}$ **16.** $10^{-7} \div 10^2$ **17.** $10^5 \div 10^{-3}$

Escribe en notación científica. págs 382–383

18. 0.005 **19.** 0.00019 **20.** 0.00467

Halla un número real entre cada par. págs 384–385

21. 2.5 y 2.6 **22.** $^-0.137$ y $^-0.138$ **23.** 74.001 y 74.002

Halla cada raíz cuadrada. págs 386–387

24. $\sqrt{100}$ **25.** $^-\sqrt{36}$ **26.** $\sqrt{225}$

Halla el lado que falta. págs 390–393

27. hipotenusa = 35 pies   cateto = 28 pies

págs 394–395

Nombra el punto localizado en la gráfica.

28. $\left(1, \frac{^-1}{2}\right)$ **29.** $\left(^-\sqrt{2}, 2\right)$

30. $\left(\frac{1}{2}, {}^-2\right)$ **31.** $\left(1, \sqrt{2}\right)$

págs 394–395

Escribe el par ordenado para cada punto.

32. A **33.** D **34.** F **35.** I

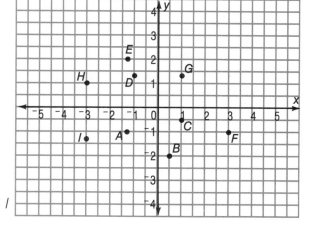

Usa la gráfica de la derecha para resolver. págs 378–379, 396–397

36. Mark saca cintas de una biblioteca. La tarifa es $1.25 por cada cinta por 2 días. Por cada día atrasado se cobra $.75.

   a. ¿Cuánto se debe por una cinta prestada por 3 días?

   b. ¿Cuánto se debe por una cinta que se devolvió 3 días más tarde?

TARIFAS DE PRÉSTAMOS DE LA BIBLIOTECA

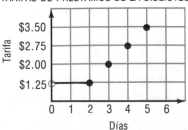

Escribe el opuesto de cada uno.

1. $\frac{1}{2}$ **2.** $^-3$ **3.** $^-2.8$

Compara. Usa <, > ó = para cada 🔵.

4. $\frac{3}{4}$ 🔵 $^-1\frac{1}{2}$ **5.** $^-3$ 🔵 $^-5$ **6.** 0 🔵 $^-\frac{1}{10}$

Suma, resta, multiplica o divide.

7. $\frac{7}{8} + {}^-\frac{1}{2}$ **8.** $4 - {}^-9$ **9.** $64 \div 0.8$ **10.** $^-15 \div {}^-\frac{3}{5}$

11. $^-1.7 + {}^-3.6$ **12.** $^-10 \cdot {}^-\frac{1}{11}$ **13.** $10^{-3} \cdot 10^8$ **14.** $10^{-2} \div 10^{-5}$

Escribe en notación científica.

15. 0.003 **16.** 0.00082

Halla la hipotenusa de cada uno.

17. $a = 18$ yd; $b = 24$ yd   **18.** $a = 12$ plg; $b = 16$ plg

Halla cada raíz cuadrada.

19. $\sqrt{81}$ **20.** $^-\sqrt{49}$

Nombra el punto localizado en la gráfica.

21. $\left(0, {}^-2\frac{1}{2}\right)$ **22.** $(\sqrt{3}, 1)$

Escribe el par ordenado para cada punto.

23. C **24.** B

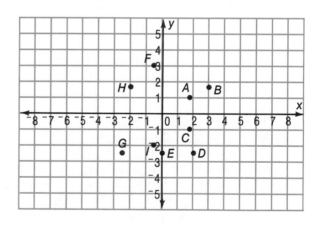

Usa la gráfica de la derecha para resolver.

25. Susana trabaja como cajera. El impuesto sobre las ventas es de 6%. Esta gráfica muestra el monto del impuesto que se debe por una venta de menos de $1.11.

a. ¿Cuál es el impuesto de $.74?

b. A Gregorio le cobraron un impuesto de $.03. ¿Cuál era el menor precio posible del artículo que compró?

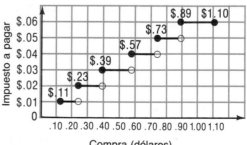

IMPUESTO SOBRE LAS VENTAS

Evalúa.

$(3.5 \times {}^-5.2) + 6\frac{1}{2} - ({}^-3.6 \div 1.8 \times 10^{-3})$

GRÁFICAS ESPACIALES

La pantalla de la microcomputadora muestra el arte de computadora de una nave espacial. Usa papel cuadriculado para dibujar tu propia figura. Puedes representar gráficamente los pares ordenados de abajo y seguir las direcciones para conectar los puntos. ¿Qué has dibujado?

1. Conecta los siguientes puntos en el orden dado: $\left(-1\frac{1}{2}, 1\frac{1}{2}\right)$, $\left(0, 4\frac{1}{2}\right)$, $(5, 4)$, $(6, 5)$, $(6, 6)$, $\left(5\frac{1}{2}, 7\frac{1}{2}\right)$, $(\ 16, 8)$, $\left(-18, 7\frac{1}{2}\right)$.

2. Conecta $(5, 4)$ con $(4, 5)$ con $(4, 6)$ con $\left(4\frac{1}{2}, 7\right)$ con $\left(5\frac{1}{2}, 7\frac{1}{2}\right)$. Conecta $\left(-\frac{1}{2}, 5\right)$ con $\left(-2\frac{1}{2}, 1\frac{1}{2}\right)$.

3. Conecta $(-13, 3)$ con $\left(-8\frac{1}{2}, -4\frac{1}{2}\right)$. Conecta $(-10, 3)$ con $\left(10\frac{1}{2}, 4\right)$ con $\left(10\frac{1}{2}, 5\right)$ con $\left(9, 6\frac{1}{2}\right)$.

4. Conecta $(7, 2)$ con $(7, 1)$ con $\left(10, \frac{1}{2}\right)$ con $\left(13, \frac{1}{2}\right)$ con $(15, 2)$.

5. Conecta $\left(3, -11\frac{1}{2}\right)$ con $(2, -10)$ con $(2, -8)$ con $(3, -6)$ con $\left(5, -5\frac{1}{2}\right)$.

6. Conecta $(2, -3)$ con $\left(1\frac{1}{2}, -4\right)$. Conecta $\left(-3\frac{1}{2}, -2\frac{1}{2}\right)$ con $\left(-4, -3\frac{1}{2}\right)$. Conecta $(-4, -2)$ con $\left(-5, -3\frac{1}{2}\right)$. Conecta $\left(-4\frac{1}{2}, -1\frac{1}{2}\right)$ con $\left(-5\frac{1}{2}, -3\frac{1}{2}\right)$. Conecta $\left(-7\frac{1}{2}, 5\right)$ con $(-7, -3)$.

7. Conecta los siguientes puntos en el orden dado: $(-8, -3)$, $\left(1\frac{1}{2}, -4\right)$, $(6, -6)$, $(6, -9)$, $\left(5, -10\frac{1}{2}\right)$, $\left(3, -11\frac{1}{2}\right)$, $(-14, -6)$, $(-14, -3)$, $\left(-13, -2\frac{1}{2}\right)$, $\left(-10\frac{1}{2}, -2\frac{1}{2}\right)$.

8. Conecta los siguientes puntos en el orden dado: $\left(-10, -4\frac{1}{2}\right)$, $(-15, 3)$, $\left(-32\frac{1}{2}, 4\frac{1}{2}\right)$, $(-33, 6)$, $\left(-34\frac{1}{2}, 7\right)$, $(-32, 8)$, $\left(-9, 6\frac{1}{2}\right)$, $(-8, 6)$, $\left(-7\frac{1}{2}, 5\right)$, $\left(-7\frac{1}{2}, 4\right)$, $(-8, 3)$, $\left(-12\frac{1}{2}, 3\right)$, $(-8, -4)$.

9. Conecta los siguientes puntos en el orden dado: $\left(28, -\frac{1}{2}\right)$, $(28, -2)$, $\left(25, -3\frac{1}{2}\right)$, $(22, -4)$, $(9, -4)$, $(2, -3)$, $(-4, -2)$, $\left(-4\frac{1}{2}, \frac{1}{2}\right)$, $(0, 2)$, $(7, 2)$, $\left(10, 3\frac{1}{2}\right)$, $\left(11\frac{1}{2}, 4\right)$, $\left(13\frac{1}{2}, 3\right)$, $(15, 2)$, $(19, 2)$, $(24, 1)$, $\left(28, -\frac{1}{2}\right)$, $(25, -2)$, $\left(19, -2\frac{1}{2}\right)$, $\left(11, -2\frac{1}{2}\right)$, $(4, -2)$, $(-2, -1)$, $\left(-4\frac{1}{2}, \frac{1}{2}\right)$.

10. Usa papel cuadriculado para dibujar tu propia figura. Identifica varios puntos que puedan usarse para describir la gráfica. Haz una lista de estos puntos y direcciones indicando cómo conectarlos. Dáselo a un compañero de clase para que haga la representación gráfica.

SERIES

▶Una secuencia escrita como suma es una serie.

Secuencia: $\frac{1}{2}, \frac{1}{4}, \frac{1}{8}, \frac{1}{16}, \ldots, \frac{1}{1,024}$

Serie: $\frac{1}{2} + \frac{1}{4} + \frac{1}{8} + \frac{1}{16} + \ldots + \frac{1}{1,024}$

Cada número de la serie es un término. Para hallar la suma de los términos, trata de hallar un patrón. Halla el patrón para la serie de arriba.

$\frac{1}{2} = 1 - \frac{1}{2}$ $\qquad$ $\frac{1}{2} + \frac{1}{4} = \frac{3}{4} = 1 - \frac{1}{4}$

La suma equivale a 1 menos el último término.

Usa este patrón para hallar cada suma de abajo. Después suma para comprobar la respuesta.

1. $\frac{1}{2} + \frac{1}{4} + \frac{1}{8}$

2. $\frac{1}{2} + \frac{1}{4} + \frac{1}{8} + \frac{1}{16}$

3. $\frac{1}{2} + \frac{1}{4} + \frac{1}{8} + \ldots + \frac{1}{128}$

4. $\frac{1}{2} + \frac{1}{4} + \frac{1}{8} + \ldots + \frac{1}{1,024}$

Halla cada suma o diferencia. ¿Cuál es el patrón que relaciona a y b?

5. **a.** $\frac{1}{3} + \frac{1}{9}$

b. $1 - \frac{1}{9}$

6. **a.** $\frac{1}{3} + \frac{1}{9} + \frac{1}{27}$

b. $1 - \frac{1}{27}$

7. **a.** $\frac{1}{3} + \frac{1}{9} + \frac{1}{27} + \frac{1}{81}$

b. $1 - \frac{1}{81}$

Usa el patrón en 5-7 para hallar cada suma.

8. $\frac{1}{3} + \frac{1}{9} + \frac{1}{27} + \frac{1}{81} + \frac{1}{243}$

9. $\frac{1}{3} + \frac{1}{9} + \frac{1}{27} + \ldots + \frac{1}{6,561}$

Halla cada suma. Después halla un patrón para hallar la suma de cada serie. (Escribe el denominador de cada término como el producto de dos enteros consecutivos.)

10. $\frac{1}{2} + \frac{1}{6}$

11. $\frac{1}{2} + \frac{1}{6} + \frac{1}{12}$

12. $\frac{1}{2} + \frac{1}{6} + \frac{1}{12} + \frac{1}{20}$

Usa el patrón que hallaste en 10–12 para hallar la suma de cada serie.

13. $\frac{1}{2} + \frac{1}{6} + \frac{1}{12} + \ldots + \frac{1}{110}$

14. $\frac{1}{2} + \frac{1}{6} + \frac{1}{12} + \ldots + \frac{1}{9,900}$

LA COMPUTADORA

PERÍMETRO

Los enunciados READ y DATA son otra
manera de asignar valores a variables.

El enunciado **READ A** asigna el próximo
número del enunciado DATA a la variable **A**.

Ejemplo Juntos estos enunciados le asignan el valor a
A = 1, B = 12 y C = 6

```
10 READ A , B , C
20 DATA 1 , 12 , 6
```

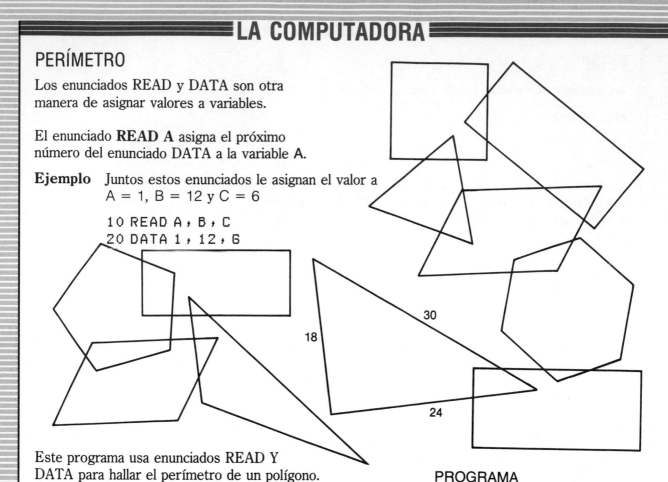

Este programa usa enunciados READ Y
DATA para hallar el perímetro de un polígono.

PROGRAMA

```
10 REM PERIMETRO DE UN POLIGONO
```

Lee el número de lados. ⟶
```
20 READ N
```

Comienza con el perímetro = 0. ⟶
```
30 LET P = 0
```

```
40 FOR I = 1 TO N
```

Lee la longitud de un lado. ⟶
```
50 READ S
```

```
60 PRINT "LADO";I;"=";S
```

Suma esa longitud al perímetro. ⟶
```
70 LET P = P + S
```

Vuelve y lee la próxima longitud. ⟶
```
80 NEXT I
```

```
90 PRINT "PERIMETRO = ";P
```

Este polígono tiene 3 lados. ⟶
```
100 DATA 3
```

Las longitudes de los lados son ⟶
24, 18 y 30.
```
110 DATA 24 , 18 , 30
```

```
120 END
```

Poner enunciados DATA cerca del fin de un programa los hace
fácil de hallar y cambiar.

Escribe la salida para cada programa.

1. ```
   10 FOR I = 1 TO 5
   20 READ A
   30 PRINT A
   40 NEXT A
   50 DATA 1 , 2 , 3 , 6 , 9
   60 END
   ```

2. ```
   10 READ B
   20 IF B = 0 THEN GOTO 60
   30 PRINT B * B
   40 GOTO 10
   50 DATA 4 , 7 , 5 , 8 , 0
   60 END
   ```

3. ```
   10 REM AREA DE UN RECTANGULO
   20 READ L , W
   30 LET A = L * W
   40 PRINT "AREA = " ;A;
      "UNIDADES CUADRADAS"
   50 DATA 22 , 24
   60 END
   ```

4. ```
   10 REM AREA DE UN TRIANGULO
   20 READ B , H
   30 LET A = ½ * B * H
   40 PRINT "AREA = " ;A;
      "UNIDADES CUADRADOS
   50 DATA 17 , 19
   60 END
   ```

Vuelve a escribir el programa de la página 402 para hallar el perímetro de cada uno.

5. Un cuadrilátero con lados 12, 14, 18 y 21

6. Un pentágono con lados 26, 28, 32, 33 y 13

★ 7. Un rectángulo con un ancho de 25 y una longitud de 34 y 21

Escribe un programa usando enunciados READ Y DATA para hallar cada uno.

8. El área de un trapecio con bases 5 y 8 y altura 7

9. El perímetro y el área de un cuadrado con lado 23.

★10. El área de superficie y el volumen de un cubo con lado 8

=== CON LA COMPUTADORA ===

Ejecuta el programa de la página 402 con cada grupo de cambios para ver lo que pasa.

1. ```
   110 DATA 24
   111 DATA 18
   112 DATA 30
   ```

2. ```
   110 DATA 24 , 18 , 30 , 50
   ```

★3. ```
   110 DATA 24 , 18
   ```

4. Ejecuta cada programa que escribiste para **5–10** y escribe los resultados.
   ```

PERFECCIONAMIENTO DE DESTREZAS

Escoge las respuestas correctas. Escribe A, B, C o D.

1. ¿Qué por ciento de 48 es 24?

  A 25%   **C** 37%

  B 38%   **D** no se da

2. $43 - {}^-21$

  A 64   **C** ${}^-22$

  B 22   **D** no se da

3. ${}^-8 \cdot {}^-10$

  A ${}^-18$ **C** 80

  B ${}^-80$ **D** no se da

4. ¿Cuántas combinaciones hay con 3 colores y 6 formas?

  A 18   **C** 3

  B 9   **D** no se da

5. ¿Cuál es la media de 12, 16, 3 y 2.4?

  A 8.35   **C** 7.5

  B 9.6   **D** no se da

6. ¿Cuál es $P(1$ ó par en un dado)?

  A $\frac{1}{12}$ **C** $\frac{2}{3}$

  B $\frac{1}{2}$ **D** no se da

7. ¿Cuál es el volumen de un prisma rectangular?
$l = 12$ m, $a = 3.5$ m, $al = 4$ m

  A 42 m^3 **C** 168 m^3

  B 19.5 m^3 **D** no se da

8. ¿Cuál es el área de superficie? 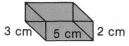 3 cm 5 cm 2 cm

  A 62 cm^2 **C** 42 cm^2

  B 30 cm^3 **D** no se da

9. Completa. ____ cm^3 = 6,000 mL

  A 60   **C** 0.6

  B 600   **D** no se da

10. $\frac{2}{3} \cdot \frac{{}^-5}{6}$

  A $\frac{{}^-5}{9}$ **C** ${}^-1\frac{1}{5}$

  B $\frac{5}{9}$ **D** no se da

11. Simplifica. $10^4 \times 10^{-2}$

  A 10^{-8} **C** 10^{-2}

  B 10^2 **D** no se da

12. $4.23 \cdot 10^{-3}$

  A 4,230   **C** 42.3

  B 0.00423   **D** no se da

13. ¿Cuál es la raíz cuadrada de 196?

  A 98   **C** 14

  B 49   **D** no se da

Adivina y comprueba para resolver 14 y 15.

14. El área de una colcha rectangular es 2,976 pies^2. El perímetro es 240 pies. ¿Cuáles son las dimensiones de la colcha?

  A 48 pies por 62 pies
  B 48 pies por 52 pies
  C 1,488 pies por 1,488 pies
  D no se da

15. ¿Cuál es el número de tres dígitos? El dígito de las decenas es 3 veces más grande que el dígito de las unidades. El dígito de las centenas es primo y la suma de los dígitos es 19.

  A 562   **C** 793

  B 731   **D** no se da

Tema: El mar

Inversos

La marea es la subida y bajada diaria de las aguas del océano. La marea de la Bahía de Fundy en la costa este de Canadá a veces sube 50 pies y después baja 50 pies.

$$50 + {}^-50 = 0$$

PROPIEDADES DE LA SUMA

Propiedad inversa (para todo número a)

$$a + {}^-a = 0 \qquad \frac{1}{4} + {}^-\frac{1}{4} = 0$$

La suma de un número y su inverso aditivo, u opuesto, es 0.

PROPIEDADES DE LA MULTIPLICACIÓN

Propiedad inversa (para todo número a con excepción del 0)

$$a \cdot \frac{1}{a} = 1 \qquad 3 \cdot \frac{1}{3} = 1$$

El producto de un número y su inverso multiplicativo, o recíproco, es 1.

También puedes usar estas propiedades familiares al sumar o multiplicar.

Propiedad conmutativa

$${}^-8 + 5 = 5 + {}^-8$$

$$6 \cdot {}^-9 = {}^-9 \cdot 6$$

Propiedad asociativa

$$2 + \left({}^-\frac{2}{3} + \frac{1}{6}\right) = \left(2 + {}^-\frac{2}{3}\right) + \frac{1}{6}$$

$${}^-\frac{4}{9}\left(3 \cdot {}^-\frac{3}{4}\right) = \left({}^-\frac{4}{9} \cdot 3\right) \cdot {}^-\frac{3}{4}$$

Propiedad de identidad

$${}^-6 + 0 = {}^-6 \qquad 0 + {}^-6 = {}^-6$$

$${}^-\frac{1}{2} \cdot 1 = {}^-\frac{1}{2} \qquad 1 \cdot {}^-\frac{1}{2} = {}^-\frac{1}{2}$$

Propiedad del cero

$$\frac{1}{4} \cdot 0 = 0 \qquad 0 \cdot \frac{1}{4} = 0$$

Propiedad distributiva

$${}^-2(6 + {}^-8) = {}^-2 \cdot 6 + {}^-2 \cdot {}^-8$$

TRABAJO EN CLASE

Da los inversos aditivos y multiplicativos de cada uno.

1. ${}^-2$
2. $\frac{1}{6}$
3. ${}^-\frac{2}{5}$
4. 10
5. $\frac{6}{5}$
6. ${}^-2\frac{1}{3}$

Nombra la propiedad que se muestra.

7. ${}^-\frac{4}{3} \cdot {}^-\frac{3}{4} = 1$
8. ${}^-\frac{1}{3} + \frac{1}{3} = 0$
9. $1 \cdot {}^-20 = {}^-20$
10. ${}^-\frac{2}{3} \cdot 0 = 0$

11. ${}^-8 + ({}^-14 + 9) = ({}^-8 + {}^-14) + 9$
12. $3\left({}^-\frac{2}{3} + \frac{1}{6}\right) = 3 \cdot {}^-\frac{2}{3} + 3 \cdot \frac{1}{6}$

PRÁCTICA

Da los inversos aditivos y multiplicativos de cada uno.

1. $\frac{3}{2}$ **2.** $^-5$ **3.** $\frac{1}{5}$ **4.** $\frac{3}{4}$

5. 8 **6.** $\frac{-4}{5}$ **7.** 1 **8.** $1\frac{1}{3}$

9. $\frac{-1}{2}$ **10.** $\frac{-2}{3}$ **11.** $^-2\frac{3}{5}$ **12.** $1\frac{2}{3}$

Nombra la propiedad que se muestra.

13. $\frac{1}{2} \cdot \frac{2}{3} = \frac{2}{3} \cdot \frac{1}{2}$ **14.** $0 + {^-52} = {^-52}$

15. $1 \cdot \frac{-3}{4} = \frac{-3}{4}$ **16.** $4 + \frac{1}{3} = \frac{1}{3} + 4$

17. $\frac{3}{4} + \frac{-3}{4} = 0$ **18.** $^-4 \cdot \frac{-1}{4} = 1$

19. $\frac{5}{8} \cdot \frac{8}{5} = 1$ **20.** $^-8 + 8 = 0$

21. $\left(\frac{1}{2} + \frac{-1}{4}\right) + \frac{3}{8} = \frac{1}{2} + \left(\frac{-1}{4} + \frac{3}{8}\right)$

22. $^-6\left(\frac{1}{3} + \frac{-5}{6}\right) = {^-6} \cdot \frac{1}{3} + {^-6} \cdot \frac{-5}{6}$

Escribe *verdadero* o *falso* para cada enunciado.

23. La suma de un número y su inverso aditivo es 0.

24. El producto de un número por su inverso multiplicativo es $^-1$.

25. Cuando se divide un número entre 1, el cociente es 1.

26. El inverso aditivo de un número es el número mismo.

27. El inverso aditivo de cero es cero.

28. El cero no tiene recíproco.

★ 29. Todo número tiene un inverso aditivo.

★ 30. Todo número tiene un inverso multiplicativo.

★ 31. El recíproco de $-\frac{a}{b}$ es $\frac{b}{a}$.

★ 32. El opuesto de $-\frac{1}{a}$ es a.

APLICACIÓN

=== HAZLO MENTALMENTE ===

Usa las propiedades para ayudarte a computar mentalmente cada respuesta.

1. $\left(3 + \frac{3}{8}\right) + \frac{5}{8}$ **2.** $\left(2 \cdot \frac{1}{4}\right) + \left(2 \cdot \frac{3}{4}\right)$ **3.** $\frac{-5}{6} + \left(\frac{2}{3} + \frac{5}{6}\right)$

4. $\left(\frac{4}{9} \cdot \frac{-4}{3}\right) \cdot \frac{-3}{4}$ **5.** $\frac{1}{2} + \left(\frac{1}{2} + \frac{1}{3}\right)$ **6.** $\frac{-1}{4} + \left(\frac{1}{4} + 1\right)$

7. $\left(2 \cdot \frac{1}{2}\right) + {^-1}$ **8.** $\left(3 \cdot \frac{5}{6}\right) + \left(3 \cdot \frac{1}{6}\right)$ **9.** $\left(3\frac{1}{2} + \frac{1}{3}\right) + \frac{-1}{3}$

Sumar para resolver ecuaciones

En el invierno el hielo del medio del Océano Ártico puede tener 10 pies de espesor. Es 4 pies más grueso de lo que tiene a lo largo de la costa. ¿Qué espesor tiene el hielo costero?

Sea x el espesor del hielo costero.

$x + 4 = 10$

Puedes usar los inversos aditivos para resolver ecuaciones de suma y resta.

$x + 4 = 10$	Usa el inverso aditivo de 4 para resolver.
$x + 4 + {}^-4 = 10 + {}^-4$	Suma ${}^-4$ a ambos lados de la ecuación.
$x + 0 = 6$	Usando la propiedad inversa de la suma, $4 + {}^-4 = 0$.
$x = 6$	Solución
Comprueba $6 + 4 = 10$	Substituye x por 6 en la ecuación original.

El hielo costero tiene 6 pies de espesor.

Más ejemplos

a. $y - 3 = {}^-6$ — Cambia restar 3 por sumar el opuesto de 3.

$y + {}^-3 = {}^-6$

$y + {}^-3 + 3 = {}^-6 + 3$ — Suma 3 a ambos lados de la ecuación.

$y + 0 = {}^-3$

$y = {}^-3$

Comprueba ${}^-3 - 3 = {}^-6$

b. ${}^-5 = n - {}^-7$ — Cambia restar ${}^-7$ por sumar el opuesto de ${}^-7$.

${}^-5 = n + 7$

${}^-5 + {}^-7 = n + 7 + {}^-7$ — Suma ${}^-7$ a ambos lados de la ecuación.

${}^-12 = n + 0$

${}^-12 = n$

Comprueba ${}^-5 = {}^-12 - {}^-7$

TRABAJO EN CLASE

Primero indica lo que debe hacerse a ambos lados de la ecuación. Después resuélvela. Comprueba cada solución.

1. $x + 7 = 14$

2. $y - {}^-9 = 14$

3. $y - 2 = {}^-9$

4. ${}^-15 + x = 11$

5. $4 = {}^-6 + n$

6. $0 = y - 21$

7. $n - 7 = {}^-8$

8. $12 + x = 0$

PRÁCTICA

Resuelve. Comprueba cada solución.

1. $x + 8 = 15$ **2.** $y - 17 = 9$ **3.** $n - 15 = 0$ **4.** $^-5 + n = 8$

5. $x + {}^-7 = 0$ **6.** $y + 8 = {}^-7$ **7.** $x - 6 = {}^-4$ **8.** $n - {}^-13 = 9$

9. $n - {}^-9 = {}^-11$ **10.** $12 + y = {}^-15$ **11.** $^-10 + w = 0$ **12.** $^-15 = 3 + n$

13. $y - 19 = {}^-17$ **14.** $^-9 = w - 18$ **15.** $^-23 + x = {}^-13$ **16.** $19 + y = {}^-26$

17. $36 = x - {}^-27$ **18.** $^-28 = 0 + n$ **19.** $^-27 = w - {}^-32$ **20.** $42 = {}^-37 + n$

21. $n - \frac{3}{8} = {}^-\frac{1}{2}$ **22.** $\frac{1}{2} = y + \frac{3}{5}$ **23.** $n - 3.7 = {}^-2.1$ **24.** $^-18.1 = x + 8.4$

★ **25.** $n - 8 \cdot 5 = {}^-32$ ★ **26.** $2({}^-6 + 4) = y + 1$ ★ **27.** $\frac{-3}{2} \cdot \frac{1}{2} = n - 1\frac{1}{4}$ ★ **28.** $w + 6.1 = {}^-1.8 - 1.6$

Escribe una ecuación para cada uno y resuélvela.

29. Seis más que un número x es $^-7$.

30. Diez menos que un número m es $^-5$.

31. Un número n menos $^-8$ es 27.

32. La suma de $^-13$ más un número y es 20.

33. Un número w sumado a $^-24$ es igual a $^-38$.

34. Cincuenta y siete es igual a un número p menos $^-49$.

★ **35.** La suma de un número n y $^-2.3$ es igual a la suma de $^-7.4$ más 8.2.

★ **36.** Siete y tres cuartos menos que un número m son igual a la suma de $^-2\frac{1}{2}$ más 3.

APLICACIÓN

LA CALCULADORA

Puede usarse una calculadora para resolver ecuaciones.

$$n + {}^-5 = 10 \longrightarrow 10 - {}^-5 = n$$

Aprieta   ☐1☐ ☐0☐ ☐−☐ ☐5☐ ☐⁺⁄₋☐ ☐=☐ | $15.$ |

Usa una calculadora para resolver cada uno.

1. $n - 10 = {}^-4$ **2.** $^-24 = 0 + x$ **3.** $^-36 + n = 45$ **4.** $w - 38 = {}^-73$

5. $y + 54 = {}^-18$ **6.** $^-130 = w - {}^-61$ **7.** $n + {}^-58 = 46$ **8.** $^-144 = x + {}^-68$

9. $153 = x - {}^-87$ **10.** $n + {}^-25.1 = {}^-22.7$ **11.** $50 = n - {}^-48.9$ **12.** $36.7 = x - 32.1$

Multiplicar para resolver ecuaciones

Muchas clases de pingüinos viven en el Océano Antártico. Los más grandes, los emperadores, pueden pesar 10 veces más que los otros pingüinos. Como promedio un pingüino emperador pesa 90 lb. Como promedio, ¿cuánto pesan los otros pingüinos?

Sea n el peso de los otros pingüinos.

$$10n = 90$$

Puedes usar inversos multiplicativos para resolver ecuaciones de multiplicación y división.

$$10n = 90$$ Usa el inverso multiplicativo de 10 para resolver.

$$\frac{1}{10} \cdot 10n = \frac{1}{10} \cdot 90$$ Multiplica ambos lados de la ecuación por $\frac{1}{10}$.

$$\left(\frac{1}{10} \cdot 10\right)n = \frac{1}{10} \cdot 90$$

$$1n = 9$$ Usando la propiedad inversa de la multiplicación, $\frac{1}{10} \cdot 10 = 1$.

$$n = 9$$ Solución

Comprueba $10 \cdot 9 = 90$ Substituye n por 9 en la ecuación original.

Como promedio, los otros pingüinos pesan 9 lb.

Otro ejemplo

$$\frac{x}{-5} = 4$$

$$-\frac{1}{5}x = 4$$ Cambia dividir por $^-5$ a multiplicar por el recíproco de $^-5$.

$$-5 \cdot -\frac{1}{5}x = -5 \cdot 4$$ Multiplica ambos lados por $^-5$.

$$\left(-5 \cdot -\frac{1}{5}\right)x = -5 \cdot 4$$

$$x = {}^-20$$

Comprueba $\frac{-20}{-5} = 4$

TRABAJO EN CLASE

Primero indica qué debe hacerse a ambos lados de la ecuación. Después resuelve. Comprueba cada solución.

1. $^-3x = 12$

2. $5y = {}^-35$

3. $\frac{x}{2} = {}^-8$

4. $\frac{n}{-7} = {}^-1$

5. $^-8y = 1$

6. $\frac{x}{-6} = 10$

7. $^-y = 2$

8. $\frac{n}{8} = {}^-3$

Resuelve. Comprueba cada solución.

1. $5x = 30$

2. $3 = \frac{n}{9}$

3. $^{-}8y = 8$

4. $\frac{x}{2} = ^{-}9$

5. $9n = ^{-}36$

6. $^{-}7y = ^{-}49$

7. $^{-}17 = \frac{n}{3}$

8. $\frac{w}{^{-}5} = ^{-}8$

9. $^{-}15y = 45$

10. $^{-}9y = 3$

11. $^{-}19 = ^{-}19n$

12. $125 = ^{-}5x$

13. $^{-}13 = \frac{x}{9}$

14. $\frac{n}{^{-}4} = ^{-}12$

15. $5n = ^{-}2$

16. $^{-}10n = 1$

17. $\frac{x}{5} = ^{-}36$

18. $41 = \frac{w}{^{-}10}$

19. $\frac{2}{3}x = ^{-}18$

20. $\frac{^{-}4}{5}x = 16$

21. $^{-}6.8 = ^{-}1.7y$ ★**22.** $^{-}3n = 4(^{-}14 - 10)$ ★**23.** $\left(\frac{1}{2} + \frac{^{-}2}{3}\right)n = ^{-}21$ ★**24.** $\frac{n}{^{-}6} = 1.25 \cdot 0.6$

Escribe una ecuación para cada enunciado. Después resuélvela.

25. El producto de $^{-}8$ por un número n es $^{-}56$.

26. Un número x dividido entre 5 es $^{-}11$.

27. Tres cuartos por un número t es $^{-}18$.

28. El producto de $^{-}12$ por un número q es $^{-}3$.

★**29.** Un número w dividido entre $^{-}7$ es igual al producto de $^{-}10$ por $\frac{1}{2}$.

★**30.** Un número y por la suma de $\frac{1}{3}$ y $\frac{^{-}3}{4}$ es igual al producto de $^{-}3$ por 5.

APLICACIÓN

31. Los pingüinos de Adelie tardan unos 40 días en incubar sus huevos. Ésto es más o menos $\frac{2}{3}$ del tiempo que necesitan los emperadores para incubar los suyos. ¿En cuántos días se incubarán los huevos de los pingüinos emperadores?

32. Se sabe que los pingüinos más altos crecen hasta unas 48 pulgadas. Ésto es más o menos 3 veces la altura de los más bajos. ¿Cuál es la altura de los pingüinos más bajos?

RAZONAMIENTO LÓGICO

Halla un número de 4 dígitos tal que el producto del primero y el cuarto dígito sea 40, el producto de los dos dígitos del medio sea 54 y el dígito de los millares sea tanto más que el dígito de las unidades como el dígito de las centenas lo es del dígito de las decenas. Si al número se le resta 3,267, el resultado es los dígitos del número original invertido.

Desigualdades

El agua de la superficie del Océano Atlántico varía de unos 27°C en los trópicos a $^-2$°C cerca de los océanos Ártico y Antártico. ¿Cuál es el máximo que puede variar la temperatura de la superficie entre dos lugares cualesquiera?

Sea n el número máximo de grados que puede variar la temperatura de la superficie.

$$^-2 + n \leq 27 \longleftarrow \text{desigualdad}$$

▶ Una **desigualdad** es un enunciado que usa uno de los símbolos $<$, $>$, $\leq$, $\geq$, o $\neq$.

menor de o igual a   mayor de o igual a

Una desigualdad se resuelve de la misma manera en que se resuelve una ecuación.

$$^-2 + n \leq 27 \quad \boxed{\text{Usa el opuesto de } ^-2.}$$

$$^-2 + 2 + n \leq 27 + 2 \quad \boxed{\text{Suma 2 a ambos lados de la desigualdad.}}$$

$$0 + n \leq 29$$

$$n \leq 29 \quad \boxed{\text{Solución}}$$

El máximo que puede variar la temperatura de la superficie es 29 grados.

Más ejemplos

Resuelve cada desigualdad *para los enteros*. Es decir, halla sólo las soluciones que son enteros.

a. $\quad 3n \geq ^-18 \quad \boxed{\text{Usa el recíproco de 3 para resolver.}}$

$$\frac{1}{3} \cdot 3n \geq \frac{1}{3} \cdot ^-18 \quad \boxed{\text{Multiplica ambos lados por } \frac{1}{3}.}$$

$$1n \geq ^-6$$

$$n \geq ^-6$$

Las soluciones para los enteros son $^-6$, $^-5$, $^-4$, ...

Comprueba $\quad 3 \cdot ^-6 \geq ^-18$, $3 \cdot ^-5 \geq ^-18$, $3 \cdot ^-4 \geq ^-18$, . . .

b. $\quad \frac{x}{7} < ^-4$

$$\frac{1}{7}x < ^-4 \quad \boxed{\text{Usa el recíproco de } \frac{1}{7} \text{ para resolver.}}$$

$$7 \cdot \frac{1}{7}x < 7 \cdot ^-4 \quad \boxed{\text{Multiplica ambos lados por 7.}}$$

$$1x < ^-28$$

$$x < ^-28$$

Las soluciones para los enteros son . . ., $^-31$, $^-30$, $^-29$.

Comprueba $\quad . . ., \frac{^-31}{7} < ^-4, \frac{^-30}{7} < ^-4, \frac{^-29}{7} < ^-4$

TRABAJO EN CLASE

Resuelve los enteros. Enumera las primeras tres soluciones. Comprueba.

1. $y + 9 \geq 4$

2. $x - 5 \leq 2$

3. $w + 7 < ^-3$

4. $n - ^-8 > 6$

5. $4x > 12$

6. $5y \leq ^-20$

7. $\frac{n1}{3} \geq ^-9$

8. $\frac{x}{5} < 2$

PRÁCTICA

Resuelve para los enteros. Enumera las primeras tres soluciones. Comprueba.

1. $x + 2 > 9$
2. $n - 1 < 11$
3. $y + 5 < 2$

4. $8n \geq 24$
5. $2w \leq 2$
6. $\frac{x}{2} \geq 4$

7. $y + {}^{-}5 \geq 3$
8. $x - 5 \geq {}^{-}5$
9. $d - {}^{-}2 > {}^{-}1$

10. $n + {}^{-}4 < {}^{-}17$
11. $x - 3 \leq {}^{-}4$
12. ${}^{-}6 + d > 0$

13. $4n > {}^{-}8$
14. $\frac{x}{3} < {}^{-}5$
15. $6y > 0$

16. $\frac{n}{7} < 9$
17. $3x \leq {}^{-}6$
18. $7x \geq 28$

19. $17 > 8 + x$
20. ${}^{-}12 \leq y - 5$
21. $y - 2.7 < 1.3$

★22. $14n < 7$
★23. $8y \geq 20$
★24. ${}^{-}5\frac{3}{4} \geq w - \frac{1}{4}$

Escribe una desigualdad y resuelve para los enteros.

25. La suma de un número m más ${}^{-}6$ es mayor que 5.

26. Un número x menos ${}^{-}5$ es menor que ${}^{-}4$.

27. El producto de 6 por un número q es menor que o igual a ${}^{-}18$.

28. Un número t dividido entre 2 es mayor que o igual a ${}^{-}5$.

★29. El producto de un número n por 8 es mayor que la suma de ${}^{-}6$ más ${}^{-}4$.

★30. Un número y más ${}^{-}3.2$ es menor que o igual a ${}^{-}1.6$.

APLICACIÓN

31. Adán vive a lo largo de la costa Atlántica. Registró las siguientes temperaturas medias de las aguas del océano desde abril hasta septiembre: 13°C, 14°C, 16°C, 19°C, 21°C, 22°C. Haz una gráfica de sus resultados. ¿De qué mes al siguiente ocurrió el mayor cambio de temperatura?

★32. Sandra es comerciante en arte. Compró una talla de una gaviota y la vendió por $160. La vio en venta un año más tarde por $190. La compró y después la vendió por $250. Ganó por lo menos $100 por las dos ventas de la talla. ¿Cuánto es lo más que podría haber pagado por ella la primera vez que la compró?

413

Problemas para resolver

RESOLVER UN PROBLEMA MÁS SIMPLE

A veces la resolución de un problema difícil o complicado puede hacerse más fácilmente resolviendo un problema similar que sea más simple.

* PIENSA
* PLANEA
* RESUELVE
* REVISA

Una compañía de botes tiene 15 botes para distribuir a sus 3 sucursales. ¿De cuántas maneras pueden distribuirse los botes si cada sucursal obtendrá por lo menos 1 bote?

Determinar cómo distribuir 15 botes entre las 3 sucursales requiere mucho trabajo. Resuelve un problema más simple y observa si resulta un patrón.

Comienza con 3 botes distribuidos entre 3 sucursales. Halla el número de maneras en que pueden distribuirse 4 botes entre 3 sucursales. Continúa hasta que se desarrolle un patrón. La tabla muestra los resultados para 3, 4, 5 y 6 botes.

	DISTRIBUCIÓN DE LOS BOTES			
Botes total	Sucursal A	Sucursal B	Sucursal C	
3	1	1	1	1 manera
4	2	1	1	
	1	2	1	3 maneras
	1	1	2	
5	3	1	1	
	2	2	1	
	2	1	2	
	1	3	1	6 maneras
	1	2	2	
	1	1	3	
6	4	1	1	
	3	2	1	
	3	1	2	
	2	3	1	
	2	2	2	
	2	1	3	10 maneras
	1	4	1	
	1	3	2	
	1	2	3	
	1	1	4	

La tabla de abajo resume los resultados y los amplía hasta incluir 15 botes.

Número total de botes	3	4	5	6	7	8	9	10	11	12	13	14	15
Número de maneras de distribuirlos	1	3	6	10	15	21	28	36	45	55	66	78	91
Diferencia		2	3	4	5	6	7	8	9	10	11	12	13

Los 15 botes pueden distribuirse de 91 maneras.

Comprueba que la tabla original incluya todos los casos posibles. Asegúrate de que se interpretó correctamente la tabla de resumen.

Resuelve.

1. Seis oficiales se reunieron en el camarote del capitán. Cada persona le da la mano a cada una de las otras personas. ¿Cuántos apretones de mano se dan en total?

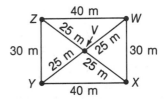

2. La línea de cruceros está distribuyendo 20 bengalas de señales entre los 3 armarios de almacenamiento del buque. Cada armario debe tener un mínimo de 3 bengalas. ¿De cuántas maneras pueden distribuir las 20 bengalas?

3. Un capitán entra al puerto en el punto A. Quiere atracar su bote en el muelle H. Debe seguir las flechas. ¿De cuántas maneras diferentes puede llegar al muelle?

4. El dibujo de la derecha muestra la posición de cinco trampas langosteras. Comienza por la trampa W y visita cada trampa sólo una vez. ¿Cuántos senderos diferentes puede tomar?

5. ¿Qué longitud tiene el sendero más corto?

6. Si un polígono tiene 9 diagonales, ¿cuántos lados tendrá?

7. Si un polígono tiene 10 diagonales, ¿cuántos lados tendrá?

★ 8. Un equipo de exploración submarina traza un mapa de un área de 5 km por 5 km del fondo del océano. El área está dividida en cuadrados de 1 km como se muestra aquí. ¿Cuántos cuadrados hay en total?

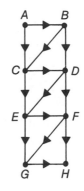

★ 9. Una escuela tiene exactamente 1,000 estudiantes y 1,000 lóqueres numerados del 1 al 1,000. Los estudiantes consienten en hacer lo siguiente: el primer estudiante entrará al edificio y abrirá todos los lóqueres. Después el segundo entrará y cerrará todos los lóqueres con número par. El tercer estudiante abrirá o cerrará cada tercer lóquer. El cuarto abrirá o cerrará cada cuarto lóquer y así sucesivamente hasta que los 1,000 estudiantes hayan abierto o cerrado los lóqueres adecuados. ¿Qué lóqueres quedarán abiertos al final?

CREA TU PROPIO PROBLEMA

Escribe un problema para el cual pueda usarse este dibujo para hallar la solución. El problema debe ser uno que será más fácil de resolver por medio de un problema más simple.

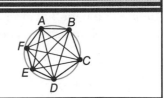

Ecuaciones en dos pasos

Este paisaje marino fue pintado por Michele Sanok. Para enmarcarlo, ¿cuánto espacio debe dejarse de cada lado entre la imagen y el borde del marco?

Sea n la distancia entre la imagen y el borde del marco.

$$2n + 30 = 38$$

A veces se necesita tanto la suma como la multiplicación para resolver una ecuación.

$$2n + 30 + {}^{-}30 = 38 + {}^{-}30$$

> Primero suma $^{-}30$ a ambos lados de la ecuación.

$$2n = 8$$

$$\frac{1}{2} \cdot 2n = \frac{1}{2} \cdot 8$$

> Después multiplica ambos lados de la ecuación por $\frac{1}{2}$.

$$n = 4$$

Comprueba $2 \cdot 4 + 30 = 38$

Se restan 4 plg de cada lado.

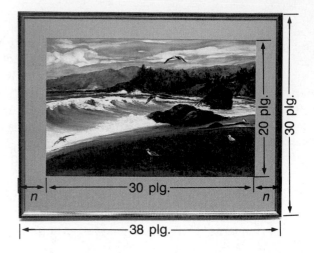

Otro ejemplo

$$\frac{n}{4} - 1 = {}^{-}2$$

$$\frac{n}{4} + {}^{-}1 = {}^{-}2$$

$$\frac{n}{4} + {}^{-}1 + 1 = {}^{-}2 + 1$$

> Primero suma 1 a ambos lados.

$$\frac{n}{4} = {}^{-}1$$

$$\frac{1}{4}n = {}^{-}1$$

$$4 \cdot \frac{1}{4}n = 4 \cdot {}^{-}1$$

> Después multiplica ambos lados por 4.

$$n = {}^{-}4$$

Comprueba $\frac{{}^{-}4}{4} - 1 = {}^{-}2$

TRABAJO EN CLASE

Indica qué debe hacerse a ambos lados de la ecuación. Después resuelve. Comprueba cada solución.

1. $4x + 1 = 5$

2. $2n - 5 = 1$

3. $\frac{n}{2} + 1 = 7$

4. $9 = {}^{-}3y + 6$

5. $\frac{x}{{}^{-}5} + 2 = {}^{-}4$

6. $3 - 2y = {}^{-}9$

PRÁCTICA

Resuelve. Comprueba cada solución.

1. $3x + 7 = 10$

2. $4y - 5 = 3$

3. $2x - 3 = 3$

4. $\frac{n}{3} + 1 = {}^-4$

5. $^-7 = 2n + 1$

6. $\frac{x}{2} - 3 = 4$

7. $^-5x - 10 = 0$

8. $7x - {}^-2 = {}^-19$

9. $4 - 2y = 6$

10. $^-1 = \frac{w}{-5} + 9$

11. $1 - 5n = 6$

12. $\frac{x}{-3} + 1 = {}^-1$

13. $6x - {}^-1 = {}^-17$

14. $^-1 - w = {}^-1$

15. $^-1 = 8 - 3n$

16. $3w + 7 = 9$

17. $^-1 - \frac{w}{2} = 6$

18. $\frac{3}{2}n - 1 = 11$

19. $0.2w + 1 = 3$

20. $5 = 0.5x + 3$

21. $^-7 = 3 - 4y$

★ 22. $\frac{1}{3}(y + 1) = 3$

★ 23. $\frac{-3}{4}n - \frac{1}{2} = {}^-5$

★ 24. $4(x - 1) = {}^-3$

Escribe una ecuación para cada uno. Después resuélvela.

25. El producto de $^-2$ por un número n menos 3 es 7.

26. Cinco menos el producto de 3 por un número y es $^-7$.

27. Seis más el cociente de un número x entre $^-4$ es 1.

28. Cuando el producto de 6 por un número y se resta de $^-6$ el resultado es 0.

29. Cuando el cociente de un número n entre 3 se resta de $^-8$ el resultado es 2.

★ 30. Cuando la suma de un número y más $^-5$ se multiplica por $\frac{1}{2}$ el resultado es $^-1$.

★ 31. Cuando $\frac{5}{6}$ se resta del producto de $\frac{-5}{2}$ por y el resultado es $1\frac{1}{4}$.

APLICACIÓN

32. El ancho del marco para el paisaje marino de la página 416 es 1 plg. ¿Cuánta orla quedará a cado lado de la imagen?

33. Cuando se le pone una orla a un cuadro, el ancho en la parte superior debe ser igual al ancho de los lados. ¿Será el ancho de la orla en la parte inferior del paisaje marino más grande o más pequeño que en los lados? ¿Cuánto más o menos?

Combinar términos

Dos pescadores de perlas trajeron conchas de ostras a la superficie. Las conchas de un pescador contenían 4 perlas valiosas mientras que las conchas del otro tenían 9. El valor total de las perlas era $455. Todas las perlas tenían el mismo valor. ¿Cuál era el valor de cada perla?

Sea x el valor de cada perla.

$$4x + 9x = 455$$

$$(4 + 9)x = 455$$ Usa la propiedad distributiva para sumar $4x + 9x$.

$$13x = 455$$

$$\frac{1}{13} \cdot 13x = \frac{1}{13} \cdot 455$$

$$x = 35$$

Comprueba $4 \cdot 35 + 9 \cdot 35 = 455$

El valor de cada perla era $35.

Más ejemplos

a. $3y - 6y = 12$

$3y + {}^-6y = 12$

$(3 + {}^-6)y = 12$ Usa la propiedad distributiva para sumar $3y$ más ${}^-6y$.

$\quad {}^-3y = 12$

$\quad\quad y = {}^-4$

Comprueba $3 \cdot {}^-4 - 6 \cdot {}^-4 = 12$

b. $72 = {}^-7n + {}^-2n$

$72 = ({}^-7 + {}^-2)n$ Usa la propiedad distributiva para sumar ${}^-7n$ más ${}^-2n$.

$72 = {}^-9n$

${}^-8 = n$

Comprueba $72 = {}^-7 \cdot {}^-8 + {}^-2 \cdot {}^-8$

Trabajo en clase

Resuelve y comprueba.

1. $3x + 7x = 20$

2. $7n + n = 24$

3. $8n - 2n = 12$

4. $4y - 7y = 21$

5. ${}^-10 = {}^-6x + 8x$

6. ${}^-3x - 2x = 15$

Resuelve y comprueba.

1. $4y + 7y = 33$ 2. $10x - 5x = 20$

3. $3n + 5n = {}^-16$ 4. $2n + 7n = {}^-45$

5. $49 = 6x + x$ 6. ${}^-y + 5y = 32$

7. $6x - 3x = 36$ 8. $9n - n = {}^-72$

9. $3y - 9y = {}^-48$ 10. $18 = {}^-8y - y$

11. $2a - 4a = {}^-6$ 12. $5n - 9n = 24$

13. ${}^-7 = {}^-3x - 4x$ 14. ${}^-5y - 3y = 32$

15. ${}^-5n + 7n = 0$ 16. ${}^-2n + 5n = 2$

17. $1 = 6a - 2a$ 18. $y + 4y = 3$

19. $\frac{1}{2}n + \frac{1}{2}n = 5$ 20. $\frac{1}{2}x - \frac{2}{5}x = 1$

21. $8.2y + 3.8y = 24$ ★ 22. $3n - 7n + 8 = 12$

★ 23. $4w - 6w + 3w = {}^-4$ ★ 24. $5z - z + 2z = {}^-12$

★ 25. $13t - 9t + 6 = {}^-4$ ★ 26. $10 - 6n - 4n = 15$

Escribe cada uno en palabras.

27. $3x - 4x = 5$ 28. $2w + 7w = 10$

29. $6 - 5n = 10$ ★ 30. $8n - 14n = {}^-4 \cdot 3$

★ 31. $8y - 15 = {}^-3 + 12$ ★ 32. $\frac{n}{4} - \frac{n}{3} = 1$

APLICACIÓN

HISTORIA DE LAS MATEMÁTICAS

"El mejor de los relojes, ¿cuánto ha pasado del día?
Queda el doble de dos tercios de lo que se ha ido."

La *Antología Griega* compilada en la Edad Media es una
colección de epigramas (poemas cortos) griegos. Algunos de
los epigramas se escribieron alrededor del año 700 a. de C.
Algunos de ellos son problemas matemáticos como el de arriba.
¿Cuántas horas del día han pasado?

Desigualdades

El Sr. y la Sra. Gómez y su hijo volarán a la isla de Oahu en el Pacífico para sus vacaciones. La tarifa aérea para ellos no será más de $1,100.
La tarifa para el hijo es $300. ¿Cuál es la tarifa aérea máxima para cada uno de los padres?

Sea x la tarifa aérea máxima para cada uno de los padres.

$$2x + 300 \leq 1,100$$

A veces se necesitan la suma y la multiplicación para resolver una desigualdad. Puedes resolver desigualdades de la misma manera que ecuaciones.

$$2x + 300 \leq 1,100$$
$$2x + 300 + {}^-300 \leq 1,100 + {}^-300$$

Primero suma $^-300$ a ambos lados de la desigualdad.

$$2x \leq 800$$
$$\frac{1}{2} \cdot 2x \leq \frac{1}{2} \cdot 800$$

Después multiplica ambos lados por $\frac{1}{2}$.

$$x \leq 400$$

La tarifa aérea máxima para cada uno de los padres es $400.

Otro ejemplo

$$14y - 6y > {}^-16$$
$$14y + {}^-6y > {}^-16$$
$$(14 + {}^-6)y > {}^-16$$

Usa la propiedad distributiva para sumar $14y$ más ^-6y.

$$8y > {}^-16$$
$$\frac{1}{8} \cdot 8y > \frac{1}{8} \cdot {}^-16$$
$$y > {}^-2$$

TRABAJO EN CLASE

Resuelve y comprueba.

1. $7n - 4 \leq 10$

2. $\frac{x}{4} + 7 > 9$

3. $3x + 1 \leq 10$

4. $5y - 3y \leq {}^-4$

5. $9x - 3x \geq {}^-18$

6. $7t - 3t < 8$

PRÁCTICA

Resuelve y comprueba.

1. $3x + 1 < 7$
2. $4n - 1 \geq 11$
3. $2x + 3 > 9$
4. $\frac{n}{3} - 4 > {}^-2$
5. $9y + 2 \leq {}^-7$
6. $\frac{n}{4} + 5 < {}^-1$
7. $1 + 4x > 5$
8. $6n - 3 \geq {}^-15$
9. ${}^-17 + \frac{x}{2} \leq {}^-12$
10. $4t + 3 > 5$
11. $0 > \frac{w}{6} + 3$
12. $8y + 1 \leq {}^-1$
13. $5x - 2x \geq {}^-15$
14. $7n + n > 24$
15. ${}^-y + 5y < 32$
16. $8t - 6t \leq {}^-10$
17. $13y - 9y > {}^-4$
18. ${}^-3n + 9n < 18$
19. ${}^-2 > 6n - 4n$
20. $7x - x < {}^-3$
21. ${}^-6 > 8n - 5n$
★ 22. $\frac{n}{3} - \frac{5}{3} \geq \frac{7}{3}$
★ 23. $5n - 3n + 7n < 18$
★ 24. ${}^-25 > {}^-2x - x + 8x$
★ 25. $\frac{w}{2} - \frac{w}{4} > 3$
★ 26. $5.1t - 3.7t + 7.4t < 0$
★ 27. $\frac{3}{4}n + \frac{1}{2}n - \frac{2}{3}n \leq {}^-14$

APLICACIÓN

28. Hay 5 islas hawaianas principales que pueden visitar los turistas. ¿De cuántas maneras pueden escoger los Gómez dos islas para visitar?

29. Los Gómez están preparando un presupuesto para los gastos de su viaje aparte de la tarifa aérea. Han decidido no gastar más de $1,000. La parte del hijo es $250. ¿Cuál es el máximo que puede gastar cada uno de los padres?

★ 30. En su presupuesto los Gómez han dejado $30 por día por persona para la comida. ¿Cuál es el máximo que cada persona puede gastar en artículos diferentes de la comida (entretenimiento, recuerdos, artículos de emergencia, etc.)?

Hacer una gráfica en la recta numérica

Las soluciones de una ecuación o de una desigualdad pueden representarse gráficamente sobre la recta numérica.

Resuelve la ecuación $3w = {}^-9$ y haz una gráfica de su solución.

$$3w = {}^-9$$
$$\tfrac{1}{3} \cdot 3w = \tfrac{1}{3} \cdot {}^-9$$
$$w = {}^-3$$

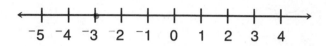

Resuelve la desigualdad $n + 8 \geq 3$ y haz una gráfica de su solución.

$$n + 8 \geq 3$$
$$n + 8 + {}^-8 \geq 3 + {}^-8$$
$$n \geq {}^-5$$

Para mostrar que ⁻5 es una solución, usa un punto sólido.

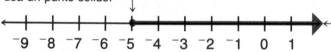

Para mostrar que todos los números mayores de ⁻5 son soluciones sombrea todos los puntos a la derecha del ⁻5.

Resuelve la desigualdad $3n - 5 < 7$ y haz una gráfica de su solución.

$$3n - 5 < 7$$
$$3n + {}^-5 + 5 < 7 + 5$$
$$3n < 12$$
$$\tfrac{1}{3} \cdot 3n < \tfrac{1}{3} \cdot 12$$
$$n < 4$$

Para mostrar que 4 no es una solución, usa un punto no rellenado.

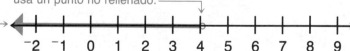

Para mostrar que todos los números menores de 4 son soluciones sombrea todos los puntos a la izquierda del 4.

TRABAJO EN CLASE

Resuelve cada uno y haz una gráfica de su solución.

1. $x + 1 \leq 2$
2. $2w < {}^-4$
3. $4t + 5 = 17$
4. $n - 2 \geq 0$
5. $\frac{w}{2} = {}^-8$
6. $2y - 3 > {}^-7$

PRÁCTICA

Resuelve cada uno y haz una gráfica de su solución.

1. $2x = {}^-20$

2. $3b \geq 0$

3. $x + 6 > 7$

4. $n - 5 < {}^-8$

5. $t + 3 = {}^-4$

6. $x + {}^-2 = 0$

7. $4t > {}^-20$

8. $y + 5 \leq 2$

9. $\frac{w}{{}^-5} = 2$

10. $n - 7 < {}^-3$

11. $\frac{x}{3} < {}^-4$

12. $0 \geq n + 3$

13. ${}^-25 < 5y$

14. $1 + m < {}^-3$

15. ${}^-3 = \frac{n}{2}$

16. $3t + 2 = 2$

17. $2x - 1 < 9$

18. ${}^-10 = 3n - 4$

19. ${}^-2 < \frac{n}{4} - 6$

20. ${}^-7 \geq {}^-3 + 4x$

21. $7n + 4n = {}^-11$

★ **22.** $2t - 4 \leq {}^-3$

★ **23.** ${}^-8 < 4n - 5$

★ **24.** ${}^-2x + 5x > {}^-2$

APLICACIÓN

=== RAZONAMIENTO VISUAL ===

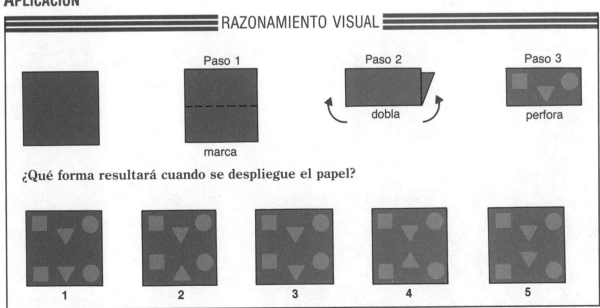

Paso 1 marca

Paso 2 dobla

Paso 3 perfora

¿Qué forma resultará cuando se despliegue el papel?

1   2   3   4   5

Problemas para resolver

REPASO DE DESTREZAS Y ESTRATEGIAS

Resuelve.

1. Stan está cargando cuatro cajas de provisiones en su bote. Juntas las cajas pesan 80 libras. Cada caja es un tercio del peso de la siguiente caja más pesada. ¿Cuánto pesa cada caja?

2. Se construye un nuevo embarcadero. Los atracaderos se numerarán consecutivamente comenzando por el 1. Se requerirá 489 dígitos individuales de latón. ¿Cuántos atracaderos habrá?

3. La flota pesquera zarpó de la Bahía Manilow cuando el nivel del agua llegó a 32 pies. A las 5:00 A.M. la profundidad era de 27 pies. La marea subió a $1\frac{1}{2}$ pies por hora en las 6 horas siguientes. La profundidad del agua se midió a cada hora en punto. ¿A qué hora zarpó la flota?

4. Un yate de vela zarpó de su atracadero en Los Angeles para Puerto Vallarta navegando a una velocidad de 12 millas por hora. Después de 3 horas tuvo problemas con el motor y regresó al atracadero a la mitad de la velocidad. ¿A qué hora llegó el yate a Los Angeles?

5. Un buque estudia el fondo del océano. Durante la primera hora el buque navega 8 millas hacia el norte. Durante la próxima hora se desvía 3 millas hacia el sur.
   a. Si el buque continúa en esta manera, ¿cuántas millas habrá recorrido en total después de 7 horas?
   b. Después de 7 horas, ¿dónde estará en relación con su punto de salida?

6. Hay un monumento de rocas cerca del muelle. Están apiladas en forma de una pirámide cuadrada con 100 rocas en la capa de abajo, 81 en la segunda capa y así sucesivamente hasta la capa superior de 1 roca.
   a. ¿Cuántas rocas hay en una cara del monumento?
   b. ¿Cuántas rocas hay en total?

7. Un barco de pesca acaba de regresar al puerto con su pesca. En un período de 3 horas, se pescó el doble de truchas marinas que de perca rayada. Pescaron 1 platija menos que las truchas marinas y 4 veces más peces azulados que platijas. Pescaron 12 peces azulados. ¿Cuántos peces de cada clase pescaron?

8. Cuando regresó al muelle María vendió su pesca del día a la fábrica de conservas local. Después pagó $8.00 por su carnada. Gastó la mitad de lo que le había quedado en una caña nueva y la mitad de lo que le quedó entonces en un nuevo carrete. Después compró 6 plomadas por 20¢ cada una. Le quedaron $24.20. ¿Por cuánto vendió lo que había pescado?

9. Cada uno de los 14 botes de una flota pesquera se comunica con cada uno de los demás botes una vez por hora. ¿Cuántas veces se comunican los botes en una hora?

10. Julia tiene $3.00 en cambio para hacer una llamada telefónica del barco a la costa. El costo de una llamada es 75¢ por los 3 primeros minutos y 18¢ por cada minuto adicional. ¿Cuántos minutos puede hablar?

★ 11. Stacy, José y Lisa recogieron conchas en la playa. Se dividieron las conchas equitativamente. Cada persona después regaló 6 conchas. El número *total* de conchas que quedaron entonces era el mismo que el número que cada persona tenía después de que las conchas se dividieron equitativamente. ¿Con cuántas conchas comenzaron en total?

★ 12. La goleta pescadora *Sailfish* zarpó del muelle a las 11:00 A.M. Navegó hacia el este a 15 millas náuticas por hora. A la misma hora zarpó la goleta *Bluefish* del mismo muelle y se encaminó hacia el norte a 20 millas náuticas por hora. ¿A qué distancia estarán los barcos después de haber navegado 3 horas?

Nombra los inversos aditivos y multiplicativos de cada uno. págs 406–407

1. 4 **2.** $\frac{3}{4}$ **3.** $\frac{-1}{8}$ **4.** $\frac{-6}{5}$ **5.** $1\frac{1}{2}$ **6.** $^-2$

Nombra la propiedad ilustrada. págs 406–407

7. $5 + {}^-5 = 0$

8. $1 \cdot \frac{-5}{4} = \frac{-5}{4}$

9. $\frac{1}{3} \cdot \frac{3}{4} = \frac{3}{4} \cdot \frac{1}{3}$

10. $^-4 + 0 = {}^-4$

11. $\frac{-1}{6} \cdot {}^-6 = 1$

12. $\frac{1}{5} \cdot ({}^-2 + 6) = \left(\frac{1}{5} \cdot {}^-2\right) + \left(\frac{1}{5} \cdot 6\right)$

Resuelve y comprueba. págs 408–411, 416–419

13. $x + 9 = 7$

14. $^-6 = y - {}^-4$

15. $^-4n = {}^-16$

16. $\frac{x}{3} = 5$

17. $2n + 1 = 21$

18. $\frac{y}{4} - 1 = {}^-3$

19. $2y + 3 = {}^-7$

20. $4n - n = 21$

21. $^-10 = 8y - 3y$

22. $7y - 5y = 8$

23. $^-n + {}^-3 = 4$

24. $^-3y = 18$

Escribe una ecuación o una desigualdad para cada uno. Después resuélvelas. págs 408–413, 416–419

25. Cinco más que un número n es $^-7$.

26. El producto de $^-2$ por un número y menos 5 es 9.

27. El producto de 7 por un número n es menor o igual a $^-21$.

28. Cuatro veces un número y disminuido por dos veces el mismo número es $^-6$.

Resuelve. Haz una gráfica de la solución sobre la recta numérica. págs 412–413, 420–423

29. $5x = {}^-10$

30. $y + 6 > 9$

31. $\frac{n}{3} < 2$

32. $5y - 2y \le 6$

33. $4x - 1 \ge 11$

34. $5y - 9y = 28$

35. $6x - 1 < 5$

36. $n + {}^-3 > {}^-4$

37. $7x - 3x \le {}^-8$

Resuelve. pages 414–415, 424–425

38. Cada uno de siete amigos tenía una cabina en un transatlántico. Cada amigo visitó la cabina de cada una de los demás. ¿Cuántas visitas se hicieron?

39. Stella vendió un paisaje marino por $\frac{3}{2}$ de su precio original. Vendió la pintura por $180. ¿Cuál fue el precio original? Escribe una ecuación. Después resuélvela.

PRUEBA DEL CAPÍTULO

Nombra los inversos aditivos y multiplicativos de cada uno.

1. 3

2. $\frac{^-1}{4}$

3. $\frac{5}{3}$

4. $^-6$

Resuelve y comprueba.

5. $x + 9 = 8$

6. $^-5 = n - {}^-3$

7. $\frac{y}{4} = 3$

8. $^-3n = {}^-21$

9. $3y + 1 = 19$

10. $^-2n + 6 = {}^-14$

11. $\frac{x}{3} - 1 = {}^-2$

12. $6n - 2n = 12$

13. $^-4 = 5x - x$

Escribe una ecuación o una desigualdad para cada uno. Después resuelve.

14. Tres veces un número x más 4 veces el mismo número es $^-14$.

15. El producto de 3 por un número n es mayor de $^-12$.

16. Cinco menos tres veces un número t es igual a $^-4$.

17. Diez más un número y es menor de o igual a $^-8$.

Resuelve. Haz una gráfica de la solución sobre una recta numérica.

18. $x + 4 \geq 7$

19. $2n = {}^-8$

20. $3n - 1 \leq 11$

21. $5y - y > 8$

22. $7 - 2t = {}^-3$

23. $\frac{m}{11} < {}^-3$

Resuelve.

24. Hay ocho ciudades que forman un octágono. Hay un camino que conecta cada ciudad con cada una de las demás. ¿Cuántos caminos hay?

25. La mayor profundidad del Mar Mediterráneo es unos 2,600 pies más que el doble de la mayor profundidad del Mar Rojo. La profundidad del Mar Mediterráneo es unos 17,000 pies. ¿Aproximadamente qué profundidad tiene el Mar Rojo? Escribe una ecuación y resuélvela.

Resuelve para los enteros. Enumera las primeras tres soluciones.

$$^-\tfrac{3}{5} \div \tfrac{6}{25} \geq \tfrac{1}{2}n - \tfrac{3}{4}n - {}^-\tfrac{5}{2} + \tfrac{1}{3} + \tfrac{2}{3}n$$

RESOLVER ECUACIONES

Puedes usar una calculadora para resolver cualquier ecuación.

Para $n + {}^-6 = {}^-2$, ${}^-2 + 6 = n$.

Aprieta [2] [⁺/₋] [+] [6] [=] ⬛ 4.

Por lo tanto $n = 4$.

Para $\frac{x}{4} = {}^-5$, ${}^-5 \cdot 4 = x$.

Aprieta [5] [⁺/₋] [×] [4] [=] ⬛ ⁻ 20.

Por lo tanto $x = {}^-20$.

Para $2n - 7 = {}^-3$, $({}^-3 + 7) \cdot \frac{1}{2} = n$.

Aprieta [3] [⁺/₋] [+] [7] [×] [.] [5] [=] ⬛ 2. ← operaciones aritméticas

Aprieta [(] [3] [⁺/₋] [+] [7] [)] [×] [.] [5] [=] ⬛ 2. ← operaciones algebraicas

Por lo tanto $x = 2$.

Para $\frac{n}{-3} + 4 = {}^-2$, $({}^-2 + {}^-4) \cdot {}^-3 = n$.

Aprieta [2] [⁺/₋] [+] [4] [⁺/₋] [×] [3] [⁺/₋] [=] ⬛ 18. ← operaciones aritméticas

Aprieta [(] [2] [⁺/₋] [+] [4] [⁺/₋] [)] [×] [3] [⁺/₋] [=] ⬛ 18. ← operaciones algebraicas

Por lo tanto $x = 18$.

Usa una calculadora para resolver cada ecuación. Comprueba cada solución.

1. $x + 34 = {}^-45$

2. $n - 27 = 68$

3. $16n = {}^-192$

4. $\frac{d}{15} = {}^-25$

5. ${}^-28w = 1{,}008$

6. $56 - x = {}^-119$

7. $2n + 14 = 62$

8. $3y - 15 = 72$

9. $\frac{n}{5} + 17 = 54$

10. $36 - 8x = {}^-68$

11. $25 = {}^-51 + \frac{w}{9}$

12. ${}^-117 = {}^-62 + 22n$

13. ${}^-3.2n + 6 = 7.6$

14. $40 = 2y - 17$

15. $4t + 2.5 = 15$

16. $\frac{5}{2}n - 6 = {}^-4$

17. $\frac{-1}{4} - \frac{3}{4}x = 5$

18. $3w - 28 = {}^-30$

RESOLVER DESIGUALDADES

Cada una de las desigualdades de abajo ha sido multiplicada por
$^-1$. Nota que la dirección de los símbolos de la desigualdad se
invierte.

Desigualdad	$4 < 5$	$^-2 > ^-3$	$^-2 < 1$
Multiplicada por $^-1$	$^-4 > ^-5$	$2 < 3$	$2 > ^-1$

▶Cuando ambos lados de una desigualdad son multiplicados
por el mismo número negativo, la dirección del símbolo de
desigualdad siempre se invierte.

Ejemplos

a. Resuelve $^-3x > 15$.

$$^-3x > 15$$

$$-\frac{1}{3} \cdot ^-3x < -\frac{1}{3} \cdot 15 \qquad \text{Dirección invertida}$$

$$\left(-\frac{1}{3} \cdot ^-3\right)x < ^-5$$

$$x < ^-5$$

b. Resuelve $^-4y \leq ^-28$.

$$^-4y \leq ^-28$$

$$-\frac{1}{4} \cdot ^-4y \geq -\frac{1}{4} \cdot ^-28$$

$$\left(-\frac{1}{4} \cdot ^-4\right)y \geq 7$$

$$y \geq 7$$

Resuelve.

1. $^-5y > ^-15$

$$\Box \cdot ^-5y \; \bullet \; \Box \cdot ^-15$$

$$y \; \bullet \; 3$$

2. $^-2x \leq 6$

$$\Box \cdot ^-2x \; \bullet \; \Box \cdot 6$$

$$x \; \bullet \; ^-3$$

3. $^-4x < 12$

4. $^-8y \geq ^-48$

5. $^-20 \leq ^-5x$

6. $^-5r - 2 \leq ^-12$

7. $7 - 4b < 19$

8. $^-7n - 3 > 25$

9. $\frac{x}{^-3} \geq ^-11$

10. $^-4a - 2a < 24$

11. $4 - (3 + x) > 9$

PERFECCIONAMIENTO DE DESTREZAS

Escoge las respuestas correctas. Escribe A, B, C o D.

1. ¿Qué es 3,096 redondeado a la centésima más cercana?

A 4.0

B 3.09

C 3.1

D no se da

2. Resuelve. $x - 14 = 21$

A $x = 35$

B $x = 7$

C $x = 5$

D no se da

3. $\frac{3}{5} \div 3\frac{3}{4}$

A $3\frac{2}{3}$

B $6\frac{1}{4}$

C $\frac{4}{25}$

D no se da

4. ¿Cuál es el $33\frac{1}{3}\%$ de 216?

A 648

B 72

C 144

D no se da

5. $53 - {}^{-}12$

A 65

B 41

C $^{-}41$

D no se da

6. ¿Por qué son congruentes los triángulos?

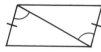

A ALA

B LAL

C LLL

D no se da

7. ¿Cuál es el volumen?

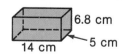

6.8 cm

5 cm

14 cm

A 476 cm^3

B 25.8 cm^3

C 95.2 cm^2

D no se da

8. 3.05×10^{-3}

A 0.00305

B 3,050

C 0.305

D no se da

9. ¿Cuál es el recíproco de $-\frac{2}{3}$?

A $\frac{2}{3}$

B $\frac{-3}{2}$

C 0

D no se da

10. Resuelve. $^{-}8 = x - 5$

A $x = {}^{-}3$

B $x = {}^{-}13$

C $x = 13$

D no se da

11. $x + 3 > 5$ ¿Cuál es verdadera?

A $x > 5$

B $x < 3$

C $x > 2$

D no se da

Usa la gráfica para resolver **12** y **13**. Los patrocinadores de la liga de fútbol están planeando la asistencia del año próximo.

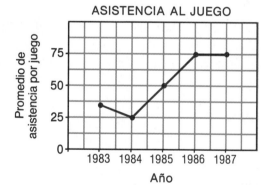

ASISTENCIA AL JUEGO

Promedio de asistencia por juego

1983 1984 1985 1986 1987

Año

12. Si la asistencia aumenta la misma cantidad que aumentó de 1985 a 1986, ¿cuántas personas pueden esperar por partido en 1988?

A 60

B 125

C 100

D no se da

13. La asistencia por partido en 1981 fue la mitad de la de 1985. ¿Cuál fue la asistencia en 1981?

A 4

B 25

C 36

D no se da

Tema: El espacio aéreo

Funciones

Litografía de Honoré Daumier—
M. Barbinet prevenu par sa
portière de la Visite de la
Comète

Hay por lo menos 2 millones de cometas que surcan el espacio a grandes velocidades. El cometa que ha llegado más cerca de la tierra es el Cometa Lexell. Pasó por la tierra en el año 1770 viajando a 24 millas por segundo.

La distancia recorrida por el cometa está relacionada con la duración de su recorrido. La gráfica muestra parte de la relación.

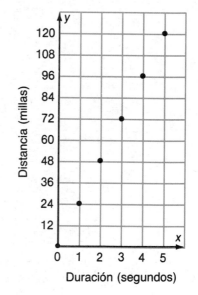

► Una **relación** es un grupo de pares ordenados (x, y). El **dominio** de la relación es todos los valores de x. La **escala** de la relación es todos los valores de y.

Para la relación indicada en la gráfica, cada valor de x es el tiempo del viaje. Cada valor de y es la distancia recorrida en dicho tiempo.

Los pares ordenados indicados en la gráfica son (0, 0), (1, 24), (2, 48), (3, 72), (4, 96), (5, 120).

► Una **función** es una relación en la cual cada valor de x está emparejado solamente una vez con un valor de y. Es decir, cada valor de x ocurre sólo una vez.

Relaciones que son funciones   **a.** (1, ⁻1), (2, ⁻2), (3, ⁻3)   **b.** (1, 3), (2, 3), (3, 3), (4, 3)

Relaciones que no son funciones   **c.** (1, 1), (1, 2), (1, 3), (1, 4)   **d.** (⁻5, 0), (3, 0), (7, 7), (3, ⁻2)

TRABAJO EN CLASE

¿Qué relaciones son funciones? Para 1, escribe el dominio y la escala y haz una gráfica de los pares ordenados.

1. (1, 2), (3, 4), (5, 8), (7, 7)   **2.** (1, 2), (1, 3), (1, 5)   **3.** (1, 6), (⁻1, 6), (0, 5), (⁻4, 4)

PRÁCTICA

Usa lo siguiente para contestar 1–15.

A: (2, ⁻2), (1, ⁻1), (0, 0), (⁻1, 1), (⁻2, 2), (⁻3, 3)

B: (4, 3), (4, 2), (4, 1), (3, 2), (3, 1), (2, 1)

C: (2, 4), (1, 1), (0, ⁻2), (⁻1, ⁻5), (⁻2, ⁻8)

D: (5, 6), (5, 7), (7, 8), (8, 10)

E: (3, 3), (4, 3), (5, 3), (0, 3), (⁻1, 3), (⁻2, 3)

F: (2, ⁻2), (5, ⁻2), (5, 4), (⁻2, 4), (⁻2, 2)

G: (⁻1, 10), (⁻3, 10), (0, 5), (4, 6)

Haz una gráfica de los pares ordenados.

1. *A*   2. *B*   3. *C*   4. *E*   5. *F*

¿Cuáles son funciones?

6. *A*   7. *B*   8. *C*   9. *D*   10. *E*   11. *F*   12. *G*

Da los valores de cada uno.

13. ¿Cuál es el dominio de *A*?   14. ¿Cuál es la escala de *C*?   15. ¿Cuál es la escala de *E*?

Escribe los pares ordenados para cada gráfica. ¿Cuáles son funciones?

★ 16.
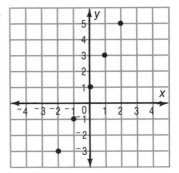

★ 17.
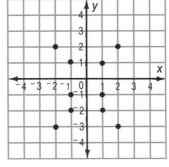

★ 18.
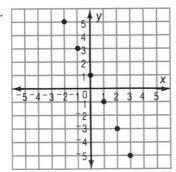

APLICACIÓN

19. El Cometa Halley pasó por la tierra en 1985 viajando hacia el sol a una velocidad de unas 20 millas por segundo. Haz una gráfica de la relación entre tiempo y distancia recorrida para cada uno de 5 segundos. ¿Es esta relación una función?

20. Antes de entrar a la nave espacial, los 7 viajeros se reunieron en el salón. Cada viajero apretó la mano de cada uno de los demás viajeros. ¿Cuántos apretones de manos hubo en total?

Hacer gráficas de ecuaciones

El peso de un objeto depende de la atracción gravitatoria del planeta o luna sobre el que se encuentre. En el espacio un astronauta está prácticamente sin peso. Sobre la tierra el astronauta pesa 6 veces más de lo que pesaría sobre la luna.

Una ecuación puede describir esta relación.

$e = 6m$

La gráfica de la ecuación es todos los puntos cuyas coordenadas son soluciones de la ecuación. Para hacer una gráfica de la ecuación, sigue estos pasos.

Paso 1 Haz una tabla de valores para m y e. Escoge un valor para m. Después halla el valor correspondiente para e que complete la oración matemática.

m	$e = 6m$	(m, e)
1	6	(1, 6)
2	12	(2, 12)
3	18	(3, 18)

Paso 2 Haz una gráfica de los puntos para los pares ordenados (m, e) de la tabla.

Paso 3 Dibuja una línea que conecte los puntos. La línea es la gráfica de la ecuación.

Las coordenadas (m, e) de cualquier punto de la línea serán una solución de la ecuación $e = 6m$. $(^-1, ^-6)$ es un punto de la línea. $^-6 = 6 \cdot ^-1$
$(^-1, ^-6)$ es una solución de $e = 6m$.

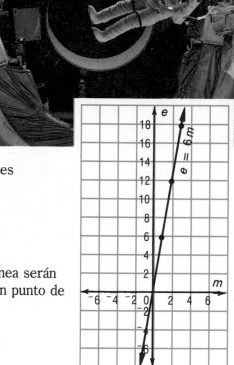

TRABAJO EN CLASE

Completa cada cuadro. Después haz una grafica de cada ecuación.

1. $y = x + 3$

x	y
4	
2	
0	
$^-2$	
$^-4$	

2. $y = x - 1$

x	y
4	
3	
2	
1	
0	

3. $y = 2x$

x	y
3	
2	
1	
0	
$^-1$	

4. $y = 2x - 3$

x	y
4	
2	
0	
$^-2$	
$^-4$	

434

PRÁCTICA

Completa cada cuadro. Después haz una gráfica de cada ecuación.

1. $y = x + 4$

x	y
3	
2	
1	
0	
⁻1	

2. $y = \frac{1}{2}x$

x	y
4	
2	
0	
⁻2	
⁻4	

3. $y = 2x - 1$

x	y
2	
1	
0	
⁻1	
⁻2	

4. $y = {}^{-}3x + 1$

x	y
2	
1	
0	
⁻1	
⁻2	

5. $y = x + 2$

6. $y = 2x - 5$

7. $y = x$

8. $y = -x$

9. $y = {}^{-}3x + 2$

10. $y = \frac{3}{2}x - 1$

★**11.** $y = 4 - x$

★**12.** $y = 1 - 2x$

Usa la gráfica de $y = 3x - 1$ para contestar 13–17.

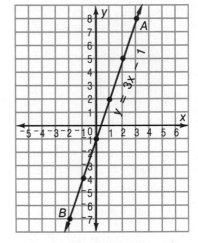

13. ¿Cuál es el valor de x cuando $y = {}^{-}4$?

14. ¿Cuáles son las coordenadas del punto A?

15. ¿Cuáles son las coordenadas del punto B?

16. Da otras dos soluciones de $y = 3x - 1$.

★**17.** ¿Cuántas soluciones hay para la ecuación $y = 3x - 1$?

APLICACIÓN

18. En Mercurio una roca pesaría casi $\frac{1}{2}$ de lo que pesa en la Tierra. Haz una gráfica de la ecuación $m = \frac{1}{2}e$. Escribe dos pares ordenados que sean soluciones.

★**19.** Se puede saltar 6 veces más lejos en la Luna que en la Tierra. Expresa esto como una ecuación. Haz una gráfica de la ecuación para distancias de 0 a 9 metros sobre la Tierra.

LA CALCULADORA

No sólo varía la atracción gravitatoria de los planetas. La duración de tiempo que lleva dar la vuelta al sol varía de planeta a planeta. Esta tabla muestra la duración de un año en otros planetas del sistema solar. Selina tiene 10 años de edad en la Tierra. ¿Qué edad tendría en los otros planetas? Da tus respuestas en años, meses o semanas, según corresponda. Redondea a la unidad más cercana.

Planeta	Duración de un año (tiempo en la Tierra)
Mercurio	88 días
Venus	225 días
Marte	687 días
Júpiter	11.9 años
Saturno	29.5 años
Urano	84 años
Neptuno	164.8 años
Plutón	248.4 años

Pendiente

La figura de la derecha muestra la inclinación del eje de la tierra.

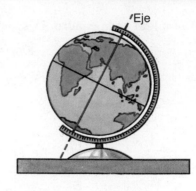

▶La inclinación de una línea se llama su **pendiente.** La pendiente de una línea puede expresarse como una razón usando dos puntos cualquiera de la línea.

$$\text{Pendiente} = \frac{\text{cambio en el valor de } y}{\text{cambio en el valor de } x}$$

Usa los puntos $A(3, 7)$ y $B(6, 14)$ para hallar la pendiente del eje de la tierra (m).

Cambio en el valor de $y = 14 - 7 = 7$
Cambio en el valor de $x = 6 - 3 = 3$

$m = \frac{7}{3}.$ | Por cada cambio de 3 unidades a lo largo del eje de la x, hay un cambio de 7 unidades a lo largo del eje de la y.

La pendiente del eje de la tierra es $\frac{7}{3}$.

▶El **corte en la** y de una línea es el valor de la y en el punto donde la línea cruza el eje de la y.

La pendiente (m) y el corte en la y (b) de una línea pueden usarse para escribir la ecuación de dicha línea.

Para cualquier línea, $y = mx + b$.

Para la ecuación del eje de la tierra, $m = \frac{7}{3}$ y $b = 0$.

Por lo tanto $y = \frac{7}{3}x + 0$ ó $y = \frac{7}{3}x$.

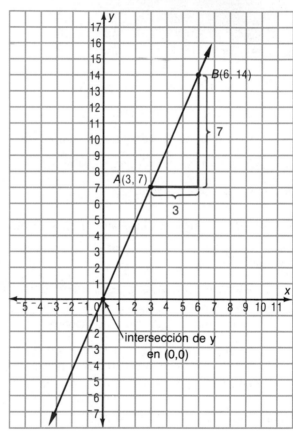

TRABAJO EN CLASE

Da la pendiente y el corte en la y para cada línea.

1. $y = 3x + 1$

2. $y = 2x - 3$

3. $y = {}^{-}4x + 2$

Escribe la ecuación de la línea con la pendiente y el corte en la y dados.

4. $m = 2;\ b = 3$

5. $m = \frac{1}{2};\ b = {}^{-}2$

6. $m = {}^{-}1;\ b = 1$

Halla la pendiente de la línea que contiene cada par de puntos.

7. $(2, 5),\ (1, 3)$

8. $(3, 1),\ (4, 2)$

9. $(0,\ {}^{-}3),\ (2, 0)$

Da la pendiente y el corte en la y de cada línea.

1. $y = 3x - 1$
2. $y = x - 5$
3. $y = 5x - 3$
4. $y = {}^-4x + 7$

5. $y = -x - 2$
6. $y = \frac{2}{3}x + 6$
7. $y = \frac{1}{2}x - 2$
★8. $y = \frac{x}{4}$

Escribe la ecuación de la línea con la pendiente y el corte en la y dados.

	p	corte en la y
9.	2	‾1
10.	3	2
11.	$\frac{3}{4}$	8

	p	corte en la y
12.	‾6	‾5
13.	7	0
★14.	0	11

Halla la pendiente de la línea que contiene cada par de puntos.

15. $(3, 7), (2, 6)$
16. $(2, 5), (1, 2)$
17. $(5, 3), (4, 2)$
18. $(4, {}^-7), (2, {}^-3)$

19. $(5, {}^-10), (6, {}^-4)$
20. $(17, 6), (15, 6)$
21. $({}^-5, 1), (5, 3)$
22. $(1, 5), ({}^-6, 13)$

Halla la pendiente y el corte en la y de cada línea. Escribe la ecuación.

★23.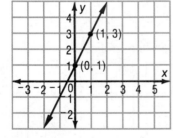

★24.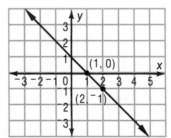

★25.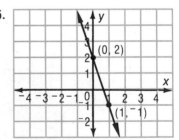

APLICACIÓN

26. Halla la pendiente de la línea de ascensión del transbordador espacial ilustrado abajo. Escribe la respuesta en su expresión mínima.

★27. Una fotografía tomada desde el espacio muestra dos colinas en la luna. ¿Cuál de las colinas es más fácil de escalar para un astronauta? Explica por qué.

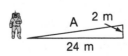

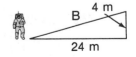

Hacer gráficas de desigualdades

Para hacer una gráfica de la desigualdad $y > 2x$ sigue estos pasos.

Paso 1 Haz una gráfica de la ecuación $y = 2x$.
Usa una línea cortada para mostrar
que la gráfica de $y = 2x$ no es parte
de la gráfica de la desigualdad $y > 2x$.

Paso 2 Escoge 2 puntos, uno por encima y
uno por debajo de la línea.
$A(1,3)$ queda por encima de la línea.
$B(2,^-2)$ queda por debajo de la línea.

Paso 3 Halla el punto que satisface la
desigualdad $y > 2x$.

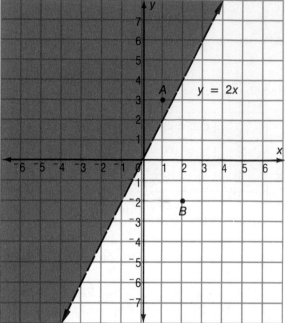

Para $A(1,3)$ Para $B(2,^-2)$
$3 \bullet 2 \cdot 1$ $^-2 \bullet 2 \cdot 2$
$3 > 2$ $^-2 < 4$

$A(1,3)$ satisface la desigualdad.

Paso 4 Sombrea la gráfica del mismo lado de la
línea en que está el punto que satisface la
desigualdad. Como $A(1,3)$ satisface la desigualdad,
sombrea por encima de la línea.

Más ejemplos

a. Haz una gráfica de $y \leq 2x$.

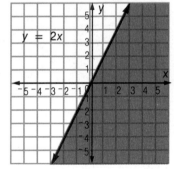

Una línea sólida muestra que
$y = 2x$ es parte de la
desigualdad.

Una línea cortada muestra que
$y = x + 1$ no es parte de la
desigualdad.

b. Haz una gráfica de $y < x + 1$.

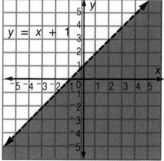

TRABAJO EN CLASE

Haz una gráfica de cada desigualdad.

1. $y > x$

2. $y \leq x + 2$

3. $y \geq 2x - 1$

4. $y < 3x - 2$

PRÁCTICA

Haz una gráfica de cada desigualdad.

1. $y \leq x$
2. $y > x - 1$
3. $y \geq 2x - 3$
4. $y < 2x + 2$
5. $y > {}^{-}3x$
6. $y \geq -x + 2$
7. $y > \frac{1}{3}x$
8. $y < \frac{1}{2}x - 1$
9. $y > {}^{-}2x - 2$
10. $x < {}^{-}5$
11. $y \geq 4x$
12. $y \leq x + 4$
13. $y < -x - 5$
14. $y \geq \frac{1}{2}x$
15. $x \geq 3$
16. $y \leq 4$
★17. $x + y \leq 6$
★18. $2x - y > 5$

Da desigualdades para las gráficas.

★19.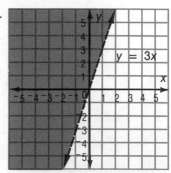

★20.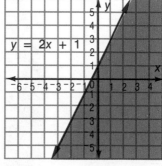

★21.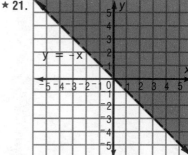

★22.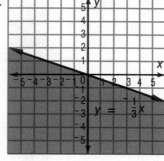

APLICACIÓN

23. En su clase de astronomía Zack dibujó la gráfica de la línea $y = x$ en su mapa de estrellas. La línea divide el mapa en tres conjuntos de estrellas. Escribe una oración matemática que describa cada uno de los siguientes: el conjunto de estrellas sobre la línea; el conjunto de estrellas por encima de la línea; el conjunto de estrellas por debajo de la línea.

★24. Supón que Zack divide el mapa de estrellas dibujando la gráfica de cualquier línea, $y = mx + b$. Escribe una oración matemática que describa cada uno de los siguientes: el conjunto de estrellas sobre o por encima de la línea; el conjunto de estrellas sobre o por debajo de la línea.

Sistemas de ecuaciones

Los primeros astronautas eran pilotos profesionales. Hoy, NASA recluta científicos además de pilotos. Un curso de capacitación de astronautas con 18 personas tenía el doble de científicos que de pilotos. ¿Cuántos pilotos y cuántos científicos había?

Escribe ecuaciones para la información dada.

$p + c = 18$ $\qquad$ $2p = c$

Las dos ecuaciones forman un **sistema de ecuaciones**.

Puede emplearse una gráfica para resolver un sistema de ecuaciones. Haz una gráfica de ambas ecuaciones en el mismo plano de coordenadas.

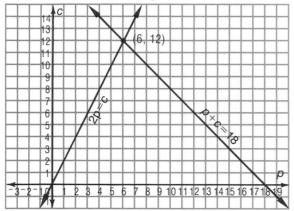

Halla el punto donde se cruzan las gráficas. (6, 12) es la intersección de las gráficas. Como (6, 12) es un punto en ambas gráficas es una solución para ambas ecuaciones. Por lo tanto es la solución del sistema de ecuaciones.

Comprueba Substituye (6, 12) en cada ecuación.

$2p = c$ $\qquad\qquad\qquad$ $p + c = 18$
$2(6) = 12$ $\qquad\qquad\qquad$ $6 + 12 = 18$

Había 6 pilotos y 12 científicos.

Trabajo en clase

Resuelve cada sistema de ecuaciones haciendo una gráfica. Comprueba tus soluciones.

1. $y = x - 1$
$\quad y = 2x - 5$

2. $y = 4x - 3$
$\quad y = x + 3$

3. $y = -x + 3$
$\quad y = x - 1$

PRÁCTICA

Resuelve cada sistema de ecuaciones haciendo una gráfica. Comprueba tus soluciones.

1. $y = 2x + 3$
   $y = x + 4$

2. $y = -x + 6$
   $y = x + 4$

3. $y = {}^-2x$
   $y = -x + 3$

4. $y = 3x - 1$
   $y = x + 3$

5. $y = {}^-3x$
   $y = 2x$

6. $y = x + 5$
   $y = 2$

7. $y = -x - 6$
   $y = x + 2$

8. $y = x - 4$
   $y = -x - 4$

★9. $x + y = 5$
   $x - y = 1$

Usa la gráfica para hallar la solución para cada sistema de ecuaciones.

10. $y = x + 1$
    $x + y = 5$

11. $x + y = 5$
    $y = {}^-3$

12. $y = x + 1$
    $y = {}^-3$

13. $y = x + 1$
    $y = 0$

★14. Da la ecuación de una línea que nunca tendrá una solución común con $y = {}^-3$.

Haz una gráfica de cada sistema de ecuaciones. ¿Cuál es la relación entre las dos líneas?

★15. $y = x + 3$
    $y = x - 2$

★16. $y = 2x - 1$
    $y = {}^-\frac{1}{2}x + 2$

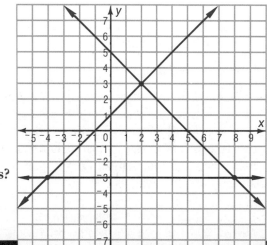

APLICACIÓN

Escribe sistemas de ecuaciones para 17–19. Resuelve los sistemas haciendo una gráfica.

17. Los astronautas pasaron 20 horas de capacitación. Pasaron 6 horas más en la clase que en el simulador de vuelo. ¿Cuánto tiempo pasaron en cada uno?

18. La sala de control de la misión es rectangular. La sala es el doble de largo que de ancho. Su perímetro es 48 metros. Halla las dimensiones de la sala.

★19. La tienda de recuerdos del centro espacial vendió 210 carteles un día. Un cartel grande cuesta $4 y uno pequeño $2. Si el total que se cobró fue $540, ¿cuántos de cada tamaño se vendieron?

Problemas para resolver

SOLUCIONES ALTERNAS

Un problema puede resolverse de más de una manera. Pero cualquiera que sea la manera en que se resuelve, la respuesta es siempre la misma. Es útil repasar un problema usando una solución alterna para comprobar tu respuesta.

A las 9:00 A.M. un Concorde salió de Washington, D.C. con rumbo a París, Francia. Una hora más tarde otro Concorde salió de París con rumbo a Washington, D.C. volando por la misma ruta. Ambos aviones viajaban a 1,200 mph. La distancia entre Washington, D.C. y París es 4,000 millas. ¿A qué hora se cruzaron los aviones?

Este problema puede resolverse adivinando y comprobando, o por medio de la simulación.

Método 1—Adivina y comprueba

A-el Concorde que viaja desde Washington, D.C. hasta París.
B-el Concorde que viaja desde París hasta Washington, D.C.
En el punto en que se cruzaron los dos aviones juntos habían recorrido 4,000 millas, la distancia desde Washington, D.C. hasta París. Usa la fórmula $D = rt$ para hallar la distancia que había recorrido cada avión.

Adivina	Tiempo	Distancia (en mi) recorrida por A	Distancia (en mi) recorrida por B	Distancia total (en mi) recorrida por A y B	
1	11:00 A.M.	$1{,}200 \times 2 = 2{,}400$	$1{,}200 \times 1 = 1{,}200$	$2{,}400 + 1{,}200 = 3{,}600$	← demasiado poco
2	12:00 del día	$1{,}200 \times 3 = 3{,}600$	$1{,}200 \times 2 = 2{,}400$	$3{,}600 + 2{,}400 = 6{,}000$	← demasiado
3	11:10 A.M.	$1{,}200 \times 2\frac{1}{6} = 2{,}600$	$1{,}200 \times 1\frac{1}{6} = 1{,}400$	$2{,}600 + 1{,}400 = 4{,}000$	← correcto

Los aviones se cruzaron a las 11:10 A.M.

Método 2—Simulación

Dibuja una línea cronológica para ilustrar qué distancia había recorrido cada avión en cada hora. Viajando a 1,200 mph los aviones tardaron $3\frac{1}{3}$ h en recorrer 4,000 mi. ⟶ $4{,}000 \div 1{,}200 = 3\frac{1}{3}$

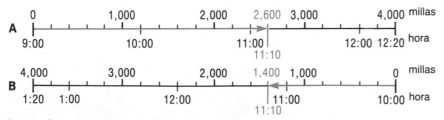

Los aviones se cruzaron a las 11:10 A.M.

¿Son ambas respuestas iguales?

Muestra dos métodos para resolver cada problema. Compara las respuestas. Deberían ser iguales.

1. Se pidió a una muestra de 1,200 estudiantes del octavo grado que nombraran el primer astronauta de Estados Unidos que caminó sobre la luna. Los estudiantes que recordaron que fue Neil Armstrong fueron dos veces más numerosos que los que no lo recordaron. ¿Cuántos estudiantes recordaron que fue Neil Armstrong?

2. Una llamada telefónica enviada por satélite cuesta $5.25 por los primeros 3 minutos y $.58 por cada minuto adicional. Se pagó $9.31 por una llamada. ¿Cuánto duró la llamada?

3. El Edificio Topeka abre todas las mañanas a las 8:00 A.M. El ascensor comienza en la planta baja. A las 8:05 A.M. un día estaba en el piso 42. Había hecho 7 viajes: arriba 36 pisos, arriba 28 pisos, abajo 18 pisos, arriba 12 pisos, abajo 42 pisos, arriba 37 pisos y un viaje más. ¿Qué distancia recorrió en el último viaje?

En 2012 la tripulación del transbordador espacial *Xavier* está visitando la Estación Espacial XXII.

4. Hay 24 vehículos de la patrulla espacial en un hangar. Algunos de los vehículos transportan 3 tripulantes, otros transportan 4. Los 86 miembros de la tripulación están en una sesión de información. ¿Cuántos vehículos transportan 3 tripulantes?

5. El *Xavier* sale de la Estación Espacial XXII para visitar 4 estaciones más con 100 pasajeros. En cada estación, los pasajeros salen y entran de la siguiente manera: Estación X—10 salen, 25 entran; Estación IV—35 salen, 18 entran; Estación XIV—40 salen, 22 entran; Estación XIX—65 salen, 82 entran. Después el *Xavier* vuelve a la Estación XXII. ¿Cuántos pasajeros hay en el regreso?

6. El viaje de regreso a la Estación XXII es de 25,000 millas. El *Xavier* viaja a 6,250 mph. ¿A qué hora debe salir de la última parada para llegar a la Estación XXII a las 3:00 P.M.?

7. La tripulación del *Xavier* va a reparar los satélites 1, 2, 3 y 4. Los satélites se reparan en cualquier orden. ¿En cuántos órdenes pueden repararse los satélites?

CREA TU PROPIO PROBLEMA

Usa los datos para escribir un problema que pueda resolverse de más de una manera. Pide a un compañero que lo resuelva de dos maneras.

LANZAMIENTO DE NAVE ESPACIAL	
Año	Número de naves espaciales
1	31
2	38
3	46
4	55

Teselaciones y transformaciones

Probablemente has visto azulejos, papel de empapelar o diseños decorativos que repiten una misma forma para cubrir una superficie sin espacios de separación o superposiciones. Para teselar un plano puedes mover una figura básica usando translaciones, rotaciones o vueltas. Estos movimientos se llaman **transformaciones.** Abajo se muestran varios ejemplos de figuras básicas que teselan un plano.

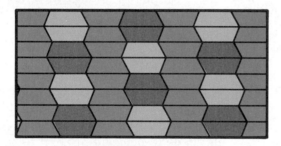
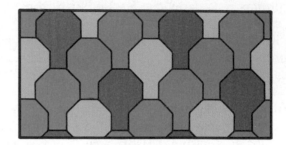
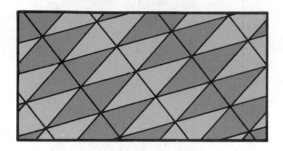

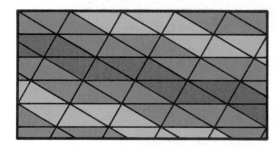
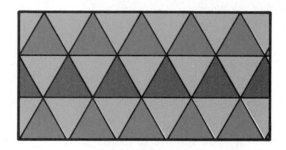
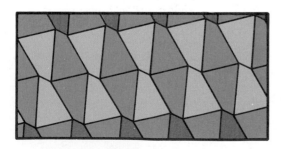
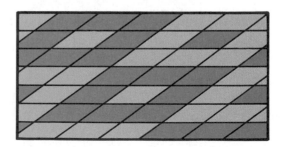

TRABAJAR JUNTOS

Trabaja en pareja. Necesitarás papel grueso o cartulina, tijeras y una regla recta.

1. Fíjate en los ejemplos de teselación. Nombra o describe las formas especiales de cada figura.

2. Escoge una forma básica en cada figura. Después haz una translación, una vuelta o una rotación de esa forma a otras posiciones en la figura.

3. Dibuja un triángulo en papel grueso y recórtalo con cuidado. Usa esta forma para dibujar una teselación del plano.

4. Dibuja un cuadrilátero en papel grueso. Usa el cuadrilátero de la misma manera que usaste el triángulo para hacer una teselación diferente.

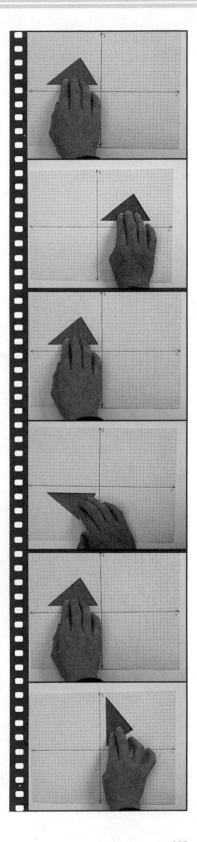

COMPARTIR IDEAS

Comenta tus teselaciones con tu compañero.

1. ¿Qué transformaciones usaste al crear tu diseño de teselación?

2. Averigua si podrías haber hecho un patrón diferente con tu forma triangular.

3. ¿Ha encontrado alguien una forma que no ponga teselados en el plano?

RAZONAR A FONDO

1. Comenta si es posible usar un triángulo o un cuadrilátero para teselar el plano.

2. Fíjate en una teselación basada en un triángulo. ¿Qué combinación de seis ángulos se encuentran en cada vértice?

3. Fíjate en una teselación basada en un cuadrilátero. ¿Qué combinación de ángulos parecen encontrarse en un punto?

4. ¿Cómo se relacionan las dos preguntas previas con la suma de los ángulos interiores de un triángulo y un cuadrilátero? Explica.

5. Haz un experimento para teselar el plano usando pentágonos regulares. Describe los problemas que encuentres.

Explorar transformaciones

TRABAJAR JUNTOS

Trabaja en un grupo pequeño. Usa papel cuadriculado. Haz una gráfica del triángulo *ABC* como se muestra. Al realizar las transformaciones de abajo, lleva un récord de las coordenadas de *A*, *B* y *C* y de las de la transformación, *A'*, *B'* y *C'*.

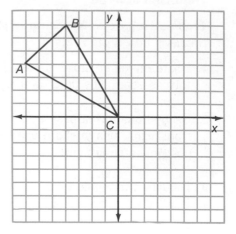

1. Translada el triángulo *ABC* cualquier número de unidades
   - horizontalmente.
   - verticalmente.
   - horizontal y verticalmente

2. Refleja el triángulo *ABC*
   - usando el eje de la *y* como recta de reflexión.
   - usando el eje de la *x* como recta de reflexión.

3. Gira el triángulo *ABC* usando el origen como centro de rotación.
   - Gira 90° en sentido contrario a las manecillas del reloj.
   - Gira 180° en sentido contrario a las manecillas del reloj.

1. Examina los récords de las translaciones hechas con el triángulo *ABC*.

   - ¿Cómo cambian las coordenadas *x* e *y*?
   - ¿Puedes encontrar un patrón al transladar el triángulo horizontal y verticalmente?

2. Fíjate en las reflexiones del triángulo *ABC*.

   - ¿Cómo describirías los cambios en las coordenadas para los vértices correspondientes? Comprueba tus ideas reflejando otros triángulos alrededor de estos ejes.
   - ¿Debe haber un vértice en el origen para que den resultado tus ideas?

3. Fíjate en los triángulos resultantes de las rotaciones en sentido contrario a las manecillas del reloj del triángulo *ABC*.

   - ¿En qué se parecen las coordenadas de los vértices de la imagen después de una rotación de 90° a las del triángulo *ABC*?

═══ RAZONAR A FONDO ═══

1. Para demostrar que entiendes las translaciones, predí la posición de una figura con vértices en $(-5, 2)$, $(3, 3)$ y $(1, -1)$ después de transladarse 5 unidades a la derecha y 4 unidades hacia abajo. ¿Cómo puedes verificar esa predicción?

2. Para demostrar que entiendes las reflexiones, predí las coordenadas de las reflexiones alrededor del eje de la *x* y del eje de la *y* de una figura con vértices en $(12, 8)$, $(10, 8)$, $(2, 2)$ y $(8, 2)$. ¿Cómo puedes verificar esta predicción?

3. ¿Cómo sabes si hiciste rotar una figura 90°?

4. Escoge un centro de rotación que no sea el origen. Haz un experimento para hallar la imagen de una figura al girarla 90° en sentido contrario a las manecillas del reloj. ¿y 180°? ¿Se aplican las mismas reglas para la rotación alrededor del como origen?

Problemas para resolver

REPASO DE DESTREZAS Y ESTRATEGIAS

Resuelve. Usa la señal de abajo para contestar 3–4.

1. El próximo lanzamiento espacial tendrá lugar el duodécimo día del mes. El mes tiene cinco lunes, tres de los cuales tienen fechas de números pares. ¿Para qué día de la semana se ha programado el lanzamiento?

2. Para el próximo mes se han programado dos lanzamientos para dos días consecutivos. El producto de las fechas de esos días es 812. ¿Cuáles son las fechas en que los dos lanzamientos tendrán lugar?

3. Rona está a mitad de camino entre el área de lanzamiento y el hospital. ¿Puede llegar al laboratorio en una hora si maneja a un promedio de 50 km por hora?

4. Pedro ha viajado 20 km desde el área de lanzamiento hasta el hospital. ¿A qué distancia está del laboratorio?

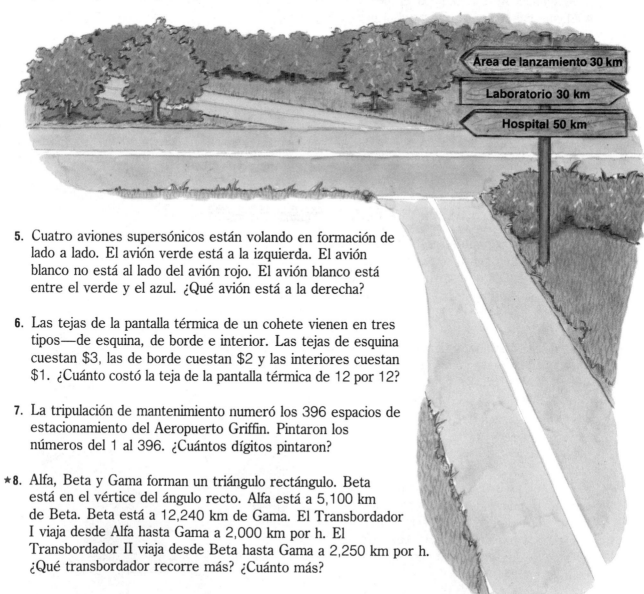

Área de lanzamiento 30 km

Laboratorio 30 km

Hospital 50 km

5. Cuatro aviones supersónicos están volando en formación de lado a lado. El avión verde está a la izquierda. El avión blanco no está al lado del avión rojo. El avión blanco está entre el verde y el azul. ¿Qué avión está a la derecha?

6. Las tejas de la pantalla térmica de un cohete vienen en tres tipos—de esquina, de borde e interior. Las tejas de esquina cuestan $3, las de borde cuestan $2 y las interiores cuestan $1. ¿Cuánto costó la teja de la pantalla térmica de 12 por 12?

7. La tripulación de mantenimiento numeró los 396 espacios de estacionamiento del Aeropuerto Griffin. Pintaron los números del 1 al 396. ¿Cuántos dígitos pintaron?

★8. Alfa, Beta y Gama forman un triángulo rectángulo. Beta está en el vértice del ángulo recto. Alfa está a 5,100 km de Beta. Beta está a 12,240 km de Gama. El Transbordador I viaja desde Alfa hasta Gama a 2,000 km por h. El Transbordador II viaja desde Beta hasta Gama a 2,250 km por h. ¿Qué transbordador recorre más? ¿Cuánto más?

Primeros en la aviación

Esta tabla enumera cinco aviones que fueron los primeros en la historia de la aviación.

Avión	Año en que inició su servicio
Douglas DC-3	1936
De Havilland Comet	1952
Boeing 707	1958
Boeing 747	1970
Concorde	1976

1. El primer avión construido específicamente para el servicio de pasajeros fue el Douglas DC-3 bimotor. El primer avión a reacción de línea fue el De Havilland Comet. ¿Cuántos años después de que el Douglas DC-3 comenzara su servicio comenzó el servicio del avión a reacción?

2. Un Douglas DC-3 mide 20 m de largo y tiene una envergadura de 30 m. Un De Havilland Comet mide 34 m de largo y tiene una envergadura de 35 m. ¿Cuál es más largo, un Douglas DC-3 o un De Havilland Comet? ¿cuánto más largo?

3. El primer jet grande fue el Boeing 747. Es $3\frac{1}{2}$ veces más largo que el Douglas DC-3. Su envergadura es el doble de la del Douglas DC-3. ¿Cuál es la longitud y la envergadura del Boeing 747?

4. El De Havilland Comet fue construido por los ingleses. El Boeing 707 fue el primer avión a reacción construido en Estados Unidos. Un De Havilland Comet puede volar casi a 800 km/h. ¿Cuál vuela más rápido?

5. El primer transporte supersónico (SST) que entró en servicio de pasajeros, el Concorde, fue construido por el Reino Unido y Francia. ¿Cuántos años después de que había empezado el servicio de avión a reacción empezó el servicio del SST?

6. Un Concorde mide 62 m de largo. Un Boeing 707 mide 45 m de largo. ¿Cuál de los cinco aviones en la tabla es el más largo?

7. El Concorde tiene una envergadura de 25 m. ¿Cuál de los cinco aviones en la tabla tiene la envergadura más pequeña?

8. El Douglas DC-3 puede transportar unos 20 pasajeros. El Boeing 747 puede transportar casi 500 pasajeros. ¿Cuántas veces más pasajeros puede transportar el Boeing 747?

Rutas	Distancia (en km)
New York a Tokio	10,872
París a New York	5,850
Los Angeles a Melbourne	12,761
Río de Janeiro a Chicago	8,499
Caracas a Honolulu	9,688
Viena a Singapur	9,710

¿Qué relaciones son funciones? págs 432–433

1. (3, 3), (3, 2), (3, 1), (5, 3), (5, 2), (5, 1)

2. (2, ⁻4), (1, ⁻2), (0, 0), (⁻1, 2), (⁻2, 4)

3. (1, 0), (2, 0), (3, 0), (4, 0)

4. (1, 6), (5, 6), (⁻5, 4), (0, 4)

Haz una gráfica de cada ecuación. págs 434–435

5. $y = x + 2$

6. $y = 3x - 4$

Da la pendiente y el corte en la y de cada línea. págs 436–437

7. $y = 2x + 5$

8. $y = ⁻3x + 6$

9. $y = \frac{1}{2}x - 1$

Halla la pendiente de la línea que contiene cada par de puntos. págs 436–437

10. (1, 2), (3, 4)

11. (0, 4), (2, 0)

Escribe la ecuación de la línea con la pendiente y el corte en la y dados. págs 436–437

12. $m = 3; b = 2$

13. $m = ⁻2; b = ⁻4$

Haz una gráfica de cada desigualdad. págs 438–439

14. $y > x$

15. $y < x + 2$

Resuelve cada sistema de ecuaciones haciendo una gráfica. págs 440–441

16. $y = x + 2; y = -x + 4$

17. $y = x - 6; y = ⁻2x$

Nombra cada transformación. págs 446–447

18.

19.

20.

Copia la figura. Dibuja cada transformación sobre el mismo conjunto de ejes. Escribe las coordenadas de cada punto nuevo. págs 446–447

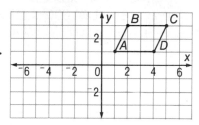

21. Translada *ABCD* 7 unidades hacia la izquierda.

22. Refleja *ABCD* sobre el eje de la *x*.

Resuelve. págs 442–443, 448–449

23. Los miembros de la tripulación de un transbordador espacial están almorzando. Si hay 3 carnes y 4 verduras en el menú, ¿cuántas combinaciones posibles de carne y verduras hay?

24. En una hora dada hubo el doble de despegues que de aterrizajes en un aeropuerto. Si hubo 15 vuelos en total, ¿cuántos despegues y cuántos aterrizajes hubo?

PRUEBA DEL CAPÍTULO

¿Qué relaciones son funciones?

1. $(1, 2), (2, 4), (3, 6), (4, 8), (5, 10)$

2. $(5, 0), (^-5, 0), (4, 1), (4, 1), (0, 0)$

3. $(7, 8), (9, 10), (11, 12)$

Haz una gráfica de cada ecuación.

4. $y = 2x + 1$ **5.** $y = x - 2$

Da la pendiente y el corte en la y de cada línea.

6. $y = 3x + 4$ **7.** $y = {}^-4x + 2$ **8.** $y = \frac{1}{2}x - 1$

Halla la pendiente de la línea que contiene cada par de puntos.

9. $(0, {}^-2), (1, 1)$ **10.** $({}^-2, 5), (0, 1)$

Escribe la ecuación de la línea con la pendiente y el corte en la y dados.

11. $m = {}^-1; b = 5$ **12.** $m = \frac{1}{2}; b = 7$

Haz una gráfica de cada desigualdad.

13. $y < -x + 1$ **14.** $x \geq 2$

Resuelve cada sistema de ecuaciones haciendo una gráfica.

15. $y = x + 2; y = 2$ **16.** $y = -x + 5; y = x + 1$

Escoge la próxima transformación.

17.    **a.**   **b.**   **c.**

Copia la figura. Dibuja cada transformación sobre el mismo conjunto de ejes.

18. Translada $\triangle ABC$ 5 unidades arriba.

19. Refleja $\triangle ABC$ sobre el eje da la y.

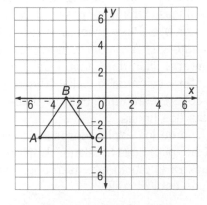

Resuelve.

20. Supón que un paquete enviado por correo aéreo cuesta $7.50 por las primeras 10 oz y $.57 por cada onza adicional. Si Juana gastó $10.92, ¿cuánto pesaba?

Resuelve haciendo una gráfica.

$y = 7 - x$ $x - y = 3$

CACERÍA DE COHETES

Los exploradores espaciales de Alphaville hacen una cacería de cohetes. La figura de abajo es un mapa que muestra una parte de la ciudad. Las manzanas son todas cuadradas y del mismo tamaño.

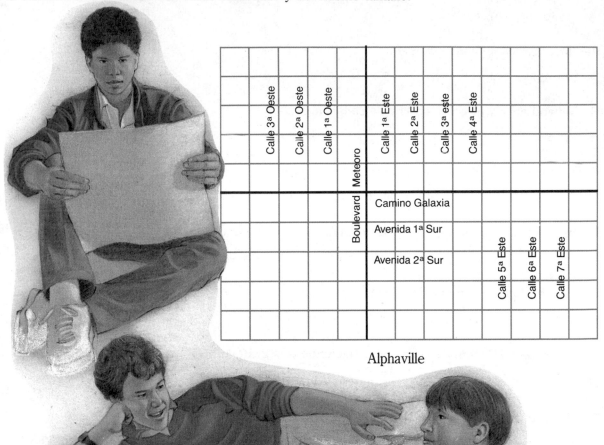

Alphaville

Las instrucciones para la cacería son las siguientes: Dibuja dos líneas. Una línea pasa por la intersección del Camino Galaxia y el Paseo Meteor y por la intersección de la Calle 20 este y la Avenida 10 norte. La segunda línea pasa por la intersección del Camino Galaxia y la Calle 35 este y por la intersección de la Calle 40 este y la y Avenida 15 norte. El cohete está en el edificio plateado en la intersección de estas dos líneas.

Uno de los exploradores espaciales estaba bien preparado y trajo papel cuadriculado. Ampliando el mapa de arriba, muestra el dibujo que usaron los exploradores e indica dónde está el cohete.

PARÁBOLAS

La ecuación $y = x^2$ define una función. La gráfica de la función es la **parábola** ilustrada a la derecha. Esta parábola es una figura simétrica con el eje de la y como su eje de simetría. Estudia la tabla de valores para $y = x^2$.

Para cualquier valor de x el valor de y es igual en x y en $-x$.

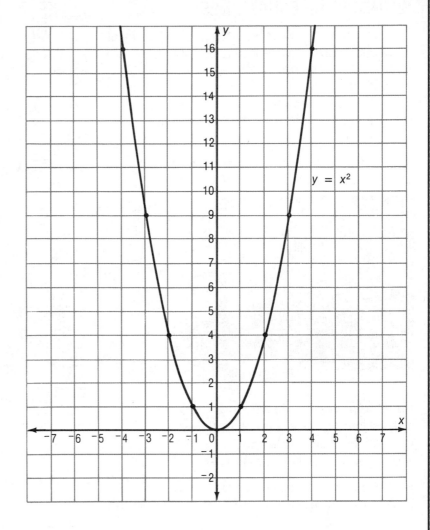

x	y
$^-3$	9
$^-2$	4
$^-1$	1
0	0
1	1
2	4
3	9

Para la función $y = x^2$ el valor de x puede ser cualquier número real. Por lo tanto, el dominio de la función es todos los números reales. Como x^2 debe ser positivo ó 0 todos los valores para y deben ser positivos ó 0. Por lo tanto la escala de la función consiste en todos los números no negativos ($y \geq 0$).

Haz una gráfica de cada parábola. ¿Cuál es el eje de simetría para cada una?

1. $y = 2x^2$ **2.** $y = 3x^2$ **3.** $y = \frac{1}{2}x^2$ **4.** $y = -x^2$

5. ¿Cuál es el dominio y la escala de la función $y = x^2$? ¿Con qué tipo de transformación es la gráfica de $y = x^2$ la imagen de la gráfica de $y = x^2$?

6. Haz una gráfica de la parábola $x = y^2$.

LA COMPUTADORA

SISTEMAS DE ECUACIONES

Las soluciones de muchos sistemas de ecuaciones no pueden determinarse fácilmente por medio de gráficas. Pueden encontrarse soluciones aproximadas *explorando* un intervalo a lo largo del eje de la x para ver cuándo los valores correspondientes de la y son casi iguales.

$$y = \frac{-3}{5}x + 3 \qquad\qquad y = x - 3$$

A medida que la x se acerca al punto de intersección los valores de la y se acercan.

En el programa, la computadora recibe instrucciones y pone a prueba valores más grandes de x hasta hallar la aproximación más cercana de la solución.

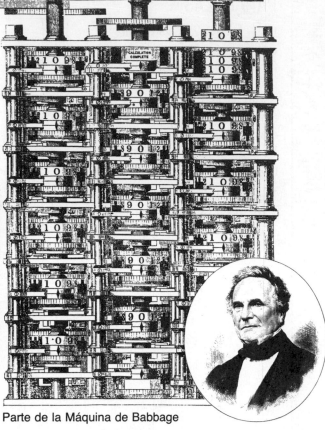

Parte de la Máquina de Babbage

PROGRAMA

Prueba todos los valores de x del 0 al 5 en incrementos o pasos de 0.01 →

El valor y para la primera ecuación es Y1. →

El valor y para la segunda ecuación es Y2: →

ABS(*n*) significa valor absoluto de *n*. La diferencia entre los valores y debería ser muy pequeña.

Redondea x e y a la centésima más cercana. →

```
10 REM SISTEMAS DE ECUACIONES
20 FOR X = 0 TO 5 STEP 0.01
30 LET Y1 = ¯3/5 * X + 3
40 LET Y2 = X - 3
50 IF ABS(Y1 - Y2)<0.005 THEN GOTO 90
60 NEXT X
70 PRINT "NO SOLUCION EN EL INTERVALO"
80 GOTO 130
90 LET X = INT(X * 100 + 0.5)/100
100 LET Y = INT(Y1 * 100 + 0.5)/100
110 PRINT "SOLUCION APROXIMADA EN"
120 PRINT "X = ";X;" E Y = ";Y
130 END
```

Usa el programa de la página 454 para contestar cada pregunta.

1. ¿Por qué hacer una gráfica de un sistema de ecuaciones no siempre da una solución exacta?

2. ¿Cómo ayudaría a hallar una solución el hacer una gráfica de cada sistema antes de ejecutar el programa?

3. ¿Cómo se relaciona el valor 0.005 de la línea 50 al valor del STEP en la línea 20?

4. ¿Cómo podría hallarse una aproximación *más cercana?*

Haz una gráfica de cada sistema para determinar un intervalo apropiado para explorar.

5. $y = 3x - 1$
   $y = x + 4$

6. $y = x + 1$
   $y = -x + 2$

7. $y = {}^{-}\frac{1}{2}x + 3$
   $y = \frac{1}{3}x - 1$

8. $y = 2x - 3$
   $y = {}^{-}3x + 4$

9. $y = {}^{-}3x - 4$
   $y = 2x + 2$

10. $y = \frac{1}{3}x - 2$
    $y = {}^{-}\frac{1}{3}x + 5$

11. $y = \frac{3}{2}x - 2$
    $y = -x - 5$

12. $y = {}^{-}\frac{1}{3}x + 1$
    $y = x - 6$

Vuelve a escribir el programa para permitir cada cambio.

13. Haz los incrementos más pequeños.

★ 14. Deja que el usuario *entre* las dos ecuaciones.

★ 15. Deja que el usuario *entre* el intervalo a explorar y seleccione el tamaño de los incrementos.

═══CON LA COMPUTADORA═══

1. Ejecuta el programa de la página 454 para hallar una solución aproximada para cada sistema en **5–12** de arriba.

Haz el programa con incrementos más pequeños para hallar una solución aproximada para cada sistema.

2. $y = 3x - 4$
   $y = \frac{2}{3}x + 1$

3. $y = 5x + 6$
   $y = {}^{-}3x + 1$

4. $y = \frac{2}{3}x + 4$
   $y = {}^{-}2x + 1$

★ 5. $y = {}^{-}\frac{3}{4}x - 1$
   $y = \frac{1}{3}x + 2$

REPASO FINAL

Escoge las respuestas correctas. Escribe A, B, C o D.

1. ¿Qué es 5,463,921 redondeado al millón más cercano?

   A 6,000,000   **C** 5,500,000
   B 5,000,000   **D** no se da

2. 7,008 − 4,526

   A 2,482   **C** 3,582
   B 3,522   **D** no se da

3. ¿Qué es 6^3 en su forma usual?

   A 18   **C** 36
   B 216   **D** no se da

4. ¿Cuál es el valor de 4 en 6.045?

   A 400   **C** 0.04
   B 0.4   **D** no se da

5. 0.32 + 3.2 + 30.002

   A 33.522   **C** 36.402
   B 30.266   **D** no se da

6. 0.36 × 0.008

   A 0.0288   **C** 0.00248
   B 288   **D** no se da

7. 0.0315 ÷ 0.63

   A 0.05   **C** 20
   B 0.005   **D** no se da

8. Completa. 8,340 m = ___ km

   A 0.834   **C** 8.34
   B 83.4   **D** no se da

9. Completa. 32.4 g = ___ mg

   A 3.24   **C** 3,240
   B 0.324   **D** no se da

10. ¿Cuál es el MEP para 3.4 m?

    A 0.05 m   **C** 0.4 m
    B 0.5 m   **D** no se da

11. ¿Qué es el 1636 en el sistema de 12 horas?

    A 4:36 A.M.   **C** 6:36 P.M.
    B 4:36 P.M.   **D** no se da

12. Completa. $(8 \times 2) + (3 \times 8) = \Box(2 + 3)$

    A 5   **C** 8
    B 16   **D** no se da

13. 50 − (2 × 10)

    A 480   **C** 80
    B 30   **D** no se da

14. Si $b = 3$ y $c = 5$, ¿qué es $(c - b) \times 3$?

    A 24   **C** 10
    B 6   **D** no se da

15. $x + 8.3 = 11$

    A $x = 2.7$ **C** $x = 3.3$
    B $x = 19.3$ **D** no se da

16. ¿Cuál es el MCD de 21 y 12?

    A 4   **C** 3
    B 12   **D** no se da

REPASO FINAL

Escoge las respuestas correctas. Escribe **A, B, C** o **D.**

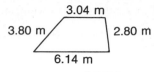

17. ¿Cuál es la descomposición en factores primos de 40?

A $2^2 \times 5$ **C** 5×8
B $2^3 \times 5$ **D** no se da

24. ¿Cuál es el perímetro?

A 15.78 m **C** 12.74 m
B 17.192 m **D** no se da

18. ¿Cuál es el MCM de 36 y 18?

A 9 **C** 36
B 3 **D** no se da

25. ¿Cuál es el área?

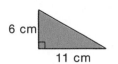

A 29.5 cm **C** 33 cm^2
B 68.75 cm^2 **D** no se da

19. ¿Cómo es $6\frac{4}{5}$ como fracción impropia?

A $\frac{34}{5}$ **C** $\frac{22}{5}$
B $\frac{32}{5}$ **D** no se da

26. $\frac{6}{9} = \frac{9}{n}$

A $n = 2$ **C** $n = 13.5$
B $n = 12$ **D** no se da

20. $12\frac{5}{6} + 3\frac{1}{6}$

A 16 **C** $9\frac{2}{3}$
B 15 **D** no se da

27. ¿Cuál es el precio por unidad de 5 por $4.22?

A $4.00 **C** $.86
B $.83 **D** no se da

21. $5\frac{3}{8} - 2\frac{3}{4}$

A $8\frac{1}{8}$ **C** $3\frac{5}{8}$
B $3\frac{3}{8}$ **D** no se da

28. ¿Qué razón es 125%?

A $\frac{1}{4}$ **C** $\frac{5}{4}$
B $\frac{7}{4}$ **D** no se da

22. $16 \div 1\frac{1}{3}$

A 12 **C** $21\frac{2}{3}$
B $\frac{1}{12}$ **D** no se da

29. ¿Cuál es el 4.5% de 17?

A 0.765 **C** $377.\overline{7}$
B 76.5 **D** no se da

23. ¿Qué clase de ángulo es éste?

A agudo **C** recto
B obtuso **D** no se da

30. ¿Cuál es el precio de venta?
precio original = $165.00
tasa de descuento = 20%

A $33.00 **C** $132.00
B $198.00 **D** no se da

Escoge las respuestas correctas. Escribe A, B, C o D.

31. $^-16 + {}^-8$

   A 24   **C** $^-8$

   B $^-24$ **D** no se da

39. $^-2\frac{2}{3} - \frac{1}{3}$

   A $^-3$ **C** 2

   B $^-2\frac{1}{3}$ **D** no se da

32. $^-3 - 4$

   A $^-7$ **C** $^-1$

   B 1   **D** no se da

40. ¿Qué es 140.6 en notación científica?

   A 1.406×10^3 **C** 1.406×10^2

   B $14.06 \times {}^-1$ **D** no se da

33. $18 \cdot {}^-5$

   A 90   **C** 23

   B 13   **D** no se da

41. ¿Cuál es la $^-\sqrt{49}$?

   A 7   **C** 14

   B $^-7$ **D** no se da

34. ¿Cuál es la mediana de 18, 12, 14, 6, 23?

   A 14   **C** 17

   B 14.6   **D** no se da

42. Resuelve. $4 = y + {}^-10$

   A $y = {}^-6$ **C** $y = 14$

   B $y = 6$ **D** no se da

35. ¿Cuál es la probabilidad de sacar *otoño* de una caja con 1 etiqueta para cada estación?

   A $\frac{1}{12}$ **C** $\frac{3}{4}$

   B $\frac{1}{4}$ **D** no se da

43. ¿Cuál ilustra la propiedad inversa de la suma?

   A $7 + {}^-7 = 0$ **C** $\frac{4}{3} + 0 = \frac{4}{3}$

   B $\frac{2}{3} \cdot \frac{3}{2} = 1$ **D** no se da

36. ¿Cuál es el área de superficie de un cubo de 1 plg de lado?

   A $4\,\text{plg}^2$ **C** $6\,\text{plg}^2$

   B $1\,\text{plg}^2$ **D** no se da

44. Resuelve. $\frac{n}{2} \leq 10$

   A $n \leq 20$ **C** $n \leq 5$

   B $n > 5$ **D** no se da

37. ¿Cuál es el volumen de un cilindro cuyo radio es 7 pies y altura 30 pies? $\left(\pi \approx \frac{22}{7}\right)$

   A $4{,}620\ \text{pies}^3$ **C** $147\ \text{pies}^3$

   B $154\ \text{pies}^3$ **D** no se da

45. ¿Cuál es la solución de este sistema de ecuaciones? $y = x + 3\ \ y = 2x$

   A $(2, 1)$ **C** $(1, 4)$

   B $(3, 6)$ **D** no se da

38. Completa. $300\ \text{mL} = \underline{}\ \text{cm}^3$

   A 30   **C** 300

   B 0.3   **D** no se da

46. ¿Cuál es la pendiente de $y = 4x - 6$?

   A 6   **C** $^-6$

   B 4   **D** no se da

Escoge las respuestas correctas. Escribe A, B, C o d.

Resuelve.

La familia Chang asistió a la exhibición aérea en el Aeropuerto Central. La exhibición comenzó a las 10:30 A.M. Terminó a las 3:30 P.M. El tiempo de viaje de su casa al aeropuerto fue 1 h 15 min.

47. ¿A qué hora habrá salido de su casa la familia Chang si se detuvo $\frac{1}{2}$ hora para desayunar por el camino?

A 8:45 A.M.	**C** 9:15 A.M.
B 8:30 A.M.	**D** no se da

48. ¿Aproximadamente cuántos camiones contaron los niños en su camino a la casa si el promedio fue 18 cada 15 minutos?

A 72	**C** 90
B 22	**D** no se da

Resuelve.

49. Alan Running Fox está construyendo un modelo de un poste totémico tradicional. Tendrá 15 secciones, cada una de 10 plg de largo. La parte superior o corona, será igual a 3 secciones. Si el diámetro de cada sección es 5 plg, ¿qué altura tendrá el poste totémico?

A $86\frac{1}{4}$ plg	**C** 18 plg
B 180 plg	**D** no se da

Completa el patrón para resolver cada uno.

50. 7, 7, 14, 42, 168, ___

A 210	**C** 336
B 840	**D** no se da

51. 81, ___, 9, 3, 1

A 36	**C** 27
B 18	**D** no se da

Resuelve.

El club local Booster estaba vendiendo billetes de rifa para reunir fondos.

52. Por cada billete vendido a $2.00, los comerciantes contribuían $.25. Si se vendieron 425 billetes, ¿cuánto dinero reunió el club?

A $106.25	**C** $956.25
B $425.00	**D** no se da

53. Si la ganancia sobre cada billete antes de la contribución de los comerciantes era $1.00, ¿cuánta ganancia total se hizo después de la contribución de los comerciantes?

A $400.00	**C** $106.25
B $531.25	**D** no se da

Resuelve.

54. Linda plantó un cornejo en su patio hace 5 años. En ese momento tenía 3 ramas. De cada rama crecieron 2 ramas nuevas ese primer año. Eso continúa hasta hoy. ¿Cuántas ramas tendrá el árbol de Linda a fin de este año?

A 32	**C** 48
B 100	**D** no se da

55. Durante una carrera de obstáculos, un caballo corrió 0.5 mi al sur desde el punto de partida. Después corrió 1.4 mi al este y 0.5 mi al norte. Al final corrió 0.6 mi al oeste antes de llegar al último obstáculo. ¿Qué distancia le quedaba entre el último obstáculo y el punto de partida?

A 0.6 mi al norte	**C** 0.8 mi al oeste
B 3 mi al este	**D** no se da

REPASO FINAL

Escoge las respuestas correctas. Escribe A, B, C o D.

Usa la tabla para resolver 56 y 57.

Cuadrados	2	4	6	8
Triángulos	4	8	12	16

56. Catalina está haciendo una colcha basada en un diseño colonial con triángulos y cuadrados. La tabla muestra cuántos de cada forma necesitará. Si usa 6 cuadrados, ¿cuántos triángulos necesitará?

A 6   **C** 16

B 4   **D** no se da

57. Si usa 24 triángulos, ¿cuántos cuadrados necesitará?

A 12   **C** 15

B 10   **D** no se da

Escoge el enunciado que debe ser verdadero a partir de los enunciados dados.

60. Los estudiantes de octavo grado estudian matemáticas.
Telma es una estudiante de octavo grado.
Telma _____

A lleva libros escolares

B estudia matemáticas

C tiene 13 años de edad

D no se da

61. Todos los rectángulos son paralelogramos.
ABCD es un rectángulo.
ABCD _____

A tiene sólo 3 lados   **C** es un cuadrado

B tiene 2 pares de lados paralelos   **D** no se da

Haz una lista para resolver 58 y 59.

58. Daniel está poniendo los cubiertos sobre la mesa del buffet. Tiene cuchillos, tenedores, cucharitas y cucharas. ¿Cuántas maneras diferentes de disponerlos tiene para que las cucharas queden primero y los cuchillos último?

A 1   **C** 4

B 2   **D** no se da

59. El timbre de la puerta y el teléfono suenan al mismo tiempo a la 1:00 P.M. El timbre de la puerta suena cada 7 minutos y el teléfono suena cada 8 minutos. ¿A qué hora sonarán juntos otra vez?

A 1:15 P.M.   **C** 1:56 P.M.

B 2:00 P.M.   **D** no se da

Resuelve.

62. Raúl compró una entrada para un concierto. El artista recibió $\frac{1}{4}$ del costo y $\frac{1}{10}$ del costo fue para el estado para los impuestos. La impresión costó $1.00. Los $12.00 restantes fueron para el promotor del concierto. ¿Cuánto costó la entrada?

A $8.00   **C** $20.00

B $12.00   **D** no se da

63. Algunas personas compraron entradas en la puerta. Cuatro veces más personas compraron las entradas por adelantado. Si se vendieron 1,200 entradas, ¿cuántas se compraron por adelantado?

A 1,000   **C** 240

B 960   **D** no se da

GRUPO 1   Escribe cada número en su forma usual.   págs. 4–5

1. diecisiete millones, veinticinco   **2.** 10^7 **3.** 8×10^3

4. $(9 \times 10^{11}) + (3 \times 10^{10}) + (6 \times 10^8) + (1 \times 10^7) + (4 \times 10^4) + (6 \times 10^3) + (3 \times 1)$

Da el valor del dígito 9. Después escribe en su forma desarrollada usando exponentes.

5. 69,012   **6.** 78,029   **7.** 150,960   **8.** 9,300,286

9. 37,095,016   **10.** 1,213,769,008   **11.** 2,932,006,048,318

Redondea cada número a la milésima más cercana, a la diez milésima más cercana y al millón más cercano.

12. 369,357   **13.** 706,935   **14.** 5,861,406

GRUPO 2   Estima cada suma, diferencia o producto.   págs. 6–7; 12–13

1. $\begin{array}{r} 764 \\ + \ \ 42 \end{array}$ **2.** $\begin{array}{r} 685 \\ - \ 241 \end{array}$ **3.** $\begin{array}{r} \$1,254 \\ + \ \ \ 381 \end{array}$ **4.** $\begin{array}{r} \$620.59 \\ + \ \ \ 75.02 \end{array}$ **5.** $\begin{array}{r} 2,584 \\ - \ 1,937 \end{array}$

6. $29.10 + $3.15   **7.** 41,832 − 34,450   **8.** $429.83 − $345.89

9. $\begin{array}{r} \$83.10 \\ \times \ \ \ \ 44 \end{array}$ **10.** $\begin{array}{r} \$65.82 \\ \times \ \ \ \ 28 \end{array}$ **11.** $\begin{array}{r} \$45,000 \\ \times \ \ \ \ 625 \end{array}$ **12.** $\begin{array}{r} \$400.17 \\ \times \ \ \ \ 714 \end{array}$ **13.** $\begin{array}{r} 50,425 \\ \times \ 3,813 \end{array}$

14. 85 × $62.37   **15.** 605 × 850   **16.** 2,503 × 39,067

GRUPO 3   Suma o resta. Estima para asegurarte de que la respuesta tenga sentido.   págs. 8–9

1. $\begin{array}{r} 5,602 \\ - \ \ 688 \end{array}$ **2.** $\begin{array}{r} \$6,649 \\ + \ 6,075 \end{array}$ **3.** $\begin{array}{r} 726,039 \\ - \ 38,185 \end{array}$ **4.** $\begin{array}{r} \$141.02 \\ 265.45 \\ + \ \ 852.25 \end{array}$ **5.** $\begin{array}{r} 95,330 \\ 19,578 \\ + \ 46,347 \end{array}$

6. $38.43 + $12.21 + $5.04   **7.** 7,645 + 3,924 + 28   **8.** 96,100 − 63,805

9. 75,899 + 47,412   **10.** 398,820 − 27,140   **11.** $225.90 − $37.91

GRUPO 4   Multiplica. Estima para asegurarte de que la respuesta tenga sentido.   págs. 14–15

1. $\begin{array}{r} 576 \\ \times \ 926 \end{array}$ **2.** $\begin{array}{r} \$94.99 \\ \times \ \ \ \ 12 \end{array}$ **3.** $\begin{array}{r} \$8,641 \\ \times \ \ \ 458 \end{array}$ **4.** $\begin{array}{r} 8,399 \\ \times \ 3,043 \end{array}$ **5.** $\begin{array}{r} 41,061 \\ \times \ 8,602 \end{array}$

6. 51 × 27   **7.** 83 × 539   **8.** 83 × 5,390   **9.** 35 × $401.02

10. 51 × 270   **11.** 209 × $398.65   **12.** 867.2 × 2.016

PRÁCTICA EXTRA

GRUPO 1   Reagrupa usando exponentes. págs. 16–17

1. $5 \times 5 \times 5$ **2.** 6×6 **3.** $17 \times 17 \times 17 \times 17$ **4.** 15

Escribe como el producto de factores. Después escribe el
número en su forma usual.

5. 7^2 **6.** 11^2 **7.** 5^5 **8.** 1^6 **9.** 12^3 **10.** 3^8

GRUPO 2   Divide. Comprueba las respuestas multiplicando o estimando. págs. 18–19

1. $23\overline{)1{,}198}$ **2.** $12\overline{)1{,}109}$ **3.** $32\overline{)6{,}510}$ **4.** $58\overline{)47{,}360}$

5. $80\overline{)31{,}573}$ **6.** $54\overline{)\$171.18}$ **7.** $425\overline{)12{,}400}$ **8.** $357\overline{)\$289.17}$

9. $72\overline{)21{,}931}$ **10.** $403\overline{)7{,}033}$ **11.** $82\overline{)109{,}051}$ **12.** $251\overline{)792{,}204}$

13. $\$12.24 \div 34$ **14.** $26{,}181 \div 143$ **15.** $908{,}704 \div 778$

16. $\$185.50 \div 50$ **17.** $96{,}490 \div 501$ **18.** $980{,}050 \div 909$

GRUPO 3   Escribe cada uno en forma decimal. Después da el valor del dígito 5. págs. 30–31

1. veinte y cinco centésimas   **2.** $(9 \times 1) + (5 \times 0.1) + (8 \times 0.01)$ **3.** $\frac{35}{1{,}000}$

4. cuarenta y ocho y quinientos setenta y dos milésimas   **5.** $\left(2 \times \frac{1}{100}\right) + \left(5 \times \frac{1}{10{,}000}\right)$

6. $(2 \times 1) + (5 \times 0.1) +$ **7.** $90 + 9 + \frac{1}{100} + \frac{5}{10{,}000}$ **8.** $1 + \frac{5}{100} + \frac{8}{1{,}000}$
(9×0.001)

Redondea a la unidad más cercana, a la centena más
cercana y a la diezmilésima más cercana.

9. 0.35088 **10.** 0.00675 **11.** 2.45097 **12.** 1.92535 **13.** 27.260009

GRUPO 4   Reemplaza cada ⬤ con <, >, ó =. págs. 32–33

1. 0.75 ⬤ 0.77 **2.** 0.81 ⬤ 0.801 **3.** 2.82 ⬤ 2.820

4. 3.294 ⬤ 3.249 **5.** 13.045 ⬤ 13.0405 **6.** 0.6351 ⬤ 0.6531

7. 0.0296 ⬤ 0.02960 **8.** 40.56 ⬤ 400.056 **9.** 0.0726 ⬤ 0.1

10. 4.810 ⬤ 4.180 **11.** 69.803 ⬤ 6.9803 **12.** 0.60 ⬤ 0.5888

GRUPO 1 Estima.

págs. 36–37; 42–43

1.	10.5341	2.	83.75	3.	$21.54	4.	$54.63	5.	6.86
	− 2.4821		+ 5.849		− 1.75		× 6.04		× 7.6

6.	$38.52	7.	5.289	8.	0.395	9.	$1.45	10.	39.16
	42.15		3.906		0.486		1.05		62.88
	70.90		1.023		1.032		3.75		85.13
	+ 98.90		+ 0.962		+ 0.998		+ 2.10		+ 50.92

11. $15 - 5.108$ **12.** 3.09×36 **13.** $0.652 + 0.90 + 2.08$

GRUPO 2 Suma o resta. Comprueba cada respuesta.

págs. 38–39

1.	2.4936	2.	4.078	3.	1.6832	4.	0.002	5.	25
	− 0.524		+ 1.947		− 0.503		− 0.00176		− 14.82

6.	10.063	7.	23.909	8.	$65.82	9.	35.06	10.	0.891
	− 7.981		− 14.961		− 9.99		49.88		11.538
							14.33		6.789
							+ 90.90		+ 14.118

11. $11.87 + $2.70 + $35.75   **12.** $5.63 - 0.706$ **13.** $43.86 + 54.512 + 7.901$

14. $320.7 + 46 + 73.04$ **15.** $15 - 5.108$ **16.** $0.652 + 0.90 + 2.08$

GRUPO 3 Multiplica. Estima para asegurarte de que cada respuesta tenga sentido. Redondea el **2** y el **7** al centavo más cercano.

págs. 44–51

1.	8.75	2.	$32.43	3.	2.192	4.	17.03	5.	5.685
	× 0.5		× 12.1		× 0.68		× 2.78		× 0.708

6. 0.3×7.82 **7.** $3.4 \times $91.25   **8.** 0.992×45.4

Divide. Redondea a la centésima más cercana.

9. $8\overline{)17.35}$ **10.** $32\overline{)6.704}$ **11.** $0.2\overline{)0.1856}$ **12.** $2.8\overline{)7.084}$

13. $\frac{7}{6}$ **14.** $\frac{1.296}{32.4}$ **15.** $\frac{14.35}{15}$ **16.** $85.2 \div 67$ **17.** $0.072 \div 0.5$

GRUPO 4 Halla cada producto o cociente.

págs. 52–53

1. 792×10 **2.** 67.3×10^3 **3.** $0.183 \div 100$

4. 8.41×10^5 **5.** $5,350 \div 10^3$ **6.** $314.8 \times 10,000$

Escribe en notación científica.

7. 98,300   **8.** 704,600   **9.** 5,210,000   **10.** 432,700,000

PRÁCTICA EXTRA

GRUPO 1   Completa.   págs. 62–65

1. 9 cm = ___ mm
2. ___ m = 2,000 mm
3. 17,000 m = ___ km
4. 715 cm = ___ m 15 cm
5. ___ mm = 1 m
6. 5 m 41 cm = ___ cm
7. 500 m = ___ km
8. 13 hm = ___ m
9. ___ dm = 0.5 km
10. ___ dam = 8 km
11. 3 m = ___ hm
12. 75 dm = ___ km
13. 1.35 km = ___ m
14. 1,350 m = ___ cm
15. 13.5 cm = ___ mm

GRUPO 2   Completa.   págs. 66–71

1. 3 g = ___ mg
2. ___ t = 9,000 kg
3. 61,000 g = ___ kg
4. 4,000 mL = ___ L
5. 7 kL = ___ L
6. 79 L = ___ mL
7. 19 daL = 1.9 ___
8. 0.35 kg = ___ g
9. 2,000 L = ___ hL
10. ___ L = 47.5 kL
11. 4.01 hg = ___ g
12. 0.072 kg = ___ mg

GRUPO 3   Da el mayor error posible para cada medida o precisión.   págs. 72–73

1. 17 m; 1 m
2. 10 L; 10 L
3. 2.50 cm; 0.01 cm
4. 9.75 kg; 0.01 kg
5. 312 mL; 1 mL
6. 9.35 L; 0.01 L
7. 3,200 kg; 100 kg
8. 2.36 dm; 0.01 dm
9. 701 km; 1 km
10. 21.0 m; 0.1 m
11. 0.002 km; 0.001 km
12. 200 mL; 100 mL

GRUPO 4   Suma, resta o multiplica.   págs. 76–79

1.   57 min 14 s
   − 12 min 20 s

2.   3 d 8 h
  ×   7

3.   9 sem
  − 1 sem 3 d

4.   3 años 10 sem 2 d
  + 1 año 45 sem 6 d

5.   138 min
  − 42 min 8 s

6.   6 d 7 h 42 min
  + 3 d 2 h 16 min

7.   7 sem 2 d
  ×   4

8.   1 año 2 mo 3 sem
  ×   10

Halla el tiempo transcurrido entre los tiempos dados.

9. 5:00 A.M. y 8:15 A.M.
10. 7:30 P.M. y 12:15 A.M.
11. 10:38 P.M. y 7:05 A.M.
12. 2:18 P.M. y 9:48 P.M.

Halla cada uno a la décima más cercana.

13. 82 h = ___ d
14. 7.5 h = ___ min
15. 235 s = ___ min

GRUPO 1   Nombra la propiedad.   págs. 94–95

1. $5 \times 8 = 8 \times 5$

2. $42 \times 1 = 42$

3. $71 + 0 = 71$

4. $0 \times 35 = 0$

5. $9 + (2 + 10) =$ $(9 + 2) + 10$

6. $2 \times (5 + 6) =$ $(2 \times 5) + (2 \times 6)$

7. $35 + 7 = 7 + 35$

8. $304 \times 0 = 0$

9. $1 \times 95 = 95$

GRUPO 2   Halla el valor de cada expresión.   págs. 96–99

1. $7 - 5 + 4$

2. $9 \div 3 + 15$

3. $\frac{6 + 2}{4} \times (10 + 2)$

4. $25 \times (2 + 5) \div 5$

5. $(12 + 5 - 3) \div 2$

6. $(9^2 + 4) \div 5$

Evalúa cada expresión. Sea $a = 16$, $b = 2$, $c = 6$, y $d = 3$.

7. $c + 9$

8. $6 \times d$

9. $5b - 7$

10. d^2

11. $22 - 2c$

12. $bd + 5$

13. $\frac{3c - d}{3}$

14. $(a - 8) \times d$

15. $\frac{c^2 - a}{4}$

16. $50 - 2(a + b)$

17. $b(c + 4d) - 5$

18. $d + c(a - 10)$

19. $\frac{4(c - b)}{b^2}$

20. $3d(b + c) \div 2$

21. $c^2 - b\left(\frac{a - b}{2}\right)$

22. $a \div 2(c - b^2)$

GRUPO 3   Escribe una ecuación para cada uno.   págs. 100–101, 104–105

1. Un número b más seis es diez.

2. Diez menos que un número x es cinco.

3. Siete menos que el producto de seis por un número b es once.

4. Un número y dividido entre diez es igual a diez.

Nombra la inversa de cada operación.

5. disminuye en 2

6. suma 10

7. triplica un numero

8. divide entre 6

GRUPO 4   Indica lo que debe hacerse en ambos lados de la ecuación. Después resuélvela. Comprueba cada solución.   págs. 106–109

1. $x + 2 = 13$

2. $y - 9 = 30$

3. $14 + x = 26$

4. $c - 9 = 27$

5. $18 + y = 18$

6. $53 = c + 20$

7. $58 = r - 12$

8. $w - 8 = 78$

9. $9n = 90$

10. $12 = \frac{x}{9}$

11. $80 = 8b$

12. $98 = a \times 49$

13. $20 = \frac{x}{8}$

14. $y \div 6 = 12$

15. $c \times 5 = 95$

16. $110 = 5t \quad = 2$

PRÁCTICA EXTRA

GRUPO 1   Indica lo que debe hacerse en ambos lados de la ecuación. págs. 106–109
Después resuélvela. Comprueba cada solución.

1. $a + 9.1 = 14.8$

2. $b - 5.6 = 2.1$

3. $y \times 4.1 = 20.5$

4. $t - 4.8 = 7.6$

5. $\frac{x}{2.1} = 30$

6. $2.5 + c = 8.3$

7. $3 = \frac{c}{4.2}$

8. $3.8 \times r = 19$

9. $x - 4.9 = 1.5$

10. $15.2 = n + 9.8$

11. $3.9 \times t = 35.1$

12. $\frac{a}{5} = 7.8$

GRUPO 2   Escribe los factores comunes. Después halla el MCD. págs. 118–121

1. 20, 66

2. 15, 30

3. 12, 52

4. 19, 25

5. 15, 35

6. 14, 84

7. 81, 90

8. 45, 99

Escribe la descomposición en factores de cada uno. Usa exponentes.

9. 30

10. 99

11. 80

12. 65

13. 150

14. 405

15. 208

16. 189

17. 256

18. 525

19. 756

20. 1080

GRUPO 3   Halla el MCD y el MCM de cada uno. págs. 122–125

1. 8, 20

2. 7, 13

3. 17, 34

4. 15, 25

5. 14, 18

6. 9, 48

7. 6, 20

8. 14, 42

9. 57, 76

10. 3, 4, 6

11. 2, 4, 16

12. 2, 5, 6

13. 4, 10, 12

14. 2, 3, 5

15. 3, 12, 36

16. 8, 16, 20

GRUPO 4   Reemplaza cada ⬬ con = ó ≠. págs. 128–131

1. $\frac{3}{9}$ ⬬ $\frac{7}{21}$

2. $\frac{2}{5}$ ⬬ $\frac{12}{30}$

3. $\frac{5}{7}$ ⬬ $\frac{30}{49}$

4. $\frac{7}{8}$ ⬬ $\frac{21}{24}$

5. $\frac{8}{9}$ ⬬ $\frac{9}{10}$

6. $\frac{12}{20}$ ⬬ $\frac{5}{3}$

7. $\frac{9}{10}$ ⬬ $\frac{45}{50}$

8. $\frac{7}{15}$ ⬬ $\frac{28}{45}$

Escribe cada uno como número mixto o número entero.

9. $\frac{6}{5}$

10. $\frac{54}{3}$

11. $\frac{22}{8}$

12. $\frac{61}{9}$

13. $\frac{72}{7}$

14. $\frac{18}{6}$

15. $\frac{50}{4}$

16. $\frac{52}{3}$

17. $\frac{45}{21}$

18. $\frac{65}{10}$

19. $\frac{82}{14}$

20. $\frac{48}{5}$

21. $\frac{87}{11}$

22. $\frac{68}{24}$

GRUPO 1 Escribe como fracciones homógeneas. págs. 132–133

1. $\frac{2}{3}, \frac{6}{5}$ 2. $\frac{1}{2}, \frac{5}{8}$ 3. $\frac{7}{9}, \frac{5}{12}$ 4. $\frac{4}{5}, \frac{1}{7}$ 5. $\frac{1}{3}, \frac{3}{14}$

6. $\frac{5}{12}, \frac{7}{15}$ 7. $\frac{2}{7}, \frac{1}{4}$ 8. $\frac{9}{4}, \frac{5}{6}$ 9. $\frac{1}{4}, \frac{1}{5}, \frac{1}{10}$ 10. $\frac{1}{3}, \frac{2}{5}, \frac{5}{6}$

Compara. Usa <, >, ó = para cada ⬤.

11. $\frac{5}{9}$ ⬤ $\frac{4}{9}$ 12. $\frac{1}{6}$ ⬤ $\frac{2}{12}$ 13. $\frac{3}{5}$ ⬤ $\frac{2}{8}$ 14. $\frac{3}{10}$ ⬤ $\frac{1}{2}$ 15. $\frac{7}{9}$ ⬤ $\frac{5}{7}$

16. $\frac{6}{9}$ ⬤ $\frac{2}{3}$ 17. $\frac{2}{5}$ ⬤ $\frac{7}{12}$ 18. $\frac{9}{6}$ ⬤ $\frac{9}{5}$ 19. $9\frac{1}{5}$ ⬤ $8\frac{4}{5}$ 20. $4\frac{1}{7}$ ⬤ $4\frac{1}{5}$

GRUPO 2 Escribe cada uno en forma decimal. págs. 134–135

1. $\frac{3}{10}$ 2. $\frac{3}{6}$ 3. $\frac{2}{3}$ 4. $\frac{1}{12}$ 5. $\frac{5}{8}$ 6. $\frac{3}{5}$

7. $\frac{10}{4}$ 8. $\frac{9}{20}$ 9. $\frac{7}{16}$ 10. $\frac{2}{9}$ 11. $\frac{8}{30}$ 12. $\frac{6}{25}$

13. $2\frac{7}{10}$ 14. $8\frac{4}{5}$ 15. $9\frac{3}{4}$ 16. $3\frac{11}{50}$ 17. $1\frac{5}{6}$ 18. $7\frac{11}{12}$

19. $6\frac{3}{5}$ 20. $4\frac{7}{8}$ 21. $11\frac{4}{5}$ 22. $17\frac{13}{40}$ 23. $12\frac{5}{11}$ 24. $14\frac{17}{22}$

GRUPO 3 Suma or resta. Escribe cada respuesta en su forma más simple. págs. 146–151

1. $\frac{8}{9} - \frac{2}{9}$ 2. $\frac{5}{12} + \frac{5}{12}$ 3. $\frac{2}{5} + \frac{3}{10}$ 4. $\frac{1}{4} + \frac{3}{10}$ 5. $\frac{7}{12} - \frac{3}{8}$

6. $7 + 1\frac{5}{6}$ 7. $8\frac{3}{8} - 4\frac{1}{4}$ 8. $3\frac{1}{2} - 2\frac{3}{8}$ 9. $2\frac{5}{6} + 5\frac{2}{3}$ 10. $6 - 4\frac{2}{5}$

11. $\frac{7}{8} + \frac{3}{12}$ 12. $\frac{9}{10} - \frac{3}{5}$ 13. $4\frac{5}{6} - 3\frac{7}{12}$ 14. $9\frac{7}{10} - 3\frac{5}{6}$

15. $5\frac{1}{2} + 1\frac{11}{12}$ 16. $6 - 3\frac{4}{9}$ 17. $10\frac{1}{4} + 4\frac{1}{6}$ 18. $15\frac{3}{7} - 4\frac{1}{2}$

19. $11\frac{2}{3} - 10\frac{3}{4}$ 20. $18\frac{4}{7} + 7\frac{2}{3}$ 21. $8\frac{1}{4} - 5\frac{2}{5}$ 22. $10\frac{1}{4} - 6\frac{6}{9}$

PRÁCTICA EXTRA

págs. 152–157

GRUPO 1 Multiplica o divide. Escribe en su forma más simple.

1. $\frac{3}{10} \times \frac{3}{4}$

2. $\frac{7}{8} \times \frac{1}{2}$

3. $8 \times \frac{4}{5}$

4. $\frac{2}{3} \times 6$

5. $\frac{3}{4} \div \frac{7}{4}$

6. $\frac{4}{5} \div \frac{3}{5}$

7. $\frac{4}{9} \div \frac{1}{12}$

8. $25 \div \frac{5}{8}$

9. $3\frac{2}{3} \times 2\frac{2}{5}$

10. $4\frac{3}{8} \times 2$

11. $8\frac{1}{4} \div 3\frac{2}{3}$

12. $6\frac{1}{8} \times 2\frac{1}{7}$

13. $10 \div 2\frac{1}{7}$

14. $7\frac{1}{12} \times 1\frac{3}{5}$

15. $1\frac{7}{8} \div 5$

16. $7\frac{1}{5} \times 6\frac{2}{3}$

17. $4\frac{2}{5} \div 1\frac{5}{6}$

18. $1\frac{1}{16} \times 3\frac{5}{9}$

19. $4\frac{9}{10} \div \frac{7}{30}$

20. $6\frac{4}{7} \times 4\frac{2}{3}$

págs. 160–161

GRUPO 2 Escribe como fracción o número mixto en su forma más simple.

1. 0.70

2. 0.32

3. $0.83\frac{1}{3}$

4. 4.6

5. 0.4375

6. 7.25

7. $0.33\frac{1}{3}$

8. 5.45

9. 6.875

10. 4.05

11. 9.72

12. 8.375

13. $0.66\frac{2}{3}$

14. 5.625

15. 7.34

16. 10.425

págs. 162–163

GRUPO 3 Estima cada respuesta.

1. $6\frac{11}{12}$ $+ 2\frac{2}{5}$

2. $\frac{5}{8}$ $- \frac{1}{6}$

3. $7\frac{8}{9}$ $+ 3\frac{3}{4}$

4. $5\frac{9}{11}$ $- \frac{7}{8}$

5. $1\frac{4}{5}$ $+ 8\frac{3}{7}$

6. $6 \times 2\frac{1}{7}$

7. $10\frac{4}{9} \div 2\frac{1}{3}$

8. $4\frac{2}{7} \times 3\frac{5}{6}$

9. $8\frac{1}{4} \div 1\frac{11}{12}$

10. $8 + 1\frac{3}{9}$

11. $5\frac{1}{4} \times 4\frac{7}{10}$

12. $9\frac{7}{15} - 6\frac{9}{16}$

13. $8\frac{5}{6} \div 3\frac{2}{9}$

14. $7\frac{5}{13} \times 2\frac{4}{11}$

15. $2\frac{7}{12} \times 1\frac{8}{15}$

16. $11\frac{7}{8} \div 6\frac{11}{23}$

17. $5\frac{4}{7} - 4\frac{7}{12}$

págs. 164–165

GRUPO 4 Resuelve y comprueba.

1. $x + \frac{2}{5} = \frac{4}{5}$

2. $y - \frac{2}{3} = \frac{2}{3}$

3. $\frac{3}{4} + n = \frac{5}{4}$

4. $x - \frac{5}{12} = \frac{5}{12}$

5. $\frac{1}{8}x = 2$

6. $y \div \frac{1}{3} = 5$

7. $n \div \frac{4}{5} = 5$

8. $\frac{2}{3}y = 10$

9. $2\frac{1}{2} \times n = 1\frac{1}{4}$

10. $\frac{3}{5} + x = \frac{2}{3}$

11. $y \div \frac{7}{12} = 1\frac{5}{7}$

12. $x - \frac{1}{4} = \frac{1}{3}$

GRUPO 1   Completa.

págs. 166–169

1. 60 plg = ___ pies

2. $2\frac{1}{4}$ lb = ___ oz

3. $8\frac{1}{3}$ yd = ___ pies

4. 4,218 lb = ___ T ___ lb

5. 13,200 pies = ___ mi

6. 30 ct = ___ gal ___ ct

7. 144 plg = ___ yd

8. 16 ct = ___ pt

9. 17 t = ___ ct ___ t

Suma, resta o multiplica.

10.
```
   1 pie 4 plg
 +        9 plg
```

11.
```
   6 gal 2 ct
 − 2 gal 3 ct
```

12.
```
   4 lb  2 oz
 + 1 lb 15 oz
```

13.
```
   9 yd
 − 4 yd 1 pie
```

14.
```
   10 oz
 ×  4
```

15.
```
   3 pies 5 plg
 ×        3
```

16.
```
   3 lb 2 oz
 ×     3
```

17.
```
     2 ct
 ×   5
```

GRUPO 2   Escribe verdadero o falso.

págs. 178–181

1. Un ángulo agudo mide más de 90°.

2. Un ángulo llano mide 180°.

3. Dos ángulos son complementarios si la medida de su suma es de 180°.

4. Si m∠A = 65° y m∠B = 25°, son ángulos complementarios.

5. Si m∠C = 155°, es un ángulo obtuso.

6. Si m∠D = 90°, es un ángulo llano.

7. Si m∠A = 129° y m∠B = 51°, son ángulos suplementarios.

8. Si $\overline{AC}$ mide 3 cm de largo y $\overline{DE}$ mide 3 cm de largo, los segmentos de recta son congruentes.

GRUPO 3   Completa. En la figura de la derecha $\overleftrightarrow{BD} \parallel \overleftrightarrow{EG}$, y m∠ACD = 120°.

págs. 182–185

1. El ∠ACB es ___ al ∠BCF.

2. El ∠DCF y el ∠___ son ángulos internos alternos.

3. El ∠EFC mide ___ grados.

4. El ∠ACD y el ∠CFG son ángulos ___.

5. El ∠EFC y el ∠GFH son ángulos ___.

6. El ∠ACB y el ∠___ son ángulos externos alternos.

7. El ∠EFH y el ∠HFG son ___.

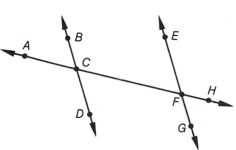

PRÁCTICA EXTRA

<u>**GRUPO 1**</u> **Indica la medida de un ángulo por cada polígono *regular* nombrado a continuación.**

págs. 186–189

1. triángulo   **2.** cuadrilátero   **3.** pentágono   **4.** hexágono

Completa.

5. En un polígono regular todos los lados son ___ y todos los ángulos tienen medidas ___.

6. La suma de todos los ángulos de un pentágono es de ___.

7. Un triángulo ___ no tiene lados congruentes.

8. Un triángulo rectángulo tiene un ángulo que mide ___.

9. En el $\triangle ABC$, m$\angle A$ = 45°, m$\angle B$ = 45°, m$\angle C$ = 90°. El $\triangle ABC$ es un triángulo ___.

10. En el $\triangle ABC$, m$\angle A$ = 27°, m$\angle B$ = 72°, m$\angle C$ = ___.

11. En el $\triangle ABC$, m$\angle A$ = 95°, m$\angle B$ = 43°, m$\angle C$ = ___.

<u>**GRUPO 2**</u> **Completa.**

págs. 190–191

1. Cuatro ejemplos de cuadriláteros son ___, ___, ___, ___.

2. Un ___ tiene exactamente un par de lados opuestos que son paralelos.

3. Un ___ tiene ambos pares de lados opuestos paralelos y congruentes.

4. Un ___ es un paralelogramo con todos los lados congruentes.

5. Un ___ es un paralelogramo con cuatro ángulos rectos.

6. Un ___ es un rectángulo con todos los lados congruentes.

La figura de la derecha es un paralelogramo.

7. $\overline{AD}$ es paralelo a ___.

8. $\overline{AB}$ es paralelo a ___.

9. m$\angle C$ = ___.

10. m$\angle B$ = ___.

La figura de la derecha es un paralelogramo.

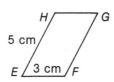

11. El $\overline{HG}$ mide ___ de largo.

12. El $\overline{GF}$ mide ___ de largo.

13. El $\angle E$ es congruente con ___.

GRUPO 1   Halla el perímetro.

págs. 194–195

1. pentágono regular de 25 m de lado

2. cuadrado de 5.6 cm de lado.

3. triángulo equilátero de 8.6 m de lado

4. rectángulo con un lado 5.6 cm y otro lado de 6.4 cm

5. hexágono regular de 18.5 cm de lado

6. heptágono regular de 19.3 cm de lado

7. octágono regular de 9.72 cm de lado

GRUPO 2   Halla el área.

págs. 196–199

1. triángulo con una base de 12 cm y una altura de 3 cm

2. triángulo con una base de 15.3 cm y una altura de 4 cm

3. triángulo con una base de 24.7 cm y una altura de 6 cm

4. trapecio con una base de 1.5 cm, otra base de 2.3 cm y una altura de 12 cm

5. trapecio: $al = 10$ m, $b_1 = 6.5$ m, $b_2 = 8.4$ m

6. triángulo: $b = 8.7$ m y $al = 10.2$ m

7. trapecio: $al = 14.4$ cm, $b_1 = 15.5$ cm, $b_2 = 20.1$ cm

8. trapecio: $al = 9.8$ m, $b_1 = 7.6$ m, $b_2 = 5.3$ m

GRUPO 3   Halla la circunferencia a la unidad más cercana. Usa 3.14 para π.   págs. 200–201

1. $d = 20$ cm   2. $r = 5$ cm   3. $d = 15.6$ m

4. $r = 3.2$ m   5. $r = 15$ cm   6. $d = 24.5$ m

7. $r = 7.5$ cm   8. $d = 21$ cm   9. $r = 6.5$ cm

Halla el área a la unidad más cercana. Usa 3.14 para π.

10. $r = 10$ cm   11. $r = 2.5$ cm   12. $r = 7.8$ m

13. $d = 6.4$ m   14. $d = 21$ m   15. $d = 12$ cm

PRÁCTICA EXTRA

GRUPO 1 Escribe una fracción para cada razón o comparación. págs. 214–217

1. 4 pepinos por $1.00

2. 2 latas por $1.89

3. 5 revoluciones por minuto

4. $475 por mes

5. 6 blusas a 4 pantalones

6. 7 máquinas de escribir a 7 estudiantes

Escribe tres razones de igualdad más para cada uno.

7. $\frac{1}{3}, \frac{2}{6}, \frac{3}{9}$

8. $\frac{2}{5}, \frac{4}{10}, \frac{6}{15}$

9. $\frac{1.5}{3}, \frac{3}{6}, \frac{4.5}{9}$

Substituye dada ⬤ por = o ≠.

10. $\frac{3}{4}$ ⬤ $\frac{45}{60}$

11. $\frac{7}{8}$ ⬤ $\frac{26}{30}$

12. $\frac{3.2}{9}$ ⬤ $\frac{19.2}{54}$

Resuelve. Comprueba cada respuesta.

13. $\frac{7}{9} = \frac{n}{27}$

14. $\frac{5}{3} = \frac{120}{n}$

15. $\frac{n}{15} = \frac{138}{345}$

16. $\frac{23}{n} = \frac{57.5}{17.5}$

17. $\frac{5}{7} = \frac{n}{35}$

18. $\frac{7}{n} = \frac{17.5}{7.5}$

19. $\frac{n}{13} = \frac{3}{2.6}$

20. $\frac{8}{21} = \frac{2}{n}$

Escribe una proporción para cada una. Después resuelve para hallar la respuesta.

21. 4 por 98¢
¿Cuánto por 24?

22. 9 en 30
¿Cuántos en 63?

GRUPO 2 Halla el precio por unidad. Redondea al centavo más cercano. págs. 218–219

1. 5 borradores por 98¢

2. 4 latas por 89¢

3. una docena de naranjas por $1.89

4. 4 etiquetas por 50¢

5. 3 rollos por $2.50

6. 7 latas por $1.00

Cuál es la mejor compra?

7. champú
   a. 7.5 oz por $1.98
   b. 10 oz por $2.50

8. mantequilla de cacahuate
   a. 28 oz por $2.69
   b. 16 oz por $1.98

GRUPO 3 Completa. págs. 220–221

1. escala: 1 cm a 25 cm
dibujo: 6 cm
verdadero: ____

2. escala: 1 cm a 1.5 km
dibujo: 15 cm
verdadero: ____

3. escala: 1 mm a 7 mm
dibujo: ____
verdadero: 56 mm

4. escala: 1 mm a 5 km
dibujo: 1.5 mm
verdadero: ____

5. escala: ____
dibujo: 135 mm
verdadero: 135 m

6. escala: 1 cm a 15 km
mapa: 5 cm
distancia: ____

GRUPO 1 Completa.

págs. 222–223

1. 780 km en 4 h
   d km en 9 h
   $d =$ _____

2. 360 km en 3 h
   d km en 7 h
   $d =$ _____

3. 424 km en 4 h
   d km en 1 h
   $d =$ _____

4. 16 m en 16 min
   1 m en t min
   $t =$ _____

5. 500 km en 6 h
   2,200 km en t h
   $t =$ _____

6. 12 m en 6 min
   1 m en t min
   $t =$ _____

7. 2,550 km en 5 h
   d km en 7 h

8. 207 m en 9 min
   d m en 4 min

9. 220 km por h
   330 km en t h

GRUPO 2 Completa la proporción para cada par de polígonos semejantes. Después nombra los ángulos congruentes.

págs. 226–229

1. $\triangle ABC \sim \triangle DEF$

   $\dfrac{AB}{DE} = \dfrac{\square}{\square} = \dfrac{\square}{\square}$

2. $MNOP \sim RSTU$

   $\dfrac{MN}{RS} = \dfrac{\square}{\square} = \dfrac{\square}{\square} = \dfrac{\square}{\square}$

3. $DEFHI \sim JKLMN$

   $\dfrac{DE}{JK} = \dfrac{\square}{\square} = \dfrac{\square}{\square} = \dfrac{\square}{\square} = \dfrac{\square}{\square}$

4. $\triangle CAT \sim \triangle DOG$

   $\dfrac{CA}{DO} = \dfrac{\square}{\square} = \dfrac{\square}{\square}$

Halla cada uno. $\triangle MOT \sim \triangle DEF$.

5. $\dfrac{MO}{DE} = \dfrac{OT}{\square}$

6. $\angle A = 60°$
   $\angle D =$ _____

GRUPO 3 Usa la tabla de la página 497 para hallar cada una.

págs. 230–231

1. tan 26°

2. tan 55°

3. tan 33°

4. tan 74°

Usa la tabla de la página 497 para hallar la medida del $\angle A$.

5. tan m$\angle A = 0.1944$

6. tan m$\angle A = 0.6009$

7. tan m$\angle A = 1.5399$

8. tan m$\angle A = 7.1154$

9. tan m$\angle A = 0.5543$

10. tan m$\angle A = 2.9042$

11. tan m$\angle A = 0.0524$

GRUPO 4 Escribe cada por ciento como una razón en su forma más simple y cada razón como un por ciento.

págs. 240–245

1. 18%

2. 29%

3. 55%

4. 72%

5. $\dfrac{35}{100}$

6. $\dfrac{3}{5}$

7. $\dfrac{4}{25}$

Escribe cada por ciento como un decimal y cada decimal como un por ciento.

8. 38%

9. 72.5%

10. 2.4%

11. $17\frac{1}{2}$%

12. 0.7%

13. 13.2%

14. 0.002

Escribe como una razón o un por ciento. Simplifica si es posible.

15. 330%

16. 0.75%

17. 150%

18. 560%

19. $\dfrac{1}{200}$

20. $\dfrac{225}{100}$

21. $\dfrac{6}{5}$

PRÁCTICA EXTRA

GRUPO 1   Halla el por ciento de cada número. págs. 246–249

1. 5% de 275 **2.** $33\frac{1}{3}$% de 210 **3.** $37\frac{1}{2}$% de 400 **4.** 18% de 25 **5.** 56% de 90 **6.** 22% de 562

Halla cada por ciento.

7. ¿Qué por ciento de 21 es 7?

8. ¿Qué por ciento de 36 es 9?

9. ¿Qué por ciento de 200 es 155?

GRUPO 2   Halla *n* a la unidad más cercana. págs. 250–255

1. El 25% de *n* es 40. **2.** El 30% de *n* es 33. **3.** El 5% de *n* es 24. **4.** El 40% de *n* es 32.

5. El 12% de *n* es 1.86.

6. El 7.7% de *n* es 2,000.

7. El $33\frac{1}{3}$% de *n* es 120.

8. El $62\frac{1}{2}$% de *n* es 270.

Halla un estimado para *n*.

9. El 23% de 100 es *n*.

10. El 52% de 60 es *n*.

11. El 77% de 12 es *n*.

12. El 67% de 210 es *n*.

GRUPO 3   Completa cada cuadro. págs. 256–259

Halla el por ciento de aumento o disminución e indícalo.

	Original	Nuevo	Por ciento
1.	50	60	
2.	24	20	
3.	275	250	
4.	72	24	

Halla el descuento y el precio de venta.

	Precio normal	Tasa de descuento	Decuento	Precio de venta
5.	$125	15%		
6.	$24.50	20%		
7.	$130	$12\frac{1}{2}$%		
8.	$1,220	30%		

GRUPO 4   Completa cada cuadro. págs. 260–263

Halla el recargo y el precio de venta.

	Costo	% de aumento	Cantidad de aumento	Precio de venta
1.	$85	25%		
2.	$13	15%		
3.	$60	17%		
4.	$22.50	30%		

Halla el interés.

	Capital	Tasa de interés	Tiempo	Interés
5.	$500	6.5%	2 años	
6.	$280	10%	9 meses	
7.	$1,550	5.5%	1 año	
8.	$668	6%	3 años	

GRUPO 1 Substituye cada ⬤ por >, <, ó =.   págs. 274–277

1. $^-8$ ⬤ $^+2$ 2. $^+11$ ⬤ $^+42$ 3. $^-105$ ⬤ 0 4. $^-62$ ⬤ $^-98$

5. $|^-10|$ ⬤ $|^+10|$ 6. $|^-43|$ ⬤ $|^+36|$ 7. $|^+71|$ ⬤ $|^-77|$ 8. $|^+18|$ ⬤ $|^-17|$

9. $^+11 + {}^+8$ ⬤ $^+14$ 10. $^-21 + {}^-17$ ⬤ $^-28$ 11. $^-12 + {}^-16$ ⬤ $^-18 + {}^-4$

Suma.

12. $^+13 + {}^+8$ 13. $^-22 + {}^-43$ 14. $^+106 + {}^+58$ 15. $^-110 + {}^-77$

16. $^-52 + {}^-19$ 17. $^+19 + {}^+39$ 18. $^-82 + {}^-31$ 19. $^+96 + {}^+5$

GRUPO 2 Suma o resta.   págs. 278–281

1. $^+11 + {}^-8$ 2. $^-18 + {}^+12$ 3. $^+9 + {}^-14$ 4. $^-6 + {}^+30$

5. $^-22 + {}^+13$ 6. $^+62 + {}^-75$ 7. $^-48 + {}^+55$ 8. $^+77 + {}^-31$

9. $^+16 - {}^+14$ 10. $^+26 - {}^-12$ 11. $^-21 - {}^+8$ 12. $^-14 - {}^-11$

13. $^+13 - {}^+19$ 14. $^-9 - {}^+21$ 15. $^+10 - {}^-32$ 16. $^-21 - {}^-28$

GRUPO 3 Multiplica o divide.   págs. 284–287

1. $^+8 \times {}^+7$ 2. $^+11 \times {}^-2$ 3. $^-9 \times {}^+5$ 4. $^-7 \times {}^-6$

5. $^-20 \times {}^-3$ 6. $^+14 \times {}^-2$ 7. $^-5 \times {}^+12$ 8. $^-8 \times {}^-12$

9. $^-81 \div {}^+9$ 10. $^-144 \div {}^-12$ 11. $0 \div {}^-56$ 12. $^-34 \div {}^-17$

13. $^+121 \div {}^-11$ 14. $^+16 \div {}^-16$ 15. $^-36 \div {}^+18$ 16. $^-108 \div {}^-12$

GRUPO 4 Escribe las coordenadas de cada punto, o nombra el punto   págs. 288–291
para cada una de las coordenadas dadas.

1. A 2. B

3. C 4. D

5. E 6. F

7. $(^-5,^-3)$ 8. $(5,^-2)$

9. $(5,5)$ 10. $(4,^-1)$

11. $(^-1,^-1)$ 12. $(1,^-5)$

13. $(0,0)$

14. E, H, e I están en el cuadrante ____.

15. A y G están en el cuadrante ____.

16. B y C están en el cuadrante ____.

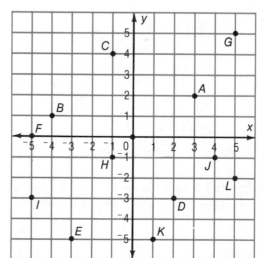

GRUPO 1 Resuelve los problemas con la tabla de frecuencias.

págs. 300–305

1. ¿Qué 4 países tienen la mayor densidad de población? ¿Cuál es su densidad media?

DENSIDADES DE POBLACIÓN EN ÁFRICA (personas por mi cuadrada)					
Argelia	22	Burundi	409	Chad	9
Angola	14	Camerún	48	Congo	12
Benin	85	Kenia	80	Egipto	116
Botswana	4	Mali	15	Zaire	33

2. ¿Cuál es el alcance de las densidades de población?

3. ¿Cuál es la densidad media de los 4 países que tienen la menor densidad de población?

4. ¿Cuál es la mediana de estos datos?

Cifras de la inmigración a Estados Unidos para 1860–1940

1861–1870—2,314,000; 1871–1880—2,812,000; 1881–1890—5,246,000;
1891–1900—3,687,000; 1901–1910—8,795,000; 1911–1920—5,735,000;
1921–1930—4,107,000; 1931–1940—528,000

5. ¿Cuál es la mediana?

6. ¿Cuál es la media?

7. ¿En qué década hubo el mayor número de inmigrantes?

8. Determina el alcance.

págs. 322–325

GRUPO 2 Indica las siguientes probabilidades usando la flecha giratoria.

1. P (animal que sólo come plantas)

2. P (animal que come carne o pescado)

3. P (animal que vuela o nada)

4. P (animal que vive sólo en el agua)

5. P (animal que vuela y nada)

6. P (animal que tiene cuatro patas)

7. P (animal que tiene plumas)

8. P (animal que vuela)

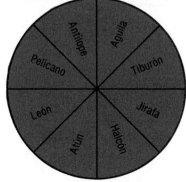

GRUPO 3 Se toman dos de las tarjetas de abajo al azar. La primera tarjeta sacada se vuelve a poner antes de escoger la segunda. Halla cada probabilidad, P(A, B).

págs. 328–329

1. A: Sacar una T; B: Sacar una P.

2. A: Sacar una S; B: Sacar una T.

3. A: Sacar una P; B: Sacar una vocal.

4. A: Sacar una consonante; B: Sacar una A

Se sacan dos de estas tarjetas al azar. No se vuelve a poner la primera tarjeta. Halla cada probabilidad.

5. P (T, P)

6. P (S, T)

7. P (P, vocal)

8. P (consonante, A)

GRUPO 1 Dibuja un segmento de recta de una longitud dada usando una regla recta. Después, construye una bisectriz perpendicular para cada uno usando una regla y un compás.

págs. 342–345

1. 85 mm   **2.** 9 cm   **3.** 60 mm   **4.** 21 cm   **5.** 12 cm

GRUPO 2 Calca la figura de la derecha.

págs. 346–349

1. Construye una recta paralela a $\overleftrightarrow{MN}$ por P.

2. Construye una recta perpendicular a $\overleftrightarrow{MN}$ por R.

Dibuja un ángulo con la medida dada. Después construye un ángulo congruente con el ángulo dado. Después construye la bisectriz del ángulo.

3. 60°   **4.** 35°   **5.** 115°   **6.** 95°   **7.** 156°

GRUPO 3 Halla el área de la superficie y el volumen de cada prisma.

págs. 352–355

1. prisma rectangular
l = 2 cm
a = 3 cm
al = 4 cm
A = ____
V = ____

2. cubo de 4 cm de lado
A = ____
V = ____

3.
A = ____
V = ____

4. cubo de 6.8 dm de lado
A =
V =

5. prisma rectangular
l = 7.5 m
a = 4.2 m
al = 11.8 m
A =
V =

6.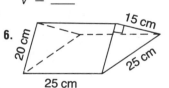
A = ____
V = ____

GRUPO 4 Halla las medidas equivalentes.

págs. 362–363

7. 3 mL = ____ cm^3

8. 1.8 L = ____ dm^3

9. 0.5 dm^3 = ____ L

10. 8,000 cm^3 = ____ mL

11. 25 mL = ____ cm^3

12. 80 cm^3 = ____ mL

13. 120 dm^3 = ____ L

14. 4,800 cm^3 = ____ mL

15. 4,000 L = ____ dm^3

16. 8 m^3 = ____ mL

17. 18 L = ____ dm^3

18. 40,000 L = ____ dm^3

19. 77 cm^3 de agua pesan ____ g.

20. 9 L de agua pesan ____ kg.

PRÁCTICA EXTRA

GRUPO 1 Resuelve. págs. 372–377

1. $\frac{-2}{3} + \frac{-1}{3}$
2. $-1\frac{3}{7} + \frac{6}{7}$
3. $\frac{1}{5} - \frac{4}{5}$
4. $\frac{1}{2} - \frac{-1}{3}$
5. $1\frac{1}{3} + \frac{-3}{4}$

6. $4.1 + {}^-3.6$
7. ${}^-0.3 - 1.2$
8. ${}^-0.34 \times 0.4$
9. ${}^-19.2 \div 6$

GRUPO 2 Escribe como una potencia sencilla de 10. págs. 380–383

1. $10^4 \times 10^1$
2. $10^{-5} \div 10^7$
3. $10^{-8} \times 10^{-3}$
4. $10^8 \div 10^{-2}$
5. $10^{-6} \times 10^4$

Escribe en notación científica.

6. 0.0003
7. 0.0000006
8. 0.0000083
9. 0.0000547
10. 0.0000009041

Escribe en forma usual.

11. 5×10^{-5}
12. 4.9×10^{-8}
13. 2.37×10^{-6}
14. 3.093×10^{-4}
15. 7.6518×10^{-7}

GRUPO 3 Escribe un número real entre cada par de números reales. págs. 384–389

1. 1 y 2
2. ${}^-1$ y ${}^-2$
3. 0 y 1
4. ${}^-1$ y 0
5. 1.1 y 1.11

Halla cada cuadrado.

6. 4^2
7. 16^2
8. 28^2
9. 53^2
10. 61^2

Usa el método de dividir y hacer el promedio para hallar
cada raíz cuadrada a la décima más cercana.

11. $\sqrt{5}$
12. $\sqrt{121}$
13. ${}^-\sqrt{52}$
14. $\sqrt{91}$
15. ${}^-\sqrt{15}$

GRUPO 4 Indica si un triángulo con los lados dados es un triángulo rectángulo. págs. 390–393

1. 3 m, 4 m, 7 m
2. 9 km, 12 km, 15 km
3. 4 cm, 6 cm, 8 cm
4. 6 km, 8 km, 10 km
5. 3 m, 2 m, 5 m

Halla la medida que falta de cada triángulo rectángulo a la décima más cercana.

6. a. 2 cm
b. 3 cm
c.

7. a. 9 m
b.
c. 15 m

8. a.
b. 40 km
c. 41 km

9. a. 4 m
b. 4 m
c.

10. a. 1 cm
b.
c. 5.1 cm

GRUPO 5 Dibuja un sistema de coordenadas. Haz una gráfica y nombra estos puntos. págs. 394–395

1. $A\,(2,3)$
2. $B\,({}^-3,{}^-2)$
3. $C\,({}^-\frac{3}{2},{}^-6)$
4. $D\,(\frac{1}{2}, {}^-\frac{5}{4})$
5. $E\,(9,\sqrt{2})$

GRUPO 1   Resuelve y comprueba.   págs. 408–411

1. $x + 10 = 23$ **2.** $y - {}^-13 = 7$ **3.** $16 + y = {}^-34$ **4.** $42 = n - {}^-15$

5. $5y = 45$ **6.** ${}^-6y = 48$ **7.** ${}^-81 = {}^-9x$ **8.** ${}^-63 = 3n$

9. $x + \frac{{}^-2}{3} = 4$ **10.** $n - 1\frac{2}{5} = \frac{{}^-3}{5}$ **11.** $\frac{1}{3}x = {}^-33$ **12.** $21 = \frac{{}^-7}{8}x$

13. $36 = {}^-22 + n$ **14.** $x - {}^-9 = 5$ **15.** $y - 4 = {}^-17$ **16.** $n + \frac{5}{6} = {}^-22$

GRUPO 2   Resuelve para los enteros y comprueba. Haz una lista de las   págs. 412–413; 420–421
tres primeras soluciones.

1. $x + 7 > 15$ **2.** $y - 11 < 18$ **3.** $4n \geq 28$

4. $w + {}^-2 \geq 12$ **5.** $\frac{b}{6} < 5$ **6.** ${}^-4 + a > 0$

Resuelve estas desigualdades.

7. $2x + 3 < 9$ **8.** $5y - 1 \leq 19$ **9.** $6x - 4 \geq 27$

10. $10y - 6y \geq 36$ **11.** $4n + 7n < {}^-22$ **12.** $8a - 3a > 45$

13. ${}^-3b - 4b \geq {}^-14$ **14.** $2x - 5 \leq 21$ **15.** $5y - 14 \leq {}^-9$

GRUPO 3   Resuelve y comprueba.   págs. 416–417

1. $4x + 2 = 10$ **2.** $3y - 5 = 7$ **3.** $2n + 2 = 12$ **4.** $6 - 3a = 3$

5. $5b + 4 = {}^-11$ **6.** $4 = {}^-4 + 4w$ **7.** ${}^-5 = 1 - 2x$ **8.** ${}^-3y + 1 = 16$

9. $\frac{n}{2} + 1 = 5$ **10.** $2a + 1 = 2$ **11.** $\frac{{}^-5}{4}b - 3 = {}^-13$ **12.** $6 = 0.6a + 3$

GRUPO 4   Resuelve y comprueba.   págs. 418–419; 422–423

1. $8w + 2w = 20$ **2.** $11x - 5x = 24$ **3.** $2n + 5n = {}^-35$ **4.** ${}^-y + 3y = 2$

5. $7a - a = {}^-48$ **6.** ${}^-9b - b = {}^-30$ **7.** $x + 3x = 5$ **8.** $3.3y + 2.1y = 10.8$

Resuelve. Haz una gráfica de las soluciones en la recta numérica.

9. $4n = {}^-12$ **10.** $2a + 2 \leq 10$ **11.** $4w - 6 = {}^-2$ **12.** $8y - 2y + 15 > 27$

PRÁCTICA EXTRA

págs. 432–433

GRUPO 1   **Resuelve cada problema.**

1. Escribe los pares ordenados para esta relación.

2. Escribe el dominio de esta relación.

3. Escribe el alcance de esta relación.

x	0	1	2	3
y	0	5	10	15

4. Escribe *relación* o *función* para cada uno.
   a. (1,2) (2,4) (3,6) (4,8)
   b. (2,20) (2,10) (4,5) (10,2)
   c. (10,⁻1), (8,⁻1), (6,⁻1), (4,⁻1)

GRUPO 2   **Completa cada tabla de valores. Después haz una gráfica para cada ecuación.**

págs. 434-435

1. $y = x - 3$

x	y
2	
1	
0	
⁻1	
⁻2	

2. $y = 3x$

x	y
2	
1	
0	
⁻1	
⁻2	

3. $y = 2x + 2$

x	y
2	
1	
0	
⁻1	
⁻2	

4. $y = 3x - 2$

x	y
2	
1	
0	
⁻1	
⁻2	

Haz una gráfica de cada ecuación.

5. $y = x + 3$

6. $y = 3x - 4$

7. $y = 5x$

8. $y = {}^-2x$

9. $y = {}^-2x + 1$

10. $y = 3x + 2$

11. $y = 3x - 1$

12. $y = x + 1$

GRUPO 3   **Indica la inclinación (m) y el corte en la y (b) de cada recta.**

págs. 436–437

1. $y = 3x + 2$

2. $y = 2x - 4$

3. $y = x + 1$

4. $y = x - 7$

5. $y = {}^-5x + 1$

6. $y = 3x + 2$

7. $y = {}^-x - 6$

8. $y = \frac{3}{4}x + 5$

Escribe la ecuación de cada recta.

9. $m = 4, b = 3$

10. $m = \frac{1}{3}, b = 2$

11. $m = {}^-2, b = 5$

12. $m = 1, b = {}^-3$

GRUPO 4   **Resuelve cada sistema de ecuaciones haciendo una gráfica. Comprueba tus soluciones.**

págs. 440–441

1. $y = 2x + 2$
   $y = x - 2$

2. $y = 4x - 4$
   $y = x + 2$

3. $y = x - 3$
   $y = x + 1$

4. $y = x + 2$
   $y = 2x$

5. $y = {}^-x - 1$
   $y = {}^-2x$

6. $y = x - 2$
   $y = 2x + 1$

7. $y = x - 2$
   $y = 2x - 1$

8. $y = 3x - 1$
   $y = x + 1$

GRUPO 1 Usa esta copia del pedido de Ted para contestar las preguntas. págs. 10–11

Existencia no.	Color	Talla	Cantidad	Descripción	Precio por unidad	Precio total	
134	beige	M	1	gorra	$ 9.50	$ 9	50
416	azul	30	1	cinturón	$10.00	$10	00
172	café	M	2	calcetines	$ 4.00	$ 8	00

Cargos por envío y empacado		
$26 ó menos sumar $3.25	Total de los artículos	
Entre $26.01 y $51 sumar $3.75		
Entre $51.01 y $75 sumar $4.50	Envío/empacado	
Más de $75 sumar $5.00	TOTAL	

1. ¿Cuánto gasta Ted en calcetines?

2. ¿Qué cuesta $9.50?

3. ¿Cuál es el total de los artículos del pedido de Ted?

4. ¿Cuánto debe sumar por envío y empacado?

5. ¿Cuál es el costo total del pedido de Ted?

GRUPO 2 Usa la tabla de la derecha para contestar estas preguntas. págs. 20–21

1. ¿Cuánto tienes que pagar por una entrada al parque?

2. ¿Cuál es el costo de entrada para el Sr. y la Sra. Nguyen y sus hijos de 2 y 5 años?

3. Halla el costo de entrada para dos adultos y dos jóvenes después de las 6:00 P.M.

4. Si el parque está abierto 12 horas al día, ¿cuánto vale una entrada por adulto por hora?

```
            PRECIOS DE ENTRADA AL PARQUE

Entrada regular (edades 10–64)        $15.00
Entrada juvenil (edades 4–9)          $12.00
Niños (edades 3 o menos)              GRATIS
Jubilados (edades 65 o más)           $ 8.00

PRECIOS DE NOCHE (5:00 pm en adelante)
  Regular    $12.00    Juvenil    $9.50
```

GRUPO 3 Resuelve cada problema si es posible. Indica qué información falta, en caso de que falte. Indica la información adicional, si la hay. págs. 40–41

1. Pánfilo de Narváez exploró la Florida en 1528. Quince años antes, la Florida fue descubierta por Ponce de León ¿En qué año se descubrió la Florida?

2. Robert E. Peary exploró Groenlandia en 1886 a los 30 años. Trató de llegar al Polo Norte en 1893, pero no lo logró hasta 1909. ¿Cuántos años tenía cuando llegó al Polo Norte?

3. Cristóbal Colón hizo cuatro viajes desde 1492 a 1502. Navegó con 90 hombres en 1492, con 17 barcos y 1,500 hombres en 1494, con 6 barcos en 1498 y con 135 hombres de 1502. ¿Cuántos hombres navegaron en los 4 viajes?

4. En 1806, el explorador ártico William Scoresby viajó hacia el norte de Spitsbergen hasta una latitud de 81° 30' En 1607, Henry Hudson viajó hacia el norte de Spitsbergen hasta una latitud de 80° 23'. ¿Qué distancia hay entre las dos latitudes?

PRÁCTICA EXTRA

GRUPO 1   Lee la tabla y resuelve cada problema. págs. 54–55

1. ¿Cuánto más rápido es el leopardo que la gacela de Thompson?

2. ¿Cuál es la velocidad promedio del alce, el león y el berrendo?

3. ¿Qué animal corre 4 mph más rápido que el galgo?

4. ¿Qué animal es el más rápido? ¿Cuánto más rápido es que el animal más lento? el leopardo,

VELOCIDADES DE LOS ANIMALES	
ANIMAL	**VELOCIDAD (MPH)**
Leopardo	70
Coyote	43
Alce	45
Zorro gris	42
Galgo	39
Hiena	40
León	50
Berrendo	61
Gacela de Thompson	50

GRUPO 2   Usa simulación para resolver cada problema. págs. 74–75

1. En un desfile, 15 personas irán en 5 carros. En 2 carros sólo caben 2 personas en cada uno. No hay ningún carro en el que quepan más de 4. Nadie va a ir solo. ¿Cuántos irán en cada carro?

2. Un estudiante de la Escuela Cedar Lake hizo siluetas de letras en una tapa blanca de un cuaderno. ¿De cuántas maneras puede colorear las letras usando al menos el color anaranjado o azul?

En un partido de fútbol, cada uno de los 42 estudiantes mostrará una tarjeta anaranjada o azul. Las tarjetas anaranjadas formarán las letras C F y las azules formarán el fondo y los bordes.

3. Si hay 6 filas con 7 tarjetas por fila, ¿cuántas tarjetas serán anaranjadas?

4. Para hacer las letras dos veces más altas, ¿cuántos estudiantes con tarjetas tendrían que agregarse a la sección de tarjetas?

GRUPO 3   Resuelve cada problema. Indica qué información falta, si falta. págs. 80–81

1. En la pista de hielo más larga del mundo, Eric patinó 1.45 km, que es $\frac{1}{5}$ de su longitud. ¿Cuánto mide la pista de largo?

2. El Río Rushing está a 4.75 km al sur de Longbow. Eric maneja 3.5 km al oeste y 1.25 km al sur para llegar a Longbow. ¿Qué distancia viaja?

3. Eric manejó desde el Río Rushing al Lago Arrowhead. Su odómetro indicaba 60,021.9 y 60,207.5. Se desvió 8.4 km para comprar gasolina. ¿A qué distancia está el lago del río?

4. Eric tardó 45 minutos en manejar alrededor del lago. Cuando volvió, el odómetro indicaba 60,234.5. ¿Cuál fue su velocidad promedio para viajar alrededor del lago?

5. Eric pescó 3 peces el primero y el segundo días y 4 peces el tercer y cuarto días. ¿Cuántos peces pescará en 7 días?

GRUPO 1 Completa cada patrón. págs. 102–103

1. 13, 13.5, 14.5, 16, 18, ___, ___

2. 4, 7, 13, 25, 49, ___, ___

3. 100, 99, 97, 94, 90, ___, ___

4. 480, 240, 120, 60, ___, ___

5.

	6	12	14		22
2	8		16	18	

6.

1	2	3	4	5	6
2	5			14	

7.

8.

GRUPO 2 Los Verdes juegan 3 días seguidos y después descansan un día. Su primer partido es el lunes, primero de mayo. págs. 102–103

1. ¿Cuándo volverán a jugar los Verdes en lunes?

2. Si los Verdes juegan todos los partidos programados hasta el 31 de mayo, ¿cuántos partidos jugarán en mayo?

3. Hay 6 adultos y 10 niños en el club del bosque. El club pagó $104.00 para comprar entradas para un partido. Todas las entradas cuestan lo mismo. ¿Cuánto costó cada entrada?

4. El club comerá en el merendero antes del partido. Las cenas cuestan $6.00 para los adultos y $4.50 para los niños. ¿Cuánto pagará el club por la cena?

5. Todos los niños y la mitad de los adultos compraron palomitas de maíz. ¿Cuánto dinero recaudó el vendedor de palomitas de maíz?

6. En el partido, los Verdes lograron 2 carreras en cada entrada par. Los Osos, el equipo visitante, lograron 1 carrera en cada entrada empezando en la tercera y acabando en la novena. ¿Cuál fue el resultado final?

GRUPO 3 Usa la tabla para resolver cada problema. págs. 126–127

1. Gary compró 3 paquetes de frutos caribeños y 2 paquetes de frutos tropicales. ¿Cuánto pagó?

2. Ricardo tenía $7.50 para comprar 5 paquetes de Delicias. ¿Tenía dinero suficiente?

3. Yolanda compró 4 paquetes de Delicias. Samantha compró 5 paquetes de frutos silvestres. ¿Quién pagó más? ¿Cuánto más?

4. El club de excursiones compró una caja de 24 paquetes de Algarrobos por $30.00. ¿Cuánto ahorraron por paquete?

Frutos secos	5 oz por paquete
Frutos californianos	$1.29
Frutos caribeños	$1.25
Algarrobos	$1.39
Delicias	$1.49
Frutos tropicales	$1.29
Frutos silvestres	$1.19

GRUPO 1 El miércoles Linda estacionó en el garaje a las 9:30 A.M. págs. 136–137
Salió del garaje a las 3:15 P.M.

1. ¿Por cuántas horas tuvo que pagar?

2. ¿Cuánto tuvo que pagar por estacionar?

3. ¿Cuánto habría tenido que pagar Linda por estacionar el mismo tiempo el sábado?

4. Si Linda no hubiera salido hasta las 5:15 P.M. del miércoles, ¿cuánto habría pagado?

5. El viernes, Linda y su familia estacionaron de las 7:00 P.M. a las 10:30 P.M. mientras estaban en el circo. ¿Cuánto pagaron?

ESTACIONAMIENTO DEL CENTRO		
Horas	**Lunes a viernes**	**Costo**
7 A.M. a 6 P.M.	Primera hora o parte	$3.50
	Cada hora o parte adicional	$1.50
	Máximo diario	$12.00
6 P.M. hasta medianoche	Cada hora o parte	$1.75
	Máximo hasta cerrar	$7.50
Sábado y domingo		
8 A.M. hasta medianoche	Cada hora o parte	$2.00
	Máximo diario	$11.00

GRUPO 2 Kathi compra paneles de metal que pueden unirse para hacer los págs. 156–159
lados, los estantes y la parte de arriba de un librero. Los paneles, cada uno
de 12 plg de ancho, vienen en 4 longitudes: 24 plg, 30 plg, 36 plg y 48 plg.

1. El librero de Kathi medirá 4 pies de alto, 3 pies de ancho y 1 pie de profundidad. ¿Cuántos paneles de qué tamaño debe comprar para los lados verticales?

2. El librero tendrá estantes separados unas 12 plg de arriba a abajo. ¿Cuántos paneles de qué tamaño debe comprar para los estantes horizontales?

3. Más tarde Kathi podría agregar más paneles para hacer el librero de 5 pies de ancho. ¿Cuántos paneles de qué tamaño necesitaría para los lados verticales?

4. Si Kathi pusiera los estantes separados 8 plg entre sí en la nueva sección, ¿cuántos paneles de qué tamaño necesitaría?

GRUPO 3 Usa la gráfica para contestar las preguntas. págs. 170–171

1. ¿Para qué pruebas fueron las notas iguales?

2. ¿Cuál fue la diferencia entre las notas más alta y más baja de Tom?

3. ¿Cuál fue el promedio de nota de Tom en las 7 pruebas al número entero más cercano?

4. Si no se incluyen las notas más alta y más baja, ¿cómo afectará esto al promedio de las pruebas de Tom?

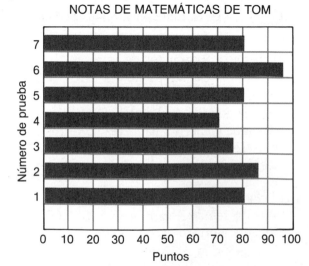

NOTAS DE MATEMÁTICAS DE TOM

GRUPO 1 La Sra. Gómez está pensando enlosar un piso rectangular con losas cuadradas. La tabla muestra el plan para su diseño. Copia y completa esta tabla.

págs. 192–193

1. ¿Cuántas losas hay en cada fila?

2. ¿Cuántas losas blancas hay en la fila 5?

3. ¿Cuántas losas verdes necesitará?

4. ¿Cuántas losas blancas necesitará?

5. Haz un dibujo del patrón de las losas.

Fila	1	2	3	4	5	6	7	8	9
Losas blancas	13	6	5	4	3	4	5	6	
Losas verdes	0	1	3	5	7	5		1	0
Losas blancas	0	6	5				5		0

GRUPO 2 Ana está haciendo una cobija. Está poniendo estrellas en cuadrados de 9-plg. La cobija tendrá 9 filas de 6 cuadrados. El dibujo muestra el patrón de los cuadrados y los colores de las estrellas.

págs. 202–203

1. ¿Cuántos cuadrados tendrá que hacer Ana?

2. ¿Cuáles son las dimensiones de la cobija?

3. Ana quiere cortar los cuadrados de un trozo de tela de 48 plg de ancho y 3 yd de largo. ¿Hay suficiente tela?

4. ¿Cuántas estrellas de cada color necesitará Ana?

5. Ana pondrá un borde de 4 plg de ancho en los 4 lados. ¿Cuáles serán las dimensiones de la cobija con el borde?

GRUPO 3 Resuelve cada problema.

págs. 224–225

1. Hay 5 programas de TV en el canal 16 desde las 5:30 P.M. hasta las 11:00 P.M. Los programas de noticias y de cocina duran 30 mins cada uno; el de la naturaleza 60 min; el de deportes 90 min y la película 2 h. Usa las pistas dadas. Indica cuando empieza cada programa.
   a. El programa de deportes es después del de la naturaleza y antes de la película.
   b. El último programa es la película.
   c. Las noticias empiezan a las 6:00.

2. Las temperaturas máximas del 1 de julio para seis ciudades son 70°F, 75°F, 79°F, 84°F, 96°F, y 100°F. Usa las pistas dadas. ¿Qué ciudad registró las distintas temperaturas?
   a. San Diego registró la seguna temperatura máxima.
   b. Los Angeles registró una temperatura más alta que la de Spokane.
   c. Seattle tuvo la temperatura más baja.
   d. La temperatura de Seattle fue 5° más baja que la de Portland.
   e. La temperatura de Spokane fue 5° más alta que la de San Francisco.

PRÁCTICA EXTRA

<u>GRUPO 1</u>   **Resuelve cada problema.**
págs. 232–233

1. La portada de un cuaderno mide 29.5 cm por 22 cm. Indica las dimensiones de la foto cuadrada más grande que cabrá en la portada.

2. Un cuadro que mide 36.8 cm por 27.5 cm se reduce a $\frac{4}{5}$ de su tamaño. ¿Cabrá la copia reducida en la portada del cuaderno?

3. Laura está cubriendo la tapa de un caja cuadrada con estampitas rectangulares. Cada estampita mide 2.5 cm por 5 cm. El perimetro de la tapa es de 82 cm. ¿Cuál es el mayor número de estampitas que puede poner sin encimarlas?

4. Laura puso tantas estampitas en la tapa como pudo sin encimarlas. ¿Cuánta área de la tapa no está cubierta con estampitas?

<u>GRUPO 2</u>   **Usa una lista organizada como ayuda para resolver cada problema.**
págs. 252–253

1. El año pasado (no bisiesto), Maggie corrió a diario durante 3 meses consecutivos. ¿Cuántos distintos números de días puede ser esto? ¿Cuáles son?

2. Si Maggie corrió durante 91 días en tres meses, ¿cuáles son los meses que podría haber corrido?

3. Las entradas para una obra valen $11 y $9, para la segunda $8 y $6 y para la tercera $12 y $10. Si Scott compra 1 entrada por cada obra, ¿cuántas combinaciones diferentes de precios de entradas son posibles?

4. Scott gastó $27 en entradas para las 3 obras. ¿Qué combinaciones son posibles?

<u>GRUPO 3</u>   **Resuelve cada problema.**
págs. 264–265

1. Un número de *Las Noticias* cuesta $1.95 en el kiosco y $1.11 por subscripción. *Ellas* cuesta $1.50 en el kiosco y $.99 por subscripción. ¿Cuánto se ahorra del precio del kiosco al subscribirse a cada revista?

2. Joe hizo ponche. Su recta consistía en 1 parte de jugo de lima, 4 partes de jugo de toronja y 5 partes de jugo de uva. Usó 16 tazas de jugo de toronja. ¿Cuántas tazas de jugo de uva usó?

3. La cuota para el club era de $23.50 este año. La cuota vitalicia es de $150. La cuota aumentará $1.00 por año. ¿Después de cuántos años excederán las cuotas anuales a las cuotas vitalicias?

4. En una novena de béisbol, Bobby batea justo entre Samuel y Cristina. Jackie batea después de Samuel. ¿Quién batea primero?

5. En el periódico había cuatro fotos de mascotas con sus dueños. Las mascotas eran un gato, un perro, un canario y un pez. Los dueños eran Cindy, Ruth, Manuel y Quan. Usa las pistas de la derecha para indicar qué mascota pertenece a quién.

PISTAS
a. El animal de Manuel no runrunea
b. El animal de Cindy no hace ruido
c. Los animales de Quan y Manuel tienen pelo

GRUPO 1   Resuelve cada problema.   págs. 282–283

1. La tienda de ropa Wright tenía 37 camisetas de rebaja. Siete camisetas eran blancas y 6 eran negras. Había un número igual de camisetas rojas, azules y verdes. ¿Cuántas camisetas había de estos tres colores?

2. En cada día de la rebaja, el precio de cada camiseta se reducía un 10%. El tercer día, el precio era de $10.21. ¿Cuál era el precio original?

3. La Sra. López compró 2 camisetas el tercer día. También compró 6 pares de calcetines. Su cuenta total fue de $26.90. ¿Cuál fue el costo de un par de calcetines?

4. Al terminar la rebaja, $\frac{1}{3}$ de las camisetas que quedaban eran de la talla pequeña. La mitad eran de la talla mediana. Las 3 restantes eran de la talla grande. ¿Cuántas camisetas no se vendieron?

GRUPO 2   Resuelve cada problema.   págs. 292–293

1. Pablo gana $3.65 por hora en un supermercado. También trabaja en una gasolinera a $4.35 la hora. Le semana pasada trabajó 8 horas en el supermercado. Sus ganancias totales fueron de $77.05. ¿Cuántas horas trabajó en la gasolinera?

2. Anita trabaja en el supermercado después de la escuela. Trabaja de lunes a jueves y gana $4.00 por hora. Cada día trabaja una hora más que el día anterior. ¿Cuáles son sus ganancias semanales?

3. Jim, Juan y Jane tocan cada uno un instrumento musical. Los instrumentos son la flauta, el violín y la guitarra. Usa las pistas dadas. Indica qué persona toca qué instrumento.
   a. Los instrumentos de Jim y Jane tienen cuerdas.
   b. Jim toca su instrumento con un arco.

4. Completa el patrón.

   $10\frac{2}{3}$, $5\frac{1}{3}$, $2\frac{2}{3}$, $1\frac{1}{3}$, ——, ——

GRUPO 3   Determina si es correcta la conclusión que sigue a cada par   págs. 314–315
de enunciados. Contesta sí o no.

1. El zoológico más antiguo del país está en Pennsylvania. El zoológico Brookfield está en Illinois. Conclusión: Brookfield no es el zoológico más antiguo.

2. Dubuque está a orillas del Río Mississippi. Partes del Mississippi pasan por Minnesota.
   Conclusión: Dubuque está en Minnesota.

3. Todos los helechos son plantas. Todas las palmeras son plantas.
   Conclusión: Todos los helechos son palmeras.

4. Todos los peces tienen agallas. Todos las anguilas son peces.
   Conclusión: Todos las anguilas tienen agallas.

Si es posible, saca una conclusión de cada par de enunciados.

5. Si usas bronceador serás popular. Sara es popular.

6. Todos los gatos tienen cuatro patas. Polly tiene 2 patas.

PRÁCTICA EXTRA

GRUPO 1   Resuelve cada problema.

págs. 314–315

1. En la fiesta de Monte Pine tuvieron lugar 5 eventos. Los 3 primeros eventos fueron al aire libre y empezaron con esquí alpino para hombres. Después del patinaje artístico, se jugó un partido de hockey sobre hielo en la misma pista. El patinaje de velocidad para mujeres tuvo lugar antes del tobogán en hielo. Indica el orden de los eventos.

2. Michael está haciendo 7 señales en forma de rombo. Pondrá cinta negra alrededor del perímetro de cada señal. ¿Tendrá suficiente con 50 pies de cinta?

3. Tres patinadores artísticos llamados Megan, Kitty y Peter actuaron en un cursillo. ¿De cuántas maneras diferentes podían haberse programado las actuaciones de los patinadores?

4. Hubo 6 finalistas en el concurso de escultura de muñecos de nieve. ¿De cuántas maneras distintas pueden ganar las esculturas el primero y el segundo lugares?

GRUPO 2   Resuelve cada problema.

págs. 350–351

1. Josh tiene una colección de 208 postales. Tiene 3 veces más postales de EE.UU. que extranjeras. ¿Cuántas tiene de cada clase?

2. Steve tiene 103 conchas en 3 cajas. La caja A tiene 8 conchas menos que las caja B. La caja C tiene 6 conchas más que la caja B. ¿Cuántas conchas hay en cada caja?

3. María tiene 42 minerales en 3 estantes. Hay dos veces más minerales en el tercer estante que en el primero. Hay 6 minerales más en el segundo estante que en el primero. ¿Cuántos minerales hay en cada estante?

4. Los 56 buhos de Lena están hechos de cristal, plástico y madera. Hay dos veces más buhos de cristal que de plástico. Hay dos veces más buhos de plástico que de madera. ¿Cuántos buhos de cada clase hay?

5. Joan tiene 70 monedas, de 25¢, 10¢ y 5¢ en un frasco. Hay cuatro veces más monedas de 5¢ que de 25¢ y la mitad de monedas de 10¢ que de 5¢. Halla el valor de sus monedas.

6. La Sra. Young necesita 2 repisas para su colección de cucharas. Una repisa contiene un 50% más que el otro. Si la Sra. Young tiene 30 cucharas, ¿cuántas hay en cada repisa?

GRUPO 3   Resuelve cada problema.

págs. 364–365

1. Nick está poniendo una cinta plateada alrededor del borde de una cesta octagonal. ¿Será suficiente una yarda para cubrir el perímetro?

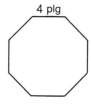

2. La cocina de Pam tiene una ventana cuadrada. ¿Cuántos pies cuadrados de papel se necesitan para cubrir el área de pared alrededor de la ventana?

GRUPO 1   La gráfica muestra el número de voluntarios de la Biblioteca
Dewey.

págs. 378–379

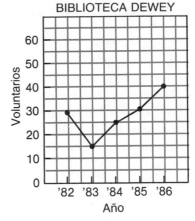

1. ¿Cuántos voluntarios tenía la Biblioteca Dewey en 1984?

2. ¿En qué año fue mínimo el número de voluntarios?

3. ¿Cuál fue el aumento en el número de voluntarios entre 1983 y 1986?

4. ¿En qué años hubo el mayor aumento en el número de voluntarios con respecto al año anterior?

5. ¿Cuál fue el promedio de voluntarios por año durante el período de 5 años? Redondea al número entero más cercano.

GRUPO 2   Resuelve cada problema.

págs. 396–397

1. Henry y Kevin vendieron un total de 51 entradas para una serie de conciertos. Si Henry vendió 7 entradas más que Kevin, ¿cuántas entradas vendió cada uno?

2. Liz vendió $\frac{3}{4}$ de las entradas del concierto a sus amigos. Vendió $\frac{1}{3}$ de las restantes a un vecino. Las 2 entradas que quedaban se las vendió a su tía. ¿Cuántas entradas vendió Liz?

3. Un miembro del club de video paga $5 por la inscripción y alquila videocasetes a $3 cada uno. Una persona que no es miembro paga $4 para alquilar un videocassete. ¿Cuántos videocasetes debe alquilar un miembro antes de que los dos costos sean iguales?

4. Ayer, Joanne corrió 2.5 veces más millas que Sara. Sara corrió 3 veces más millas que Ron. ¿Cuántas millas corrió cada uno?

5. Alice, Helena, Mako y Scott escalaron una montaña. Helena llegó a la cima antes que Mako y después que Scott. Scott llegó a la cima después de su hermana. ¿En qué orden llegaron a la cima?

6. Un banco agrega un 10% de interés a la cantidad que queda en una cuenta durante 1 año. Teresa pone $100 en una de esas cuentas y no ingresa ni saca nada. ¿Cuánto habrá en la cuenta después de 7 años?

GRUPO 3   Resuelve cada problema.

págs. 414–415

1. Once jugadores de fútbol están pateando la pelota. Cada jugador patea la pelota a cada uno de los restantes jugadores. ¿Cuántas veces patean la pelota?

2. Cinco concursantes jugaron a las damas. Cada jugador jugó 3 partidas contra cada uno de los otros jugadores. ¿Cuántas partidas se jugaron en total?

PRÁCTICA EXTRA

págs. 424–425

GRUPO 1   Resuelve cada problema.

1. Alex tenía $15 para gastar en focos. Compró un paquete de 2 focos por $7. Gastó el resto en paquetes de 4 focos a $3 por paquete. ¿Cuántos focos compró?

2. Sylvia puso 124 sándwiches en 5 bolsas. Cada bolsa tenía dos veces más sándwiches que la anterior. ¿Cuántos sándwiches había en cada bolsa?

Dorothy esta tejiendo una bufanda. El primer día teje 11 filas. Al día siguiente deshace 5 filas y vuelve a tejer 4 filas. El tercer día, teje 11 filas como el primer día. El cuarto día repite lo que hizo el segundo día.

3. Si Dorothy sigue así, ¿cuántas filas habrá hecho en 8 días?

4. ¿Cuántas filas de la bufanda se terminarán después de 8 días?

GRUPO 2   Si es posible, resuelve cada problema de más de una forma. Comprueba que tus respuestas sean las mismas.

págs. 442–443

1. En 1984, 5.7 millones de personas visitaron los monumentos a Lincoln y Jefferson. Dos veces más personas visitaron el monumento a Lincoln que el monumento a Jefferson. ¿Cuántas personas visitaron cada monumento?

2. Un autobús con 60 turistas paró para el almuerzo. Un tercio de los turistas pidieron sándwiches de jamón, $\frac{1}{4}$ de queso y $\frac{1}{5}$ de guajolote. El resto comieron ensaladas. ¿Cuánto comieron de cada cosa?

3. Un autobús con 45 pasajeros sale del Monumento a Washington y se para 4 veces. En la primera parada se bajan 16 personas y se suben 3. En la segunda, se bajan 12 y se suben 18. En la tercera, se bajan 24 y se suben 26. En la última parada se bajan 3 y se sube una persona. ¿Cuántos pasajeros hay en el autobús que regresa al Monumento a Washington?

4. Carlos gastó $9.69 en una tienda de un museo. Compró un calendario de pared por $4.95 y calendarios de bolsillo a $.79 cada uno. ¿Cuántos calendarios compró?

5. Doscientas personas subieron en 14 camionetas de turistas. Algunas camionetas tienen 12 asientos y el resto 16 asientos. Si todos los asientos están ocupados, ¿cuántas camionetas hay de 16 asientos?

GRUPO 3   Resuelve cada problema.

págs. 448–449

1. El cumpleaños de Jim en marzo es el día después del cumpleaños de John. Si el producto de sus compleaños es 812, ¿cuáles son sus cumpleaños?

2. Un tablero de un juego tiene 15 cuadrados de ancho por 15 de largo. Un tercio de los cuadrados en las filas 1, 5, 10 y 15 valen 40 puntos cada uno. Un tercio de los cuadrados en las restantes filas pares valen 50 puntos cada uno. Un tercio de los cuadrados en las filas restantes impares valen 60 puntos cada uno. ¿Cuáles son los puntos totales para los cuadrados?

3. Hay 4 máquinas de escribir en una mesa. La negra está a la derecha, la roja entre la de color tostado y la gris. La negra y la gris no están una junto a la otra. ¿Qué máquina de escribir está a la izquierda?

Glosario

a razón de   Una razón que compara distintas clases de unidades.

alcance (estadística)   La diferencia entre el número mayor y el número menor de un conjunto de datos.

altura   La altura de un triángulo o un paralelogramo.

altura (de un paralelogramo)   Segmento que une los lados opuestos y es perpendicular a la base
Ejemplo:

altura

altura (de un triángulo)   Segmento que une el vértice de un triángulo y es perpendicular a la base.

ángulo   Dos rayos con un extremo común llamado vértice.

ángulo agudo   Ángulo que mide menos de 90°.

ángulo central   Ángulo que tiene su vértice en el centro de un círculo

ángulo llano   Ángulo que mide 180°.

ángulo obtuso   Ángulo que mide más de 90° pero menos de 180°.

ángulo recto   Ángulo que mide 90°.

ángulos adyacentes   Ángulos que tienen un rayo común y un vértice común.

ángulos complementarios   Dos ángulos cuya suma es de 90°.

ángulos opuestos por el vértice   Dos pares de ángulos congruentes formados cuando se cortan dos rectas.

ángulos suplementarios   Dos ángulos cuya suma es de 180°.

arco   Parte de la circunferencia de un círculo.

área   Número de unidades necesarias para cubrir una región.

área de superficie   Suma de las áreas de todas las caras de una figura del espacio.

arista   Segmento formado por dos caras que se cortan de una figura del espacio.

base (de un polígono)

base

base (de una figura del espacio)   base

BASIC   Lenguaje de computadoras.

binario   Sistema de numeración que usa el número dos como su base.

bisecar   Dividir en dos partes congruentes.

cilindro   Figura del espacio con dos bases paralelas que son círculos congruentes.

círculo   Figura plana cerrada con todos los puntos a la misma distancia de un punto llamado centro.

circunferencia   La distancia alrededor de un círculo.

cociente   La respuesta de la división.

cono   Figura del espacio con una base circular y un vértice.

corte en la y   El valor de la *y* en el punto donde la recta corta al eje de la *x*.

coseno   La razón de la longitud del lado adyacente a un ángulo agudo a la longitud de la hipotenusa en un triángulo rectángulo.

cuadrado (en geometría)   Rectángulo con todos los lados congruentes.

cuadrado (en numeración)   Multiplicar un número por sí mismo.
Ejemplo: El cuadrado de 7 es $7 \times 7 = 7^2 = 49$.

cuadrilátero   Polígono con cuatro lados y cuatro ángulos cuya suma es de 360°.

cubo   Prisma rectangular cuyas caras son todas regiones cuadradas congruentes.

cuerda   Segmento de recta cuyos extremos están en el círculo.

datos   Información que se reúne.

decimal   Número con una o más posiciones a la derecha del punto decimal.

decimal finito   Decimal que termina o tiene fin.
Ejemplo: 0.75 es un decimal finito.

decimal periódico   Decimal en la que un dígito o un grupo de dígitos se repite indefinidamente siguiendo un patrón.

descomposición en factores primos   Escribir un número como el producto de factores primos.
Ejemplo: $24 = 2 \times 2 \times 2 \times 3$

descuento   Cantidad que se reduce de un precio normal.

desigualdad   Oración matemática que usa uno de estos símbolos $<$, $\leq$, $<$, $\geq$ o $\neq$.

diagonal   Segmento que une dos vértices no adyacentes de un polígono.

diagrama en árbol   Diagrama usado para hallar los resultados de un experimento.

diámetro   Segmento de recta que pasa por el centro de un círculo y tiene ambos extremos en el círculo.

dibujo a escala   Dibujo que es una reducción o una ampliación de un objeto o distancia.

dígitos significativos   En una medida, los dígitos que indican el número de veces que se usa la unidad de medida.

divisible   Un número es divisible entre otro número si el residuo es cero después de dividir.

dominio   Todos los valores de x en una relación.

ecuación   Oración numérica con un signo igual ($=$).

END   La última línea de un programa de computadora en BASIC.

entero   Los números ... $^-3$, $^-2$, $^-1$, 0, $^+1$, $^+2$, ...

entero positivo   Número entero mayor que cero.

enteros negativos   Números menores de cero que son opuestos a los números naturales.

enteros opuestos   Dos enteros que están a la misma distancia del cero en la recta numérica. *Ejemplo:* 3 y $^-3$ son enteros opuestos.

entrada   Números u órdenes entrados en una calculadora o computadora.

ENTER   La tecla que hace que una computadora acepte y procese información. También se llama tecla RETURN.

equipo   La maquinaria de un sistema de computadora.

escala (función)   Todos los valores de y en una relación.

esfera   Figura del espacio con todos los puntos a una distancia igual del centro.

espacio de muestra   Todos los resultados posibles de un experimento.

estadística   La ciencia que consiste en buscar, organizar y analizar datos.

estimar   Dar una respuesta aproximada en vez de una respuesta exacta.

evento   Uno o más resultados de un experimento.

eventos mutuamente excluyentes   Eventos que no pueden ocurrir al mismo tiempo.

exponente   Número que indica cuántas veces se usa la base como factor.

expresión   Frase matemática compuesta de una variable o combinación de variables y/o números y operaciones. *Ejemplo:* $5n$; $4x - 7$; $(5 \times 2) - (6 \div 3)$

extremo   Punto al final de un segmento o rayo.

factor común   Factor que es igual para dos o más números.

factores   Números que se multiplican para dar un producto. *Ejemplo:* $3 \times 8 = 24$ Los factores son 3 y 8.

figura del espacio   Figura geométrica cuyos puntos están en más de un plano.

figuras congruentes   Figuras que tienen el mismo tamaño y forma.

flujograma   Diagrama que indica los pasos usados para resolver un problema.

FOR...NEXT   Enunciados en un programa de computadora en BASIC que crean un lazo o secuencia de órdenes que se repiten.

forma desarrollada   Número escrito como la suma de los valores de sus dígitos.

fórmula   Ecuación que indica un dato o regla.

fracción   Número en la forma $\frac{a}{b}$. Nombra parte de una región o parte de un grupo. El número debajo de la barra de la fracción es el denominador. El número encima de la barra de la fracción es el numerador.

fracción compleja   Fracción que tiene una o más fracciones en el numerador, en el denominador o en ambos.

fracción en su mínima expresión   Una fracción está en su expresión mínima o forma más simple, cuando el MCD del numerador y del denominador es 1.

fracción impropia   Fracción en la que el numerador es mayor o igual que el denominador.

fracción propia   Fracción en la que el numerador es menor que el denominador.

fracciones equivalentes   Fracciones que representan el mismo número.

frecuencia   Número de veces que ocurre una misma cosa en un conjunto de datos.

función   Relación en la que cada valor de x está emparejado solo una vez con un valor de y.

GOTO   Enunciado en un programa de computadora en BASIC que indica a la computadora que vaya a otra línea del programa.

grado   Unidad para medir ángulos.

grado Celsius (°C)   Unidad para medir la temperatura en el sistema métrico.

grado Fahrenheit (°F)   Unidad para medir la temperatura en el sistema de medidas usuales.

gráfica   Dibujo usado para presentar datos. Algunas clases son: gráficas de barras, gráficas lineales y gráficas circulares.

heptágono   Polígono de siete lados.

hexágono   Polígono de seis lados.

hipotenusa   Lado opuesto al ángulo recto de un triángulo rectángulo.

histograma   Gráfica de barras que representa la frecuencia de los datos.

IF...THEN Enunciado de un programa de computadora en BASIC que se usa para probar una cierta condición y después actuar en los resultados.

inclinación La pendiente de una recta. La inclinación de una recta puede expresarse como una razón, usando dos puntos cualquiera de una recta.

$$\text{inclinación} = \frac{\text{cambio en el valor de } y}{\text{cambio en el valor de } x}$$

interés El recargo por pedir prestado dinero o la cantidad pagada para el uso del dinero.

inversos aditivos Dos números cuya suma es cero. *Ejemplo:* $^+3$ y $^-3$ son inversos aditivos.

LET Enunciado de un programa de computadora en BASIC que asigna un valor a la posición de la memoria nombrada por una letra.

máximo común divisor (MCD) El mayor número que es un factor de dos o más números.

mayor error posible (MEP) En cualquier medida, la mitad de la precisión de la medida.

media En un conjunto de datos, la suma de todos los datos dividido entre el número de datos.

mediana El número intermedio o promedio de los dos números intermedios en un conjunto de datos cuando los datos están en orden.

memoria La parte de un sistema de computadora que almacena toda la información e instrucciones.

mínimo común múltiplo (mcm) El mínimo número distinto de cero que sea múltiplo de dos o más números.

moda El número que ocurre más a menudo en un conjunto de datos.

múltiplo El producto de un número entero por cualquier otro número entero.

múltiplo común Múltiplo que es igual para dos o más números.

notación científica Producto de dos factores. El primer factor es un número del 1 al 10. El segundo factor es una potencia de 10 en forma exponencial.

número compuesto Número entero mayor que 1 con más de dos factores.

número irracional Cualquier número que no pueda expresarse como un cociente de dos enteros. En la forma decimal un número irracional ni es periódico ni es finito.

número mixto Número escrito como un número entero y una fracción.

número par Número entero divisible entre 2.

número primo Número entero mayor de 1 con sólo dos factores, ese mismo número y 1.

número racional Cualquier número que pueda expresarse como un cociente de enteros donde el divisor no sea 0. En forma decimal un número racional es periódico o finito.

números reales Todos los números racionales o irracionales.

octágono Polígono de ocho lados.

operaciones inversas Dos operaciones que son opuestas en efecto. La suma y la resta son operaciones inversas. La multiplicación y la división son operaciones inversas.

origen El punto de intersección del eje x y del eje y en un plano de coordenadas.

par ordenado Par de números usados para localizar un punto en el plano de coordenadas.

paralelogramo Cuadrilátero con lados opuestos paralelos. Cada par de lados opuestos y ángulos es congruente.

pentágono Polígono de cinco lados.

perímetro La distancia alrededor de un polígono.

permutaciones Selección ordenada de un grupo de objetos de un conjunto dado.
Ejemplo: Hay 6 permutaciones de 2 letras con las letras *A, B* y *C*. Las permutaciones son *AB, BA, AC, CA, BC* y *CB*.

pi (π) La razón de la circunferencia de un círculo a su diámetro. La razón es la misma para todos los círculos.
$\pi \approx 3.14$ ó $\frac{22}{7}$.

pirámide Figura del espacio cuya base es un polígono y cuyas caras son triángulos con un vértice común.

plano Superficie plana que se extiende sin límites por todas direcciones.

plano de coordenadas Plano determinado por una recta numérica horizontal, llamada eje de la *x* y una recta numérica vertical, llamada eje de la *y*, cortándose en un punto llamado origen. Cada punto del plano corresponde a un par ordenado de puntos.

poliedro Figura del espacio cuyas superficies, o caras, son planas.

polígono Figura plana cerrada compuesta por segmentos de recta.

polígono regular Polígono con todos los lados y ángulos congruentes.

por ciento Razón cuyo segundo término es 100. Por ciento significa partes por cien. Se usa el símbolo %.

precio por unidad La razón: precio por unidad de medida.

precisión de medida   Propiedad de medida que depende de la unidad de medida usada. Cuanto más pequeña sea la unidad de medida, más precisa es la medida.

primos entre sí   Dos números cuyo MCD es 1.

principio básico de conteo   Si un primer evento tiene n resultados y un segundo evento tiene m resultados, entonces el primer evento seguido del segundo evento tiene $n \times m$ resultados.

PRINT   Orden dada a la computadora para mostrar información en el monitor.

prisma   Poliedro con dos caras paralelas, congruentes llamadas bases.

probabilidad   La razón de resultados favorables a resultados posibles en un evento.

producto   La respuesta en la multiplicación.

programa   Lista de instrucciones para la computadora.

productos cruzados   Productos obtenidos multiplicando el numerador de una fracción por el denominador de una segunda fracción, y el denominador de la primera fracción por el numerador de la segunda fracción.
Ejemplo: $\dfrac{2}{3} = \dfrac{4}{6}$ $2 \times 6 = 3 \times 4$

propiedad de la densidad   Entre dos números reales siempre hay otro número real.

propiedad asociativa de la multiplicación   La manera en que se agrupan los factores no cambia el producto.

propiedad asociativa de la suma   La manera en que se agrupan los sumandos no cambia la suma.
Ejemplo: $(a + b) + c = a + (b + c)$

propiedad conmutativa de la multiplicación   El orden de los factores no cambia el producto.

propiedad conmutativa de la suma   El orden de los sumandos no cambia la suma.

propiedad de identidad de la multiplicación   El producto de cualquier número por 1 es ese número.
Ejemplo: $1 \times a = a$

propiedad de identidad de la suma   La suma de cualquier numero y cero es cero.
Ejemplo: $0 + a = a$

propiedad del cero en la multiplicación   El producto de cualquier número por 0 es 0.

propiedad del uno   Cualquier número multiplicado por 1 será igual al número.

propiedad distributiva de la multiplicación con respecto a la suma   Si un factor es una suma, el producto no cambia al multiplicar cada sumando antes de sumar.

proporción   Una oración que indica que dos razones son iguales.

punto   Una posición exacta en el espacio.

punto medio   Punto que divide un segmento en dos segmentos congruentes.

radio   Segmento de recta con un extremo en el centro de un círculo y el otro extremo en el círculo.

raíz cuadrada   La raíz cuadrada de a, escrita $\sqrt{a}$, es el número cuyo cuadrado es a.
Ejemplo: La raíz cuadrada de 36, $\sqrt{36}$, es 6, ya que $6^2 = 36$.

rayo   Parte de una recta que tiene un extremo y que se extiende indefinidamente en una dirección.

razón   Par de números que compara dos cantidades.

razones iguales   Razones que hacen la misma comparación.

recíprocos   Dos fracciones cuyo producto es uno.
Ejemplo: $\dfrac{3}{4} \times \dfrac{4}{3} = 1$

recta   Conjunto de puntos a lo largo de una trayectoria derecha. No tiene extremos.

rectángulo   Paralelogramo con cuatro ángulos rectos.

rectas paralelas   Rectas de un mismo plano que nunca se cortan.

rectas perpendiculares   Dos rectas que se cortan para formar ángulos rectos.

rectas que se cruzan   Rectas que ni se cortan ni están en el mismo plano.

rectas secantes   Rectas que se cortan en un punto.

redondear   Expresar un número a la decena, centena, millar, etc. más cercana.

reflexión   La imagen reflejada de una figura.

regla pitagórica   En un triángulo rectángulo el cuadrado de la hipotenusa (c) es igual a la suma de los cuadrados de los catetos (a y b). Es decir, $c^2 = a^2 + b^2$.

relación   Grupo de pares ordenados (x, y).

REM   Observación para el programador de computadoras, que es ignorada por la computadora.

resolver   Hallar todas las soluciones de una ecuación.

resultado   Posible consecuencia en un experimento de probabilidad.

resultados igualmente posibles   Resultados que tienen la misma probabilidad de ocurrir.

rombo   Paralelogramo con todos los lados congruentes.

rotación Transformación obtenida girando una figura un cierto ángulo alrededor de un punto.

RUN Instrucción que indica a la computadora que siga las instrucciones de línea en línea.

salida Resultado posible en un experimento de probabilidad.

secante Recta que corta dos o más rectas.

segmento de recta Parte de una recta que tiene dos extremos.

semejante Que tiene la misma forma pero no necesariamente el mismo tamaño.

seno Razón de la longitud del lado opuesto a un ángulo agudo a la longitud de la hipotenusa en un triángulo rectángulo.

simétrica Una figura plana es simétrica con respecto a una recta si se puede doblar en dos partes congruentes que correspondan exactamente.

solución Valor de una variable que hace verdadera una oración matemática.

tabla de frecuencias Lista de datos junto con el número de veces que ocurren.

tangente (tan) Razón de la longitud del lado opuesto a un ángulo agudo a la longitud del lado adyacente a ese ángulo en un triángulo rectángulo.

tasa de descuento Por ciento al que se reduce un precio normal.

transformación Movimiento rígido de una figura en un plano.

translación Imagen desplazada de una figura.

transportador Instrumento usado para medir ángulos.

trapecio Cuadrilátero con exactamente un par de lados paralelos.

triángulo Polígono de tres lados.

triángulo acutángulo Triángulo con tres lados agudos.

triángulo equilátero Triángulo con todos los lados congruentes.

triángulo escaleno Triángulo que no tiene lados congruentes.

triángulo isósceles Triángulo con dos lados congruentes.

triángulo obtusángulo Triángulo con un ángulo obtuso.

triángulo rectángulo Triángulo con un ángulo recto.

unidad central procesadora (CPU) La parte de una computadora donde se realizan los cálculos.

valor absoluto Distancia de un entero a 0 en la recta numérica.

variable Letra usada para representar un número en una expresión o ecuación.

vértice Punto donde se encuentran dos rayos. Punto de intersección de dos lados de un polígono. Punto de intersección de tres lados de una figura del espacio.

volumen Número de unidades cúbicas necesarias para llenar una figura del espacio.

Cuadrados y raíces cuadradas

N	N²	√N̄
1	1	1.00
2	4	1.41
3	9	1.73
4	16	2.00
5	25	2.24
6	36	2.45
7	49	2.65
8	64	2.83
9	81	3.00
10	100	3.16
11	121	3.32
12	144	3.46
13	169	3.61
14	196	3.74
15	225	3.87
16	256	4.00
17	289	4.12
18	324	4.24
19	361	4.36
20	400	4.47
21	441	4.58
22	484	4.69
23	529	4.80
24	576	4.90
25	625	5.00
26	676	5.10
27	729	5.20
28	784	5.29
29	841	5.39
30	900	5.48
31	961	5.57
32	1,024	5.66
33	1,089	5.74
34	1,156	5.83
35	1,225	5.92
36	1,296	6.00
37	1,369	6.08
38	1,444	6.16
39	1,521	6.24
40	1,600	6.32
41	1,681	6.40
42	1,764	6.48
43	1,849	6.56
44	1,936	6.63
45	2,025	6.71
46	2,116	6.78
47	2,209	6.86
48	2,304	6.93
49	2,401	7.00
50	2,500	7.07

N	N²	√N̄
51	2,601	7.14
52	2,704	7.21
53	2,809	7.28
54	2,916	7.35
55	3,025	7.42
56	3,136	7.48
57	3,249	7.55
58	3,364	7.62
59	3,481	7.68
60	3,600	7.75
61	3,721	7.81
62	3,844	7.87
63	3,969	7.94
64	4,096	8.00
65	4,225	8.06
66	4,356	8.12
67	4,489	8.19
68	4,624	8.25
69	4,761	8.31
70	4,900	8.37
71	5,041	8.43
72	5,184	8.49
73	5,329	8.54
74	5,476	8.60
75	5,625	8.66
76	5,776	8.72
77	5,929	8.77
78	6,084	8.83
79	6,241	8.89
80	6,400	8.94
81	6,561	9.00
82	6,724	9.06
83	6,889	9.11
84	7,056	9.17
85	7,225	9.22
86	7,396	9.27
87	7,569	9.33
88	7,744	9.38
89	7,921	9.43
90	8,100	9.49
91	8,281	9.54
92	8,464	9.59
93	8,649	9.64
94	8,836	9.70
95	9,025	9.75
96	9,216	9.80
97	9,409	9.85
98	9,604	9.90
99	9,801	9.95
100	10,000	10.00

N	N²	√N̄
101	10,201	10.05
102	10,404	10.10
103	10,609	10.15
104	10,816	10.20
105	11,025	10.25
106	11,236	10.30
107	11,449	10.34
108	11,664	10.39
109	11,881	10.44
110	12,100	10.49
111	12,321	10.54
112	12,544	10.58
113	12,769	10.63
114	12,996	10.68
115	13,225	10.72
116	13,456	10.77
117	13,689	10.82
118	13,924	10.86
119	14,161	10.91
120	14,400	10.95
121	14,641	11.00
122	14,884	11.05
123	15,129	11.09
124	15,376	11.14
125	15,625	11.18
126	15,876	11.22
127	16,129	11.27
128	16,384	11.31
129	16,641	11.36
130	16,900	11.40
131	17,161	11.45
132	17,424	11.49
133	17,689	11.53
134	17,956	11.58
135	18,225	11.62
136	18,496	11.66
137	18,769	11.70
138	19,044	11.75
139	19,321	11.79
140	19,600	11.83
141	19,881	11.87
142	20,164	11.92
143	20,449	11.96
144	20,736	12.00
145	21,025	12.04
146	21,316	12.08
147	21,609	12.12
148	21,904	12.17
149	22,201	12.21
150	22,500	12.25

Senos, cosenos y tangentes

Grados	Sen	Cos	Tan
1	0.0175	0.9998	0.0175
2	0.0349	0.9994	0.0349
3	0.0523	0.9986	0.0524
4	0.0698	0.9976	0.0699
5	0.0872	0.9962	0.0875
6	0.1045	0.9945	0.1051
7	0.1219	0.9925	0.1228
8	0.1392	0.9903	0.1405
9	0.1564	0.9877	0.1584
10	0.1736	0.9848	0.1763
11	0.1908	0.9816	0.1944
12	0.2079	0.9781	0.2126
13	0.2250	0.9744	0.2309
14	0.2419	0.9703	0.2493
15	0.2588	0.9659	0.2679
16	0.2756	0.9613	0.2867
17	0.2924	0.9563	0.3057
18	0.3090	0.9511	0.3249
19	0.3256	0.9455	0.3443
20	0.3420	0.9397	0.3640
21	0.3584	0.9336	0.3839
22	0.3746	0.9272	0.4040
23	0.3907	0.9205	0.4245
24	0.4067	0.9135	0.4452
25	0.4226	0.9063	0.4663
26	0.4384	0.8988	0.4877
27	0.4540	0.8910	0.5095
28	0.4695	0.8829	0.5317
29	0.4848	0.8746	0.5543
30	0.5000	0.8660	0.5774
31	0.5150	0.8572	0.6009
32	0.5299	0.8480	0.6249
33	0.5446	0.8387	0.6494
34	0.5592	0.8290	0.6745
35	0.5736	0.8192	0.7002
36	0.5878	0.8090	0.7265
37	0.6018	0.7986	0.7536
38	0.6157	0.7880	0.7813
39	0.6293	0.7771	0.8098
40	0.6428	0.7660	0.8391
41	0.6561	0.7547	0.8693
42	0.6691	0.7431	0.9004
43	0.6820	0.7314	0.9325
44	0.6947	0.7193	0.9657
45	0.7071	0.7071	1.0000

Grados	Sen	Cos	Tan
46	0.7193	0.6947	1.0355
47	0.7314	0.6820	1.0724
48	0.7431	0.6691	1.1106
49	0.7547	0.6561	1.1504
50	0.7660	0.6428	1.1918
51	0.7771	0.6293	1.2349
52	0.7880	0.6157	1.2799
53	0.7986	0.6018	1.3270
54	0.8090	0.5878	1.3764
55	0.8192	0.5736	1.4281
56	0.8290	0.5592	1.4826
57	0.8387	0.5446	1.5399
58	0.8480	0.5299	1.6003
59	0.8572	0.5150	1.6643
60	0.8660	0.5000	1.7321
61	0.8746	0.4848	1.8040
62	0.8829	0.4695	1.8807
63	0.8910	0.4540	1.9626
64	0.8988	0.4384	2.0503
65	0.9063	0.4226	2.1445
66	0.9135	0.4067	2.2460
67	0.9205	0.3907	2.3559
68	0.9272	0.3746	2.4751
69	0.9336	0.3584	2.6051
70	0.9397	0.3420	2.7475
71	0.9455	0.3256	2.9042
72	0.9511	0.3090	3.0777
73	0.9563	0.2924	3.2709
74	0.9613	0.2756	3.4874
75	0.9659	0.2588	3.7321
76	0.9703	0.2419	4.0108
77	0.9744	0.2250	4.3315
78	0.9781	0.2079	4.7046
79	0.9816	0.1908	5.1446
80	0.9848	0.1736	5.6713
81	0.9877	0.1564	6.3138
82	0.9903	0.1392	7.1154
83	0.9925	0.1219	8.1443
84	0.9945	0.1045	9.5144
85	0.9962	0.0872	11.4301
86	0.9976	0.0698	14.3007
87	0.9986	0.0523	19.0811
88	0.9994	0.0349	28.6363
89	0.9998	0.0175	57.2900
90	1.0000	0.0000	—

TABLA DE MEDIDAS

MEDIDAS MÉTRICAS

LONGITUD

1 milímetro (mm)	=	0.001 metro (m)
1 centímetro (cm)	=	0.01 metro
1 decímetro (dm)	=	0.1 metro
1 decámetro (dam)	=	10 metros
1 hectómetro (hm)	=	100 metros
1 kilómetro (km)	=	1000 metros

MASA/PESO

1 miligramo (mg)	=	0.001 gramo (g)
1 centigramo (cg)	=	0.01 gramo
1 decigramo (dg)	=	0.1 gramo
1 decagramo (dag)	=	10 gramos
1 hectogramo (hg)	=	100 gramos
1 kilogramo (kg)	=	1000 gramos
1 tonelada métrica (t)	=	1000 kilogramos

CAPACIDAD

1 mililitro (mL)	=	0.001 litro (L)
1 centilitro (cL)	=	0.01 litro
1 decilitro (dL)	=	0.1 litro
1 decalitro (daL)	=	10 litros
1 hectolitro (hL)	=	100 litros
1 kilolitro (kL)	=	1000 litros

ÁREA

1 centímetro cuadrado (cm²)	=	100 milímetros cuadrados (mm²)
1 metro cuadrado (m²)	=	10,000 centímetros cuadrados
1 hectárea (ha)	=	10,000 metros cuadrados
1 kilómetro cuadrado (km²)	=	1,000,000 de metros cuadrados

MEDIDAS USUALES

LONGITUD

1 pie	=	12 pulgadas (plg)
1 yarda (yd)	=	36 pulgadas
1 yarda	=	3 pies
1 milla (mi)	=	5280 pies
1 milla	=	1760 yardas

PESO

1 libra (lb)	=	16 onzas (oz)
1 tonelada (T)	=	2000 libras

CAPACIDAD

1 taza (t)	=	8 onzas liquidas (oz liq)
1 pinta (pt)	=	2 tazas
1 cuarto (ct)	=	2 pintas
1 cuarto	=	4 tazas
1 galón (gal)	=	4 cuartos

ÁREA

1 pie cuadrado (pie²)	=	144 pulgadas cuadradas (plg²)
1 yarda cuadrada (yd²)	=	9 pies cuadrados
1 acre	=	43,560 pies cuadrados
1 milla cuadrada (mi²)	=	640 acres

TIEMPO

1 minuto (min)	=	60 segundos (s)
1 hora (h)	=	60 minutos
1 día (d)	=	24 horas
1 semana (sem)	=	7 días
1 año	=	12 meses
1 año	=	52 semanas
1 año	=	365 días
1 siglo (sig)	=	100 años

FÓRMULAS

$P = 2l + 2a$	Perímetro de un rectángulo
$A = l \times a$	Área de un rectángulo
$A = b \times al$	Área de un paralelogramo
$A = \frac{1}{2} \times b \times al$	Área de un triángulo
$C = \pi \times d$	Circunferencia de un círculo
$A = \pi \times r^2$	Área de un círculo
$V = l \times a \times al$	Volumen de un prisma rectangular
$I = C \times r \times t$	Interés simple

SÍMBOLOS

$=$	es igual a	$1.\overline{3}$	decimal periódico 1.333...	$\triangle ABC$	triángulo ABC
$\neq$	no es igual a	π	pi (aproximadamente 3.14)	AB	arco AB
$>$	es mayor que	$^\circ$	grado	$\parallel$	es paralelo a
$<$	es menor que	$^\circ C$	grado Celsius	$\perp$	es perpendicular a
$\geq$	es mayor o igual que	$^\circ F$	grado Fahrenheit	$2{:}5$	en razón de 2 a 5
$\leq$	es menor o igual que	$\overleftrightarrow{AB}$	recta AB	10^2	10 a la segunda potencia
$\approx$	es aproximadamente igual a	$\overline{AB}$	segmento de recta AB	$^+4$	4 positivo
$\cong$	es congruente con	$\overrightarrow{AB}$	rayo AB	$^-4$	4 negativo
$\sim$	es semejante a	$\angle ABC$	ángulo ABC	$(3,\ ^-4)$	par ordenado 3, $^-4$
$\cdots$	continúa infinitamente			$P(E)$	probabilidad del evento E
%	por ciento				

Índice

CREDITS

Design by Silver Burdett & Ginn

Contributing design by Taurens Associates

Cover: Computer Art/Ron Morecraft and Nancy Moore

Photographs and illustrations by Silver Burdett & Ginn except as noted below

All line art by BurMar unless otherwise noted.

Chapter 1 1: Julie Habel/West Light. 2,3: Lane Yerkes. 4: Focus on Sports. 5: *t.l.*, *b.l.* ©Gerard Vandystadt/Photo Researchers, Inc.; *t.r.* Sally Schaedler; *b.r.* Jerry Wachter/Focus on Sports. 6: Martin Rogers/Stock, Boston. 8: Art Resource/Scala/Bildarchiv Foto Marburg. 10: Steven Schindler. 11: *t.*, *m.* Kathie Kelleher; *b.* Suzanne Clee. 12: Lane Yerkes. 16: Blanche Sims. 18: Len Ebert. 19: ©Danny Brass/Photo Researchers, Inc. 20: Jeremy Guitar. 21: *t.* Jeremy Guitar; *b.* David Reinbold. 23: *r.* Eulala Conner. 24: *t.* Peter Krempasky. 25: Tom Powers. 28: Kathie Kelleher.

Chapter 2 29: Owen Franken/Stock, Boston. 30: *t.* Flag Research Center; *b.* Al Fenn for Silver Burdett & Ginn, photo courtesy Time Inc. 31: Peter Krempasky. 32: *l.* Peter Krempasky; *r.* Flag Research Center. 33: Leo deWys, Inc. 34: *t.* Flag Research Center; *m.* Peter Krempasky; *b.* Richard Pilling/Focus on Sports. 35: ©1984 Topps Chewing Gum, Inc. 36: *l.* Peter Krempasky; *t.r.*, *t.m.r.* Flag Research Center; *m.*, *b.m.r.*, *b.r.* Dan De Wilde for Silver Burdett & Ginn. 37: Peter Krempasky. 38: *t.r.* Flag Research Center; *b.* Lane Yerkes. 39: Peter Krempasky. 40,41: Kathie Kelleher. 42: *t.* Flag Research Center; *b.* Nancy Schill. 43: Lane Yerkes. 44: *l.* Culver Pictures; *r.* Flag Research Center. 46: *t.*, *b.* Flag Research Center. 46–47: Nancy Schill. 48: *l.* Peter Krempasky; *r.* Flag Research Center; *b.* Phil Degginger. 50: *t.* Flag Research Center; *m.*, *b.* Focus on Sports. 52: *l.* Peter Krempasky; *r.* Flag Research Center; *b.* E.R. Degginger. 54: Jeremy Guitar. 55: *t.* Bradley Clark; *b.* Kathie Kelleher. 58–59: Peter Krempasky.

Chapter 3 61: Focus on Sports. 62: *t.* Lane Yerkes; *b.* Peter Krempasky. 63: NASA. 64: *b.* ©Robert Goldstein/Photo Researchers, Inc. 65: Herman Vestal. 66: Gary Undercuffler. 67: *b.* Courtesy, Bausch & Lomb. 68: *m.* Dan De Wilde for Silver Burdett & Ginn; *b.* ©Porterfield-Chickering/Photo Researchers, Inc. 69: Peter Krempasky. 70–71: Focus on Sports. 72: *l.* Peter Krempasky; *r.* Lane Yerkes. 74: *t.* Konrad Hack; *b.* Steven Schindler. 75: *t.* Focus on Sports; *b.* Bradley Clark. 76: Lane Yerkes. 77: Ken Lax/The Stock Shop. 78–79: Bradley Clark. 80: Konrad Hack. 81: David Madison/Duomo. 84: Pat Traub.

Chapter 4 89: ©George Hall/Woodfin Camp & Associates. 90,91: Les Gray. 92,93: Peter Krempasky. 94: Eulala Conner. 96: Konrad Hack. 98: E.R. Degginger. 100: *t.* Robert Jackson; *b.* courtesy of the Montana Historical Society. 101: North Dakota Department of Parks and Recreation. 104: *l.* Michelle Epstein; *r.* Hans Huber/The Stock Shop. 105: IMAGERY. 106: Don Dyen. 107: ©Southern Living/Photo Researchers, Inc. 108: Phil Degginger/Bruce Coleman. 111: *r.* Michelle Epstein. 113: *t.* Dennis O'Brien; *b.* S. Vidler/Leo deWys, Inc. 116: Suzanne Clee.

Chapter 5 117: Jim Holland/Stock, Boston. 118–119: Stephen Marchesi. 120: *t.* Victoria Beller-Smith for Silver Burdett & Ginn. 122: Matchbox/Lesney Products. 124: Russell Dian for Silver Burdett & Ginn. 125: Eulala Conner. 126: Kathie Kelleher. 127: *m.* Kathie Kelleher. 128: *t.* Paul Kuhn/Tom Stack & Associates; *b.* Michal Heron. 129: Eulala Conner. 130: Stephen Marchesi. 131: Victoria Beller-Smith for Silver Burdett & Ginn. 132: R.W. Tignor/Virginia Community College System. 134: *t.* Eulala Conner; *b.* Everett C. Johnson/Leo deWys, Inc. 135: Laird/Leo deWys, Inc. 136: *t.* Konrad Hack. 137: Lyle Miller. 140–141: Dennis O'Brien.

Chapter 6 145: ©Russ Kinne/Photo Researchers, Inc.; *inset* Eric Carle/Shostal Associates. 146: *t.* Peter Krempasky; *b.* Tom Leonard. 148: *t.r.* Michal Heron for Silver Burdett & Ginn; *t.l.* Peter Krempasky. 149: Gary Undercuffler. 150: Jackie Rogers. 152: Konrad Hack. 153: Stock Thode/International Stock Photo. 154–155: Don Dyen. 156: *l.* Michal Heron for Silver Burdett & Ginn; *r.* Gary Undercuffler. 157: Gary Undercuffler. 158: Steven Schindler. 159: *t.* Eulala Conner; *b.* Suzanne Clee. 160: Stephanie Maze. 161: Laura Riley/Bruce Coleman. 162–163: Floyd Cooper. 164: Samantha Smith. 165: E.R. Degginger/Bruce Coleman. 166: Kathie Kelleher. 167: *t.* Peter Krempasky; *b.* Don Dyen. 169: Suzanne Clee. 170: *l.* Kathie Kelleher; *r.* Lyle Miller. 171: Kathie Kelleher. 173: Michelle Epstein. 174: Kirby Harrison. 175: Suzanne Clee.

Chapter 7 177: Charles Moore/Black Star; *inset* ©Alan Carey/Photo Researchers, Inc. 178: *overlay* Allison Fazio; *b.* Suzanne Clee. 180: *t.* E.R. Degginger; *b.* Norman Owen Tomalin/Bruce Coleman. 182–183: E.R. Degginger. 184: Ed Cooper. 185: Steven Schindler. 186: *t.* Eulala Conner. 189: *t.l.* E.R. Degginger; *t.r.*, *b.l.* Mike Mazzachi/Stock, Boston; *b.r.* Philip Jon Bailey/Taurus Photos. 190: *l.* Chris Newbert/Bruce Coleman; *m.t.* Jeffrey Rotman/Peter Arnold, Inc.; *m.b.* Manfred Kage/Peter Arnold, Inc. 192: Eulala Conner. 193: Steven Schindler. 194–195: Leslie Dunlap. 196: *t.* J. Howard/Stock, Boston. 198: *t.* ©Georg Gerster/Photo Researchers, Inc. 200: *t.*, *r.* ©Georg Gerster/Photo Researchers, Inc. 201: *m.* ©Georg Gerster/Photo Researchers, Inc. 202: *t.* Leslie Dunlap. 203: Stephen Marchesi. 208: *t.* Dan De Wilde for Silver Burdett & Ginn. 209: *t.* Michal Heron for Silver Burdett & Ginn; *m.* Michael Anderson/Folio; *b.* Walter Hodges/West Stock.

Chapter 8 213: ©Lucasfilm Ltd. (LFL) 1980. All rights reserved.; *inset* ©Lucasfilm Ltd. (LFL) 1983. All rights reserved. Courtesy of Lucasfilm Ltd. 214: *b.* Al Fenn for Silver Burdett & Ginn, photo courtesy Time Inc. 215: Lane Yerkes. 216: The Granger Collection. 218: Courtesy Fitzgerald Sporting Goods, Morristown, N.J. 220–221: Tom Powers. 222: NASA/Johnson Space Center. 223: Len Ebert. 224: Steve Moore. 228: *t.* John Hamberger. 229: *b.* John Hamberger. 230: *t.* Rick Del Rossi. 231: *b.* Tony Arruza/Bruce Coleman. 232: ©Lawrence Migdale/Photo Researchers, Inc. 233: *t.* Leslie Dunlap; *b.r.* Steven Schindler. 236: *l.* The Louvre, Art Resource.

Chapter 9 239: Murray Greenberg/Shostal Associates. 240: Larry Lee/West Light. 241: Suzanne Clee. 242: Steve Ross/Photo Unique. 244–245: E.R. Degginger. 246: Victoria Beller-Smith for Silver Burdett & Ginn. 248–249: Stephen Marchesi. 250–251: Gerald Corsi/Tom Stack & Associates. 252: James Watling. 253: *b.* Tom Powers. 254: *t.* Suzanne Clee; *b.* Michal Heron for Silver Burdett & Ginn. 255: Michal Heron for Silver Burdett & Ginn. 256: Lane Yerkes. 258: *t.* Suzanne Clee; *b.* IMAGERY. 259: *b.r.* Stephen Marchesi. 260: Courtesy M. Epstein. 262–263: Stephen Marchesi. 264: John Hamberger. 267: Lane Yerkes. 268: *t.* Dennis O'Brien; *b.* Stephen Marchesi. 270: Walter Hodges/West Stock.

Chapter 10 273: Robert McKenzie/Tom Stack & Associates. 274: *t.* Steven C. Kaufman/Peter Arnold, Inc. 274: *b.* IMAGERY. 275: A Hirai/Shostal Associates. 276: Samantha Smith. 278: The Granger Collection. 279: Suzanne Clee. 280: Samantha Smith. 282: *t.* Ondre Pettingill; *b.* Michal Heron for Silver Burdett & Ginn. 283: J. Michael McCormick. 284: Suzanne Clee. 285: Phil Degginger. 286: *l.* Keith Gunnar/Bruce Coleman; *r.* Spencer Swanger/Tom Stack & Associates. 288: *t.r.* Dennis O'Brien. 290: *t.r.* Dennis O'Brien. 290–291: Charles Varner. 292: Keith Gunnar/Bruce Coleman. 293: *r.* John Weeks. 296: *b.* Ondre Pettingill.